Gott heilt angeborene Erkrankungen
Erste Früchte

von
Andy Hayner
und
Margaret Weishuhn

Mit
Heilungsberichten von
Eltern aus der ganzen Welt,
die erleben, wie an ihren Kindern Wunder geschehen

Auf Deutsch veröffentlicht von
John G. Lake Ministries Deutschland e.V.
www.jglm.de

Email: **info@jglm.de**
Telefon: +49 (0)6353/98 02 771

Copyright © der US-Ausgabe 2015 – Andy Hayner und Margaret Weishuhn
„God Heals Birth Defects – First Fruits"
Copyright © der DE-Ausgabe 2016 – John G. Lake Ministries Deutschland e.V.
Alle Rechte vorbehalten. Die US-Ausgabe ist durch die Gesetze der Vereinigten Staaten geschützt. Kopieren oder Nachdrucken dieses Buches für kommerzielle Zwecke ist nicht gestattet. Der Gebrauch kurzer Zitate sowie das Kopieren einzelner Seiten zu persönlichen Zwecken und zum Gebrauch in Gruppengesprächen sind gestattet und ausdrücklich erwünscht.

Bibelzitate sind der Schlachter Übersetzung, Version 2000,
Copyright © Genfer Bibelgesellschaft entnommen.
Wiedergegeben mit freundlicher Genehmigung.
Alle Rechte vorbehalten.

ISBN 978-3-9817765-1-5

Widmung

Dieses Buch ist Jesus Christus gewidmet.
Du bist unser Held.
Du trägst auf Deinem Rücken die Narben und
Du hast den Preis für vollständige Heilung
von Down-Syndrom und allen Arten von angeborenen
Erkrankungen bezahlt.
Du hast Dich willig auspeitschen lassen,
auch wenn Du wusstest, dass über Hunderte und Tausende von Jahren
Millionen von Schicksalen sich nie erfüllen würden,
obwohl der Preis mit Deinem Fleisch und Blut vollständig bezahlt war.

Jesus, es ist Zeit,
...Zeit, dass Deine Gemeinde sich durch Dich erhebt
und gemäß ihrer wahren Bestimmung als Volk Gottes lebt.

Dank sei Dir, Jesus.
Du hast es vollbracht.
Du hast uns alles gegeben, was wir zu einem Leben in Fülle
und Ehrfurcht vor Gott brauchen.
Du hast uns nicht kraftlos zurückgelassen.
Wir ehren Dich, Jesus,
mit unserem Glauben an Dein vollbrachtes Werk am Schandpfahl.
Es ist ausreichend.
Du bist die Heilung.
Voll tiefer Dankbarkeit und Hingabe
widmen wir Dir dieses Buch.

INHALT

Index häufig gestellter Fragen · vi
Dank · 1
Einführung · 3

TEIL 1
Biblische Grundlagen - Andy Hayner

1. Heilt Gott heute noch auf übernatürliche Weise? · 8
2. Verursacht Gott angeborene Erkrankungen oder heilt Er sie? · 31
3. Wie heilt Gott heute? · 49

TEIL 2
Heilungsberichte - Verschiedene Eltern
&
Häufig gestellte Fragen - Andy Hayner

Einführung zu Teil 2 · 77
4. Der „Pit Bull Terrier" beißt zurück · 81
5. Ablösung der Diagnose · 94
6. Blühend wie eine Blume · 108
7. Der Weg in die Adoption wird zu einer Reise der Heilung · 114
8. Die Zeit der Heimzahlung · 127
9. Kampf um Gottes Geschenk · 139
10. Gott ist unsere Kraft · 153
11. Jetzt verstehen wir uns! · 164
12. Der Bericht des Herrn · 171

13. Leben aussprechen	184
14. Den guten Kampf kämpfen	188
15. Begegnung mit der Wahrheit auf einem Umweg über "Holland"	194
16. Ganzheitliche Gesundheit im Werden	202
17. Eine Taube vom Himmel	218
18. Oma und Opa finden Gold	229
19. Vertrauen in Gottes Barmherzigkeit	246
20. Das Angesicht Gottes finden	252
21. Heilung beginnt im Herzen	267
22. Zeugen übernatürlicher Veränderungen	270

TEIL 3
Briefe von der Front - Margaret Weishuhn

Einführung zu Teil 3	278
23. Brief an die Eltern	282
24. Brief an die Kirche	314
25. Brief an Zuschauer und Soldaten	321
26. Letzter Aufruf	333
27. Was nun?	336

Anhang 1	Heilt Gott durch JEDEN Gläubigen oder nur durch einige Auserwählte?	339
Anhang 2	Gebete für die Heilung angeborener Erkrankungen	348
Anhang 3	World Whipping Post Awareness Day	354
Empfohlenes Material		357
Über die Autoren		361
Wie Sie mit JGLM Deutschland Verbindung aufnehmen können		363

Index häufig gestellter Fragen

1. „Habe ich etwas falsch gemacht? War meine Angst oder mein negatives Bekenntnis schuld daran, dass mein Kind mit einer angeborenen Erkrankung zur Welt kam?" (S. 79)

2. „Warum kann man dieses Problem nicht als Gottes Segen sehen? Missachtet man damit nicht den Plan Gottes?" (S. 91)

3. „Ich habe von manchen Familien gehört, dass sie prophetische Worte zur Heilung ihres Kindes empfangen haben, oder dass sie ihr Kind in übernatürlichen Träumen und Visionen vollkommen gesund sahen. Ich hatte so etwas nie. Heißt das, dass Gott mein Kind nicht heilen wird?" (S. 106)

4. „Mir wurde gesagt, dass die Erkrankung meines Kindes auf einen Generationenfluch zurückzuführen ist. Ist das wahr, und wenn ja, was kann ich tun?" (S. 111)

5. „Warum hat Gott zugelassen, dass mein Kind mit einer angeborenen Erkrankung zur Welt kam? Bestraft Gott mich oder versucht Er, mir dadurch etwas zu zeigen?" (S. 125)

6. „Mein Kind ist alt genug um zu begreifen, dass es merklich anders ist als andere Menschen. Wie bete ich für es für Heilung, ohne ihm das Gefühl zu vermitteln, nicht angenommen zu sein, so wie es ist?" (S. 137)

7. „Ich weiß, dass Gott heilen kann. Ich bin mir nur nicht sicher, ob es seinem souveränen Plan entspricht, mein Kind zu heilen. Man hat mir gesagt, es sei anmaßend, auf der Heilung zu bestehen, wenn sie möglicherweise nicht zu Gottes souveränem Plan gehört. Ist es anmaßend von mir zu glauben, dass Gott mein Kind heilen wird?" (S. 151)

8. „Mein Ehepartner ist nicht gläubig. Kann mein Kind auch dann durch mich geheilt werden?" (S. 163)

9. „Manchmal fühle ich mich entmutigt oder deprimiert. Ich habe meine eigenen gesundheitlichen Probleme. Kann ich dann immer noch meinem Kind dienen? Bin ich immer noch qualifiziert, oder muss ich erst selbst gesund werden?" (S. 169)

10. „Beweist der Pfahl im Fleisch des Paulus nicht, dass Gott manchmal auch im Neuen Bund die Heilung verweigert?" (S. 182)

11. „Ich habe immer geglaubt, dass Gott den perfekten Zeitpunkt für die Heilung meines Kindes bestimmt hat. Stimmt es denn nicht, dass mein Kind schon geheilt wäre, wenn Gott es so gewollt hätte?" (S. 186)

12. „Meine Freunde und Familienangehörigen sagen mir, dass ich die Realität nicht wahrhaben will, und dass ich mein Kind nicht wirklich liebe und annehme. Was soll ich dazu sagen?" (S. 191)

13. „Kürzlich habe ich einen Prediger sagen hören, der Grund dafür, dass wir kein Wunder erleben, läge darin, dass wir Medikamente nähmen und zum Arzt gingen. Stimmt das? Ist es Unglaube, wenn ich meinem Kind Medizin gebe und mit ihm zum Arzt oder zur Physiotherapie gehe?" (S. 199)

14. „Mein Pastor steht NICHT hinter diesem Ansatz. Mein Pastor sagte, dass wir etwas ganz Besonderes sein müssen, da uns ein Kind mit Down-Syndrom anvertraut wurde. Doch es fühlt sich nicht besonders an. Hat er recht?" (S. 215)

15. „Ist es möglich für mich, für meine Enkel für Heilung zu beten, obwohl wir sehr weit voneinander entfernt wohnen?" (S. 227)

16. „Was passiert, wenn Ihr Kind keine Heilung empfängt? Ich bin Menschen begegnet, die durch diese Theologie verletzt wurden. Ich versuche nur, Sie zu schützen." (S. 244)

17. „Gott wohnt im Lobpreis Seines Volkes. Wird nicht Gottes Gegenwart mein Kind heilen, wenn ich in meinem Haus und um mein Kind herum ständig Lobpreismusik spiele? Das scheint mir ein viel einfacherer Weg zu sein, mein Kind zu heilen." (S. 249)

18. „Andere scheinen mehr Veränderungen bei ihren Kindern zu erleben als ich. Mache ich etwas falsch? Stimmt etwas nicht mit mir?" (S. 265)

19. „Menschen mit dem Down-Syndrom scheinen so glücklich und unschuldig zu sein. Könnte diese Behinderung nicht eine Art Schutz Gottes sein, um sie vor schlimmen Sünden, die sie im gesunden Zustand begehen würden, zu bewahren?" (S. 268)

20. „Wie soll ich mit Menschen umgehen, die darauf bestehen, die Erkrankung meines Kindes zu thematisieren?" (S. 273)

Dank

Das Buch, das Sie in Ihren Händen halten, hätte nicht geschrieben werden können, wenn nicht die wunderbare Gnade Gottes viele Familien auf der ganzen Welt in einer gemeinsamen Leidenschaft vereint hätte – dass das Lamm Gottes den Lohn erhält, für den Er, Jesus, am Schandpfahl gelitten hat, für das Leben jeder einzelnen Person, insbesondere unserer Kinder. Wir möchten uns daher besonders bei den Eltern bedanken, die sich die Zeit genommen haben, ihre Erlebnisberichte niederzuschreiben, so dass sie in dieses Buch aufgenommen werden konnten.

Unser Dank gilt außerdem den wunderbaren Mitarbeitern von John G. Lake Ministries für ihre Ermutigung, Unterstützung und Vision, insbesondere Curry Blake für sein unermüdliches Erforschen und Lehren des Wortes Gottes, das sich in unserem Leben als absolut wegweisend erwiesen hat.

Gott heilt angeborene Erkrankungen
Erste Früchte

Einführung

Dieses Buch wurde *nicht* für den Ungläubigen, den Neinsager oder Kritiker geschrieben. Dieses Buch wurde für Eltern geschrieben, deren Kind mit einer angeborenen Erkrankung diagnostiziert wurde, die aber ohne jeden Zweifel felsenfest davon überzeugt sind, dass dies nicht in Ordnung ist. Sie wissen, wer Sie sind. Tief in Ihrem Herzen sind Sie überzeugt, dass die Ihrem Kind gestellte Diagnose einer genetischen Fehlbildung nicht dem Willen Gottes für Ihr Kind entspricht. Sie wissen, dass Gott Seinen Willen auf Erden verwirklicht sehen möchte, wie er im Himmel geschieht. Doch obwohl all das wahr ist, kennen Sie niemanden, der genauso darüber denkt wie Sie, und Ihnen ist auch niemand bekannt, der Ihr Kind freisetzen kann. Vielleicht haben Sie die Hoffnung schon aufgegeben, dass Ihr Kind geheilt werden könnte. Möglicherweise warten Sie nur noch darauf, bis Sie in den Himmel kommen, um die vollkommene Schönheit und Persönlichkeit Ihres Kindes zu sehen.

Genetisch bedingte Fehlbildungen wie das Down-Syndrom sind nach medizinischer Definition Erkrankungen, und **_Jesus heilt Erkrankungen._** Für uns alle, die wir behaupten, Jesus Christus nachzufolgen, ist dieses Buch eine handfeste Erinnerung daran, dass Jesus der ist, der Er behauptet zu sein. Er tat das, wovon Er sagte, Er würde es tun, und Er hat außer Seinem Aufenthaltsort nichts verändert. Jetzt lebt Er in den Menschen, die in Wahrheit an Ihn glauben. Alles, was nötig ist, um Ihr Kind zu befreien, ist ein Kind Gottes, das weiß, wer es ist und was es empfangen hat. Und wissen Sie was? Gott wartet darauf, dass wir endlich aufwachen und erkennen, dass wir selbst die Lösung des Problems sind! Er hat Seinen Teil bereits getan. Jesus hat den Preis bezahlt, so dass wir mit dem Vater versöhnt werden konnten, um nun als wahre Söhne und Töchter Gottes leben zu können. Wir sind es, die von der ganzen Welt mit Spannung erwartet werden. *„Denn die gespannte*

Erwartung der Schöpfung sehnt die Offenbarung der Söhne Gottes herbei." (Röm 8,19)

Jesus sagte, *„Wahrlich, wahrlich, ich sage euch:* **Wer** *an mich glaubt, der wird die Werke auch tun, die ich tue, und wird größere als diese tun, weil ich zu meinem Vater gehe.* **Und alles,** *was ihr bitten werdet in meinem Namen, das will ich tun, damit der Vater verherrlicht wird in dem Sohn. Wenn ihr* **etwas** *bitten werdet in meinem Namen, so werde ich es tun."* (Joh 14,12-14) Wenn die Gemeinde erkennt, dass sie gegen genetische Erkrankungen nicht machtlos ist, wird sie sich aus ihrer kleinlauten Apathie befreien. Es beginnt damit, dass wir dem Evangelium mehr Glauben schenken als unseren Erfahrungen und den Umständen, in denen wir uns befinden.

Die Nachricht, dass jeder christliche Gläubige andere Menschen durch die Kraft Gottes heilen kann, weil Jesus Christus in ihm wohnt, ist für viele revolutionär. Doch die Nachricht, dass genetisch bedingte Erkrankungen durch das vollendete Werk Jesu Christi heilbar sind, wandelt die Demographie, verändert Familien und versetzt Schicksale in ihren ursprünglich angedachten Stand.

Es wäre allerdings einfacher, die Diagnose anzunehmen und damit zu leben. Bewährte medizinische, bildungstechnische und emotionale Unterstützung stünden Ihnen zur Verfügung, wenn Sie die Diagnose akzeptierten. Niemand würde Ihnen das zum Vorwurf machen. Die Erwartungen der Kinderärzte, Nachbarn, Freunde, Familienangehörigen, Lehrer und der Gemeinde weisen alle in eine Richtung: Dass Sie die Diagnose annehmen und das Beste aus dem machen, was Ihrem Kind möglich ist. Dies ist die menschliche Art, ohne Gott das Beste aus einer Situation zu machen. Doch Jesus sagte: *„…Bei den Menschen ist es unmöglich, aber nicht bei Gott! Denn bei Gott sind alle Dinge möglich."* (Mk 10,27). Glauben Sie das wirklich?

Hier geht es nicht nur um Heilung von angeborenen Erkrankungen. Es geht darum zu entdecken, wer Sie wirklich sind als Christ, jetzt, da Sie wiedergeboren sind. Das Wort Gottes sagt: *„Wer aber dem Herrn anhängt, ist **ein Geist mit ihm**."* (1.Kor 6,17) *„Darin ist die Liebe bei uns vollkommen geworden, daß wir Freimütigkeit haben am Tag des Gerichts, denn **gleichwie Er ist, so sind auch wir in dieser Welt**."* (1.Joh 4,17) Vielleicht sollten Sie die Verse noch einmal lesen! Gottes Wort erklärt, dass wir ein Geist mit dem Herrn Jesus Christus sind, gleich wie Er in dieser Welt ist. Das bedeutet, dass Sie nicht allein sind und dass Sie dieser Diagnose nicht machtlos gegenüberstehen. Genau derselbe Geist, der Jesus Christus von den Toten auferweckt hat, lebt in Ihnen, dem Gläubigen. Jesus Christus hat Ihnen alles gegeben, was nötig ist, um die Gefangenen zu befreien! Sie sind ein Miterbe Christi (siehe Röm 8,17). Was Jesus gehört, das gehört auch uns als Gläubigen. Es ist unsere Bestimmung, unsere Berufung, das Leben in Seiner Fülle zu erlernen. Schicksale stehen auf dem Spiel!

Dieses Buch ist voller Zeugnissen von Eltern aus der ganzen Welt, mit denen wir persönlich in Kontakt stehen. Sie haben diese Wahrheiten entdeckt und begonnen, dementsprechend zu handeln. Und doch sind sie nur ein kleiner Ausschnitt der Zeugnisse von Eltern, die für Heilung ihrer Kinder und die Kinder anderer Eltern beten, die die Diagnose einer angeborenen Erkrankung erhalten haben. Dieses Buch stellt lediglich die „ersten Früchte" vor, die eine viel größere Ernte ankündigen, die schon reif ist und noch einzubringen sein wird. Gott ist dabei, eine weltweite Bewegung zu mobilisieren, die sich aus dem einfachen Grund zusammenschart – dass das Lamm Gottes den Lohn erhält, für den Er am Schandpfahl gelitten hat, und zwar im Leben jeder einzelnen Person, insbesondere im Leben derer, die mit angeborenen Erkrankungen zur Welt gekommen sind. Das Donnern einer Lawine von Wundern lässt sich überall auf der Welt vernehmen, während Kinder mit Diagnosen wie Down-Syndrom, Autismus, Zerebralparese und anderen genetischen Erkrankungen vor unseren Augen geheilt werden.

Wir möchten Eltern und Großeltern das Buch in die Hand geben, von dem wir wünschten, jemand hätte es uns gegeben, als unser Kind mit der Diagnose einer angeborenen Erkrankung geboren wurde. Wir wollen, dass die Gemeinde aufwacht und erkennt, dass Jesu Leiden am Schandpfahl auch auf Kinder mit Defekten (Handicaps) anwendbar ist.

Wir haben dieses Buch geschrieben, um Sie zu inspirieren, herauszufordern und zu befähigen, damit Ihr Kind Heilung durch die Kraft, Liebe und Autorität Jesu Christi erfährt. In diesem Buch sind die ersten Früchte realer Erfahrungen aus der Gegenwart zusammengestellt, bei denen Gott angeborene Erkrankungen geheilt hat. Wir bieten es denen als Glaubensstärkung an, die mutig genug sind zu glauben, dass Jesus Christus durch sie wirken will, um Gefangenen die Freiheit zu schenken und durch angeborene Erkrankungen geknechtete Menschen zu befreien.

Teil 1

Biblische Grundlagen

KAPITEL 1
Heilt Gott heute noch auf übernatürliche Weise?

Andy Hayner

Die Bibel ist zwar voll von Beispielen und Verheißungen, die allesamt Gottes Willen dokumentieren, die Kranken durch Seine Gnade und Kraft zu heilen, doch viele evangelikale Christen haben Zweifel in Bezug auf die Frage, ob Gott auch heute noch heilt. Sie lassen bereitwillig für sich beten, „dass Gott die Hände der Ärzte leiten möge" und empfangen gerne Ermutigung aus der Zusage, dass „Gott alles im Griff hat" (als ob Gott ihnen ihre Krankheit für einen höheren Sinn zumute). Manche Gemeinden sind sogar schnell dabei, kranken Menschen mit Mahlzeiten, Autofahrten und Wäschewaschen praktisch zu helfen (eine wunderbare Sache, wenn sie benötigt wird). Doch bei manchen Christen schrillen die Alarmglocken, wenn ein auf der „Krankenliste" geführtes Gemeindemitglied im Gemeindebüro anruft und sagt: „Sie können jetzt allen, die sich bereit erklärt haben, für mich zu kochen, sagen, dass es mir wieder gut geht. Eine Frau hat mich zu Hause besucht, hat mir die Hände aufgelegt und jetzt sind alle Krankheitssymptome und Schmerzen wie weggeblasen! Ich bin geheilt! Es war ein Wunder!" Ob Sie es glauben oder nicht, manche Pastoren würden sich eher beunruhigt fühlen, anstatt mit Freude und Dankbarkeit zu reagieren, wenn jemand in ihrer Gemeinde während der Bekanntmachungen aufstehen und von einem solchen Heilungswunder berichten würde. Wenn jemand beginnt, Gemeindemitglieder dahingehend zu unterweisen, dass sie anderen Menschen mit Heilung dienen können und Resultate sich einstellen, dann reagieren viele Pastoren äußerst nervös. Woran liegt das?

Viele Jahre meines Lebens als Christ war auch mir jeder Gläubige äußerst suspekt, der behauptete, Gott hätte durch ihn ein Wunder getan. Ich hatte miterlebt, wie viele „Heilungsevangelisten" in den Nachrichten als gierig, unmoralisch und betrügerisch entlarvt wurden. Außerdem sah ich, wie von mir respektierte Männer moralisch und theologisch regelrecht angeekelt waren, während sie die theologischen und persönlichen Mängel dieser angeblichen „Männer Gottes" unter die Lupe nahmen. Mehr noch, ich sah Freunde und Mitglieder meiner eigenen Familie weiterhin an unterschiedlichen Krankheiten und Gebrechen leiden, obwohl viele Christen ernsthaft für sie um Heilung gebetet hatten.

Wie kommt es, dass ein ehemals so skeptischer Mensch wie ich die Verwegenheit aufbringt, ein Buch zu schreiben mit dem Ziel, die Kirche herauszufordern und zu ermutigen, Gott für die übernatürliche Heilung von angeborenen Krankheiten zu vertrauen? Die einfache Antwort lautet: **Das Wort Gottes hat mein Denken verändert.** In dem Maße, wie ich mein Denken änderte und zu glauben begann, was das Wort Gottes über Heilung sagt, begann ich zu erleben, wie die Kraft Gottes durch mich wirksam wurde, um Menschen zu heilen. Tatsächlich habe ich im Laufe nur weniger Jahre übernatürliche Heilungen von nahezu allen weltweit bekannten Leiden erlebt – Leukämie, chronische Lungenerkrankung (COPD), Autismus, Zerebralparese, Diabetes, Blindheit, Taubheit, Krebs, Knochenbrüche und vieles mehr – alle geheilt allein durch die Kraft Jesu Christi.

Bevor Sie eine zu hohe Meinung von mir bekommen (oder zu skeptisch werden): Auf meinen Reisen durch die USA und überall in der Welt habe ich Hunderte von anderen Gläubigen geschult, die jetzt erleben, wie Gott durch sie kranke Menschen heilt. Ich bin fest davon überzeugt, dass Gott Sein mächtiges Werk durch *jeden Gläubigen* tun wird. Wenn Sie Fragen oder Zweifel diesbezüglich haben, dann müssen Sie das mit Jesus regeln. Denn Jesus selbst glaubt auch, dass Er die Kranken durch jeden Gläubigen heilen kann! Jesus sagte: „*Wahrlich, wahrlich, ich sage euch:* **Wer an mich glaubt,** *der wird die Werke auch tun, die*

ich tue, und wird größere als diese tun, weil ich zu meinem Vater gehe."
(Joh 14,12) Ob Sie nun bis zu diesem Zeitpunkt in Ihrem Leben jemals Heilung erlebt haben oder nicht, Sie müssen verstehen: Jesus Christus glaubt, dass Er die Kranken durch jeden heilen kann *„der an Ihn glaubt"*. Doch geben Sie genau Acht: **Glauben kommt vor dem Heilen.**

Vielleicht sind Sie sich dessen noch nicht bewusst, doch wenn Sie an Jesus Christus glauben, dann steht Ihnen all die benötigte Hilfe und Kraft bereits in Ihrem Inneren zur Verfügung, ganz gleich wie verzweifelt Ihre Situation sein mag – *„…Christus in euch, die Hoffnung der Herrlichkeit."* (Kol 1,27) Lassen Sie sich ermutigen! Der größte Wundervollbringer, den die Welt je gesehen hat, wohnt in Ihrem Inneren, und Er heilt auch heute noch die Kranken, genauso wie Er es immer schon getan hat.

DER STROM UND DER „AUS"-KNOPF

Vor kurzem bekam ich von meiner Familie eine elektrische Gitarre und einen Verstärker geschenkt. Eines Nachmittags versuchte ich darauf zu spielen, doch ich bekam keinen Ton aus ihr heraus. Zwanzig Minuten lang wackelte ich an allen Kabeln und drehte an allen Knöpfen, jedoch ohne Erfolg. Ich wusste, dass in der Steckdose genug Strom zur Verfügung stand, konnte ich doch seine Auswirkungen an meinem Computer und Drucker sehen. Doch der Glaube an die Verfügbarkeit des Stroms half meiner Gitarre nicht! Ich schickte mich schon an, nach dem Kassenzettel zu suchen, überzeugt, dass etwas kaputt sei, als ich den Schalter an meinem Verlängerungskabel bemerkte, der sich in der „Aus"-Position befand. Mit einem simplen Tastendruck wurde aus dem „Aus-Schalter" ein „An-Schalter" und der Strom begann zu fließen.

Genauso, lieber Christ, können Sie die Kraft und Gnade Gottes überall um Sie herum am Werk sehen – in der Schöpfung, in Ihrer Erlösung, in Ihrer Ehe, in Seinem Wort – doch in dem Maße, in dem Sie sich beim Thema Heilung auf Gottes Wort ausrichten, werden Sie erleben, wie die Kraft Gottes auch in diesem Bereich zu fließen beginnt. Sobald Ihr Denken durch Sein Wort erneuert wird, wird Seine Kraft ungehindert durch Sie fließen. In der Zwischenzeit können Sie beruhigt darauf vertrauen, dass Gottes Kraft und Gnade zur Verfügung steht, um alle Krankheiten, Gebrechen und Defekte zu heilen.

HINSCHAUEN AUF JESUS

Jesus und nicht unsere theologische Tradition oder persönliche Erfahrung ist die definitive und autoritative Offenbarung Gottes zum Thema Krankenheilung. Im Gegensatz dazu wurden die meisten Geistlichen darin geschult, ihre Theologie durch Herauspicken von Bibelversen aus der Bibel zu entwickeln, um sie anschließend wie Puzzleteile zu einem logischen Denksystem zusammenzufügen. Im Ergebnis führt dieser Prozess manchmal dazu, dass die auf diese Weise zusammengefügten Puzzleteile ein Bild ergeben, welches *keinerlei Ähnlichkeit damit aufweist, was Gott uns in Jesus Christus offenbart hat.* Wie ich in meinem vorhergehenden Buch „***Immersed into God***" *(zu Deutsch: Eingetaucht in Gott)* ausgeführt habe: „Bibelverse sind wie Puzzleteile. Jesus Christus ist das Bild auf dem Deckel. Wenn wir also unsere Bibelverse zu einem Bild zusammenfügen, das sich von Charakter, Leben und Lehre Jesu Christi unterscheidet, müssen wir von vorne anfangen."

Jesus Christus verkörpert perfekte Theologie. Er ist die vollkommene Offenbarung des Willens und der Handlungsweise Gottes in Bezug auf Liebe, Erlösung, und ja… Heilung. Für den Fall, dass wir die Worte nicht verstehen, hat Gott uns ein Bild gegeben! Jesus Christus ist das Fleisch gewordene Wort Gottes. Er ist die absolute Offenbarung des Vaters, weshalb Jesus sagen konnte: „*Wer mich gesehen hat, der hat den Vater gesehen*" (Joh 14,9).

Was immer wir über Gottes Willen zum Thema Heilung und Krankheit glauben mögen, wir müssen das alles einem Vergleich mit Jesus

Christus unterziehen, um zu sehen, ob es dem entspricht, was der Vater uns über sich selbst in Christus offenbart hat.

Exerzieren wir das doch einmal mit einigen Überzeugungen durch, die sich in der Kirche derzeit großer Beliebtheit erfreuen. So wurde mir beispielsweise viele Jahre lang eine Sichtweise der Souveränität Gottes vermittelt, die zu folgender Auffassung führte: Wenn jemand krank ist, dann entspricht dies dem Willen Gottes für diese Person, meistens, weil Gott ein höheres Ziel damit verfolgt, vielleicht, weil Er die Person etwas lehren will oder sie näher zu sich selbst ziehen möchte. Selbst jetzt könnte ich einige Bibelverse aneinanderreihen, um diese Auffassung in überzeugender Weise zu untermauern.

Doch hält sie einem Vergleich mit Jesus Christus stand, der Person, in der sich Gott selbst persönlich geoffenbart hat? Was sehen wir in Ihm? Sehen wir, wie Jesus Menschen krank macht, um ihnen eine Lektion zu erteilen? Nein! Sehen wir, wie Jesus Menschen in ihrer Krankheit belässt, um ihren Charakter zu entwickeln oder sie näher zu sich selbst zu ziehen? Natürlich nicht. Können wir Jesus auf den Berghängen und Seeufern Palästinas sehen, wie die Menschenmengen ihre Kranken und Verletzten zu ihm tragen, nur um Ihn sagen zu hören: „Geliebte, lasst Euch ermutigen! Ihr seid nur deshalb krank, weil Euer himmlischer Vater dies in Eurem Leben zu Eurem Besten und zu Seiner Ehre einsetzen will. Nun geht heim in Frieden." Ganz im Gegenteil, wir sehen, wie Jesus die Geister austrieb „...*und heilte alle Kranken*" (Mt 8,16) Was immer Sie über die Lehre der Souveränität Gottes glauben mögen - jede Auffassung, der zufolge Gott „für Krankheit" anstatt „für Heilung" ist, stellt ein furchtbares Missverständnis des Wortes Gottes dar.

GOTTES ZEITPLAN ODER UNSERE LANGSAMKEIT?

Eine andere Sache, die Christen oft sagen, ist: „Ich weiß, dass Gott dich heilen will, aber vielleicht ist Sein perfekter Zeitpunkt noch nicht gekommen." Auch wenn dies irgendwie wahr klingen und mit unserer

Erfahrung übereinstimmen mag, lassen Sie uns nicht leben wie solche, deren „*Weg dem Menschen **richtig erscheint***", denn „*zuletzt führt er ihn doch **zum Tod**.*" (Spr 14,12) Lassen Sie uns stattdessen „*hinschauen auf Jesus, den Anfänger und Vollender des Glaubens*" (Heb 12,2).

Was sehen wir in Ihm? Jesus wurde ständig von Menschen um körperliche Heilung gebeten. Sehen wir Jesus jemals zu einem Menschen sagen: „Es tut mir leid. Gottes Zeitpunkt für deine Heilung ist leider noch nicht gekommen. Wir sehen uns beim nächsten Passahfest."? Gott sei Dank finden wir nichts dergleichen.

Es gibt lediglich zwei Begebenheiten im Leben Jesu Christi, die auch nur annähernd als mögliche Ausnahmen zur Stützung des Gedankens von „Gottes perfektem Zeitplan" in Bezug auf Heilung herangezogen werden könnten. Die erste Begebenheit ist die, bei der Jesus sich zunächst weigert, die Tochter einer nichtjüdischen Frau zu heilen. Jedoch hatte dies nichts mit Gottes Zeitplan für das Mädchen zu tun. Es hing vielmehr mit der Tatsache zusammen, dass Jesus zuerst zu Israel als Messias gesandt war, und die Zeit, in der die Segnungen des Reiches Gottes auch den Heiden frei zur Verfügung stehen würden, noch nicht gekommen war. Seit der Einsetzung des Neuen Bundes steht jedoch das Brot der Kinder – körperliche Heilung – sowohl Juden als auch Heiden zur Verfügung. Außerdem heilte Jesus sogar bei dieser Begebenheit schließlich die Tochter der Frau, obwohl sie sich nicht in einem Bundesverhältnis mit Gott befand (Mt 15,22-28).

Die andere Begebenheit, die manchmal zur Begründung des Gedankens „alles geschieht nach Gottes perfektem Zeitplan" herangezogen wird, handelt von der Weigerung Jesu, sich sofort auf den Weg zu machen, nachdem Er die Nachricht von der Erkrankung des Lazarus erhalten hatte. Oberflächlich betrachtet scheint diese Begebenheit die Auffassung zu stützen, dass Gott manchmal die Heilung hinauszögert. Eine etwas genauere Betrachtung des Textes zeigt jedoch, dass dies überhaupt nicht der Fall ist. Was sagt dieser Abschnitt wirklich aus? Schauen wir ihn uns doch mal an.

„Es war aber einer krank, Lazarus von Bethanien aus dem Dorf der Maria und ihrer Schwester Martha, nämlich der Maria, die den Herrn gesalbt und seine Füße mit ihren Haaren getrocknet hat; deren Bruder Lazarus war krank. Da sandten die Schwestern zu ihm und ließen ihm sagen: Herr, siehe, der, den du liebhast, ist krank! **Als Jesus es hörte, sprach er: Diese Krankheit ist nicht zum Tode, sondern zur Verherrlichung Gottes, damit der Sohn Gottes dadurch verherrlicht wird!** *Jesus aber liebte Martha und ihre Schwester und Lazarus.* **Als er nun hörte, daß jener krank sei, blieb er noch zwei Tage** *an dem Ort, wo er war. Dann erst sagte er zu den Jüngern: Laßt uns wieder nach Judäa ziehen! (...) Dies sprach er, und danach sagte er (Jesus) zu ihnen: Unser Freund Lazarus ist eingeschlafen aber ich gehe hin, um ihn aufzuwecken. Da sprachen seine Jünger: Herr, wenn er eingeschlafen ist, so wird er gesund werden! Jesus aber hatte von seinem Tod geredet; sie dagegen meinten, er rede vom natürlichen Schlaf. Daraufhin nun sagte es ihnen Jesus frei heraus:* **Lazarus ist gestorben; und ich bin froh um euretwillen, daß ich nicht dort gewesen bin, damit ihr glaubt.** *Doch laßt uns zu ihm gehen! ... Da sprach Thomas, der Zwilling genannt wird, zu den Mitjüngern: Laßt uns auch hingehen, damit wir mit ihm sterben!* **Als nun Jesus hinkam, fand er ihn schon vier Tage im Grab liegend.** (Joh 11,1-17)

Für den Fall, dass Ihnen das entgangen sein sollte, hier nochmal die Abfolge der Ereignisse. Weil ihr Bruder Lazarus krank war, ließen Maria und Martha Jesus holen, der gerade Jerusalem verlassen hatte. Zu dem Zeitpunkt, als Jesus die Nachricht von der Krankheit des Lazarus erhalten hatte, erkannte Er durch den Heiligen Geist, dass Lazarus bereits gestorben war. Woher weiß ich das? Weil Jesus nur **zwei Tage** länger gewartet hat, nachdem Er die Nachricht von der Krankheit des Lazarus bekommen hatte, doch als Er am Grab des Lazarus ankam, war Lazarus bereits **vier Tage** tot. Lazarus muss gestorben sein, kurz nachdem der Kurier mit der Nachricht losgeschickt worden war, was folglich hieße, dass er bereits tot war, als Jesus von seiner Krankheit erfuhr.

Daraus wird deutlich, dass Jesus Seine Abreise nicht deshalb verzögerte, damit Gott durch ein längeres Kranksein des Lazarus irgendwie „mehr verherrlicht" würde. Jesus blieb vielmehr dort, wo Er war, weil Lazarus bereits tot war, als Ihn die Nachricht von der Krankheit des Lazarus erreichte. Anstatt also schnell zurückzukehren, ließ Jesus sich etwas länger Zeit, so dass Lazarus *extrem tot* war – so tot, dass niemand Gottes Herrlichkeit würde leugnen können, wenn sie sich in der Auferweckung des Lazarus durch Jesus Christus manifestierte. Wenn also jemand das nächste Mal versucht, diesen Vers aus dem Kontext zu reißen, um Ihnen zu sagen, dass Krankheit „zur Verherrlichung Gottes" diene, können Sie der Person entgegenhalten, dass Gott sich in Bezug auf Krankheiten nur dadurch verherrlicht, dass Er heilt oder jemanden von den Toten auferweckt. Gott verherrlicht Sich ***nicht*** dadurch, dass Er Menschen krank bleiben lässt.

WER AUCH IMMER, WANN AUCH IMMER, WOVON AUCH IMMER

Jesus war *immer* willens, *jeden* zu heilen, der zu Ihm kam, *wann immer* er oder sie zu Ihm kam. Immer, wenn Jesus einen Ort betrat, *„kamen große Volksmengen zu ihm, die hatten Lahme, Blinde, Stumme, Krüppel und viele andere bei sich. Und sie legten sie zu Jesu Füßen, und* **Er heilte sie.**" (Mt 15,30) Wenn Jesus aus einem Ort hinausging, *„folgte ihm eine große Menge nach, und* **Er heilte sie alle.**" (Mt 12,15)

Durch Jesus Christus demonstrierte Gott, dass nicht Er es war, der Menschen krank machte oder in Krankheit beließ. Jesus Christus heilte Menschen überall, wo Er hinkam. Der Apostel Petrus bestätigt das, wenn er sagt: *„wie Gott Jesus von Nazareth mit Heiligem Geist und Kraft gesalbt hat, und wie dieser umherzog und Gutes tat und alle heilte, die vom Teufel überwältigt waren; denn Gott war mit ihm."* (Apg 10,38) Jesus behandelte Krankheit nie, als wäre sie das Werk oder der Wille Seines Vaters. Er behandelte Krankheit immer als ein Werk des Feindes, welches Gott durch die Kraft und Autorität des Reiches Gottes entfernt haben möchte.

Ich erinnere mich an einen Vorfall, bei dem ich in einer charismatischen Gemeinde war, kurz nachdem ich begonnen hatte, diese Wahrheiten zu entdecken. Die Teilnehmer der Veranstaltung waren aufgerufen worden, für sich beten zu lassen. Einer der anwesenden Männer sagte, dass er seit mehreren Jahren an Schmerzen in den Beinen und Füßen leide und gerne geheilt werden wolle. Ein älterer Mann neben mir hörte das Anliegen und sagte: „Klar, wir beten für dich und schauen mal, was Gott macht." Ich erwiderte: „Nein, das werden wir nicht tun." Beide schauten mich an, als wäre ich verrückt geworden. Ich fuhr fort: „Wir brauchen nicht zu beten, um zu sehen, was Gott tun wird. Dazu müssen wir das Wort zu Rate ziehen. Jesus hat uns gezeigt, dass Er alle heilt, die Heilung brauchen und zu Ihm kommen. Das Wort sagt, dass Gläubige den Kranken die Hände auflegen werden und sie geheilt würden (Mk 16,18). Jesus befiehlt Seinen Nachfolgern, die Kranken zu heilen (Mt 10,7-8). Wir wissen bereits, was Gott tun wird. Nun wollen wir beten, damit Gott das tun kann, was Er tut!" Als wir uns fest auf den offenbarten Willen Gottes stellten, stellte sich Heilung ein und wir „sahen, was Gott tut."

Jesu Dienst war eine fortwährende Demonstration *des Willens des Vaters in Bezug auf Heilung.*

„...ich suche nicht meinen Willen, sondern **den Willen des Vaters, der mich gesandt hat**.*"* (Joh 5,30)

„Denn ich bin aus dem Himmel herabgekommen, nicht damit ich meinen Willen tue, **sondern den Willen dessen, der mich gesandt hat**.*"* (Joh 6,38)

In Christus sehen wir deutlich, dass der Vater *immer* heilen will, und zwar *jeden,* der Heilung braucht, **wann immer** er zu Ihm kommt. In der Tat: *„Siehe, jetzt ist die angenehme Zeit; siehe, jetzt ist der Tag des Heils!"* (2.Kor 6,2) Das ist tatsächlich eine gute Nachricht! Gott ist nicht die Ursache dafür, dass Krankheit sich hinzieht oder Heilung verzögert wird.

SPIELT GOTT „ENE, MENE, MISTE"?

Es gibt eine sehr populäre Denkweise, die in diese Richtung geht und sich hartnäckig in der Gemeinde hält – dass Gott zwar die Macht habe, alle Kranken zu heilen, jedoch von Fall zu Fall entscheide, ob Er jemanden heilen wolle oder nicht. „Ich weiß, dass Gott mich heilen kann..." heißt die Theorie, „...ob Er es allerdings will oder nicht, das ist Seine Sache." Wir als an Jesus Christus Gläubige lieben und vertrauen Gott, egal welche Attacken wir vom Satan zu erdulden haben. Es ist allerdings schon sehr entmutigend zu glauben, dass Gott in der Lage ist zu heilen, sich aber dazu entschlossen hat, Sie oder einen Ihnen nahe stehenden Menschen im Elend, bedrückt und ausgeschlossen zu belassen.

Hat sich der Vater so in Jesus Christus gezeigt, indem Er von Fall zu Fall entschieden hat? Wenn ganze Dörfer ihre Kranken und Verletzten mit der Bitte um Heilung zu Jesus brachten, sehen wir Jesus, wie Er einige auswählte und heilte und andere ihrem Elend überließ?

„Als es aber Abend geworden war, brachten sie viele Besessene zu ihm, und er trieb die Geister aus mit einem Wort und **heilte alle Kranken.***"* (Mt 8,16)

„Jesus aber zog sich von dort zurück, als er es bemerkte. Und **es folgte ihm eine große Menge nach, und er heilte sie alle.***"* (Mt 12,15)

„Und als die Volksmenge es vernahm, folgte sie ihm aus den Städten zu Fuß nach. Als nun Jesus ausstieg, sah er **eine große Menge; und er erbarmte sich über sie und heilte ihre Kranken.***"* (Mt 14,13-14)

Glücklicherweise sehen wir Jesus nicht „Ene, mene, miste" spielen, wenn es um Heilung geht. Er hat die Menschen, die Ihn um Heilung baten, niemals willkürlich ausgeschlossen oder übergangen, so dass sie in ihren Leiden gebunden zurückgelassen wurden. Daher können wir mit voller Gewissheit sagen, dass Gott bei Heilung nicht selektiv oder exklusiv vorgeht. Im Gegenteil, Jesus schien viel aufgebrachter zu sein, wenn die Menschen sich weigerten, von Ihm geheilt zu werden, wie in dem Fall, als Seine Heimatstadt Ärgernis an Ihm nahm (Mk 6,1-5). Wie hätte Jesus sonst Seinen Jüngern gebieten können: „Heilt die Kranken" (Mt 10,8) ohne jede Ausnahme, wenn Gott nicht ebenso willig wäre, die Kranken ohne Ausnahme zu heilen? Wenn einer der Nachfolger Jesu (was uns einschließen würde) jemanden sieht, der krank ist (was angeborene Erkrankungen einschließen würde), sind wir aufgerufen, durch die Kraft des Reiches Gottes die Kranken zu heilen. Dies ist eine sehr gute Nachricht für uns und für sie.

Die einzige Begebenheit im Leben Jesu Christi, die manchmal herangezogen wird, um den Gedanken zu stützen, Gott übergehe kranke Menschen, um den Glückspilz für das „Wunder des Tages" zu erwählen, ist folgende:

„Danach war ein Fest der Juden, und Jesus zog hinauf nach Jerusalem. Es ist aber in Jerusalem beim Schaftor ein Teich, der auf hebräisch Bethesda heißt und der fünf Säulenhallen hat. In diesen lag eine große Menge von Kranken, Blinden, Lahmen und Abgezehrten, welche auf die Bewegung des Wassers warteten. Denn ein Engel stieg zu gewissen Zeiten in den Teich hinab und bewegte das Wasser. Wer nun nach der Bewegung des Wassers zuerst hineinstieg, der wurde gesund, mit welcher Krankheit er auch geplagt war. Es war aber ein Mensch dort, der 38 Jahre in der Krankheit zugebracht hatte. **Als Jesus diesen daliegen sah** *und erfuhr, daß er schon so lange Zeit [in diesem Zustand] war, spricht er zu ihm: Willst du gesund werden? Der Kranke antwortete ihm: Herr, ich habe keinen Menschen, der mich in den Teich bringt, wenn das Wasser bewegt wird; während ich aber selbst gehe, steigt ein anderer vor mir hinab. Jesus spricht zu ihm: Steh auf, nimm deine Liegematte und geh umher! Und sogleich wurde der Mensch gesund, hob seine Liegematte auf*

und ging umher. Es war aber Sabbat an jenem Tag. Nun sprachen die Juden zu dem Geheilten: Es ist Sabbat; es ist dir nicht erlaubt, die Liegematte zu tragen! Er antwortete ihnen: Der mich gesund machte, der sprach zu mir: Nimm deine Liegematte und geh umher! Da fragten sie ihn: Wer ist der Mensch, der zu dir gesagt hat: Nimm deine Liegematte und geh umher? Aber der Geheilte wußte nicht, wer es war, **denn Jesus war weggegangen, weil so viel Volk an dem Ort war.** *Danach findet ihn Jesus im Tempel und spricht zu ihm: Siehe, du bist gesund geworden; sündige hinfort nicht mehr, damit dir nicht etwas Schlimmeres widerfährt!* **Da ging der Mensch hin und verkündete den Juden, daß es Jesus war, der ihn gesund gemacht hatte. Und deshalb verfolgten die Juden Jesus und suchten ihn zu töten, weil er dies am Sabbat getan hatte.** "(Joh 5,1-16)

Welchen Reim können wir uns darauf machen, dass Jesus am Teich Bethesda nur einen Mann heilte, wo doch „eine Menge von Kranken" da lag? Jerusalem war für Jesus zu einem gefährlichen Ort geworden. Das letzte Mal, als Jesus dort gewesen war, hatte Er die Geldwechsler aus dem Tempel gejagt und ziemlich viel Aufsehen erregt, so dass sogar einflussreiche Menschen wie Nikodemus, ein Oberster der Juden, auf den Schutz der Dunkelheit warten mussten, um Jesus einen Besuch abzustatten. Die feindselige Atmosphäre der Umgebung beeinflusste die Art und Weise, wie Jesus operierte und machte es „Suchenden" schwer, sich offen mit Ihm auseinander zu setzen oder gar Glauben an Ihn zu zeigen.

In dieser Situation heilte Jesus einen Mann, vermutlich inmitten einer Vielzahl anderer, die Heilung brauchten. Jesus heilte diesen Mann quasi überfallartig und verschwand dann unvermittelt, bevor der Mann mitbekam, wer ihn überhaupt geheilt hatte. Warum? Anscheinend war es nach der Heilung dieses Mannes für Jesus unmöglich, den ganzen Tag damit zu verbringen, jeden am Teich Bethesda zu heilen - die Mischung aus Ort, Massendynamik, Sabbat und Feindseligkeit der religiösen Führer ließ es nicht zu. Jesus suchte sich hier nicht aus, wen Er heilte und wen Er seinem Elend überließ. Vielmehr vermied Er eine potentiell gefährliche Situation, bei der Er von einer Menschenmenge umschlossen gewesen wäre, die, wenn angestachelt durch die feindseligen religiösen Führer, sich schnell in einen gewaltbereiten Mob verwandeln konnte.

Dies wird noch weiter erhärtet, wenn man bedenkt, dass Jesus während Seines Dienstes überall in Israel regelmäßig ganze Dörfer heilte. Vor der Ankunft Jesu waren die Dörfer voller Menschen, die krank, von Dämonen belastet, blind, taub, lahm und von Geburt an verkrüppelt waren. Als Er wieder fortging, war jeder gesund und voller Frieden. Er hat niemals jemanden ausgesondert, um ihm die Heilung zu verweigern! Warum? Jesus beantwortete diese Frage selbst, als Er sagt: *„Ich tue nur, was ich den Vater tun sehe."* (Joh 5,19) Der Vater schließt niemals jemanden von Heilung aus, also war Jesus immer bereit, jeden zu heilen, der ein Bedürfnis nach Heilung hatte. Er machte Gott sichtbar – **immer** bereit, **jeden** zu heilen, der in **irgendeiner Weise** der Heilung bedurfte…einschließlich Ihres Kindes oder eines Ihnen nahe stehenden Menschen, die mit einer angeborenen Krankheit geboren wurden!

Wie oft haben Sie Menschen ihr Gebet um Heilung mit dem Satz abschließen hören „**wenn** es Dein Wille ist", als stünde Gottes Wille in Bezug auf Heilung immer noch in Frage? In vielerlei Hinsicht sind sie genauso geistlich verwirrt wie Philippus, der Jesus bat *„Herr, zeige uns den Vater, so genügt es uns!"* (Joh 14,8), obwohl er die ganze Zeit seines Dienstes mit Jesus gegangen war. *„Jesus spricht zu ihm: So lange Zeit bin ich bei euch, und du hast mich noch nicht erkannt, Philippus? Wer mich gesehen hat, der hat den Vater gesehen. Wie kannst du da sagen: Zeige uns den Vater?"* (Joh 14,9).

Ich erläutere diesen Punkt so ausführlich, weil es so viele Christen gibt, deren Gottesbild meilenweit entfernt ist von dem, wie Gott sich Selbst in Jesus Christus offenbart hat. Wenn Menschenleben durch Krankheiten oder Gebrechen ein vorzeitiges Ende finden, fragen sich manche Christen laut: „Warum hat Gott das getan?", offensichtlich in der Annahme, dass Gott die Krankheit verursacht hat, anstatt Ihn als Heiler zu sehen! Wenn ein Christ vom Arzt eine schlechte Nachricht erhält, dann wendet er sich enttäuscht und verzweifelt an Gott, anstatt voller Zuversicht und Erleichterung darüber zu sein, dass Gott sich bereits Selbst als Lösung im Voraus vorbereitet hat. Wenn ein Kind mit einem Defekt geboren wird, schreiben die meisten Gläubigen diesen Defekt fälschlicherweise dem Plan und der Vorsehung Gottes zu, anstatt ihn als einen Angriff des Feindes zu sehen und die Ressourcen des Reiches Gottes zur Befreiung des Kindes zu mobilisieren.

„So lange Zeit bin ich bei euch, und du hast mich noch nicht erkannt?" ist eine berechtigte Frage Jesu, nicht nur an Philippus, sondern an jeden Seiner Nachfolger heute. Die Offenbarung, die Jesus Philippus zuteilwerden ließ, ist die Wahrheit, die wir uns zu Herzen nehmen müssen: *„Wenn ihr mich erkannt hättet, so hättet ihr auch meinen Vater erkannt; und von nun an erkennt ihr ihn und habt ihn gesehen…Wer mich gesehen hat, der hat den Vater gesehen."* Wir müssen sehen, dass Gott sich Selbst vollkommen und klar in Jesus Christus offenbart hat, und zwar als der, dessen Wille immer Heilung ist.

*„Wahrlich, wahrlich, ich sage euch: Der Sohn kann nichts von sich selbst aus tun, sondern **nur, was er den Vater tun sieht**; denn was dieser tut, das tut gleicherweise auch der Sohn."* (Joh 5,19)

*„**Ich habe deinen Namen** den Menschen **offenbar gemacht**, die du mir aus der Welt gegeben hast"* (Joh 17,6)

Ausgehend vom Leben Jesu können wir mit Sicherheit sagen, dass Er **niemals** sah, dass der Vater Menschen krank machte oder krank ließ. Jesus sah den Vater heilen und Er zeigte uns den Vater durch die Dinge, die Er tat. Jesus offenbarte das Wesen des Vaters. Er ist wie ein Computerbildschirm, auf dem der Vater im Life-Stream auf der Erde zu sehen ist. Wenn wir Ihn anschauen, sehen wir die Werke des Vaters.

Wenn wir Jesus hören, hören wir die Worte des Vaters. Was sehen wir und hören wir denn? Unser himmlischer Vater ist ein Heiler. Er heilt immer **alle**, die zu Ihm gebracht werden, **wann immer** sie kommen, **wovon auch immer** sie geheilt werden müssen. Das ist eine wundervolle Nachricht für diejenigen von uns, deren Kinder Heilung brauchen!

Ich denke an eine Dame, die mich gebeten hat, für ihre Heilung zu beten. Seit vielen Jahren litt sie an chronischen Schmerzen als Folge eines Autounfalls. Es wurde auch schon wiederholt von anderen Menschen für sie gebetet, doch sie hatte die Heilung noch nicht erlebt. Also legte ich ihr die Hände auf und betete für Heilung. Nach einer kurzen Zeit bat ich sie, sich zu bewegen und mir zu sagen, ob sie irgendeine Veränderung feststellen konnte. Sofort fing sie an, mir zu erklären, dass sie sicher sei, „zu Gottes perfektem Zeitpunkt" geheilt zu werden. Ich versicherte ihr: „Gottes Zeitpunkt für Ihre Heilung war vor 2.000 Jahren, als Jesus am Schandpfahl gelitten hat. Heute ist der Tag des Heils! Jetzt ist die Zeit!" Ich legte ihr die Hände auf und betete noch etwas länger, und sie wurde vollständig geheilt. Wäre ich der Lehre von „Gottes perfektem Zeitpunkt" auf den Leim gegangen, hätte ich nicht die Zuversicht gehabt, auf ihrer Heilung zu bestehen.

Andere werden dadurch verwirrt, dass Gott in der Bibel, insbesondere im Alten Testament, Menschen mit Krankheit zu strafen scheint, oder sie zumindest zulässt. Die meisten Christen verstehen die gravierende Veränderung nicht, die mit dem Kommen Jesu Christi und mit der Einsetzung des Neuen Bundes eingetreten ist.

So haben beispielsweise viele Christen das Buch Hiob gelesen und festgestellt, dass wenngleich Gott auch nicht direkt für das Elend Hiobs verantwortlich war, Er dennoch sehr wohl über die Krankheit und die Schmerzen Hiobs Bescheid wusste, mit denen Satan ihn plagte. Wenn sie dann längere Zeit gegen Krankheit, Schmerzen oder Leiden ankämpfen müssen, identifizieren sie sich mit Hiob und sagen: „Nun, vielleicht bin ich einfach nur wie Hiob."

Obwohl zweifellos biblisch, verliert das „Ich bin wie Hiob"-Argument seine Kraft, sobald es im Licht Jesu Christi betrachtet wird. Und zwar aus folgendem Grund: Das Buch Hiob war auch in der Bibel, die Jesus gelesen hat, richtig? Doch können Sie sich an ein Beispiel erinnern, bei dem jemand Jesus um Heilung bat, nur um mit den Worten weggeschickt zu werden: „Ich wünschte, ich könnte dich heilen, aber du bist genauso wie Hiob. Gott möchte, dass du noch etwas länger krank bleibst, damit Er verherrlicht wird, indem Satan dich plagt?" Hat Jesus jemals so gehandelt? Nein, hat Er nicht. Die Gegenwart Jesu auf Erden brachte weit mehr mit sich, als Hiob oder irgendjemand anderes aus der Zeit des Alten Testaments jemals wissen konnte. In der Tat, seit Jesus Christus gilt: „Das Reich Gottes ist nahe herbeigekommen!"

Und aus seiner Fülle haben wir alle empfangen Gnade um Gnade. Denn das Gesetz wurde durch Mose gegeben; die Gnade und die Wahrheit ist durch Jesus Christus geworden. (Joh 1,16-17)

Bevor Jesus Christus kam, war es Gott nicht möglich, sich vollkommen gemäß der Beziehung zu offenbaren oder auszudrücken, zu der Er uns geschaffen hatte und die wir nach Seinem Willen genießen sollten. Stellen Sie sich einen Mann vor, der gleichzeitig Richter und Vater ist. Wenn das Kind dieses Mannes verhaftet und vor Gericht gebracht wird, muss der Vater dem Kind gegenüber als Richter auftreten. Der Vater hat nicht die Freiheit, jeden Tag damit zu beginnen, dass er von seinem Richterstuhl herunter kommt, erstmal seinen Sohn umarmt und ihm ein paar aufmunternde Worte zuspricht. Der Vater mag sogar den Sohn zu einer Gefängnisstrafe verurteilen, wenn die Gerechtigkeit dies erfordert. Doch nach der Verhandlung, wenn das Urteil gesprochen und der Gerechtigkeit genüge getan wurde, kann der Richter sein Gewand ablegen und sich seinem Sohn gegenüber wie ein Vater verhalten.

Genau das ist es, was in Jesus Christus geschieht. Vor Christus wollte Gott auch schon die Beziehung mit uns als Söhne und Töchter wiederherstellen, aber der Gerechtigkeit war noch nicht Genüge getan worden. Gott konnte uns nicht wie Söhne und Töchter behandeln. Durch Jesus Christus und Sein Kreuz kann Gott nun den Fall gegen die Menschheit abschließen. Am Kreuz wurde der Gerechtigkeit entsprochen. Der Vater hat Sein wahres Wesen in Jesus Christus offenbart, so dass Er uns wieder so behandeln konnte, wie Er es von je her vorherbestimmt hatte – nämlich als Söhne und Töchter Gottes.

WENN HEILUNG GOTTES WILLE IST, WAS HÄLT SIE AUF?

Eines Tages ging Jesus gerade vom Berg der Verklärung herunter, als Ihm ein Mann entgegenkam. Er hatte seinen Sohn mitgebracht, damit dieser von einem dämonischen Leiden befreit würde. Obwohl die Jünger den Jungen nicht befreien konnten, heilt Jesus den Jungen sofort und bewies damit, dass es Gottes Wille für den Jungen war, geheilt und befreit zu werden (Mk 9,17-29). Schauen wir genau hin: Obwohl es Gottes Wille für den Jungen war, geheilt zu werden, und obwohl die Jünger vorher die Vollmacht erhalten hatten, ihn zu heilen, waren sie nicht in der Lage, die Heilung zu bewirken. Gottes Wille für den Jungen war, geheilt und frei zu sein, und doch passierte es nicht bei den Jüngern! Warum?

Was wäre, wenn Jesu Abstieg vom Berg sich verzögert hätte, sodass der Vater beschlossen hätte, mit seinem Sohn wieder Heim zu gehen? Können Sie sich die Unterhaltung vorstellen, die sich möglicherweise zwischen den Jüngern entwickelt hätte, während sie am Fuße des Berges auf Jesus warteten? Ich bin sicher, den Jüngern wären alle möglichen guten, biblischen Gründe eingefallen, warum der Junge nicht geheilt worden war.

Wenn sie den „Christen" heute ähnlich waren, dann kann ich mir vorstellen, dass sie Dinge sagten wie:

- Vielleicht bereitet Gott diesen Vater für einen Dienst an anderen Eltern mit kranken Kindern vor.
- Gottes Zeitpunkt war wahrscheinlich noch nicht gekommen.
- Ich wette, der Junge war unter einem Generationsfluch. Sein Großvater war bestimmt bei den Freimaurern ganz oben.
- Ich glaube, der Vater hatte zu viel Unglauben und hat zu viele negative Bekenntnisse über seinen Sohn ausgesprochen.
- Wen Gott liebt, den züchtigt Er. Jemand muss etwas verbrochen haben, sonst wäre der Junge jetzt geheilt.

Endlos ist die Reihe „biblischer" Ausflüchte, die Nachfolgern Jesu Christi einfallen, wenn Menschen nicht geheilt werden. Leider wird das Bedürfnis zur biblischen Begründung solcher Positionen oft noch verstärkt, wenn jemand einen theologischen Abschluss hat oder eine offizielle Dienstposition bekleidet. All diese Prinzipien „erscheinen dem Menschen recht" bis zu dem Zeitpunkt, an dem Jesus erscheint und den Jungen befreit! Anscheinend hält Jesus nichts von all der Theologie nach der Art von, „warum Gott nicht immer heilt" oder „zehn Arten, wie wir unsere Heilung blockieren." Jesus zeigt uns, dass **Gott immer heilen will, doch Er bewirkt die Heilung durch unseren Glauben.**

Dieser Vorfall fordert uns auf einer persönlichen Ebene heraus, als Nachfolger Jesu Christi zu wachsen, weil er Folgendes deutlich macht: Der Grund für die Verzögerung der Heilung des Jungen lag nicht beim Jungen, noch lag er beim Vater des Jungen, noch lag er bei Gott! Gottes Wille für den Jungen war Heilung und Freiheit. Jesus erwartete von Seinen Jüngern, dass sie den Jungen befreien, und Jesus irrt sich nicht! Und doch wurde der Junge nicht geheilt, den Anstrengungen der Jünger und der sehnlichen Erwartung des Vaters zum Trotz. Was hat die Heilung aufgehalten?

Und ich habe ihn zu deinen Jüngern gebracht, aber sie konnten ihn nicht heilen. Da antwortete Jesus und sprach: **O du ungläubiges und verkehrtes Geschlecht!** *Wie lange soll ich bei euch sein? Wie lange soll ich euch ertragen? Bringt ihn her zu mir… Da traten die Jünger allein zu Jesus und sprachen:* **Warum konnten wir ihn nicht austreiben? Jesus aber sprach zu ihnen: Um eures Unglaubens willen!** *Denn wahrlich, ich sage euch: Wenn ihr Glauben hättet wie ein Senfkorn, so würdet ihr zu diesem Berg sprechen: Hebe dich weg von hier dorthin! und er würde sich hinwegheben; und nichts würde euch unmöglich sein."* (Mt 17,16-20)

Beachten wir: Im Unterschied zu vielen heutigen Gemeinden hat Jesus weder eine kranke Person noch deren Familie je beschuldigt, für die Verzögerung einer Heilung verantwortlich zu sein. Noch war Gott das Problem. Jesus zufolge lag der Grund für die Verzögerung bei den Jüngern selbst. Ihre verwirrte Denkweise machte ihren Glauben wirkungslos. Jesus macht den Jüngern keine Vorwürfe, jedoch fordert Er sie intensiv heraus, Gott im Hinblick auf Heilung durch sie zu vertrauen. Er erwartet von Seinen Nachfolgern, dass sie in der Lage sind, Menschen zu befreien. Wenn wir die Auswirkungen des Reiches Gottes nicht erleben, die Jesus durch Seine Nachfolger bewirkt sehen will, dann müssen wir unsere Erwartung ändern und unsere verwirrte Denkweise ablegen, die unseren Glauben wirkungslos macht.

„Also bin ich schuld, wenn mein Kind nicht geheilt wird? Ist es das, was Sie sagen wollen?" Auf keinen Fall! Das Leiden Ihres Kindes ist nicht Ihre Schuld, noch ist Gott schuld daran! Mir geht es nicht um Beschuldigungen, sondern darum, auf Jesus Christus als den Weg vorwärts für Sie und Ihr Kind zu verweisen. Ich möchte Sie dazu ermutigen zu sehen, dass Gott Ihr Kind heilen will. Anstatt zu denken, dass Sie hoffnungslos und hilflos sind angesichts der körperlichen Probleme Ihres Kindes, möchte ich Sie mit der guten Nachricht ermutigen, dass Gott Sie bevollmächtigen und dazu benutzen will, denen zu helfen, die von allerlei Leiden geplagt werden, bis hin zu angeborenen Krankheiten. Gott will, dass diese Offenbarung unsere

Herzen mit Hoffnung erfüllt, sodass wir aufstehen und die Lügen des Teufels abstreifen, die seiner zerstörerischen Kraft in unserem Leben so viel Wirkungsraum verschaffen. Wir können voller Zuversicht vorwärtsgehen, wissend, dass es Jesu Plan ist, durch uns die Kranken zu heilen.

Auch wenn wir nicht wegen der Leiden anderer mit einem Schuldkomplex herumlaufen sollen (schließlich ist es der Teufel, der sie unterdrückt und nicht wir), sollten wir dennoch die Verantwortung dafür übernehmen, derart in das Ebenbild Christi hinein zu wachsen, dass Jesus Sich durch uns in Seiner ganzen Fülle offenbaren kann. Je mehr wir dem Wort Gottes gestatten, die verwirrten Denkmuster in uns zu entfernen und mit der Gesinnung Christi zu ersetzen, desto mehr werden wir erleben, wie Christus Seine mächtigen Taten durch uns vollbringt, um denen zu helfen, die Seine Berührung so bitter nötig haben.

ÜBER DIE EIGENE ERFAHRUNG HINAUS GEHEN

Wir machen einen schweren Fehler, wenn wir unsere Schlüsse über Gott aus der persönlichen Lebenserfahrung beziehen. Jesus nannte diese Art zu leben „in der Finsternis bleiben." (Joh 12,46) Das führt dazu, dass unsere Denkmuster „verwirrt" werden und Gottes Kraft daran gehindert wird, frei durch uns zu fließen. Sie könnten beispielsweise eine furchtbare Kindheit gehabt haben, doch es wäre ein Irrtum zu glauben, dass Gott Sie weniger liebt als jemanden, der in einer liebevollen christlichen Familie aufgewachsen ist. Wenn bei Ihnen das Geld kaum für das Nötigste reicht, dann wäre es ein Irrtum zu glauben, dass Gott für Sie weniger Wohlwollen in Seinem Herzen hat als für die Person, die gerade mit einer fetten Gehaltserhöhung befördert wurde.

Jesus sagte: *„Ich bin als ein Licht in die Welt gekommen."* (Joh 12,46) Nur, wenn wir auf Jesus sehen, können wir die Wahrheit über Gott, uns selbst und diese Welt erkennen. Es mag zahlreiche Erlebnisse in unserem Leben geben, die uns das Gefühl vermittelt haben, ungeliebt, abgelehnt, wertlos und verurteilt zu sein. Doch wenn wir sehen wollen, was Gott wirklich für uns empfindet, müssen wir aufhören „uns auf unseren eigenen Verstand zu verlassen" und auf das Kreuz blicken, wo ein für alle Mal „*Gott aber seine Liebe zu uns dadurch beweist, daß Christus für uns gestorben ist, als wir noch Sünder waren.*" (Röm 5,8) Das Kreuz Jesu Christi, nicht unsere Umstände, ist der Ort, wo wir hinschauen müssen, um Gottes Liebe für uns zu sehen. Wenn Sie wissen wollen, wie sehr Gott Sie gesegnet hat, dann schauen Sie nicht in Ihren Geldbeutel oder auf Ihr Bankkonto! Schauen Sie in das Wort Gottes, das ganz klar feststellt, dass Sie in Christus bereits gesegnet sind „*mit jedem geistlichen Segen in den himmlischen [Regionen].*" (Eph 1,3) Jede Segnung, die der Himmel zu bieten hat, gehört bereits Ihnen und steht Ihnen fortwährend zur Verfügung. Doch wenn Sie weiterhin Ihren Umständen mehr Glauben schenken als dem, was Gottes Wort sagt, werden Sie möglicherweise diese Segnungen nicht erfahren.

Wenn wir je zu Agenten der heilenden Kraft Gottes werden wollen, müssen wir uns entschließen, dem Wort Gottes mehr zu vertrauen als unseren eigenen Gefühlen, medizinischen „Fakten", Menschen, die „gebetet haben und nichts passiert ist", und all den Traditionen unserer Denomination.

„*Habt acht, daß euch niemand beraubt durch die Philosophie und leeren Betrug, gemäß der Überlieferung der Menschen, gemäß den Grundsätzen der Welt und nicht **Christus gemäß**.* (Kol 2,8)

Nur wenn wir unseren Blick fest auf Jesus richten, werden unsere verwirrten Denkmuster beseitigt, sodass wir beginnen, Gott klar zu sehen. Genauso, wie wir die Liebe und Vergebung Gottes nur durch Christus am Kreuz erkennen können, so müssen wir zuerst die Heilung Gottes durch Christus am Schandpfahl erkennen. Bevor wir anderen mit Heilung dienen und Heilung in den Körpern von mit Krankheiten geplagten Menschen bewirken können, müssen wir zuerst sehen, wie

Heilung im Körper Jesu Christi durch die Wunden bewirkt wurde, die Jesus am Schandpfahl erlitt.

DAS KREUZ UND DER SCHANDPFAHL

Am Kreuz trug Jesus unsere Sünden und schaffte sie weg, so dass wir frei sein können. Das Kreuz offenbart den Wert, den Gott jedem von uns beimisst. Wie ungeheuer groß war der Preis, den Gott bezahlt hat, um uns unserer schöpfungsgemäßen Bestimmung wieder zuzuführen!

Was Er am Kreuz für unsere Sünden tat, das hat Er für unsere Leiden, Schmerzen und Krankheiten am Schandpfahl getan. Als Jesus am Schandpfahl die Wunden erlitt, erwarb Er Heilung für unsere physischen Körper, sodass wir *„durch seine Wunden geheilt worden"* sind. (Jes 53,5) Die Wortwahl in den Ausgangssprachen sowie die Tatsache, dass diese Passage im Matthäusevangelium zitiert wird, machen deutlich, dass sich dies **vorrangig** auf die körperliche Heilung unserer **physischen Körper** bezieht.

Als es aber Abend geworden war, brachten sie viele Besessene zu ihm **(Jesus)**, *und er trieb die Geister aus mit einem Wort und heilte alle Kranken, damit erfüllt würde, was durch den Propheten Jesaja gesagt ist, der spricht: „Er hat unsere Gebrechen weggenommen und unsere Krankheiten getragen."* (Mt 8,15-17)

Genauso, wie das Kreuz den wahren Wert offenbart, den Gott unserer Rettung zumisst, zeigt Sein Leiden am Schandpfahl, wie viel Gott daran gelegen ist, uns von Krankheiten, Gebrechen und Schmerzen zu befreien. Unsere Heilung ist äußerst kostbar und extrem wertvoll. Wenn Jesus am Schandpfahl die Wunden ertrug, um für unsere körperliche Heilung zu bezahlen, wie könnte es je möglich sein für Gott, uns die Heilung vorzuenthalten, die Sein Sohn für uns erworben hat? *„Er, der sogar seinen eigenen Sohn nicht verschont hat, sondern ihn für uns alle dahingegeben hat, wie sollte er uns mit ihm nicht auch alles schenken?"* (Röm 8,32)

Als Jesus von den Toten auferstand, gewann Er den Sieg über die ganze Macht des Bösen für uns, weil Gott uns von der Unterdrückung durch Satan befreit hat. Jesus Christus ist die perfekte Offenbarung Gottes und der Wille Gottes für jedermann - Sie und Ihr Kind eingeschlossen sowie alle, die mit angeborenen Erkrankungen geboren wurden.

Auch wenn für den natürlichen Verstand immer noch Fragen offenbleiben – diejenigen, die sich entschließen zu glauben, haben eine solide Grundlage, alle Fragen beiseite zu tun und zu beginnen, Glauben an Gott für die Heilung jedes Gebrechens auszuüben, welches die Menschheit plagt, angeborene Erkrankungen eingeschlossen. Bevor wir den ersten Teil abschließen, möchte ich mich in den folgenden Kapiteln den Fragen widmen, die ich immer wieder zu hören bekomme. Im nächsten Kapitel werde ich noch detaillierter darauf eingehen, was Gottes Wort über Seinen Willen in Bezug auf Heilung offenbart, und zwar nicht nur allgemein, sondern ganz spezifisch auf angeborene Erkrankungen bezogen.

KAPITEL 2
Verursacht Gott angeborene Erkrankungen oder heilt Er sie?

Andy Hayner

Bevor Jesus die Bühne der Weltgeschichte betrat, lebte die Menschheit in der Finsternis, mit nur einigen wenigen Lichtblicken. Auch wenn die Realität der Macht und Güte Gottes immer noch in der Schöpfung schimmerte, und obwohl Gott „*manchmal und auf mancherlei Weise zu den Vätern geredet hat*" (Heb 1,1), war das Ganze doch nur schemenhaften Schatten am Boden gleich. Gottes „Substanz", die Fülle Seines Herzens, konnte auf Erden nicht offenbart werden, bis ein Träger Seines Ebenbildes kam, ein Mann, der Seine reale Gegenwart in Sich trug – Jesus Christus.

Die Finsternis der Menschheit war so groß, dass selbst die Führer des Volkes Gottes und Lehrer von Gottes Wort Jesus ablehnten und den wahren Sohn Gottes umbrachten, als Er mit dem Licht der Wahrheit erschien. Als sie Jesus kreuzigten, waren sie überzeugt, auf der Seite des Rechts zu stehen und die Bibel auf ihrer Seite zu haben. Sie waren sich ganz sicher, durch zahlreiche Bibelverse belegen zu können, dass Jesus im Unrecht war.

Hier ist eine Liste der Dinge, die „Jesus falsch gemacht hat":
- Er hat Menschen wiederholt am Sabbat geheilt.
- Er hat behauptet, Gott sei Sein eigener Vater und Sich damit zum Sohn Gottes erklärt.

- Er hat Seinen Jüngern erlaubt, am Sabbat Ähren auszuraufen und zu essen – ohne sich vorher zeremoniell die Hände zu waschen.

- Er hat Barmherzigkeit gelebt und sogar mit Sündern gegessen und getrunken.

- Anstatt „die von Gott eingesetzten Führer" zu unterstützen, entlarvte Er sie als Heuchler, denen ihre Macht, ihr Ansehen und ihr Geld wichtiger waren als Gott und die Menschen.

Vor der Ankunft des Sohnes Gottes auf unserem Planeten gingen die Menschen davon aus, dass es „Gottes Willen" entsprach, wenn jemand blind, taub oder lahm geboren wurde. Jeder dachte: „Wenn Gott sie so geschaffen hat, dann wollte Er sie wohl so haben." Man ging davon aus, dass sie für den Rest ihres Lebens mit diesen Einschränkungen leben mussten. Die Blindgeborenen würden niemals sehen. Die Tauben würden niemals hören. Die Lahmen würden niemals gehen. Und religiöse Menschen schrieben all das „dem Willen Gottes" zu.

Doch leider stehen wir nun hier, zweitausend Jahre nach dem Kommen Christi, und die religiöse Welt „tröstet" immer noch diejenigen, die mit Defekten geboren werden und deren Eltern damit, dass sie sagt: „Dies ist Gottes besonderer Plan für dich," und „Du musst etwas ganz Besonderes in Gottes Augen sein, dass Er dir eine so schwere Last zumutet."

All das klingt sehr lieb, biblisch und sogar liebevoll... bis Jesus auf der Bühne erscheint und *den Willen Gottes demonstriert.*

Blinde werden sehend und Lahme gehen, Aussätzige werden rein und Taube hören, Tote werden auferweckt, und Armen wird das Evangelium verkündigt. Und glückselig ist, wer nicht Anstoß nimmt an mir! (Mt 11,5-6)

Diejenigen, die in der Finsternis leben, haben oft sehr ausgeprägte Vorstellungen von Gott. Sie haben jedoch nie den Vater durch Jesus Christus kennen gelernt. Wenn Menschen mit einem Defekt geboren werden, nehmen sie folglich an, dass dies dem Willen Gottes für die so Geborenen entspricht. Sie haben es überhaupt nicht gern, dass ihre Finsternis dadurch entlarvt wird, dass jemand mit der Kraft und Liebe Gottes auftaucht und diese Menschen heilt und befreit. Genauso wie die religiösen Führer zur Zeit Jesu sind manche eher bereit, die Wunder dämonischen Kräften zuzuschreiben, als zuzugeben, dass die Kraft Gottes durch jemanden wirkt, der nicht mit ihrer Denomination verbunden ist (Mt 9,34). Auf diese Weise hat Jesus es geschafft, von Bibellehrern gekreuzigt zu werden.

Nach meiner Erfahrung schauen viele Gläubige, die Gottes fortwährendes Werk der Heilung für heute bejahen, einen an, als wäre man ein Außerirdischer aus dem All, wenn man beginnt, über Heilung von angeborenen Erkrankungen zu sprechen. Die Heilung von Gendefekten ist in besonderer Weise umstritten und strategisch wichtig im Kampf zwischen dem Herrschaftsbereich der Finsternis und dem Reich Gottes. Warum ist das so?

Das liegt daran, dass Sie Gott erkannt haben müssen, um Glauben für eine solche Sache aufbringen zu können, und zwar nicht nur als den Schöpfer (was allen Menschen gemeinsam ist), sondern als den Vater, der Sich Selbst in Jesus Christus offenbart hat. Sie erwarten nicht mehr einfach nur, Gott eines Tages nach Ihrem Tod zu begegnen, sondern Sie haben erkannt, dass Sie bereits gestorben und auferweckt worden sind in Christus. Sie leben nun, um Gott durch Ihr Leben hier und jetzt zu offenbaren. Während der Rest der Welt die von den Werken der Finsternis aufgezwungene Unterdrückung hinnimmt, stehen Sie auf, um die Gefangenen zu befreien und die Werke des Teufels zu zerstören. Sie manifestieren die neue Schöpfung in Christus (anstatt nur darüber zu reden) und sind zu einem lebenden Vorwurf an die Kräfte der Finsternis geworden. Sie haben begonnen, das ganze gewaltige Ausmaß des Sieges Jesu zu erkennen und Sie brennen darauf, die Niederlage des Feindes durchzusetzen! Mit anderen Worten, wenn Sie aufstehen und sich gegen angeborene Erkrankungen zur Wehr setzen, dann sind Sie zu einer echten Bedrohung für den Herrschaftsbereich der Finsternis geworden.

Die Teufel erkennen, wenn Gläubige um dieses Terrain des Reiches zu kämpfen beginnen und setzen verzweifelt alles daran, ihr Bollwerk aus Lügengebäuden, mit dem sie das Thema angeborene Erkrankungen umgeben haben, zu verteidigen. Sehr lange haben sie diesen stillen Ort ungestörter Ruhe genossen, wo sie nach Herzenslust ihre destruktive Gier zu stehlen, zu töten und zu verderben an hilflosen Kindern gestillt und deren gesamte Lebenszeit auf Erden zerstört haben, ohne dass jemand auch nur eine einzige Zurechtweisung gegen sie wenigstens geflüstert hätte. Anstatt diese Teufel zu bekämpfen, haben wir uns einen „Friedensvertrag" aufschwätzen lassen, bei dem diese biologische Folter Gott Selbst als eine Art „versteckter Segen" zugeschrieben wurde.

BLIND GEBOREN

Diese dämonische Täuschung ist nicht neu. Sie ist schon sehr lange in Umlauf. Jesus Selbst hatte mit ihr zu tun, als Seine Jünger einem Mann begegneten, der von Geburt an blind war. Anstatt die Ressourcen des Reiches Gottes zu mobilisieren und dem Mann zu helfen, sein Augenlicht zu erhalten, taten sie etwas, was die meisten Menschen tun, die das Reich Gottes nicht verstehen – sie begannen eine theologische Debatte.

Rabbi, wer hat gesündigt, so daß dieser blind geboren ist, er oder seine Eltern? (Joh 9,2)

Sehen Sie die Annahmen, die dieser Frage zugrunde liegen? Ich erlaube mir an dieser Stelle, einige der Denkmuster aufzuschlüsseln, die in dieser Frage mitschwingen: „Wer hat Gott wütend gemacht? Der Mann selbst, oder seine Eltern?" Anders ausgedrückt, weil dieser Mann von Geburt an blind war, nahmen sie an, dass Gott ihn blind gemacht hätte. Weil sie wussten, dass Gott ein gerechter Gott ist, nahmen sie an, dass Gott niemanden ungerechterweise blind machen würde. Also blieb noch die Frage zu klären: „Wer hat gesündigt? Wer hat Gott verärgert? Waren es die Eltern? Oder dieser Mann?" [1] Sie glaubten schlicht und einfach, dass die Blindheit dieses Mannes von Gott kam. Also blieb ihnen nichts anderes übrig, als über den Grund zu „theologisieren", warum Gott den Mann wohl blind gemacht hatte, ohne dabei jedoch die Annahme zu hinterfragen, Gott habe die Blindheit des Mannes verursacht.

Was war das Ergebnis dieser theologischen Diskussion? Der Mann blieb blind. Und so ist es bis heute geblieben…

Glücklicherweise nimmt Jesus das Unglück derer, die mit einem Defekt geboren sind, nicht zum Anlass für eine theologische Debatte. Schauen Sie, was Er tut!

Jesus antwortete: Weder dieser hat gesündigt noch seine Eltern; sondern an ihm sollten die Werke Gottes offenbar werden! Ich muß die Werke dessen wirken, der mich gesandt hat, solange es Tag ist; es kommt die Nacht, da niemand wirken kann. Solange ich in der Welt bin, bin ich das Licht der Welt. Als er dies gesagt hatte, spie er auf die Erde und machte einen Brei mit dem Speichel und strich den Brei auf die Augen des Blinden und sprach zu ihm: Geh hin, wasche dich im Teich

---

[1] Dies soll NICHT implizieren, dass die Juden oder Jesus an Reinkarnation glaubten, eine Lehre, bei der die Sünden aus dem „vergangenen Leben" in diesem Leben zu Unannehmlichkeiten führen. Es zeigt auf, dass sie durch ihre Einstellung zu Gott verstanden hatten, dass Gott nicht durch Zeit limitiert wird. Wenn man das bedenkt, wird verständlich, dass Gott eine „zukünftige Sünde" sehen konnte und den Menschen dann im voraus mit Blindheit von Geburt an schlagen würde, und dies auf Basis dessen, was Er schon voraussah (indem in Betracht gezogen wird, dass sie aus ihrer verführten Denkweise heraus sprachen, nach welcher angeborene Krankheiten eine Strafe Gottes sind).

Siloah (das heißt übersetzt: »Der Gesandte«)! Da ging er hin und wusch sich und kam sehend wieder. (Joh 9,2-7)

Jesus weigerte sich, an einer theologischen Diskussion teilzunehmen, während da ein Mensch war, der Seine Hilfe brauchte. Er brachte ihre Frage sehr schnell zum Verstummen und **demonstrierte das, was jeder über Gott wissen musste – Er macht Menschen nicht blind. Er ist unser Heiler.**

Dies wird noch deutlicher, wenn wir die Satzzeichen der Passage richtig setzen. In den meisten Übersetzungen heißt es: „*Jesus antwortete: Weder dieser hat gesündigt noch seine Eltern; sondern an ihm sollten die Werke Gottes offenbar werden! Ich muß die Werke dessen wirken, der mich gesandt hat, solange es Tag ist; es kommt die Nacht, da niemand wirken kann.*" Wenn die Satzzeichen so gesetzt werden, entsteht der Eindruck, dass der Grund für die Blindheit des Mannes darin lag, dass „*an ihm die Werke Gottes offenbar werden sollten*", was zu dem Glauben führen würde, dass Gott angeborene Erkrankungen im Leben von Menschen einfach nur aus dem Grund zulässt, damit Er Sein Werk in ihrem Leben demonstrieren kann. Selbst wenn Sie diese Passage benutzen wollten, um zu begründen, dass Gott angeborene Erkrankungen zu Seiner Ehre zulässt (was ich NICHT glaube), müssten Sie auch daraus schließen – ausgehend von der Antwort Jesu – dass die einzige Art und Weise, wie Gott sich durch angeborene Erkrankungen verherrlicht darin besteht, *dass Er Seine Werke demonstriert und sie durch die Kraft Jesu Christi heilt!*

Ich glaube jedoch, dass es einen besseren Weg zum richtigen Verständnis dieser Passage gibt. Meiner Überzeugung nach müssen wir die Interpunktion verändern, um diesen Abschnitt richtig zu verstehen. Wir dürfen nicht vergessen, dass Bibelübersetzer keine Kommas und Punkte aus dem Griechischen ins Deutsche „übersetzen". Interpunktion existiert in den griechischen Manuskripten nicht. Alle Satzzeichen sind daher eine Sache reiner Interpretation der Übersetzer, die natürlich stark von deren eigener doktrinärer Position beeinflusst wird.

Schauen Sie mal, was passiert, wenn wir die Worte weitgehend so lassen wie sie sind, und einfach nur die Interpunktion verändern: „*Jesus antwortete: Weder dieser hat gesündigt noch seine Eltern.* **(Punkt. Jesus beginnt einen neuen Satz, um zum Handeln aufzurufen.)** *Sondern an ihm soll(t)en die Werke Gottes offenbar werden! Ich muß die Werke dessen wirken, der mich gesandt hat, solange es Tag ist; es kommt die Nacht, da niemand wirken kann.*" Wenn wir die Passage mit dieser Interpunktion lesen, dann bietet Jesus überhaupt keine Erklärung für die Ursache der Blindheit des Mannes an. Stattdessen zeigt Er schlicht die Irrtümer in der Frage der Jünger auf: „Niemand hat gesündigt. Sünde war nicht die Ursache für die Blindheit." Anstatt eine Erklärung für die Blindheit des Mannes anzubieten, ruft Jesus zu Aktion auf! „Wenn Ihr die Werke Gottes in diesem Mann sehen wollt, dann müssen wir die Werke Gottes wirken, solange wir dazu Gelegenheit haben!"

Mit anderen Worten: „Ihr steht hier herum und tut nichts, um diesem Mann zu helfen, weil ihr annehmt, dass Blindheit ein Werk Gottes ist. Aber wenn ihr das Werk Gottes sehen wollt, dann müsst ihr etwas tun! Gott hat euch dazu bestimmt, Träger Seines Ebenbildes zu sein, Repräsentanten Seines Reiches auf Erden. Ergreift die Gelegenheit beim Schopf, das Werk Gottes zu tun, solange ihr die Gelegenheit habt! Ich bin das Licht der Welt, ein Gefäß, aus dem die Werke Meines Vaters herausstrahlen. Schaut hin und lernt die Werke des Vaters." Dann heilt Jesus den Mann. Bumm!

Jesus gab auf die Frage der Jünger eigentlich nicht wirklich eine Antwort. Stattdessen stellte Er die Lösung für das Problem der Blindheit des Mannes bereit! Wie viel von unserem „Kirchen-Kauderwelsch" ist schlicht irrelevant für die echte Mission des Reiches Gottes? Unsere Problemanalyse trägt nichts zur Problemlösung bei. Gott zu analysieren, heißt noch lange nicht, an Ihn zu glauben und Ihm zu gehorchen.

Jesus ruft Seine Nachfolger auf, Sie und mich eingeschlossen, endlich damit aufzuhören, Gott oder Menschen die Schuld für angeborene Erkrankungen in die Schuhe zu schieben. Die Gemeinde muss aufhören, kostbare Zeit mit endlosem theologischen Geschwafel und analytischer Tatenlosigkeit zu vergeuden, anstatt in der Kraft des Reiches Gottes hinaus zu gehen und Menschen zu helfen. Die Ressourcen des Himmelreiches fangen nicht an zu fließen, während wir herumsitzen und die Situation analysieren. Wir müssen unseren Blick vielmehr fest auf Jesus Christus richten, bis wir mit demselben Licht erfüllt sind, das in Ihm war. Denn jetzt sind **wir** „*das Licht dieser Welt*" (Mt 5,12). Er ruft uns auf, unseren Platz als Freiheitskämpfer einzunehmen, Gefäße Gottes zu werden, durch die Er Sein Ebenbild zeigen und Seine Werke der Heilung an Menschen, die mit Defekten geboren wurden, offenbaren kann.

Als Jesus Sich Selbst als „das Licht dieser Welt" bezeichnete, gab Er einem blind geborenen Mann sein Augenlicht. Er heilte eine angeborene Erkrankung und in dieser Handlung brach das Licht des ureigenen Wesens Gottes durch die Dunkelheit hindurch. Indem Jesus Seine Nachfolger „das Licht dieser Welt" nennt, gibt Er uns Seine eigene Identität und macht uns zu Repräsentanten, die berufen sind, das Reich Gottes zu demonstrieren, Heilung von angeborenen Erkrankungen eingeschlossen! Gott will nicht nur, dass wir das Licht Seiner Herrlichkeit sehen, sondern dass wir es empfangen, davon erfüllt werden und es ausströmen. Gott möchte Sich Selbst durch unser Leben sichtbar machen, genauso wie Er es durch Jesus tat. Damit das geschehen kann, müssen wir Gottes Identität für uns als Träger Seines Ebenbildes auf Erden annehmen und Menschen werden, die angeborene Erkrankungen heilen.

SEIT WANN IST SELBSTWERTGEFÜHL GLEICH DEFEKT-WERTGEFÜHL

Vor kurzem hat meine Familie den Disneyfilm „*Rapunzel neu verföhnt*" gesehen. Es ist eine moderne Version der klassischen Geschichte von

Rapunzel. In dieser Geschichte wird eine Prinzessin als Baby von einer bösen Hexe aus ihrer Wiege im Palast entführt und allein in einem hohen Turm tief im Wald aufgezogen. Rapunzel wird gesagt, sie sei die Tochter der Hexe. Sie wird ständig von den Lügen der Hexe manipuliert und in Isolation gehalten, damit sie die Wahrheit nicht erfährt – sie gehört zur Königsfamilie, sie wird vom König geliebt, doch sie lebt in einem Gefängnis aus Betrug.

Satan verdreht alles und versucht mit allen Mitteln zu verhindern, dass wir unsere eigene wahre Identität wiederentdecken, nämlich, dass wir geschaffen wurden, um als Söhne und Töchter Gottes in Seiner Kraft und Seiner Liebe auf dieser Welt zu regieren (Joh 1,12; Gal 4,6; Röm 5,17; 1.Mo 1,27-28). Eine Methode Satans, unser Denken in Bezug auf Menschen mit Gendefekten zu „verdrehen" besteht darin, ihre Identität so umzudefinieren, dass sie untrennbar mit ihrem Defekt verbunden ist. Anstatt ein mit Down-Syndrom belastetes Kind als eine Person zu sehen, die im Ebenbild Gottes geschaffen wurde, um in der Kraft des Heiligen Geistes auf Erden zu herrschen, die aber von Down-Syndrom attackiert wird, wurden wir dahingehend irregeleitet, dass wir ihre Identität gemäß dem Werk Satans in ihrem Leben definieren. Wir tun es unbewusst jedes Mal, wenn wir sie ein „Down-Syndrom Kind" nennen.

Fällt schwer das zu glauben? Sie werden entdecken, dass vom System dieser Welt indoktrinierte Menschen regelrecht ungläubig werden, sobald sie Wind davon bekommen, dass Sie daran glauben, dass Gott Ihr Kind heilt. Sie werden sich mit „rechtschaffener" Entrüstung auf Sie stürzen und Sie beschuldigen, Ihrem Kind zu schaden anstatt ihm zu helfen. Sie werden Ihnen vorwerfen, dass Sie Ihr Kind nicht wirklich lieben und annehmen. Wie die meisten Dinge, tun sie auch das mit den besten Absichten. Doch die guten Absichten des Menschen gehören oft zu den stärksten Gegnern des Reiches Gottes.

Die westliche Kultur ist regelrecht besessen vom Selbstwertgefühl, so dass unser „Selbstwertgefühl" zu einem Götzen geworden ist. Die Suche nach Selbstwertgefühl, losgelöst von Gott als Quelle für unseren Wert und unsere Identität, hat uns nur tiefer in das Dunkel von Täuschung und Zerstörung geführt. Weil wir Gottes Wertschätzung nicht kennen, haben wir nur noch uns selbst als Bezugspunkt. Dabei sind wir vollkommen unsicher geworden. In unserem Drang nach Selbstwertgefühl bekommen Kinder Worte wie „Nein!" oder „Das ist nicht richtig. So wird's gemacht!" nicht mehr zu hören. Das Ergebnis ist, dass sie ohne Grenzen und ohne eine klare Richtung im Leben aufwachsen. Alle Wertmaßstäbe werden unserem Streben nach Selbstwertgefühl untergeordnet.

Der Einfluss dieser gottlosen Art von Selbstwertgefühl hat ein fest verankertes System hervorgebracht, das hauptsächlich von den Fachleuten, die sich um Menschen mit angeborenen Erkrankungen kümmern, erzwungen wird. Um das Selbstwertgefühl derer zu stärken, die mit einem Gendefekt zur Welt gekommen sind, halten sie es für notwendig, den Defekt als einen wesentlichen Teil der Identität des Kindes positiv anzunehmen. Weil ihnen ein wahres Verständnis für Gott und Gottes Identität für uns fehlt, muss etwas anderes als Ersatz herhalten. Dabei wird bei Kindern, die mit einer angeborenen Erkrankung zur Welt kommen, oft das Gebrechen selbst als Ersatz für die Identität des Kindes eingetauscht. Diese Denkmuster werden dann durch das Schulsystem geschleust, so dass sie schließlich die gesamte Kultur beeinflussen.

Wenn Sie dies nun noch mit der Tatsache kombinieren, dass Kinder mit angeborenen Erkrankungen in der Vergangenheit oft abgelehnt, missbraucht und isoliert wurden, führt das gewöhnlich dazu, dass der Glaube und der Wunsch nach Heilung von Menschen mit angeborenen Erkrankungen oft als Ablehnung der Person selbst missverstanden werden.

Während Rapunzel bei der Hexe lebte, war sie eine gehorsame Gefangene, bevor sie erfuhr, wer sie wirklich war. Die Hexe genoss diesen Zustand. Doch Rapunzel fühlte sich trotz ihres Gehorsams elend. Sie wusste nicht um ihre wahre Identität, doch sie wusste, dass das Leben, das sie lebte, nicht zu dem passte, wer sie gerne sein wollte. Die Hexe hatte einen sehr stabilen Turm gebaut, um zu verhindern, dass dieses wunderbare junge Mädchen jemals ihre wahre Identität herausfindet. Und dann kam der Prinz… Zusammen stellen sie die ursprüngliche Identität von Rapunzel wieder her und führen sie ihrer wahren Bestimmung und Autorität zu.

Hinterlistige Hexen und Gefängnistürme gibt es in allen Formen und Größen. Rapunzel und Prinzen gibt es in beiden Geschlechtern. Jede Rapunzel braucht einen Prinzen – jemanden, der den Betrug durchschaut und ihr hilft, ihre wahre Identität wiederzufinden und sie ihrer wahren Bestimmung zuführt.

Ich erinnere mich, wie ich in einer Gruppe erzählte, dass ich einem kleinen Mädchen mit Down-Syndrom die Hände aufgelegt hatte und die Eltern sofort merkliche Veränderungen feststellen konnten, und die Veränderungen immer noch weitergingen. Wegen der mit diesem Leiden verbundenen Atemprobleme hat dieses kleine Mädchen nachts immer geschnarcht. Die Eltern standen auf, voller Sorge, dass etwas Furchtbares passiert sein könnte, weil sie das gewohnte Schnarchen aus ihrem Zimmer nicht hören konnten. Stattdessen fanden sie heraus, dass die Atemprobleme ihrer Tochter geheilt worden waren. Als ich dieses Zeugnis beendete, schloss ich mit den Worten: „Das ist großartig, doch wir wollen weiter dranbleiben, bis dieses kleine Mädchen komplett geheilt ist!"

An diesem Punkt sagte einer der Männer in der Gruppe: „Wer gibt uns das Recht zu sagen, dass sie überhaupt Heilung braucht? Das ist ziemlich vermessen, oder?" Er war sichtlich erregt. Anstatt Fürsorge, Glaube und Liebe für ein kleines Mädchen wahrzunehmen, das unsere

Hilfe braucht, hörte er Verurteilung, Stolz und Ablehnung des Wertes dieses kleinen Mädchens heraus. Seine Erregung kam daher, dass er auf einer ganz grundsätzlichen Ebene über Gottes Identität und Wertschätzung für Menschen im Unklaren war.

Diese Verwirrung in Bezug auf die Identitätsgrundlage von Menschen mit angeborenen Erkrankungen ist der Grund, dass *die Gemeinde im Weg steht und manchmal sogar mit Verfolgung reagiert,* wenn Eltern sich für die Heilung ihres Kindes stark machen. Unser natürliches Verständnis und der Wunsch, Wert und Würde verletzlicher Menschen zu verteidigen, können zu eben jener Quelle werden, aus der sich Verfolgung in der Kirche speist, wenn wir nicht begriffen haben, worin die schöpfungsgemäße Bestimmung Gottes für jeden Menschen besteht und welche Bedeutung der erlösenden Liebe und Kraft Jesu Christi zukommt. Der Zustand von mit Gendefekten geborenen Menschen schreit danach, dass jemand aufsteht und für sie kämpft. Doch anstatt aufzustehen, um für sie zu kämpfen, damit sie in ihrer von Gott geschenkten Identität, ihrem Wert und ihrer Bestimmung frei vom Defekt leben können, haben die Gemeinde und die Welt begonnen, *für die angeborenen Erkrankungen als solche zu kämpfen!*

Wie können wir diesem Missverständnis begegnen? Als erstes müssen wir ganz deutlich klarstellen, dass mit angeborenen Erkrankungen zur Welt gekommene Menschen nicht geheilt werden müssen, *damit sie für uns oder für Gott liebenswert werden.* Wir versuchen nicht, sie zu „reparieren", damit wir sie lieben können. Vielmehr beten wir für sie für Heilung, weil wir ihren Wert JETZT erkennen! Kinder sind ein Segen von Gott, unabhängig von ihrem Gesundheitszustand. Sie sind unermesslich wertvoll, ob sie vollkommen gesund oder wegen eines genetischen Defektes schwerstbehindert sind. Doch Gott hat uns gezeigt, dass sie es wert waren, durch das am Kreuz vergossene Blut erlöst zu werden und wertvoll genug, um durch die Striemen auf dem Rücken Seines eigenen Sohnes geheilt zu werden. Also müssen wir sie befreien!

Würde es irgendjemand komisch finden, wenn Eltern versuchen würden, Heilung für ihr an Krebs, Keuchhusten oder Masern erkranktes Kind zu erlangen? Nein! Ganz im Gegenteil. Sie würden es höchst seltsam finden, wenn sie nicht alles in ihrer Macht stehende unternehmen würden, um diese Krankheiten zu heilen. Warum? Weil die Menschen wissen, dass eine Heilung möglich ist! Wir wissen, dass es dagegen Therapien gibt, deshalb kommt niemand auf den Gedanken, diese Krankheiten als Teil der Identität ihres Kindes zu akzeptieren. Sie haben wahrscheinlich noch nie gehört, dass Eltern ihr Kind als „Krebskind" oder „Windpockenkind" bezeichnet haben. Warum?

Der Wunsch, die Krankheit zu heilen, stellt keinen Angriff auf die Identität oder den Wert des Kindes dar. Wir machen einen Unterschied zwischen der Krankheit und der Identität. Eine Krankheit mag das Kind befallen haben, doch die Krankheit ist nicht das Kind. Wenn die Krankheit verschwunden ist, wird das Kind immer noch da sein. Wir kämpfen gegen die Krankheit, nicht gegen das Kind.

Doch weil es oft aus medizinischer Sicht keine Heilungsmöglichkeiten für angeborene Erkrankung gibt, hat diese Welt es versäumt, den Unterschied zwischen dem Defekt und der Identität des Kindes aufrecht zu erhalten. Stattdessen wird der Defekt *als Teil der Identität* des Kindes akzeptiert, anstatt als dämonischer Angriff gegen die Identität des Kindes bekämpft zu werden.

Durch das Evangelium haben wir Zugang zu Ressourcen, die viel größer sind als jedes medizinische System. Wir werden niemals die Grenzen unseres menschlichen Verstandes als Grenze für unseren Glauben daran akzeptieren, was Gott alles heilen kann. Ist unser Gott nicht der, *„der weit über die Maßen mehr zu tun vermag, als wir bitten oder verstehen, gemäß der Kraft, die in uns wirkt?"* (Eph 3,20)

Wir gehören nicht zu denen, die sich auf ihren eigenen Verstand verlassen! Wir gehören zu denen, die Ihn „auf allen unseren Wegen erkennen", und während wir Ihn auf allen unseren Wegen anerkennen, lehren wir allen Körperteilen, der DNS und den Dämonen, Ihn ebenso anzuerkennen. Jesus Christus ist König! Gott ist unser Heiler und Ihm ist nichts unmöglich! Jesus Christus hat alle Krankheiten, Defekte, Gebrechen und Leiden in Seinem Körper am Schandpfahl getragen. Er trug ALLE Krankheiten, sodass wir geheilt werden können.

JESUS IST GRÖSSER ALS SEINE EIGENE BIBEL

Gibt es irgendeinen Grund zu glauben, dass Gott Menschen mit angeborenen Erkrankungen von den Vorteilen ausschließt, die durch Christi Leiden erworben wurden?

Ich habe schon mehrfach erlebt, dass Menschen auf Gottes Worte an Mose verwiesen haben, als der HERR zu ihm sagte: *"Wer hat dem Menschen den Mund gemacht? Oder wer macht ihn stumm oder taub oder sehend oder blind? Bin ich es nicht, der Herr?"* (2.Mo 4,11) Wenn wir diesen Vers in einigen gängigen Übersetzungen lesen, gewinnen wir den deutlichen Eindruck, dass Gott angeborene Erkrankungen absichtlich macht. Jedoch, bei dem Ausdruck „wer macht ihn blind", ist das Wort „ihn" zusätzlich eingeschoben, so als würde Gott im Himmel sitzen und auf Knöpfe drücken: „Dieser wird blind, dieser wird taub und dieser wird lahm." Die exaktere Übersetzung lautet: „Wer macht den Stummen, oder den Blinden oder den Lahmen?" Gott nimmt nicht für Sich in Anspruch, die Defekte zu produzieren. Er erklärt, dass Er der Schöpfer aller Menschen ist, einschließlich solcher mit Gendefekten.

Das erste Mal wurde ich auf diese Stelle angesprochen, als ich gerade versuchte, eine Person von einem Leiden zu heilen, das sie von Geburt an hatte. (Das ist eine seltsame Art, jemanden zu ermutigen, der sich gerade darum bemüht, Glauben für Heilung aufzubringen. Auf keinen Fall nachahmenswert. Ich bin immer wieder erstaunt, wie schnell Christen dabei sind, Bibelverse hervorzukramen, die ihnen scheinbar eine Begründung dafür liefern, krank zu bleiben! Es sieht fast so aus, als würden sie darum kämpfen, krank, elend und von Schmerzen geplagt bleiben zu dürfen. Ist es dann verwunderlich, dass sie so wenig von Gottes Kraft erfahren, wenn Gottes Wort ganz klar sagt, dass Gottes Kraft *durch Glauben wirkt?*). Zu der Zeit hatte ich keine Antwort parat.

Seitdem hat Gott mir jedoch nicht nur mein Bibelverständnis erweitert, sondern ich habe auch in zahlreichen Fällen miterleben dürfen, wie Menschen von Leiden geheilt wurden, die sie seit ihrer Geburt hatten. In einem Fall ging es um eine junge Frau, der ich in Kambodscha begegnet bin und die um die zwanzig Jahre alt zu sein schien. Sie war seit ihrer Geburt zu 100 Prozent taub. Als ich meine Hände auf ihre Ohren legte, wurden sie sofort geöffnet und sie begann zu schreien. Ich kommunizierte über Dolmetscher und versuchte, sie dazu zu bringen, für mich zu ihr zu sprechen. Sie sagten mir: „Sie versteht keine Sprache außer der Zeichensprache. Sie hat unsere Sprache auch noch nie gehört!" Diese junge Dame machte ihrer Freude weiterhin lautstark Luft, konnte sie doch zum ersten Mal sich selbst und andere hören. Dabei deutete sie ihren Freunden in der Zeichensprache und sagte: „Ich kann hören! Ich kann hören! Ich kann sprechen! Ich kann sprechen!" Ich schließe daraus, dass Gott angeborene Erkrankungen heilt, denn ich kann ganz sicher keine tauben Menschen hörend machen.

Andere haben den gleichen Einwand mit dem Verweis auf Psalm 139 vorgebracht, in dem es heißt: *„so wäre auch die Finsternis nicht finster für dich, und die Nacht leuchtete wie der Tag, die Finsternis [wäre für dich] wie das Licht. Denn du hast meine Nieren gebildet; du hast mich gewoben im Schoß meiner Mutter. Ich danke dir dafür, daß ich erstaunlich und wunderbar gemacht bin; wunderbar sind deine Werke, und meine Seele erkennt das wohl! Mein Gebein war nicht verhüllt vor dir, als ich im Verborgenen gemacht wurde, kunstvoll gewirkt tief unten auf Erden. Deine Augen sahen mich schon als ungeformten Keim, und in dein Buch waren geschrieben alle Tage, die noch werden sollten, als noch keiner von ihnen war. Und wie kostbar sind mir deine Gedanken, o Gott! Wie ist ihre Summe so gewaltig!* (Ps 139,12-17) Ausgehend von diesen Versen haben manche Christen schon Eltern, die Gott für die Heilung ihres Kindes von einer angeborenen Erkrankung vertrauen, vorgeworfen, sie „zweifelten an Gottes Plan" oder „weigerten sich, den Willen Gottes für ihr Kind anzunehmen, bzw. das Kind, das Gott ihnen gegeben hat, anzunehmen". (Ich frage mich, ob sie genauso über Eltern denken würden, die einem Arzt erlauben, ein mit einer Gaumenspalte geborenes Kind zu operieren, oder einem mit AIDS geborenen Kind Medikamente zu geben).

Halten wir das Ganze doch mal neben Jesus Christus und sehen, wie sich das im Vergleich zu Ihm macht, denn „Wer mich sieht, der sieht den Vater." Sehen wir den Vater im Sohn Menschen blind machen? Sehen wir Ihn Menschen taub machen? Im Gegenteil, wir sehen: *„Und es kamen große Volksmengen zu ihm, die hatten Lahme, Blinde, Stumme, Krüppel und viele andere bei sich. Und sie legten sie zu Jesu Füßen,* **und er heilte sie, so daß sich die Menge verwunderte, als sie sah, daß Stumme redeten, Krüppel gesund wurden, Lahme gingen und Blinde sehend wurden; und sie priesen den Gott Israels.** *"* (Mt 15,30-31)

Als große Menschenmengen zu Jesus kamen, darunter viele mit ernsthaften Leiden, hat Jesus sie sortiert, nach dem Motto: „Jeder, der mit einem Leiden geboren ist, bitte zur Seite treten, damit ich die heilen kann, die nicht von Geburt an krank sind?" Sehen wir Jesus jemals eine Bitte um Heilung abschlagen mit den Worten: „Hast du nie gelesen, was Gott am brennenden Dornbusch zu Mose gesagt hat?" Sehen wir, wie der Sohn Menschen dafür rügt, dass sie Seine heilende Berührung für die Heilung von einer angeborenen Erkrankung wünschen? Nach dem Motto: „Warum lehnst du Gottes Plan für dein Leben ab? Schließlich ist es Gott, der dich blind oder taub oder stumm gemacht hat?" Sehen wir Jesus je etwas in diese Richtung tun? Oder sehen wir Jesus jemals schwangeren Frauen die Hände auflegen, um ihnen einen „Segen" mitzugeben mit den Worten: „Möge dieses Kind mit Blindheit, Taubheit oder Lähmung gesegnet werden?" Nein? Warum sagen wir dann solche Dinge über unseren Vater im Himmel?

Die Stelle mit dem Dornbusch war auch in der gleichen Bibel, die Jesus las. Doch Jesus ist größer als Seine Bibel. Alles, was bis zu der Zeit offenbart worden war, wies auf Jesus hin, doch es waren nur Schatten. Er war das Wesen der Dinge. Daher, selbst wenn die richtige Auslegung dieser Stelle wäre, dass Gott behauptet hat, angeborene Erkrankungen zu verursachen (sie ist es nicht und ich zeige Ihnen warum), müssen Sie sehen, dass Jesus das einfach überspringt, um den Vater in einer viel größeren Weise zu offenbaren. Jesus ist eine größere Offenbarung Gottes als Seine Bibel.

Wenn Sie jedoch verschiedene Übersetzungen untersuchen, werden Sie feststellen, dass Gott hier nicht für Sich in Anspruch nimmt, den Defekt zu verursachen. Vielmehr stellt Er mit Nachdruck fest, der Schöpfer aller Menschen zu sein, auch derer, die mit angeborenen Erkrankungen oder Einschränkungen geboren wurden. *„Wer hat dem Menschen den Mund geschaffen? Oder wer hat den Stummen oder Tauben oder Sehenden oder Blinden gemacht? Habe ich's nicht getan, der HERR?* (Luther 1984) Im Gegensatz zur Schlachter 2.000, die das Wort „Wer macht **ihn** stumm oder taub…" einfügt (als ob Gott Menschen peinigen würde), ist Luther 1984 in diesem Fall die genauere Übersetzung, wo es heißt: *„Wer hat den Stummen oder Tauben oder Sehenden oder Blinden gemacht…"* Gott sagt nicht: „Ich peinige Menschen mit angeborenen Erkrankungen, also kannst du mir vertrauen." Das ergibt keinen Sinn! Vielmehr sagt Gott zu Mose: „Ich habe jeden geschaffen. Die Grenzen jedes Menschen sind mir bekannt. Ich habe dich erwählt, mein Befreier für Israel zu sein."

Ich bin als Sünder geboren, und doch hat Gott mich gemacht. Heißt das, ich wurde so geboren, wie Gott mich haben will? Jesus zeigt uns, dass wir durch Gottes Geist von neuem geboren werden müssen, egal wie wir zur Welt kamen. Wenn wir Heilung brauchen, dann wurde der Preis für unsere körperliche Heilung mit demselben Leiden bezahlt, mit dem auch unsere Vergebung und die Gabe des Heiligen Geistes erkauft wurden.

Was Jesus durch Sein Leiden erreicht hat, ist für jedermann zugänglich! Er hat Vergebung und die Gabe des Heiligen Geistes für Sünder erworben. Er hat Heilung erworben für Menschen, die krank sind, angeborene Erkrankungen eingeschlossen. Er hat alle umsonst geheilt, die Heilung gebraucht haben. Nie hat Er jemanden wegen irgendeines angeborenen Leidens, einer Krankheit oder einer Behinderung von der Heilung ausgeschlossen.

Wenn Sie ein Kind mit einem angeborenen Defekt haben, dann hat Jesus Christus **Sie** erlöst, um ein Gefäß für Gott auf der Erde zu sein. Gott möchte durch Sie in derselben Weise fließen, wie Er durch Jesus Christus geflossen ist. Sie sind das Licht der Erde. Sie sind berufen, das Licht und die Herrlichkeit Gottes in dieser dunklen Welt auszubreiten, indem Sie durch die Kraft und Autorität des Reiches Gottes angeborene Erkrankungen heilen.

Doch vielen von uns wurde beigebracht, dass der Dienst der Heilung nur etwas für besondere Menschen sei – wie Jesus und die Apostel – oder dass er nur für eine begrenzte Zeit verfügbar war – etwa zu der Zeit vor dem Abschluss des biblischen Kanons. Andere glauben zwar an Heilung, haben es aber bisher nie erlebt, dass Gottes heilende Kraft in konsequenter Weise durch sie wirkt. Sie brauchen etwas praktische Anleitung und Coaching. Wir widmen uns diesen Fragen im nächsten Kapitel, wo wir die Frage beantworten „Wie heilt Gott heute?" Im verbleibenden Teil des Buches können Sie dann Erfahrungsberichte von Eltern lesen – Eltern wie Sie, mit Kindern, die mit angeborenen Erkrankungen zur Welt kamen - in denen diese ihre Erfahrung mit Gottes heilender Kraft schildern, so dass Er dasselbe auch durch Sie tun kann… und sogar noch mehr!

KAPITEL 3
Wie heilt Gott heute?

Andy Hayner

Wenn Sie ein Nachfolger Jesu sind, dann ist es für Sie nicht nur wichtig zu glauben, dass die Heilung von angeborenen Erkrankungen Gottes Wille ist; es ist vielmehr entscheidend wichtig zu verstehen, *wie* Gott heilt. Jesus sagte: *„Wahrlich, wahrlich, ich sage euch,* **wer** *an mich glaubt, der wird die Werke auch tun, die ich tue, und wird größere als diese tun, weil ich zu meinem Vater gehe.* (Joh 14,26) Gottes Antwort zur Heilung Ihres Kindes von angeborenen Erkrankungen ist nicht eine andere Person[2]. Es geht nicht darum, irgendeinen vollmächtigen Diener Gottes dazu zu bewegen, Ihrem Kind die Hände aufzulegen und es zu heilen. Gottes Antwort für Ihr Kind besteht vielmehr zu einem erheblichen Teil darin, **Sie auszurüsten**, in der Fülle Jesu Christi zu leben. Das beinhaltet viel mehr als Krankenheilung, doch es schließt sie auf jeden Fall mit ein.

Vor einigen Jahren war ich auf einer christlichen Konferenz. Da tippten mir einige gute Freunde auf die Schulter: „Andy, wir brauchen dich." Während wir zum hinteren Bereich des Raumes gingen, sagten meine Freunde: „Da ist ein kleines Mädchen, das nicht laufen kann. Ihre Eltern haben sie hier hergebracht, damit sie geheilt wird." Sie haben mich nicht geholt, weil ich eine besondere ‚Salbung für Heilung' habe. Sie holten mich, weil sie wussten, dass ich ein Herz für Kinder habe und eine Gabe, ihnen zu helfen sich zu entspannen, während wir für sie beten.

---

[2] Bei weiteren Fragen zu diesem Thema siehe Anhang 1 "Heilt Gott durch JEDEN Gläubigen oder nur durch einige Auserwählte?"

Hinten im Raum angekommen, wurde ich Anya vorgestellt. Sie war sieben Jahre alt und war mit Zerebralparese geboren. Sie war ein sehr süßes kleines Mädchen, doch körperlich schwach. Sie konnte nicht aufrecht stehen, ohne sich an irgendetwas anzulehnen, und sie konnte auch nicht mehr als ein oder zwei Schritte laufen, ohne hinzufallen. Außerdem bekam sie regelmäßig Krampfanfälle.

Wir begannen, Anya die Hände aufzulegen und die Autorität und Kraft des Reiches Gottes für ihre Heilung in Anspruch zu nehmen. Es waren etwa drei von uns, die dabei die Führung übernahmen. Wir arbeiteten als ein Team, wobei jeder von uns einige Minuten lang an der Reihe war, bevor er zurücktrat und ein anderer übernahm und fortfuhr, die Kraft des Heiligen Geistes in den Körper Anyas für Heilung freizusetzen. In regelmäßigen Abständen unterbrachen wir unseren Dienst und sagten zu Anya: „Jetzt wollen wir mal laufen und sehen, wie das klappt." Wir machten das etwa dreißig Minuten lang ohne sichtbaren Erfolg.

Ich erinnere mich noch genau an das herablassende Grinsen des Hotelmanagers, als der Name „Jesus" immer wieder durch die Hotellobby des Konferenzraums wiederhallte, während wir für Anya beteten. Doch sein Grinsen machte einem erstaunten Gesichtsausdruck Platz, als dieses wunderbare Mädchen begann, frei zu laufen und sogar durch die Hotellobby zu rennen! Anyas Heilung machte einen Riesenfortschritt an jenem Abend.

Es war für alle begeisternd, die Freude auf Anyas Gesicht zu sehen, während sie herumlief und spielend ihre neu erworbene Kraft und Koordination trainierte! Sie verließ das Hotel mit einem schelmischen Blick über die Schulter in Richtung ihrer Eltern und mit den Worten: „Wer schneller am Auto ist!" Als sie an diesem Abend nach Hause kam, rannte sie im Garten mit ihrem Bruder und ihren Schwestern herum – etwas, wozu sie noch nie vorher in der Lage gewesen war! Im Laufe der letzten zwei Jahre hatte Anya keinen einzigen Krampfanfall und sie konnte weiterhin kraftvoll vorwärts, rückwärts und seitlich laufen und Treppen steigen. Preis den Herrn!

WAS HAST DU IN DEINER HAND?

Als Moses nach Ägypten gesandt wurde, um die Kinder Israel zu befreien, sagte er zu Gott: „Sie werden mir nicht glauben." Als Abhilfe gab Gott Moses die Fähigkeit, Zeichen zu vollbringen: *„Da sprach der Herr zu ihm: Was hast du in deiner Hand?"* (2.Mo 4,2) Ausgehend von dem, was Moses bereits hatte, rüstete Gott Moses mit der Fähigkeit aus, Zeichen und Wunder zu tun. Gott sagt dasselbe zu uns heute. Wissen Sie, was Sie bereits in Ihrer Hand haben?

Als Jesus die Jünger aussandte, das Evangelium zu verkündigen, sagte Er, dass übernatürliche Zeichen denen folgen würden, die der Botschaft der Apostel glauben.

„Und er sprach zu ihnen: Geht hin in alle Welt und verkündigt das Evangelium der ganzen Schöpfung… **Diese Zeichen aber werden die begleiten, die gläubig geworden sind:** *In meinem Namen werden sie Dämonen austreiben, sie werden in neuen Sprachen reden…* **Kranken werden sie die Hände auflegen, und sie werden sich wohl befinden."** (Mk 16,15-18)

Ist Ihnen aufgefallen, dass Jesus Christus hier sagt, diese Zeichen werden die begleiten, *die gläubig geworden sind,* die also der Botschaft der Apostel geglaubt haben, und nicht nur die Apostel? Treiben Sie Dämonen aus im Namen Jesu, sprechen Sie in neuen Zungen und legen Sie Kranken die Hände auf, sodass sie sich wohl befinden? Wenn nicht, dann kann es sein, dass Sie nicht die vollständige Botschaft gehört haben, mit der die Apostel zur Verkündigung ausgesandt wurden.

Die Botschaft, mit der die Apostel in die ganze Welt ausgesandt wurden, war nicht nur eine Botschaft darüber, dass wir nach unserem Tod in den Himmel kommen können. Jesus kam und verkündigte:

„Das Reich Gottes ist nahe." Jesus sandte Seine Nachfolger aus zu verkündigen, dass der Himmel auf Erden einmarschiert ist, um die Kräfte der Hölle zu zerstören und die Gefangenen zu befreien. Die Verkündigung ging immer einher mit Demonstrationen von Heilung und Befreiung. Sie waren ausgesandt worden mit der guten Nachricht, dass Gottes „Überraschungsangriff' auf den Teufel ein glanzvoller Sieg war! Jesus Christus hat den Sieg über Sünde, das Böse, Krankheiten und sogar selbst den Tod für die gesamte Menschheit errungen. Jeder, der jetzt umkehrt und die gute Nachricht glaubt, wird Vergebung erleben, durch die Gabe des Heiligen Geistes bevollmächtigt werden und dieselbe Vollmacht des Namens Jesu Christi erhalten, um Seinen Sieg über Teufel, das Böse und Krankheiten durchzusetzen. *In meinem Namen* **werden** *sie Dämonen austreiben, sie werden in neuen Sprachen reden…* **Kranken werden sie die Hände auflegen, und sie werden sich wohl befinden."** (Mk 16,15-18)

Jesus hat oft mit einer Berührung Seiner Hand geheilt.

Und **Jesus streckte die Hand aus, rührte ihn an** *und sprach: Ich will; sei gereinigt! Und sogleich wurde er von seinem Aussatz rein.* (Mt 8,3)

Und er rührte ihre Hand an; *und das Fieber verließ sie, und sie stand auf und diente ihnen.* (Mt 8,15)

Als aber die Menge hinausgetrieben war, **ging er hinein und ergriff ihre Hand**; *und das Mädchen stand auf.* (Mt 9,25)

Die Apostel und die frühe Kirche folgten dieser Praxis der Heilung durch Handauflegung.

Und **er ergriff ihn bei der rechten Hand und richtete ihn auf**; *da wurden sogleich seine Füße und seine Knöchel fest.* (Apg 3,7)

Durch die Hände *der Apostel aber geschahen viele Zeichen und Wunder unter dem Volk; und sie waren alle einmütig beisammen in der Halle Salomos.* (Apg 5,12)

Da ging Ananias hin und trat in das Haus; und ***er legte ihm die Hände auf*** *und sprach: Bruder Saul, der Herr hat mich gesandt, Jesus, der dir erschienen ist auf der Straße, die du herkamst, damit du wieder sehend wirst und erfüllt wirst mit dem Heiligen Geist!* (Apg 9,17)

Und Gott wirkte ungewöhnliche Wunder ***durch die Hände*** *des Paulus.* (Apg 19,11)

Was ist das da in Ihrer Hand?
Vollkommene Gesundheit ist in Ihrer Hand.

Und auf den Glauben an seinen Namen hin hat sein Name diesen hier stark gemacht, den ihr seht und kennt; ja, der durch Ihn [gewirkte] Glaube hat ihm diese volle Gesundheit gegeben vor euch allen. (Apg 3,16)

Die Kraft, die Jesus von den Toten auferweckt hat, ist in Ihrer Hand, um sterbliche Leiber lebendig zu machen.

Wenn aber der Geist dessen, der Jesus aus den Toten auferweckt hat, in euch wohnt, so wird derselbe, der Christus aus den Toten auferweckt hat, auch eure sterblichen Leiber lebendig machen durch seinen Geist, der in euch wohnt. (Röm 8,11)

Ich habe schon alle Arten von Christen darin geschult, wie man Kranke heilt und in wenigen Minuten Ergebnisse erzielt, angefangen von Pastoren mit einer akademischen Ausbildung bis hin zu Kindern und ungebildeten Dorfbewohnern in der dritten Welt – einfach dadurch, dass ich sie darüber unterrichtete, was Gott über ihre Hände sagt. Es ist nicht kompliziert. Es ist sogar sehr einfach!

Darf ich Sie etwas über Ihre Hand lehren? Schauen Sie sich Ihre Hand an und sagen Sie folgendes: „Diese Hand ist nicht meine Hand. Ich bin ein Glied am Leib Jesu Christi. Diese Hand gehört Jesus Christus, dem König der Könige und Herrn aller Herren! Wenn ich Kranken die Hände auflege, dann ist das Reich Gottes nahe! Jesus Christus berührt die Kranken mit dieser Hand. Die Kraft des Geistes Gottes fließt durch mich. Ströme lebendigen Wassers fließen aus meinem Innersten. Der Geist, der Jesus Christus von den Toten auferweckt hat, lebt in mir. Die Kraft Jesu Christi fließt durch mich, um Krankheiten und Gebrechen zu heilen, um Heilung zu vermitteln und Leben und vollkommene Gesundheit für menschliche Körper wiederherzustellen. Ich bin ein Gläubiger an Jesus Christus und an Seinen Sieg über alle Macht des Bösen. Ich höre nie auf zu glauben. Wenn ich Kranken die Hände auflege, dann werden sie sich wohl befinden in Jesu Namen."

Wenn ich bei Menschen für Heilung bete, dann lege ich gewöhnlich der Person die Hände auf und glaube, dass Gottes Kraft durch mich fließt. Stellen Sie sich Ihre Hand wie ein geistliches Überbrückungskabel oder ein Verlängerungskabel aus dem Himmel vor, das die Kraft des Heiligen Geistes überträgt. Manchmal nehme ich einfach ihre Hand in meine, wie bei einem Handschlag. Oder ich lege die Hand auf den Bereich, der geheilt werden soll. Mit Kindern habe ich herausgefunden, dass es manchmal sehr hilfreich ist, das Kind bei mir auf dem Schoß sitzen zu lassen, während es seine Mama oder Papa anschaut. Es gibt keine besondere ‚richtige Methode'. Vertrauen Sie Jesus Christus schlicht für Heilung, doch während Sie das tun, seien Sie sich dessen bewusst, dass Jesus Christus in Ihrem Inneren wohnt und dass Sein Geist durch Sie fließt, um Krankheit und Leid zu berühren und zu zerstören und stattdessen heilende Kräfte in anderen Menschen freizusetzen.

WEN SEHEN SIE IM SPIEGEL?

Das größte Hindernis, das sich Christen beim Thema göttliche Heilung in den Weg stellt, sind nicht Dämonen, Krankheiten oder unbereinigte

Sünden. Es sind vielmehr Denkmuster, die daher kommen, dass wir die Bedeutung unserer Einheit mit Christus nicht begriffen haben.

Wir nennen uns „aus Gnade gerettete Sünder", wohingegen das Wort Gottes uns „Heilige" nennt. Ein großer Teil des Gebetslebens in der Kirche beschränkt sich darauf, Gott darum anzubetteln, etwas zu tun, was Er schon getan hat oder Ihn zu bitten, dass Er etwas tut, was Er uns zu tun geboten hat. Viele Gläubige verbringen Stunden damit, zu Gott zu rufen, dass Er „Seinen Geist ausgießt" und „Erweckung sendet" oder „Seine heilende Kraft sendet", alles nur, weil wir es versäumt haben zu begreifen und zu glauben, was Gott uns bereits in Christus gegeben hat. An keiner anderen Stelle kommt ein geistlicher Minderwertigkeitskomplex so schnell zum Vorschein wie dann, wenn Gläubige ermutigt werden zu glauben, dass Gott sie gebrauchen wird, um genau wie Jesus Kranke zu heilen.

Im christlichen Leben geht es darum, unsere Denkweise anhand der Denkweise Christi zu erneuern, sodass wir Sein Denken in jedem Lebensbereich übernehmen. Unsere Denkmuster werden sich ändern, sobald wir das wahre Wesen des christlichen Lebens begriffen haben. Unser christliches Leben ist nicht vorrangig unser Charakter, unsere Glaubensüberzeugungen, unser Lebensstil oder sogar unser Dienst für Gott. Unser christliches Leben ist das übernatürliche Leben Jesu Christi, das Gott in uns bei unserer Wiedergeburt hineingelegt hat. Das ist unser christliches Leben. Es ist dasselbe übernatürliche Leben, das Jesus Christus von den Toten auferweckt hat. Es ist ein unerschütterliches, dauerhaftes Leben. Es ist das Leben, das in Jesu innerstem Wesen jeden Tag Seines Lebens pulsierte und sich in Weisheit, Liebe und Wahrheit aus Ihm ergoss. Dasselbe Leben, das durch den Heiligen Geist in den Mutterleib Marias implantiert worden war, wurde vom Heiligen Geist in unserem Innersten als unser Leben implantiert. Mit anderen Worten, unser christliches Leben ist nicht nur ein neuer Lebensstil, den es anzunehmen gilt. Es ist eine neue Lebensform, die wir in uns tragen und an der es teilzunehmen gilt – das göttliche Leben Gottes.

*„…durch welche er uns die überaus großen und kostbaren Verheißungen gegeben hat, damit ihr durch dieselben **göttlicher Natur teilhaftig werdet**, nachdem ihr dem Verderben entflohen seid, das durch die Begierde in der Welt herrscht. (2.Petr 1,4)*

*Wer aber dem Herrn anhängt, **ist ein Geist mit ihm**. (1.Kor 6,17)*

*Wenn der **Christus, unser Leben**, offenbar werden wird, dann werdet auch ihr mit ihm offenbar werden in Herrlichkeit. (Kol 3,4)*

*Ich bin mit Christus gekreuzigt; und **nun lebe ich, aber nicht mehr ich [selbst], sondern Christus lebt in mir**. Was ich aber jetzt im Fleisch lebe, **das lebe ich im Glauben an den Sohn Gottes**, der mich geliebt und sich selbst für mich hingegeben hat. (Gal 2,20)*

*Wenn wir **im Geist leben**, so laßt uns auch im Geist wandeln. (Gal 5,25)*

Gott hat Sie dazu erschaffen, Träger einer anderen Lebensform zu sein. Sie wurden geschaffen, um Göttlichkeit zu beinhalten und auszudrücken, Gottes ureigene Gegenwart auf Erden. Gott erschuf Sie, um Sein Ebenbild widerzuspiegeln, und Er gab Ihnen die Vollmacht, Seinen Willen auszuüben.

*Und Gott sprach: „Laßt uns Menschen machen **nach unserem Bild, uns ähnlich; die sollen herrschen … über die ganze Erde**, auch über alles Gewürm, das auf der Erde kriecht!" (1.Mo 1,26)*

So hat Jesus gelebt. Er lebte als Gefäß des Lebens Seines Vaters, indem Er die Herrschaft des Menschen in Einheit mit dem Reich Gottes (anstatt in Rebellion dagegen) ausübte. Durch Jesus Christus wurden Sie wiederhergestellt, um genau denselben Zweck zu erfüllen! Jesus

Christus ist nicht dazu gekommen, Ihr altes Leben zu verbessern. Er kam, um Sie von Ihrem alten Leben zu befreien und ein völlig neues Leben in Sie hinein zu pflanzen, mit einer völlig neuen Identität.

Damit Er das tun konnte, musste Er Sie von sich selbst befreien. Er tat dies dadurch, dass Er sich mit Ihrem alten Selbst identifizierte, sodass Sie mit Ihm gekreuzigt wurden, als Er gekreuzigt wurde. (Gal 2,20) Er wurde eine Einheit mit Ihnen in Fleisch und Blut, damit Sie ein Geist mit Ihm werden konnten! Er kam nicht nur, um Ihnen mehr Informationen über Gott zu geben, die Sie nutzen können, um das Böse zu überwinden, oder um Ihnen einige Prinzipien an die Hand zu geben, die Sie zu einer Formel für Krankenheilungen und Wundertaten reduzieren können. Jesus Christus kam, um das Böse durch die Kraft Seines Geistes zu überwinden und dann Sein siegreiches Leben in Ihr Innerstes einzupflanzen, sodass Sie in der Kraft Seines Lebens regieren können. (Röm 5,17)

Letzte Woche hat einer meiner Freunde eine persönliche Geschichte aus seinem Leben erzählt, die ihm geholfen hat, seine neue Identität in Christus besser zu begreifen. Er erzählte mir: „Ich wuchs auf mit einem abwesenden Versager als Vater. Als ich älter wurde, zog ich für einen Sommer zu meinem Vater. Ich wünschte mir sehnlichst ein Fahrrad, hatte jedoch nicht das Geld dafür. Doch mein Vater hatte ein uraltes Fahrrad in der Garage stehen. Also begann ich, es zu reparieren. Ich ersetzte den Lenker, nahm die Felgen ab, montierte einen neuen Sattel, lackierte es neu. Doch bei meiner ersten Probefahrt platzte der Reifen und ich musste das Fahrrad nach Hause schieben. Wie sich herausstellte, musste ich übers Wochenende wegfahren. Also fragte ich meinen Vater, ob er den Reifen für mich wechseln würde, damit ich damit fahren könnte, wenn ich wieder zurückkäme. Er sagte, dass er mir gerne helfen würde."

Mein Freund fuhr fort: „Als ich von meinem Wochenende nach Hause kam und in die Einfahrt einbog, sah ich als erstes das alte Fahrrad genau an der Stelle in der Garage stehen, an der ich es zurückgelassen hatte – mit demselben platten Reifen! Mein Vater hatte nichts unternommen! Sofort machte sich der ganze Frust all der Jahre in mir breit. Ich war so wütend, dass ich meinen Vater im Stillen verfluchte, während sich meine Gefühlslage irgendwo zwischen Wut und Verzweiflung einpendelte. Ich wollte einfach nur alleine sein, also rannte ich die Treppe hoch in mein Zimmer. Doch als ich die Tür öffnete, sah ich dieses phantastische nagelneue Fahrrad. Es war ein BMX-Rad allererster Güte. Ein solches Fahrrad zu besitzen hätte ich nie zu träumen gewagt. Es war das erste Mal in meinem Leben, dass mir vor Freude die Tränen kamen – teilweise wegen des Fahrrads, doch vor allen Dingen deshalb, weil ich zum ersten Mal im Leben erkannte, dass mein Vater mich wirklich liebte!"

Viele Christen sind total frustriert, weil sie versuchen, Gott und das Evangelium dazu zu benutzen, ihr Leben aufzumöbeln und sich selbst zu reparieren. Sie werden sehr entmutigt, wenn es den Anschein hat, dass Gott ihnen nicht hilft. Doch die Wahrheit ist, dass Gott für uns alle ein brandneues Leben erworben hat. Es ist eine höhere Form des Lebens – ewiges Leben in Gemeinschaft mit Ihm!

Unser himmlischer Vater wartet darauf, dass wir unser altes Fahrrad in der Garage lassen und unsere neue Identität und Kraft in Christus erkennen. Gott hat uns eine brandneue Beziehung, einen neuen Geist und eine neue Identität geschenkt. Gott hat ein Leben allerhöchster Güte! Er hat uns genau dieselbe Beziehung geschenkt, die Er mit Jesus Christus hat, und zwar *als unsere Beziehung zu Ihm*. Wir wurden durch Jesus Christus als Söhne Gottes adoptiert. Es ist ein Geschenk, dessen wir uns für immer erfreuen sollen! Er hat uns auch noch den ureigenen Geist Jesu Christi in unser Inneres als unsere brandneue Natur gegeben. Wir sind nicht mehr länger Sünder. Wir sind wirklich gerecht im Kern unseres Wesens. Dies ist die Grundlage unserer wahren Identität!

...sandte Gott seinen Sohn... damit er die, welche unter dem Gesetz waren, loskaufte, **damit wir die Sohnschaft empfingen.** *Weil ihr nun Söhne seid, hat Gott* **den Geist seines Sohnes in eure Herzen gesandt,** *der ruft: Abba, Vater! So* **bist du also nicht mehr Knecht, sondern Sohn; wenn aber Sohn, dann auch Erbe Gottes durch Christus.** (Gal 4,4-7)

Eine Sache nur würde ich in der Geschichte gerne verändern, um sie zu einer passenderen Illustration zu machen. Wir müssen das brandneue BMX Fahrrad gegen eine Harley Davidson oberster Güte eintauschen! Wir bekommen nämlich nicht nur ein „neues Fahrrad" geschenkt, sondern das Rad kommt mit Power! Auf einer Harley Davidson tritt man nicht in die Pedalen, um vorwärts zu kommen. Man kommt auch nicht weiter, indem man sie eingehend studiert und an sie glaubt. Letzten Endes muss man sich draufsetzen, den Motor starten, sie in die richtige Richtung ausrichten und Gas geben. Das kann durchaus eine Herausforderung sein, doch lange nicht so herausfordernd wie der Versuch, ein altes Fahrrad mit einem platten Reifen wie eine Harley Davidson fahren zu wollen – was haargenau dem entspricht, was viele Christen versuchen, weil sie das wunderbare Geheimnis unserer Einheit mit Christus nie begriffen haben.

Lassen wir also das „alte Fahrrad" – alles was wir außerhalb von Christus waren – in der Garage stehen. Die Reparatur ist nicht nötig. Wir brauchen nie wieder darauf zu fahren. Es ist alt. Wir haben eine neue Identität, eine neue Natur. Wir sind neue Kreaturen. Christus lebt in uns. Christus ist unsere Identität! Er ist unser neues Leben! Wir sind Gefäße Jesu Christi, die in Seiner Vollmacht, Kraft und Liebe leben.

GENAU WIE JESUS

Sie fragen sich vielleicht, was das damit zu tun hat, dass Gott heute noch heilt? Absolut alles! Jesus Christus heilte die Kranken nicht, weil Er über besondere Vollmachten oder Kräfte verfügte. Obwohl Er vollkommen göttlich war, hat Jesus wiederholt verkündet, dass jedes von Ihm vollbrachte Wunder nicht durch Seine eigene Kraft oder Vollmacht zustande gekommen war, sondern das Werk Seines Vaters war. Als der vollkommen göttliche Sohn Gottes hatte Er den Gebrauch aller Seiner göttlichen Kräfte und Vorrechte abgelegt, um unter uns als ein Mensch zu leben – ein Mensch, wie Ihn Gott beabsichtigt hat – ein Mensch, der Gott in sich trug.

Tatsächlich hat Er mehrfach ausdrücklich gesagt, dass Er NICHT in der Lage war, Wunder zu tun! Sie glauben mir nicht?

Da antwortete Jesus und sprach zu ihnen: Wahrlich, wahrlich, ich sage euch: **Der Sohn kann nichts von sich selbst aus tun...** (Joh 5,19)

*...**der Vater**, der in mir wohnt, **der tut die Werke**.* (Joh 14,9-10)

... ich tue nichts von mir selbst aus, sondern wie mich mein Vater gelehrt hat, so rede ich. Und der, welcher mich gesandt hat, ist mit mir; der Vater läßt mich nicht allein, denn ich tue allezeit, was ihm wohlgefällt. (Joh 8,27-29)

Es mag Sie überraschen, aber Sein göttliches inneres Wesen hat Ihm **keinerlei** Vorteile bei der Heilung von Krankheiten verschafft, obwohl Er eine vollkommen göttliche Natur besaß. Jesus hat unter uns als ein gewöhnlicher Mensch gelebt. Er hatte nicht mehr Zugang zu göttlicher Autorität und Kraft als wir es nach unserer Wiedergeburt haben. Jesus konnte nur durch die Vollmacht eines anderen heilen, und durch die Kraft eines anderen, nämlich Seines Vaters, genauso wie wir.

Denken Sie darüber folgendermaßen: Wenn der König eines Landes beschließt, eine Zeitlang als obdachloser Mann zu leben, um das Problem der Obdachlosigkeit und Armut in seinem Land zu verstehen und anzugehen, dann würde der König doch, während er als Obdachloser auf der Straße lebt, beides sein, König und Obdachloser zugleich, nicht wahr? Jedoch, obwohl es dem König möglich ist, König und Obdachloser zugleich zu **sein**, ist es ihm *nicht* möglich, als König und

Obdachloser zugleich *zu leben*. Der König muss sein Schloss, die Leibwache, die königlichen Gewänder und die Diener und Berater zurücklassen und auf der Straße leben, mit nichts weiter als seinen Kleidern und dem Verstand im Kopf. Obwohl Jesus vollkommen göttlich ist, hat Er die Ausübung Seiner göttlichen Kraft vollständig abgelegt, um unter uns als ein Mensch zu leben, genauso wie Sie und ich. (Phil 2,6-7)

Jesus kam auf die Erde als der „einzige Sohn" Gottes. Doch ist Er längst nicht mehr der „einzige"! Nun ist Jesus Christus der Erstgeborene unter vielen Brüdern. (Röm 8,29) Gott hat Sie als Sohn adoptiert. Das bedeutet, dass Er Ihnen dieselbe Stellung verliehen hat als wären Sie Jesus Christus selbst. Wenn Sie ein Nachfolger Jesu sind, dann hat Gott Ihnen dieselbe Stellung, dieselbe Beziehung und denselben Geist gegeben, wie Jesus Christus sie hat. Dies ist die Grundlage dafür, dass Gott die Kranken durch Sie und jeden anderen an Christus Gläubigen heilen kann!

Gott hat Sie aus Seiner Sicht vollkommen neu gemacht und den Geist Jesu Christi in Sie hineingelegt (Gal 4,4-7). Jeder wiedergeborene Christ ist der stolze Besitzer einen brandneuen Harley Davidson – die persönliche Anwesenheit des „Christus IN DIR" (Kol 1:27). Gott wird durch Sie tun, was Er durch Jesus Christus tat… und Größeres.

*Wie **ihr nun Christus Jesus, den Herrn, angenommen habt, so wandelt auch in ihm**, gewurzelt und auferbaut in ihm und gefestigt im Glauben, so wie ihr gelehrt worden seid, und seid darin überfließend mit Danksagung.* (Kol 2,6-8)

Gott möchte nicht, dass Sie Jesus Christus lediglich annehmen. Er möchte, dass Sie in Ihm wandeln. Nehmen Sie die Harley Davidson nicht nur in Empfang! Schwingen Sie sich drauf und fahren Sie los! Nehmen Sie Ihren Platz ein in den himmlischen Regionen in Christus, weit über allen Mächten und Gewalten, in vollkommenem Sieg über alles Böse, vollständig angenommen in der herrlichen Liebe des Vaters! (Eph 2,6)

Wir fühlen uns ganz wohl damit, dass Jesus in der Bibel großartig war, doch müssen wir erwarten, dass Er nicht weniger großartig ist, wenn Er durch uns lebt. Viele Menschen werden versuchen, Ihnen zahlreiche logische Gründe dafür zu nennen, warum Sie nicht wie Jesus Christus leben können, doch sind sie allesamt leerer Trug. Sie werden mit den Traditionen Ihrer Denomination, Ihrer Familie und Ihrer Kultur brechen müssen, um in der Fülle Jesu Christi zu leben, doch es lohnt sich ungemein!

Erinnern Sie sich, wie Sie zu Ihrer Hand gesprochen haben? Nun ist der Zeitpunkt gekommen, die Wahrheit über den Rest von Ihnen zu deklarieren! Sagen Sie folgendes: „Ich habe Jesus Christus als Herrn angenommen. Ich lebe in Seiner Kraft. Ich wandle in Seiner Herrschaft und Seinem Sieg. Ich wandle in Seiner Liebe. Christus lebt in mir. Er lebt durch mich. Alles an mir, was von Ihm getrennt ist, wurde vor 2.000 Jahren gekreuzigt. Ich bin ein Gefäß für den lebendigen Gott. Ich erneuere mein Denken gemäß der Gesinnung Christi. Der Geist Jesu Christi ruft „Abba Vater" in meinem Herzen. Ich bin frei von Sünde. Ich bin fleckenlos, tadellos und über jeden Vorwurf erhaben. Ich bin die Gerechtigkeit Gottes. Christus ist mein Leben. Ich trage das ureigene Ebenbild Gottes und echte Gottähnlichkeit in mir. Der Vater hat mich in dieselbe Beziehung zu sich selbst versetzt, wie Er sie zu Jesus hat. Ich stehe fest in der Gnade und Gunst Jesu Christi. Ich wandle in der Gemeinschaft Jesu Christi. Ich wandle in Seiner Kraft über Krankheiten und Gebrechen. Ich übe Seine Autorität über die Teufel aus. Alles, was Jesus Christus tun kann, kann Er durch mich tun. Ich lebe wie Er gelebt hat. Wie Er ist, so bin auch ich in dieser Welt. Er ist großartig. Er ist großartig in mir und durch mich heute! Er ist Liebe. Ich bin Liebe. Er ist unaufhaltsam. Ich bin unaufhaltsam."

Wenn der Goliath der angeborenen Erkrankung Sie verhöhnt und zu bewirken versucht, dass Sie sich klein und mickrig fühlen, nach dem Motto: „Bin ich ein Hund, dass du mit Stöcken zu mir kommst" (1.Sam 17,43), dann können Sie zum Gegenangriff blasen und sagen: „An diesem Tag werde ich dir den Kopf abschlagen, denn ich komme nicht nur in menschlicher Kraft, um gegen dich zu kämpfen, sondern in dem mächtigen Namen Jesu Christi und in der Kraft des Heiligen Geistes!" (1.Sam 17,46) Wenn Sie wissen, was Gott über Sie sagt, dann kann Sie nichts mehr einschüchtern.

DER WAGEN DER HEILUNG UND DAS PFERD IHRER IDENTITÄT IN CHRISTUS

Wir beziehen unsere Identität nicht aus dem, was wir in unserem Dienst erleben (oder nicht erleben). Unsere Identität in Christus gründet ausnahmslos in unserer geistlichen Einheit mit Ihm durch den Glauben. Das Vertrauen in unsere Einheit mit Jesus Christus ist ‚das Pferd', welches die Kraft liefert, um den ‚Wagen der Heilung' zu ziehen.

Als die Jünger Jesu zurückkehrten, nachdem Jesus sie in Zweierteams ausgesandt hatte, die Kranken zu heilen und das Reich Gottes in den Dörfern Israels zu verkünden, kamen sie voller Freude und sagten: *„Herr, auch die Dämonen sind uns untertan in deinem Namen!"* (Lk 10,17). Nachdem Jesus ihre Autorität über Dämonen bestätigt hatte, warnte Er sie davor, ihre Identität auf die Ergebnisse ihres Dienstes zu gründen. Er sagte: *„Doch nicht darüber freut euch, daß euch die Geister untertan sind; freut euch aber lieber darüber, daß eure Namen im Himmel geschrieben sind."* (Lk 10,20) Unsere Identität ist fest verankert im Himmel und ist die einzig tragfähige Grundlage unserer Freude.

Eines Abends waren mein Sohn und ich in einer Kirche, um für Menschen zu beten, die Heilung brauchten. Als wir zusammenpackten und ins Auto stiegen, fragte ich ihn: „Wie geht es dir, Sohnemann? Wie war es für dich heute Abend?" Er seufzte und sagte: „Ganz ehrlich gesagt, ich kämpfe gerade etwas gegen Entmutigung." „Warum?" fragte ich. Er erwiderte: „Ich weiß, dass ich denselben Heiligen Geist habe, den du hast. Ich weiß, dass ich genauso ein Kind Gottes bin wie du. Doch es fällt mir auf, dass du viel bessere Resultate erzielst als ich, wenn es darum geht, für Heilung zu beten."

An dem Punkt wurde ich etwas deutlich: „Mein lieber Sohn, ich erziele KEINERLEI Resultate. Nicht ein einziges! Und ich habe den Verdacht, dass wenn es einen Teil von dir gibt, der entmutigt ist darüber, *keine* Resultate zu sehen, dann ist das wahrscheinlich genau der Teil, der ziemlich aufgeblasen und stolz geworden wäre, wenn du heute Abend Wunder erlebt hättest. Wie wäre es also damit – lassen wir Jesus Christus den einzigen sein, der irgendwelche Resultate im Dienst erzielt! Okay?" Er lächelte: „Okay Papa."

Am nächsten Abend waren mein Sohn und ich wieder in einer Kirche zum Dienst, und ein Mann, dessen Trommelfell bei einem Arbeitsunfall vor einigen Jahren geplatzt war, kam zu meinem Sohn, um für sich beten zu lassen. Es war aus medizinischer Sicht völlig unmöglich, dass er jemals wieder hören würde. Doch mein Sohn legte ihm die Hände auf und innerhalb nur weniger Minuten wurde das Ohr des Mannes komplett geheilt! Wenn wir es schaffen, uns selbst aus dem Weg zu nehmen, kann Jesus durch uns fließen und Seine Ergebnisse erzielen!

Obwohl Gott uns vor 2.000 Jahren aus dem Weg geschafft hat, als wir mit Christus gekreuzigt wurden, müssen wir es zulassen, dass die Kraft dieser Tatsache in unserem Alltag wirksam wird. Wir richten unseren Blick einfach auf Jesus Christus und gestatten Ihm, in und durch uns großartig zu sein. Wenn wir aus irgendeinem Grund nicht die Heilung erleben, für die Jesus bezahlt hat, dann sollten wir nicht anfangen, uns selbst zu bewerten. Warum uns in Frage stellen ausgehend vom Werk des Feindes, wenn Gott will, dass wir unsere Selbsterkenntnis allein auf das Werk Jesu Christi gründen? Wir sollten schlicht weiterhin *„vergessen,* *was dahinten ist, und uns ausstrecke nach dem, was vor uns ist"* (Phil 3,13), indem wir unser Denken gemäß dem Denken Christi erneuern, Gott lieben, die Menschen mit der Liebe Gottes lieben und die Werke Satans durch alle Ressourcen des Himmels zerstören!

Sie sind vom Himmel bevollmächtigt, Kranke zu heilen, wo immer eine Not sichtbar wird, ganz gleich welcher Art diese Not auch sein mag. Gott ist mit Ihnen! Jesus Christus gibt Seinen Nachfolgern *„Vollmacht über die unreinen Geister, sie auszutreiben, und jede Krankheit und jedes Gebrechen zu heilen."* (Mt 10,1) Er gab Ihnen *„Vollmacht, auf Schlangen und Skorpione zu treten, und über alle Gewalt des Feindes; und nichts wird euch in irgendeiner Weise schaden.* (Lk 10,19) *Gleichwie Er ist, so sind auch wir in dieser Welt.* (1.Joh 4,17) Sie sind ein Botschafter Jesu Christi, mit der Autorität, in jeder Situation in Seinem Namen zu sprechen und zu handeln.

WER SPRICHT, WENN SIE REDEN?

Der häufigste Fehler, den an Heilung glaubende Christen machen, wenn es um Krankenheilung geht, besteht darin, dass sie Gott bitten, die Kranken zu heilen. Anstatt mit Gott über die Krankheit zu sprechen, sollten wir zu der Krankheit in Gottes Namen sprechen. Jesus hat nie zu Gott gebetet, um Ihn zu bitten, die Kranken zu heilen. Er manifestierte Gott der Krankheit gegenüber. Christus in Ihnen tut dasselbe. Er erwartet von Ihnen, dass Sie dasselbe tun. Sobald Sie sich in Übereinstimmung mit der Denkweise Jesu Christi befinden, wird die Kraft und Liebe Seines Reiches durch Sie fließen. Für die meisten Christen ist dies eine revolutionäre Einsicht, die für den Heilungsdienst enorme Auswirkungen hat.

Obwohl Jesus ganz klar gesagt hat, dass Er die Kranken nicht durch Seine eigene Kraft oder Vollmacht heilen konnte und dass Heilung das Werk Seines Vaters war – sehen wir jemals Jesus jemandem die Hände auflegen und sagen: „Vater, bitte komm und berühre diesen Menschen jetzt mit Deiner Kraft?" Nein!

Was sehen wir stattdessen?

Und er trat zu ihr, neigte sich über sie und **befahl dem Fieber**, *und es verließ sie…* (Lk 4,39)

Und Jesus streckte die Hand aus, rührte ihn an und sprach: Ich will; **sei gereinigt!** *Und sogleich wurde er von seinem Aussatz rein.* (Mt 8,3)

Und er ergriff die Hand des Kindes und sprach zu ihm: Talita kumi!, das heißt übersetzt: **Mädchen, ich sage dir, steh auf!** (Mk 5,41)

In jedem Fall, in dem uns Einzelheiten darüber berichtet werden, wie Jesus die Kranken heilte, sehen wir Ihn immer Autorität ausüben über Krankheit, Gebrechen und Dämonen. Wenn Er sprach, sprach Er mit der Autorität des Vaters. Jesus sagt uns: „*…denn was dieser [der Vater] tut,* **das tut gleicherweise auch der Sohn.**" (Joh 5,19)

Jesus wandelt nicht nur in Abhängigkeit von der Macht und Autorität des Vaters. Der Sohn muss die Macht und Autorität des Vaters verkörpern und manifestieren, indem Er genau dasselbe tut, was Er den Vater tun sieht. Der Sohn muss das Abbild des Vaters tragen und Seine Ähnlichkeit zu Ihm demonstrieren. Offenbar hat Jesus den Vater nie dabei beobachtet, wie Er jemand anderes um Hilfe bat, damit Krankheit verschwindet. Im Gegenteil, der Sohn sah, wie der Vater Autorität über Krankheit und Gebrechen ausübte, um die Kranken zu heilen. Der Sohn tat, was Er den Vater tun sah und übte Autorität aus, indem Er die Macht des Vaters zur Krankenheilung freisetzte.

Doch das gilt nur für Jesus, oder? Was sagt die Heilige Schrift?

Da sprach Petrus: Silber und Gold habe ich nicht; was ich aber habe, das gebe ich dir: **Im Namen Jesu Christi, des Nazareners, steh auf und geh umher!** (Apg 3,6)

Und Petrus sprach zu ihm: Aeneas, **Jesus der Christus macht dich gesund; steh auf und mache dir dein Bett selbst!** *Und sogleich stand er auf.* (Apg 9,34)

Und dies tat sie viele Tage lang. Paulus aber wurde unwillig, wandte sich um und sprach zu dem Geist: **Ich gebiete dir in dem Namen Jesu Christi, von ihr auszufahren!** *Und er fuhr aus in derselben Stunde.* (Apg 16,18)

Aber ein gewisser Ananias, ein gottesfürchtiger Mann nach dem Gesetz, der von allen Juden, die dort wohnen, ein gutes Zeugnis hat, der kam zu mir, trat herzu und sprach zu mir: **Bruder Saul, werde wieder sehend!** *Und zur selben Stunde konnte ich ihn sehen.* (Apg 22,12-13)

Durch den Glauben an Christus sind wir zu Söhnen und Töchtern Gottes geworden. Wir müssen handeln, wie Jesus Christus, unser älterer Bruder, gehandelt hat. Folgen Sie dem Beispiel Jesu Christi und Seiner Jünger, indem Sie in der Autorität des Reiches Gottes direkt zu den Situationen sprechen, die sich nicht in Übereinstimmung mit Gottes Willen befinden, und befehlen Sie Krankheiten und Gebrechen zu verschwinden.

Jesus hat Seine Jünger mehrfach spezifisch darauf hingewiesen, wie wichtig es ist, Situationen in der Autorität des Reiches Gottes und im Glauben an Gott direkt anzusprechen. Er hat bei mehreren Gelegenheiten darüber gesprochen, und in einem Fall hat Er diese Prinzipien direkt auf den Dienst der Krankenheilung angewandt (Mt 17,20). Lassen Sie uns einen Blick darauf werfen, was Jesus über das Freisetzen der Kraft Gottes durch unsere Worte lehrt.

Und Petrus erinnerte sich und sprach zu ihm: Rabbi, siehe, der Feigenbaum, den du verflucht hast, ist verdorrt! Und Jesus antwortete und sprach zu ihnen: **Habt Glauben an Gott!** *Denn wahrlich, ich sage euch:* **Wenn jemand zu diesem Berg spricht:** *Hebe dich und wirf dich ins Meer! und in seinem Herzen nicht zweifelt, sondern* **glaubt, daß das, was er sagt, geschieht,** *so wird ihm zuteil werden, was immer er sagt. Darum sage ich euch: Alles,* **was ihr auch immer** *im Gebet erbittet, glaubt, daß ihr es empfangt, so wird es euch zuteil werden! Und wenn ihr dasteht und betet, so vergebt, wenn ihr etwas gegen jemand habt, damit auch euer Vater im Himmel euch eure Verfehlungen vergibt.* (Mk 11,21-25)

Jesus hat Situationen immer mit Worten der Vollmacht direkt angesprochen, indem Er Krankheiten, Dämonen und Feigenbäumen Befehle gab! Und doch, als die Jünger über Seine Vollmacht ins Staunen gerieten, sagte Jesus nicht: „Jungs, vergesst es einfach. Das ist etwas Besonderes, nur für Mich. Ich bin der Messias, nicht ihr. Ihr müsst nur an eurem Charakter arbeiten. Die Sache mit dem Übernatürlichen könnt ihr getrost Mir überlassen." Nein! Jesus hat nie etwas dergleichen gesagt. Ganz im Gegenteil, Jesus hat uns gesagt, dass das Gebieten in der Autorität des Reiches Gottes **für jedermann** möglich ist, der Glauben an Gott hat und einem Berg gegenübersteht, der versetzt werden muss! Gibt es in Ihrem Leben einen Berg, der versetzt werden soll? Dann ist dies tatsächlich eine sehr gute Nachricht... wenn Sie bereit sind, Glauben an Gott zu haben!

Gott wirkt durch uns, wenn wir unsere schöpfungsgemäße Bestimmung annehmen, indem wir Gott widerspiegeln und Seinen Willen aussprechen. Sie sprechen - und Gottes Geist wird freigesetzt, um Ihre Worte zu erfüllen. Die Gegenwart des Geistes mag „über den Wassern schweben" wie bei der Schöpfung, doch erst wenn das Wort gesprochen wird, wird der Geist aktiv. Genauso wie der Geist die Worte des Vaters „Es werde Licht" ausführte, haben der Vater und der Sohn uns jetzt den Heiligen Geist gesandt, damit Er unser Helfer sei! Wie Curry Blake sagt: „Wenn ein Sohn Gottes spricht, dann hört der Himmel und stimmt zu, dann hört die Hölle und muss gehorchen." Mit unseren Worten zielen und schießen wir, doch der Heilige Geist ist die „Kugel", die ins Ziel trifft und die Werke des Teufels zerstört!

Zu Gott *sprechen wir in Dankbarkeit.* Wir bitten Gott nicht länger aus einem Gefühl des Mangels heraus uns etwas zu geben, weil Er uns in Christus bereits alle geistlichen Segnungen des Himmels gegeben hat. Jedoch bitten wir Gott darum, dass Er uns befähigt, das, was wir empfangen haben, zu sehen und darin zu leben, sodass wir in das Ebenbild Christi hineinwachsen und in Seiner Fülle leben können. Wir haben Jesus Christus und die Gegenwart des Reiches Gottes empfangen. Heilung, Erlösung und Sieg über alles Böse gehört bereits uns. Wir glauben, dass wir das, worum wir gebeten haben, schon empfangen haben, also danken wir Ihm dafür. Eine Möglichkeit, wie wir unserer Zuversicht, das Erbetene von Gott bereits empfangen zu haben, Ausdruck verleihen können, ist Ihm dafür zu danken! „Danke Jesus für vollkommene Gesundheit und Heilung!" oder „Danke Jesus, dass Du Down-Syndrom zerstört hast. Danke für eine perfekte DNS."

Zur Situation *sprechen wir mit Autorität.* Wir gebieten allen Dingen, sich vor Jesus Christus zu beugen, zur Ehre Gottes, des Vaters. Wir verkünden Freiheit den Gefangenen und Befreiung für alle, die von Satan unterdrückt werden. Wir sagen: „Gottes Reich komme!" Wir sagen: „Der Wille Gottes geschehe auf Erden, genauso wie er im Himmel geschieht!" Im Himmel gibt es keine blinden Augen, taube Ohren, stumme Zungen oder lahme Beine. Es gibt keinen Krebs und kein Down-Syndrom. Es gibt dort keine Herzgeräusche und keinen Autismus. Diese Dinge kamen nicht vom Himmel. Das sind Berge, die versetzt werden müssen. Gottes Plan zu ihrer Versetzung sind SIE! Gott wird die Berge bewegen, wenn Sie Glauben an Gott haben und voller Vertrauen zu Ihm sprechen.

Menschen gegenüber *verkörpern wir Gottes erlösende Liebe.* Damit Gottes Kraft frei durch uns fließen kann, müssen wir darauf achten, dass wir ihr nicht im Wege stehen. Wenn wir Menschen verurteilen, an Kränkungen festhalten und Menschen kritisieren, werden wir feststellen, dass wir auf dem Schlauch stehen und uns wundern, warum nur einige Tropfen Wasser herauströpfeln. Die Kraft des Reiches

Gottes wirkt durch Barmherzigkeit und Gnade. Lassen Sie Ihr Herz vor Barmherzigkeit und Gnade des Himmels überlaufen und Sie werden erfahren, dass Sein Reich durch Sie wirkt.

Als meine Freunde und ich der kleinen Anya dienten, baten wir Gott nie darum, sie zu heilen. Wir haben auch keinen „geistlichen Hintergrundcheck" durchgeführt, um zu sehen, ob ihr Vater ein Freimaurer war oder ob ihre Eltern „im Glauben" standen. Wir dienten ihr mit der Zuversicht, dass Jesus Christus sie vor 2.000 Jahren am Schandpfahl geheilt hatte. Wir brauchten den Himmel nicht anzubetteln, um etwas von Gott zu bekommen. Wir hatten bereits alles in uns, was zur Heilung Anyas nötig war. Unsere Aufgabe bestand darin, als Botschafter Jesu Christi die Heilung für Anya auszulösen.

Als wir Anya unsere Hände auflegten, sprachen wir mit Autorität zu den Mächten der Finsternis, die ihren Körper beeinflussten, und zu ihrem Körper selbst. Wir sagten Dinge wie: „Im Namen Jesu setze ich Leben frei in den Körper Anyas. Sei stark, sei geheilt. Ich befehle der Koordination des Körpers intakt zu sein. Alle Schwäche und Unterdrückung, weicht und verschwindet! Jetzt! Danke, Jesus, für vollkommene Gesundheit für Anya. Nun, sei gesund im Namen Jesu!"

Die Worte selbst sind nicht wichtig. Je mehr Sie sich auf eine Technik fokussieren, desto weniger Kraft werden Sie erleben, weil Sie sich auf „die richtigen Worte" verlassen, anstatt Glauben an Gott auszuüben. Doch die Art und Weise, wie Sie sprechen, ist wichtig. Seien Sie ernsthaft und legen Sie Ihr ganzes Herz hinein. Es gibt keine geistliche Verbindung zwischen Lautstärke und geistlicher Wirkung. Dämonen haben kein Trommelfell, Ihre Kinder jedoch haben eines, deshalb müssen Sie nicht laut sein. Doch Sie müssen mutig sein, stark und inbrünstig. Übernehmen Sie das Kommando über die Situation. Verschaffen Sie der Autorität Jesu Christi Raum und setzen Sie die Kraft Gottes frei, wenn Sie sprechen.

Einige Leute übernehmen von Natur aus nicht gern das Kommando. Sie beten immer ganz sanfte Gebete. Während sanfte Gebete sich wunderbar für Ihre Beziehung mit Gott eignen, werden Sie nicht umhinkommen, den „Rambo"-Modus zu aktivieren und „Papa Bär" oder „Mama Bär" mit roher Gewalt auf die Mächte der Finsternis loszulassen. Stellen Sie sich vor, ein Rabauke piesackt Ihr Kind auf dem Spielplatz. Sie mögen beginnen mit „Hörst du bitte auf?", doch wenn der Rabauke nicht aufhört, dann werden Sie streng und sagen: „Hey! Hör sofort auf damit!" Sie können nicht an die „Nettigkeit" von Dämonen appellieren. Sie müssen sich erheben, ihren „inneren Rambo" aktivieren und in der Autorität und Vollmacht Jesu Christi das Kommando übernehmen!

Das Gebet eines Gerechten **vermag viel***, wenn es* **ernstlich** *ist."* (Jak 5,16)

Jesus hat oft Menschen geheilt, indem Er ihnen befahl, etwas zu tun, was sie vorher nicht tun konnten. Wir haben Anya auch immer wieder Dinge tun lassen, die sie vorher nicht tun konnte. In ihrem Fall forderten wir sie auf zu laufen. Bei jemand anderem könnte es darum gehen, die Hand hoch zu heben, wenn es sich um ein Schulterproblem handelt, oder die Zehen zu berühren, falls Rückenprobleme bestehen, oder eine Visitenkarte zu lesen, falls ein Augenproblem existiert. Manche Menschen können nichts tun, um zu testen, ob eine Veränderung sich eingestellt hat, doch die Veränderung wird mit der Zeit sichtbar werden.

„Was passiert, wenn nichts passiert?" ist eine Frage, die mir oft gestellt wird. Erstens, etwas geschieht immer. Sie setzen die Kraft Gottes in der Autorität des Reiches Gottes frei. Gott wirkt. Glauben Sie Seinem Wort, nicht Ihren Augen. Sie werden schließlich Veränderungen sehen, wenn Sie im Glauben ausharren. Zweitens, wenn die von Jesus erworbene Veränderung sich nicht völlig einstellt, machen wir weiter, bis sie sich manifestiert. Jesus musste für einen blinden Mann zweimal beten, bis der seine volle Sehkraft erhielt. Ich bin sicher, dass es für uns okay ist, einer Situation so lange zu gebieten, bis sie sich verändert.

Unser Team hat 30 Minuten lang weitergemacht, bis wir eine Veränderung bei Anya feststellen konnten. Wir forderten Anya auf zu laufen, und wenn wir dann dabei keine offenkundige Veränderung feststellen konnten, war es nicht so, als würden wir uns selbst sagen: „Das hat nicht funktioniert. Versuchen wir es noch einmal." In unserem Denken war Anya bereits geheilt und wir füllten einfach nur mehr Heilkraft nach, bis ihre Heilung sich vollständig zeigte.

Wenn ein Patient vom Arzt eine Spritze gegen eine Krankheit bekommt und unmittelbar, nachdem er die Spritze bekommen hat, zum Arzt sagt: „Ich fühle mich aber kein bisschen besser. Ich glaube, die Spritze hat nicht gewirkt", dann erwidert der Doktor schlicht: „Es wird Ihnen ganz schnell besser gehen. Das Medikament wirkt. Gedulden Sie sich einfach noch ein wenig." Gottes Kraft wirkt. Wir können weiterhin mehr und mehr vom Leben Christi freisetzen, bis wir sehen, wie die Heilung sich manifestiert.

Obwohl unser Glaube an Gott dergestalt ist, dass wir jedes Mal vollständige Heilung erwarten, wenn wir jemandem die Hände auflegen, werden Sie im nächsten Teil lesen, dass unser Team derzeit eher prozesshafte Heilungen erlebt. Bedeutende Veränderungen stellen sich ein, doch es scheint oft so, dass um jeden Zentimeter hart gekämpft werden muss. Sobald Sie jedoch erkannt haben, dass es Gottes Wille ist, Ihr Kind zu heilen, dass Jesus Christus bereits dafür bezahlt hat und dass Gott Ihnen die Macht und Autorität gegeben hat, Ihrem Kind alles zu vermitteln, was es von Gott braucht, können Sie nie wieder so tun, als würden Sie Gott nicht kennen. Glaube und Liebe ist nicht etwas, wo wir ausprobieren können „ob es funktioniert". Es ist die einzige Art zu leben. Es ist die Art Jesu Christi.

Zum Abschluss von Teil eins möchte ich einige einfache Elemente zusammenfassen, die Sie anwenden können, um Ihren Angehörigen zu dienen. Ob diese an einer angeborenen Erkrankung leiden oder Nackenschmerzen haben, der Prozess ist derselbe.

1) Legen Sie den Kranken die Hände auf. Glauben Sie, dass der Geist Jesu Christi aus Ihnen herausfließt, um Kranke zu heilen. Sie sind der Leib Christi. Wenn Ihre Hand Ihr Kind berührt, legt Jesus den Kranken die Hände auf.

2) Sprechen Sie das Wort Gottes aus und gebieten Sie allen Dingen, im Einklang mit dem Willen Gottes zu sein. Gebieten Sie dem Teufel und seinem Gebrechen zu verschwinden. Gebieten Sie dem Körper, im Namen Jesu vollständig heil und gesund zu sein. Sprechen Sie den Sieg Jesu aus und die Bereitstellung der Heilung.

3) Glauben Sie, dass Sie alles empfangen haben, wovon Gottes Wort sagt, dass Sie es empfangen haben. Sie haben schon den Sieg über alles Böse empfangen. Durch Seine Wunden sind Sie schon geheilt. Danken Sie Gott für alles, was Sie schon durch Jesus Christus empfangen haben.

4) Erwarten Sie Veränderungen. Beginnen Sie ein Tagebuch, in dem Sie die durch Gottes Kraft bewirkten Veränderungen in Ihrem Kind dokumentieren. Viele Eltern machen regelmäßig Fotos von ihren Kindern, um die Veränderungen zu dokumentieren.

5) Geben Sie Zweifel keinen Raum und sprechen Sie nie ein Wort aus, das dem entgegensteht, was Gott in Seinem Wort sagt. Es ist unvermeidlich, dass sich Zweifel einstellen, weil das Fleisch ständig gegen den Geist kämpft. Nehmen Sie sich diese nur nicht zu Herzen. Füllen Sie Ihr Herz und Ihren Mund mit dem Wort Gottes.

6) Bleiben Sie dran und halten Sie durch ohne zu wanken.

„…damit ihr ja nicht träge werdet, sondern Nachfolger derer, die **durch Glauben und Geduld** *die Verheißungen erben.* (Heb 6,12)

„…denn wer zweifelt, gleicht einer Meereswoge, die vom Wind getrieben und hin- und hergeworfen wird. Ein solcher Mensch denke nicht, daß er etwas von dem Herrn empfangen wird, ein Mann mit geteiltem Herzen, unbeständig in allen seinen Wegen." (Jak 1,6-8)

Ich möchte Sie mit allem Nachdruck dazu ermutigen, dass Sie es zur höchsten Priorität Ihres Lebens machen, Ihre Einheit mit Christus in allen Dingen zu entdecken und zu genießen. Machen Sie das zum festen Fundament Ihres ganzen Lebens und zur ständigen Quelle der Freude, *„denn die Freude am Herrn ist eure Stärke!"* (Neh 8,10) Während Sie regelmäßig für Ihr Kind beten, erklären Sie der angeborenen Erkrankung den Krieg und übernehmen Sie das Kommando über die Situation in der Autorität und Vollmacht Jesu Christi. Freuen Sie sich täglich daran, dass Er das Werk bereits vollbracht hat, das nötig war, um Sie in Ihrer Einheit mit Ihm zu begründen und Ihr Kind zu heilen!

Hier ist ein Mustergebet als Beispiel dafür, was Sie sagen können, wenn Sie Ihrem Kind die Hände auflegen, um für Heilung zu beten[3]:

Jesus, danke Dir für das, was Du für mein Kind bereits getan hast. Danke, dass es durch Deine Wunden schon geheilt worden ist. Du hast im Voraus vollständige Heilung und Gesundheit erworben. Wir empfangen das von Dir und danken Dir dafür!

Nun spreche ich im Namen Jesu zum Defekt und zu jeder Macht der Finsternis, die mit dem Körper dieses Kindes verbunden ist. Ich gebiete euch zu weichen in dem mächtigen Namen Jesu, ich treibe euch aus dem Körper dieses Kindes aus. Ich gebiete jedem Problem in diesem Körper,

---

[3] Weitere Gebete finden Sie im Anhang 2 „Gebete zur Heilung von angeborenen Erkrankungen".

JETZT zu weichen im Namen Jesu. Ihr habt kein Recht, hier zu sein. Ihr habt keine Vollmacht, hier zu bleiben. Jesus Christus hat euch alle Macht genommen. Ihr wurdet zu Nichts gemacht und ihr werdet nichts erreichen! Ich gebiete 100% des Defekts zu WEICHEN. Geh jetzt! Ich gebiete Heilung in diesen Körper im Namen Jesu. Ich gebiete jedem Chromosom, Knochen, Muskel und Organ in Übereinstimmung mit dem Wort Gottes zu kommen und dem Wort Gottes zu gehorchen. Ich binde jede defekte Zelle in diesem Körper und aus diesem Körper heraus im Namen Jesu. Jeder Körperteil und jedes System – sei heil, sei geheilt. Werde völlig wiederhergestellt gemäß Gottes Schöpfungsordnung zu perfekter Funktion, jetzt im Namen Jesu. Wir danken Dir, Vater, dass Du jedes Wort zur Erfüllung bringst. Der Du Deinen Sohn aus freien Stücken für uns geopfert hast, wirst uns ganz sicher gerne alle Dinge geben, die Er mit so vielen Schmerzen erkauft hat! Deshalb danken wir Dir im Voraus für vollkommene Gesundheit und Wiederherstellung. Amen!

Teil 2

Zeugnisse von Eltern und Antworten auf häufig gestellte Fragen

Einführung zu Teil 2

Im zweiten Teil dieses Buches lesen Sie Erfahrungsberichte, die von Eltern wie Ihnen geschrieben wurden, mit Kindern wie den Ihren. Diese Eltern haben sich entschlossen, für die Heilung ihrer Kinder einzutreten und sie erleben erstaunliche Veränderungen an ihnen, die durch die Kraft Gottes bewirkt werden. Die Geschichten wurden nicht geschrieben, um verhärteten Skeptikern etwas „beweisen" zu wollen. Vielmehr wurden diese Zeugnisse mit der Absicht zu Papier gebracht, Gott für die wunderbaren Dinge zu preisen, die Er getan hat, und Menschen zu ermutigen, dem Wort Gottes zu glauben und Seinen Anweisungen zu folgen.

Die von den Eltern bei angeborenen Erkrankungen empfundene Trauer ist real, genauso wie die Trauer derer, die entdecken, dass ihr Kind an Krebs oder an einer anderen ernsthaften Erkrankung leidet. Diese Trauer wird durch den von vielen Kirchen gebotenen „Trost" oft nur verstärkt, ist dieser „Trost" doch mit der Lüge des Satans verflochten, Gott sei letztendlich für die Erkrankung dieser kostbaren Kinder verantwortlich. Der Wechselgesang der Welt, der Gemeinde und ihrer eigenen Erfahrung kann einen schier unwiderstehlichen Druck erzeugen, die Diagnose schlicht als das letzte Wort zu akzeptieren. Ungeachtet all dieser Dinge bricht die Kraft des Evangeliums sich Bahn und gibt diesen Eltern den Mut, aufzustehen und dem Wort des Herrn – nicht einer medizinischen Diagnose – als dem letzten Wort zu glauben.

Manche Eltern haben sich erst nach tiefgreifenden inneren Kämpfen, ausgelöst durch die angeborene Erkrankung ihres Kindes, dazu durchgerungen, für die Heilung ihres Kindes einzutreten. Viele Eltern öffnen ihre Herzen und schildern offen ihre Gefühle, sodass diejenigen, die möglicherweise gerade Ähnliches erleben, von

Menschen lesen können, die den gleichen Weg vor ihnen gegangen sind.

Aus allen Teilen der Welt haben sich diese Eltern zusammengefunden, um ihre Erfahrungen als „erste Früchte" einer sich bereits ankündigenden viel größeren Ernte mitzuteilen. Die meisten der Eltern, die ihre Erfahrungen niedergeschrieben haben, sind keine professionellen Autoren. Wir haben jedoch allen Eltern die Freiheit eingeräumt, ihre Geschichte mit ihren eigenen Worten zu schildern, und wir sind sicher, dass es Ihnen gefallen wird und Sie dadurch ermutigt werden. Für manche Eltern ist Englisch nicht ihre Muttersprache. Obwohl wir die Texte hier und da zum besseren Verständnis etwas redigiert haben, haben wir uns bemüht, den Charakter jedes Elternteils mit ihrem eigenen Stil durchscheinen zu lassen, in der Hoffnung, dass diese „Unverfälschtheit" den ermutigenden Effekt noch verstärkt.

Außerdem finden Sie - zwischen den Zeugnissen verstreut - Antworten auf häufig gestellte Fragen. Sie sind als Hilfestellung beim Umgang mit Fragen gedacht, mit denen Eltern konfrontiert wurden, als sie für die göttliche Heilung ihrer Kinder eintraten.

Häufig gestellte Frage Nr. 1

"Habe ich etwas falsch gemacht? War meine Angst oder mein negatives Bekenntnis schuld daran, dass mein Kind mit einer angeborenen Erkrankung zur Welt kam?"

Der Feind unserer Seelen ist ein Dieb, der gerne stiehlt, tötet und vernichtet. Er ist auch ein Betrüger, bekannt als der „Ankläger". Erst attackiert er Ihr Kind mit einer angeborenen Erkrankung, nun versucht er, sein Werk in ihrem Kind dadurch zu festigen, dass Er Gottes Werk in Ihnen mit Anschuldigungen und Anklagen zu behindern versucht. Er flüstert gerne Dinge wie: „Das hättest du auf keinen Fall tun sollen…" oder „Wenn du nur das nicht getan hättest…"

Dies ist nichts anderes als die Stimme des Fremden. Der Herr ist Ihr Hirte, und wenn Sie zu Seinen Schafen gehören, dann kennen Sie Seine Stimme. Seine Stimme baut Sie auf in Ihrem Glauben, Ihrer Liebe und Ihrer Hoffnung. Seine Stimme spricht von Gottes Wohlwollen Ihnen gegenüber und vermittelt Mut und Freude. Seine Stimme rüstet Sie aus, in die Fülle des Ebenbildes Christi hinein zu wachsen. Folgen Sie nicht der Stimme des Fremden in eine Sackgasse aus Reue und Schuld. Jesus hat **niemals** Eltern für die Krankheit eines Kindes getadelt.

Auch wenn Sie vielleicht Angst gehabt haben und deshalb negative Worte gesprochen haben, war es nicht Ihre **Absicht,** Ihrem Kind zu schaden. Sie waren einfach nur vom Feind getäuscht worden. Sie sind **nicht** die Ursache des Schadens an Ihrem Kind. Es ist der Dieb, der stiehlt, tötet und zerstört. Sie können die Schuld an dem Defekt Ihres Kindes dem geben, den Gottes Wort dafür verantwortlich macht. Gott sagt, dass Menschen, die Heilung brauchen, „**vom Teufel überwältigt wurden**". (Apg 10,38)

„Aber was ist mit meiner Angst und meinen negativen Bekenntnissen?" Vor seiner Bekehrung hat der Apostel Paulus *Drohung und Mord gegen die Jünger des Herrn geschnaubt* (Apg 9,1). Das waren negative Bekenntnisse von ganz anderem Kaliber! Und doch hat Gott ihn gerettet, ausgerüstet und mächtig bei der Ausbreitung des Reiches Gottes gebraucht. Wenn Gott das durch Paulus tun konnte, der Menschen absichtlich getötet und zerstört und Morddrohungen ausgesprochen hat, wie viel mehr wird Gott die Kraft und Gnade des Reiches Gottes für die Heilung Ihres Kindes durch Sie ausgießen. Die Tatsache, dass Sie jetzt klarer sehen, ist ein deutliches Zeichen dafür, dass Gott Sie ausrüstet. Ziehen Sie Christus und Seine Gerechtigkeit an. Erheben Sie sich und sehen Sie voller Zuversicht auf das Blut Christi. Denn es „*reinigt unser Gewissen von toten Werken, damit wir dem lebendigen Gott dienen können*" (Heb 9,14). Gott ist für Sie, nicht gegen Sie!

KAPITEL 4
Der „Pit Bull Terrier" beißt zurück

Mädchen. 4 Jahre alt. USA
Diagnose: Down-Syndrom

Unsere Tochter Ruby kam nach einer Bilderbuchschwangerschaft, ohne irgendwelche Komplikationen per Kaiserschnitt zur Welt. Sie wog fast acht Pfund, wurde aber sofort auf die Neugeborenen-Intensivstation verlegt, während ich mich von der Operation erholte.

Ich erlebte die folgenden Tage wie im Nebel. Worte, die wir nie erwartet hatten, flogen uns um die Ohren. Etwa einen ganzen Tag lang wussten wir nicht, was wir sagen oder tun sollten. Dann besuchten uns unsere Pastoren, und Menschen um uns herum begannen, uns daran zu erinnern, dass Gott während der Schwangerschaft große Dinge für unsere Tochter verheißen hatte. Er hatte versprochen, dass sie Freude in die Welt bringen und tanzen und singen würde. Sie lenkten unsere Aufmerksamkeit auf die Worte und Verse von Psalm 103.

Anstatt den Köder zu schlucken und das Etikett Down-Syndrom zu akzeptieren, entschlossen mein Mann und ich uns gemeinsam mit unserer Gemeinde, auf die Worte aus Psalm 103 zu bauen: „Gott heilt *alle* unsere Gebrechen." Wir umgaben ihre Wiege im Krankenhaus mit Musik und Bibelworten. Im Krankenhaus sprachen wir ein spezifisches Gebet für sie und geboten dem einundzwanzigsten Chromosom zu weichen. Von dem Tag an war es egal, was die Ärzte über ihre Zukunft sagen mochten, wir nahmen es nicht an. Ich meine, wir haben tatsächlich die Worte „Down-Syndrom" NIE in den Mund genommen und ausgesprochen.

Die Ärzte sagten, unser Baby habe ein Loch im Herzen. Anstatt einer OP wurde das Loch am ersten Tag ihres Lebens geheilt. Meine

Frauenärztin war geschockt von der Diagnose, weil ihre Gesichtszüge „normal", der Bluttest jedoch positiv war.

Als unsere Tochter im Krankenhaus war, hatte ich einen Augenblick mit Gott, wo Er mir sagte, ich solle kämpfen mit allem, was ich habe. Er erinnerte mich daran, dass ich ein „Pit Bull Terrier" für Jesus sei, der niemals ein „Nein" als Antwort akzeptiert. An dem Abend marschierte ich mit Feuereifer in das Krankenhaus und betete für jeden, der meinen Weg kreuzte, ob sie es wollten oder nicht. Ich freundete mich mit Ärzten und Krankenschwestern an, wobei ich herausfand, dass da eine christliche Nachtschwester war, die bereit war, mit mir und für meine Tochter zu beten. Ich beobachtete die Krankenschwestern dabei, wie sie sich darum stritten, „unsere Schicht" übernehmen zu dürfen, weil sie bei meiner Tochter sein wollten. Gott gab uns von Anfang an Worte der Ermutigung. Fortwährend schickte Er uns Menschen über den Weg, die uns ermutigten, weiter an ein Wunder zu glauben.

Erst nach sechs Wochen erzählte ich meinen Freunden über ihre Diagnose. Doch zu der Zeit war ich schon fest davon überzeugt, dass SIE GEHEILT WAR.

Wenn es jemandem nicht gefiel, bezog ich ganz klar Stellung und sagte: „Gott segne dich. Wir sehen uns auf der Siegerseite dieses Weges." Ich hatte keine Zeit für Zweifel. Ja, es gab Tränen und Kämpfe und „gut gemeinte Kommentare", doch ich kam zu dem Punkt, wo ich so wütend auf den Teufel war, dass meine Antworten immer mutiger und mutiger wurden. Wenn sie mich für verrückt hielten, wen kümmerte das? Ich stand auf Gottes Wort. Meine Freundin erinnerte mich daran, dass man Noah auch für verrückt gehalten hatte, doch ER STIEG IN DIE ARCHE EIN!

Ich habe für meine Tochter keine medizinischen Behandlungen abgelehnt. Wenn sie eine Behandlung benötigte, gaben wir sie ihr, wie

Sauerstoff beispielsweise. Die Ärzte sagten, dass sie möglicherweise jahrelang auf diese Behandlung angewiesen sein würde, doch wir wussten, dass es nur vorübergehend war.

Wir haben so vielen Krankenschwestern in der Neugeborenen-Intensivstation gedient, und wir spielten Anbetungsmusik in der Wiege. Sie diagnostizierten eine extrem niedrige Muskelspannung bei ihr und sagten, sie würde nur mit Orthesen oder einem Rollator laufen können. Außerdem sagten sie, dass sie sich geistig langsamer entwickeln und auf eine Sonderschule gehen würde. Sie gaben mir ein Blatt, auf dem erläutert wurde, wie sie alle ihre wichtigen Meilensteine später erreichen würde. Ich sagte den Krankenschwestern, dass ich wiederkommen würde, um ihnen zu zeigen, dass dieses Kind keinen seiner Meilensteine verpassen würde. Den Zettel mit den Meilensteinen und DS-Unterstützung warf ich einfach in den Papierkorb.

Ich rief bei der DS-Selbsthilfegruppe an und sagte, dass meine Tochter geheilt sei – keine weiteren Briefe erforderlich. Sie schickten mir doch tatsächlich ein T-Shirt. Ich warf es weg. So gut die Absichten dieser Leute auch sein mögen, sie haben keine Ahnung, wie der Feind sie gebraucht, um diese Krankheit zu fördern. Sie sind voller guter Absichten. Diese Kinder müssen aus diesem Gefängnis befreit werden, anstatt sich darin häuslich einzurichten. Und wir sind diejenigen, die sie befreien.

Ich nahm meine Tochter zu allen möglichen Gebetsveranstaltungen mit. Und jedes Mal marschierte ich mit ihr nach vorne. Mit zehn Wochen konnte sie sich selbständig drehen. Sie lächelte und gurrte wie ein ganz normales Baby.

Man sagte uns, sie hätte Lungenhochdruck in beiden Lungen. Wir dürften nicht herumexperimentieren, weil es „tödlich" ausgehen könnte, wenn wir nicht täten, was sie sagten. Sieben Monate später untersuchten sie ihr Herz und ihre Lunge und der Arzt sagte: „Sie brauchen nicht wiederzukommen, Ihr Jesus hat Ihr Baby geheilt." Alles ist perfekt. Seitdem war sie nicht wieder dort. Ich weiß, dass dieser Arzt die Hand Jesu darin gesehen hat.

Die Krankenschwestern, die sich in der Neugeborenen-Intensivstation um sie gekümmert hatten, blieben mit mir in Kontakt, um ihren Fortschritt verfolgen zu können. Eine Schwester sagte mir, ihr Mann sei mit Alzheimer diagnostiziert worden. Wir trafen uns nach einigen Monaten und beteten, und nun geht es ihm gut und er ist völlig geheilt. Ich wäre dieser Krankenschwester nie begegnet, wäre meine Tochter nicht dort gewesen.

Mit sechs Monaten fing sie an zu krabbeln. Drehen vom Rücken auf den Bauch klappte pünktlich. Ihre ersten Schritte konnte sie mit siebzehneinhalb Monaten laufen. Sie ist jetzt ein vierjähriges Kind, das rennen, hüpfen, schwimmen und klettern kann und das von aller Welt bewundert wird. Sie hatte keinerlei körperliche Probleme. Im Gegenteil, ihre Physio- und Verhaltenstherapeuten sagten: „Wir haben noch nie ein so starkes Kind gesehen, mit so einer ausgeprägten Willenskraft zum Erfolg." Natürlich waren sie alle zu Tränen gerührt, als ich ihnen erzählte, dass Jesus sie geheilt hat.

Es war jedoch kein einfacher Weg. Mit meinem starken Glauben hatte ich die Erwartung, sie würde fliegen und Matheaufgaben lösen. Übernatürliche Zeichen und Wunder folgten ihr. Leute, die sie auf dem Arm hatten, wurden oft spürbar von Gott berührt und erwähnten das uns gegenüber.

Menschen bekamen landesweit ihre Geschichte zu hören. Ich erzählte ihre Geschichte, bevor sie „abgeschlossen" war, weil Gott den Glauben so definiert – wir glauben, was wir noch nicht „sehen". Es geht nicht darum zu glauben, dass Gott es tun kann. Es ist ein Wissen darum, dass Gott vor 2.000 Jahren bereits geheilt HAT. Ich bin im christlichen Dienst unterwegs, und wenn ich ihre Geschichte erzähle, gebraucht

Gott sie, um Menschen zu heilen. Sie werden auf ihrem eigenen Weg ermutigt und wenn wir dann zusammen im Glauben um Heilung beten, geschehen Wunder. Eine Frau sagte sogar mal zu mir: „Ich war drauf und dran, meinen Mann und meine fünf Kinder zu verlassen. Wegen Ihres Zeugnisses bin ich heute immer noch glücklich verheiratet."

Wir haben erlebt, wie blinde Augen geöffnet wurden und Menschen aus Rollstühlen aufgestanden sind. Dieses kleine Baby hat mir gezeigt, dass FÜR UNSEREN GOTT NICHTS UNMÖGLICH IST.

Als sie beinahe drei Jahre alt war, wurde sie für den Kindergarten untersucht. Die Physiologin war unglaublich beeindruckt, als ich erzählte, dass Jesus mein Kind geheilt hatte und auch ihr Kind heilen konnte – eine weitere Gelegenheit zum Dienst, die sich wegen meiner Tochter ergab.

Die Tests meiner Tochter liefen so gut, dass sie keinerlei Physio- oder Verhaltenstherapie mehr braucht. Sie wurde in einen normalen Kindergarten aufgenommen, ohne zusätzliche Unterstützung. Und sie macht sich ausgezeichnet. Vor kurzem wurde vom Schulvorstand wieder ein individueller Förderplan für sie erstellt und sie sagten, ihre Ergebnisse bei der Physio- und Verhaltenstherapie seien genau im Plan. Sie habe so gute Ergebnisse gezeigt, dass es nicht nötig sei, nächstes Jahr wiederzukommen... Sie werden sie in zwei Jahren wieder überprüfen.

Wenn ein Kind mit Down-Syndrom diagnostiziert wird, dann gehen die Erwartungen dahin, dass es alle Dinge viel später lernt und sein Leben lang auf Therapien angewiesen sein wird. Es gibt sogar Bestrebungen, manche dieser Kinder in „speziellen Heimen" unterzubringen, weil sie „nicht funktionstüchtig" sind. Als die Tests meiner Tochter ergaben, dass sie weder Physio- noch Verhaltenstherapie benötigte, glaubten wir, dass dies ein Sieg war. Gegen Therapien ist nichts einzuwenden. Sie geht immer noch einmal pro Woche zur Sprachtherapie. Doch wenn man sich in einem Kampf wie diesem befindet, dann wird alles „Außergewöhnliche" ausgiebig gefeiert.

Viele Menschen denken möglicherweise, dass ich die Wahrheit „verdränge", weil sie immer noch Spuren des Symptoms in ihrem Gesicht erkennen. Ich sehe das nicht. Ich sehe sie gesund. Ich sehe die Zukunft und ich rufe sie jetzt aus. Ich weiß nicht den Tag noch die Stunde, doch ich weiß, dass meine Tochter irgendwann zu 100% frei von Symptomen sein wird.

Bei dem Gedanken daran, wo sie nächstes Jahr zur Schule gehen soll, gehen meine Überlegungen in Richtung einer christlichen Privatschule, wo auch meine sieben Jahre alte Tochter zur Schule geht. Sie haben keinerlei Sonderdienstleistungen und keine Heilpädagogen.

Als die Kinder an der Schule hörten, dass ich mein kleines Mädchen auf ihre Schule schicken wollte, hörten sie ihr Zeugnis und versammelten sich, um sie herein zu beten. Die Fünftklässler haben ihr einen Tisch in ihrem Klassenraum bereitgestellt. Sie besucht das Klassenzimmer einmal in der Woche und die Kinder beten für sie, dass sie „gesund" wird! Ich habe Fünftklässler beten sehen, wie ich es in meinem Leben noch nie bei Erwachsenen gesehen habe. Kleine Jungs waren so voll von Gott, dass sie weinten. Sie beteten darum, dass sie

Klassensprecherin wird, sogar Präsidentin der Vereinigten Staaten. Sie setzten Gott keine Grenzen. Sie stellten sich alle im Kreis um sie herum und riefen: „Sie ist gesund! Sie ist geheilt!" Jeder Schüler entschloss sich, eine Woche lang „von Videospielen zu fasten und auf die Pause in der Schule zu verzichten", um für die Vollendung des Wunders meiner Tochter zu beten.

Nie zuvor habe ich die bedingungslose Liebe Jesu in der Weise erlebt. Und täglich sehe ich neue Fortschritte bei der Entwicklung der Sprache und des Verhaltens meiner Tochter. Selbst ihrem Kindergartenbetreuer ist es aufgefallen, und er fragte mich, ob ich sie zu „Verhaltensklassen" schickte.

Jedes der Kinder aus der fünften Klasse schrieb meiner Tochter eine Karte mit einem Bibelvers, den sie von Gott für sie erhalten haben, oder ein Wort über ihren Sieg. Manche haben Lieder für sie geschrieben. Ein kleiner Junge hatte einen Traum über ihre Heilung. Ein Junge legte ein Erinnerungszeichen auf seinen Tisch, um nicht zu vergessen, für sie zu beten. Ich denke daran, dass Jesus gesagt hat, wir sollten den „Glauben eines Kindes" haben. Diese Kinder beten so, wie Jesus uns zu beten gelehrt hat, auf Erden, wie im Himmel.

Meine Tochter entwickelt sich prächtig in ihrem zweiten Kindergartenjahr. Sie hat sehr, sehr viele Freunde und die Lehrer sagen, dass sie sich sehr fürsorglich allen Kindern gegenüber verhält. Manche Kinder sind manchmal traurig, doch wenn sie Ruby sehen, ist das besser als jede Therapie, wurde mir gesagt. Ihr Sozialverhalten ist top. Sie umarmt nicht jeden, wie man es von DS-Kindern hört. Sie kennt Grenzen.

Sie nimmt an der Sonntagschule mit Gleichaltrigen teil und macht sich sehr gut dabei. Sie liebt es, Lieder zu singen, und sie lernt jeden Tag neue Texte. Sie mag Filme und Tanzen und hat schon Ballett- und Hip-Hop-Stunden sowie Gymnastikunterricht genommen.

Sie hatte noch nie ernsthafte gesundheitliche Probleme. Jedes Mal, wenn ihre Sehkraft, Gehör, Schilddrüse… Blutwerte… getestet werden, sind die Ergebnisse perfekt.

Der Feind ist dumm. Bei einer Gelegenheit hatte sie starken Husten und die Ärztin verordnete Röntgenaufnahmen. Sie rief uns und sagte, das Mädchen müsse schleunigst zur Röntgenabteilung, weil sie verschleimte Lungen und eine Lungenentzündung habe. Wir beteten und sangen auf dem Weg dahin. Wir beteten über ihr und kamen sofort dran zum Röntgen, anstatt der üblichen Wartezeit von 2 Stunden. Ich bestand darauf, dass die Ärzte eine neue Röntgenaufnahme machten.

Alles war frei – keine Krankheit. Gott hatte sie geheilt. Sie kam an dem Abend mit nach Hause und am Wochenende gingen wir zusammen zum Gottesdienst.

Ich erzähle diese Geschichte, um zu verdeutlichen, dass der Teufel weiterhin alles versuchen wird, doch wir haben den Sieg.

Manche Eltern entscheiden sich zu „warten", bis das Werk vollendet ist und ihr Kind erst dann der Öffentlichkeit zu präsentieren. Das ist ihr Weg, doch der meine ist anders. Meine Tochter ist auf allen meinen sozialen Medien, und sie hat eine große Gefolgschaft, weil ihre Videos einfach bezaubernd sind. Und ganz im Ernst, es gibt erwachsene Männer, die auf ihren „nächsten Tanz" warten, weil sie finden, dass sie so frech und lustig ist. Sie hat eine ziemlich ausgeprägte Persönlichkeit, und das hat nichts mit irgendeinem Syndrom zu tun.

Dabei ist sie nicht immer nur „fröhlich". Sie kennt alle Gefühle und kann mir auch sagen, wie sie sich gerade fühlt. Übrigens ist sie auch mit 3 Jahren aufs Töpfchen gegangen.

Sie kleidet sich ihrem Alter entsprechend. Sie ist zierlich, aber das ist ihre Schwester auch. Wenn Menschen mir sagen: „Sie ist so hübsch" oder „sie ist so schön", dann weiß ich, dass sie es aufrichtig meinen und nicht nur ein „Syndrom" überspielen. Ich verstecke sie nicht. Ich nenne sie auch nicht „besonders" oder „kostbar". Sie wurde sogar schon als Star einer Fernsehwerbung ausgesucht und ein Fernseh- und Filmagent kam zum „Vorsprechen" vorbei.

Ich behandle sie GENAUSO wie ihre Schwester. Nächstes Jahr plane ich, sie in der Vorschule anzumelden, weil sie 4 Jahre alt ist und weil ihre Schwester genau dasselbe gemacht hat. Ich glaube, dass ihr Sprechen sich täglich verbessert und wir sehen, wie Gott ihr Gesicht dem ihrer Schwester immer ähnlicher macht. Ich weiß, es ist noch nicht vollendet, doch das entmutigt mich nicht im Geringsten, weil wir die Freiheitskämpfer sind und meine Tochter schon so viele Wunder erlebt hat.

Meine siebenjährige Tochter weiß noch nicht einmal, dass ihre Schwester mit DS diagnostiziert wurde, weil sie eine normale Beziehung haben. Meine Vierjährige benimmt sich wie ein kleiner „Stinker" und wir lachen, weil sie „normal" ist!

Wir sind noch nicht völlig durch mit der Sache, denn wir wollen, dass ihr Sprechvermögen perfekt wird. Doch ich weiß, dass dies sich sehr bald erfüllen wird. Wir lassen nicht nach und geben die Hoffnung nicht auf. Und Sie sollten dies auch nicht tun, denn Gott will, dass Ihr Kind gesund ist. Gott möchte, dass unsere Kinder es von den Dächern rufen: „Gott hat mich geheilt und Er wird auch dich heilen!" Zweifeln Sie niemals, niemals daran, dass auch Sie das tun können...weil *Jesus es bereits für Sie getan hat.*

Ich habe ein Sparkonto für ihr College-Studium eingerichtet, und ich sage ihr, dass sie einen „wundervollen" Aufsatz am College schreiben wird. Und ja, ich glaube, dass sie ein Stipendium gewinnen wird!

Häufig gestellte Frage Nr. 2
„Warum kann man dieses Problem nicht als Gottes Segen sehen? Missachtet man damit nicht den Plan Gottes?"

Wenn man bedenkt, dass über 92% der Babys, bei denen eine angeborene Erkrankung festgestellt wird, abgetrieben werden und ein großer Prozentsatz vom Rest verlassen oder in Heimen untergebracht wird und sie alle ihr Leben lang mit gesundheitliche Problemen zu kämpfen haben, dann fällt es schwer zu sehen, wie diese Erkrankung in irgendeiner Form ein Segen genannt werden kann.[4]

Haben Jesus oder die Apostel jemals einen Menschen dafür getadelt, dass er Krankheit und Gebrechen nicht als göttlichen Segen akzeptiert hat? Jesus Christus und die Apostel haben Krankheiten und Gebrechen immer als ein Werk des Feindes behandelt, niemals als ein Werk Gottes, geschweige denn als einen göttlichen Segen. Wenn Krankheit ein Segen ist, warum ist Jesus dann umhergegangen und hat Menschen geheilt und sie damit des Segens beraubt? Wenn das ein Segen ist, dann möchten Sie vielleicht Gott darum bitten, Ihnen Ihre Gesundheit zu nehmen und Sie mit Symptomen einer angeborenen Erkrankung zu segnen, oder vielleicht Ihr Kind? Gott bewahre!

Das Wort Gottes sagt, dass Jesus Christus umherzog und alle heilte, die **„vom Teufel überwältigt waren"** (Apg 10,38). Der Grund dafür, dass ich das nicht als Segen sehen kann liegt darin, dass das Wort Gottes es als eine Bedrückung durch den Teufel bezeichnet.

~~~~~~

---

[4] Aus Wikipedia, die freie Enzyklopädie *(Mansfield, C; Hopfer, S; Marteau, TM (Sep 1999). "Termination rates after prenatal diagnosis....).*

Der häufigste Grund dafür, dass Gläubige Krankheiten als Segen ansehen, liegt darin, dass sie fälschlicherweise annehmen, all die Verse, in denen von den geistlich vorteilhaften Auswirkungen von Anfechtungen und Leiden die Rede ist, implizierten, dass Gott in unserem Leben Krankheiten zu unserem geistlichen Wohl zulässt. Doch dies ist ein Fehler.

Leidet jemand von euch Unrecht? **Er soll beten!** *Ist jemand guten Mutes? Er soll Psalmen singen! Ist jemand von euch krank? Er soll die Ältesten der Gemeinde zu sich rufen lassen; und sie sollen für ihn beten und ihn dabei mit Öl salben im Namen des Herrn. Und das* **Gebet des Glaubens wird den Kranken retten, und der Herr wird ihn aufrichten.** (Jak 5,13-15)

Sehen Sie den Unterschied? Gott will, dass die Kranken Heilung suchen und nicht inmitten von Krankheit standhaft sind. Bei Anfechtungen jedoch sollten wir durchhalten und standhaft sein. Wenn es um Krankheit geht, halten wir nicht einfach durch. Wir sollen Heilung suchen, sodass wir die Krankheit loswerden! Jesus hat unsere Sünden am Kreuz getragen und für unsere Krankheiten und Gebrechen am Schandpfahl bezahlt. Er hat jedoch nie unsere Anfechtungen und Verfolgungen getragen. Die müssen wir selbst tragen. Jedoch sollten wir unsere Sünden und Krankheiten nicht mehr tragen, weil Jesus sie bereits getragen hat.

Alle Kinder sind ein Segen von Gott, einschließlich derer, die mit angeborenen Erkrankungen zur Welt kamen. Sie sind wunderbare Segnungen! Sie bereichern unser Leben und bringen ihre Liebe und Freude in diese Welt. Doch die Krankheit oder das Gebrechen, unter dem sie leiden, ist *kein* Segen. Sie werden dadurch eines großen Teils ihrer Kraft, ihrer Fähigkeiten, ihrer Gesundheit und ihres Friedens beraubt. Wir wollen die Kinder segnen, wie Jesus es tat. Es ist ein Segen, wenn sie geheilt und vollkommen gesund sind. Gott ist unsere Hilfe in Zeiten der Not. Er ist nicht unsere Not.

Jesus hat immer zum Glauben an Heilung ermutigt. Niemals hat Er Menschen der Beleidigung Gottes bezichtigt, wenn sie von einer Krankheit oder einem Gebrechen geheilt werden wollten. Die einzigen Menschen, die wirklich „Gott beleidigt" haben, waren die religiösen Heuchler, die Jesus gefangen genommen und gekreuzigt haben, weil sie Anstoß daran nahmen, dass Er immer alle überall und zu jeder Zeit (auch am Sabbat) geheilt hat. Ihnen war die Sicherheit ihrer eigenen theologischen Überzeugungen lieber als der lebendige Gott selbst. Jesu Worte an sie lauteten: „*Geht aber hin und lernt, was es heißt ‚Ich will Barmherzigkeit und nicht Opfer'*". (Mt 9,13) Ein weiser Rat, finden Sie nicht?

KAPITEL 5
Ablösung der Diagnose

Junge. 1 Jahr alt. Australien
Diagnose: Down-Syndrom

Ich saß im Auto, am Boden zerstört und schockiert. Meine Frau schluchzte. Was sollten wir jetzt tun? Gott, warum?

VERARBEITUNG DER DIAGNOSE

Der Frauenarzt hatte uns gerade die Diagnose Down-Syndrom mitgeteilt, im vierten Schwangerschaftsmonat unseres zweiten Kindes. Wir hatten bereits einen wunderschönen Jungen von anderthalb Jahren mit Namen Lucas. Er war in jeder Hinsicht absolut perfekt. War da irgendein Fehler passiert? Wir sind jung, gesund und lieben Gott – warum passiert uns so etwas? Und, vor allen Dingen, warum tat Gott uns das an?

All diese Fragen gingen uns durch den Kopf. Es war der absolute Tiefpunkt unseres Lebens. Die einzige Option war, die Schwangerschaft abzubrechen. Sorry Gott, aber das können wir nicht! Für sowas hatten wir uns nicht angemeldet. Die Ärzte hielten dies für eine vernünftige und logische Entscheidung. Wir hielten das Tablet in der Hand, bereit, die Schwangerschaft zu beenden, als Gottes Gnade uns davor bewahrte, einen Schritt zu tun, den wir für immer bereut hätten.

Wir konnten das Vorhaben nicht ausführen. Gott umgab uns mit wunderbaren und hilfsbereiten Menschen, die uns geholfen haben, das Licht zu sehen. Zu der Zeit glaubten wir nicht, dass Gott immer noch heilt, wie Er es in der Bibel getan hat, schon gar nicht Defekte an Chromosomen. Warum? Weil dieser Teil in der Kirche irgendwie nie zur Sprache kam. Die Kirche ist immer so hilfsbereit bei Krankheiten und speziellen Bedürfnissen, aber was würde Jesus tun, wenn Er heute hier wäre? Hat Er nicht gesagt: *„Wahrlich, wahrlich, ich sage euch: Wer an mich glaubt, der wird die Werke auch tun, die ich tue, und wird größere als diese tun, weil ich zu meinem Vater gehe. Und alles, was ihr bitten werdet in meinem Namen, das will ich tun, damit der Vater verherrlicht wird in dem Sohn. Wenn ihr etwas bitten werdet in meinem Namen, so werde ich es tun."* (Joh 14,12-14)

Warum also hat niemand dafür gebetet, dass die Diagnose Down-Syndrom geheilt wurde, anstatt uns in der Seelsorge zu sagen, wie schön ein Kind mit dieser Krankheit doch sein könne. Einige Leute beteten für uns mit den Worten: „Gott, **WENN** es dein Wille ist, dann verändere bitte diesen Befund."

Ich war wütend auf Gott! Ich will kein Kind mit einer Behinderung! Warum tust Du das? Willst Du mir damit eine Lektion erteilen? Menschen mit Down-Syndrom machen mir Angst, und nun gibst Du uns ein Kind mit dieser Krankheit? Ich will ihn nicht! Wow, im Rückblick sehe ich, wie stark diese Gefühle des Grolls waren und wie irregeleitet sie sich gegen einen liebenden Vater richteten. Wenn Down-Syndrom tatsächlich so eine schöne Gabe Gottes war, warum hatte ich all diese Gefühle? Warum sollte mein Kind Probleme mit seinem Herzen haben? Ist Gott so grausam, dass Er die Diagnose mit noch mehr körperlichen Problemen kombiniert?

Ich wollte nicht auf die Weise getröstet werden, wie die meisten Christen in der Kirche mir Trost spenden wollten. „Gott ist souverän und hat alles unter Kontrolle". Gott hat einen „großen geheimen Plan für unser Kind." Ja, er würde „besonders" sein und „extra Bedürfnisse" haben, aber „vertraut einfach Gott". So etwas sagt sich leicht, wenn es nicht um das eigene Kind geht. Wenn Gott alles total kontrolliert, wozu dann noch weiterleben? Wir könnten doch genauso gut sterben und direkt in den Himmel gehen, anstatt weiterhin die Rammbock-Stöße des Lebens einzustecken. Welche Hoffnung hatten wir denn im Leben? Wenn ihr Gott so ein Herz hatte, und wenn ihr Gott nicht einmal Down-Syndrom heilen konnte, dann war Er, ganz offen gestanden, nicht der Gott, dem ich dienen wollte.

BEGEGNUNG MIT WAHRHEIT UND HOFFNUNG

Schließlich wurden mir die Augen geöffnet, als ich eine Predigt über Heilung hörte. Es war ganz einfach. Heilung ist Teil des Erlösungswerks Christi und Gott ist ein liebender Vater. Er wollte mir keine schlechten Dinge geben: *Wenn nun ihr, die ihr böse seid, euren Kindern gute Gaben zu geben versteht, wieviel mehr wird euer Vater im Himmel denen Gutes geben, die ihn bitten!* (Mt 7,11)

Hoffnung ist der Anker für unsere Seele, und ohne Hoffnung wurden unsere Seelen in jenen Anfangszeiten hin und her geworfen. In der Tat ist der Glaube ein Hoffen auf Dinge, die nicht sichtbar sind (Heb 11,1). Und ohne Glauben ist es unmöglich, Gott zu gefallen (Heb 11,6). Ja, die Hoffnung, unseren Sohn diese Krankheit überwinden zu sehen, war der Glaube, der in uns als Familie zu wachsen begann und der Gott gefiel. Was für eine wunderbare Offenbarung. Gott will meinen Sohn von seiner Gefangenschaft befreien. Wir beschlossen, unseren Sohn Oscar zu nennen, was „Gottes Speer" bedeutet.

Rückblickend bin ich dem Heiligen Geist sehr dankbar, dass Er mich diese Diagnose für unseren Sohn nicht annehmen ließ. Die Schuppen sind wirklich von meinen Augen gefallen. Beim Christsein geht es um eine Zusammenarbeit mit Gott. Wenn dem nicht so wäre, warum sollte dann die Kraft sowie Leben und Tod in der Zunge sein? *Tod und Leben steht in der Gewalt der Zunge, und wer sie liebt, der wird ihre Frucht essen.* (Spr 18,21)

Als ich begann, nach Gott, Seinem Wort, Seinem Willen und dem Übernatürlichen zu hungern, fragte ich mich: „Wie kommt es, dass die christliche Kirche das nicht sehen kann?" Es ist so offensichtlich. Jesus war die perfekte Personifizierung Gottes. Er tat nichts, was Er nicht den Vater tun sah. Jesus heilte JEDE Person, die zu ihm kam. Er hat nie jemanden abgewiesen. Eigentlich bekommen wir die vollkommene Antwort von Gott, als der aussätzige Mann Jesus selbst anspricht: *„Wenn Du willst, kannst Du mich reinigen."* Wie lautete die Antwort Jesu? Es ist dieselbe Antwort, die Er jedem von uns gegeben hat: „Ich WILL, sei rein." Wir erinnern uns, Jesus sagte, dass Er nur das sagte, was Er den Vater sagen hörte. Also ist Gott, unser Vater, in der Tat willens, jeden zu heilen, der zu Ihm kommt.

Jesus ist gekommen, um uns Leben zu geben, und Leben in Fülle. Es war nicht der Vater, der die Down-Syndrom Diagnose unseres Sohnes verursacht hat. Es gibt einen Feind da draußen, der darauf aus ist, unsere Hoffnung und Freude zu stehlen, zu töten und zu verderben.

Es war eine unglaublich befreiende Offenbarung zu wissen, dass Gottes Wille für unseren Sohn nicht Down-Syndrom war. All der Ärger, den ich fälschlicherweise gegen Gott gerichtet hatte, entsprach haargenau der Absicht des Feindes. Ich hätte den Rest meines Lebens als bitterer Christ verbracht, der Gottes Güte und Kraft in Frage stellt und nie zur Erkenntnis dessen gelangt, wozu Er uns berufen hat. Ich bin ein Sohn Gottes. 1.Korinther 4,20 ist zu einem meiner Lieblingsverse geworden: **Denn das Reich Gottes [besteht] nicht in Worten, sondern in Kraft.**

Wir sind von klein auf mit diesen wundervollen Geschichten aus der Bibel aufgewachsen. Es ist so traurig, dass wir als Erwachsene in Krisenmomenten von der Kirche nicht mehr dazu ermutigt wurden, jenseits dessen zu blicken, was Menschen für unmöglich halten. Stattdessen haben die Menschen versucht, uns zu trösten und unsere Gefühle nicht zu verletzen, anstatt unsere Hoffnung himmelhoch steigen zu lassen. Die Kirche hat so viel Angst, die Gefühle anderer zu verletzen, dass wir nicht mehr die Wahrheit verkündigen, wenn wir sie am nötigsten brauchen. Ich bin mir wirklich nicht sicher, ob ich mit alledem klar käme, wenn ich die Wahrheit und den Willen Gottes nicht kennen würde.

Seit wir die Diagnose bekommen haben, hat Gott unser Denken als Familie erneuert. Wenn ich jetzt einen Schritt zurücktrete und unsere damalige Situation betrachte, ist es so offensichtlich, wie selbstsüchtig ich war. Ich machte mir Sorgen darüber, wie die Diagnose meine Familie, meinen Lebensstil und meine Bequemlichkeit beeinflussen würde. Ich weiß jetzt, warum Jesus gesagt hat, dass wir zuerst uns selbst und nicht den Teufel verleugnen müssen, wenn wir Ihm folgen wollen: *Wenn jemand mir nachkommen will, so verleugne er sich selbst und nehme sein Kreuz auf sich und folge mir nach!* (Mt 16,24)

Das war mein größter Stolperstein, ich verleugnete mich selbst nicht. Die vorrangigen Gedanken, die sich in meinem Kopf drehten, hatten alle damit zu tun, wie das unser Leben beeinflussen würde, anstatt darauf zu sehen, wie Gott sich uns darin als real offenbaren wollte. Als wir unseren Fokus auf die Bedürfnisse unseres Kindes und auf Gottes Wort richteten, änderte sich alles. Ich kann ganz ehrlich sagen, dass ich seitdem keine schlaflose Nacht und keine sorgenvollen Gedanken mehr hatte. Das an sich war schon eine unglaubliche Veränderung. Noch bevor wir von der Diagnose unseres Sohnes erfuhren, pflegte ich des Öfteren nachts wach zu liegen und mir über Dinge wie Finanzen, Arbeitsstelle, Haus usw. Sorgen zu machen... - Sie wissen schon, all die Dinge, die einem so wichtig erscheinen, bis man eine Diagnose wie diese bekommt. Dieser Friede, von dem Jesus sprach und der alle Vernunft übersteigt ist real! Ich habe ihn.

Die ganze Angst und die schlaflosen Nächte voller Zukunftssorgen verschwanden auf wunderbare Weise. Es war einfach unglaublich. Nie zuvor habe ich einen solchen Frieden erlebt. Mein Kopf fällt auf das Kissen mit dem Wissen, dass ich ein geliebter Sohn Gottes bin, dass Gott gut ist und dass Gott meinen Sohn heilen will. Was für einem liebenden Gott dienen wir doch!

Als während der Schwangerschaft der erste Verdacht aufkam, es könnte etwas nicht stimmen, wurde festgestellt, dass Oscar bilaterale

Talipedes haben würde, auch Klumpfüße genannt. Eine Aufnahme nach der anderen offenbarte, dass seine Füße nach innen gebogen sein würden, weil die Knochen in seinen Füßen verbogen waren. Man sagte uns, dass er von der ersten Lebenswoche an einen Gips tragen oder operiert werden müsste, um das zu korrigieren. Eines Nachts, etwa im sechsten Monat der Schwangerschaft, hatte ich einen Traum. Es war ein kleiner Junge, in jeder Hinsicht vollkommen. Er hatte kein Down-Syndrom und er fuhr auf einem Roller mit wunderschön perfekt geraden Beinen. Ich schaute herüber zu meiner Mutter, die auch in dem Traum war, und sagte: „Mama, schau wie perfekt seine Füße sind".

Eine Aufnahme offenbarte eine Spina bifida (offene Wirbelsäule). Das hat uns richtig verletzt und wütend gemacht. Wir annullierten den Befund sofort im Namen Jesu, wissend, dass dies nicht Seinem Willen entsprach. Auf der nächsten Aufnahme war von der Spina bifida keine Spur. Danke Jesus!

Ich bekam einen solchen Hunger nach Gottes Wort und danach, mehr über Heilung zu lernen. Wenn Gott meinen Sohn heilen wollte, dann musste ich herausfinden, wie. Ich verschlang alles, was ich zum Thema Heilung finden konnte. Ich las täglich in der Bibel, die mir Gottes Herz offenbarte. Wenn ich sie mit einem offenen Herzen las, erschien alles so klar. Er möchte, dass Oscar geheilt wird, noch viel mehr als ich es will.

Ich hörte mir sehr gerne Zeugnisse von Wundern an. Und andauernd hörte ich den ermutigenden Satz, dass dieses Zeugnis bedeutet: „Gott, tue es nochmal." Täglich sah ich mir Predigten und Zeugnisse über Heilung auf dem Sender ‚It's Supernatural' an (*zu Deutsch „Es ist übernatürlich"*). Manche der Geschichten waren so überwältigend, dass mir klar wurde, mit Gott ist alles möglich, solange wir ihn nicht in die Kiste unserer Erwartungen oder Lehren einsperren. Eine der wichtigsten Erkenntnisse, die ich durch all das gewann, war folgende:

Ich darf mir keine eigenen Erklärungen darüber zurechtlegen, warum Gott jemanden nicht augenblicklich geheilt hat oder warum jemand geglaubt hat, geheilt zu werden, es aber nie erlebt hat. Ich werde Gott beim Wort nehmen. Er hat es gesagt, also glaube ich es. Wenn ich glaube, dass Gott ein guter Gott ist, der nicht lügen kann, dann ist das, was Er sagt, die Wahrheit und ich kann es erreichen.

Ich suchte online nach Heilungszeugnissen im Zusammenhang mit Down-Syndrom. Auf diese Weise lernten wir Eltern auf der ganzen Welt kennen, die Gottes Verheißungen für dieselbe Sache in Anspruch nahmen. Es gab tatsächlich andere Christen da draußen, die wirklich Gottes Wort über Heilung GLAUBTEN. Endlich! Dies war eine Bestätigung vom Heiligen Geist für mich, dass Gott eine Armee aufbaut, um die Kraft Seines Reiches auf Erden zu demonstrieren, durch unsere Kinder.

OSCARS GEBURT

Wegen der von uns erlebten Komplikationen während der Schwangerschaft gaben die Ärzte uns einen frühzeitigen Termin, um die Geburt einzuleiten. Doch Carel (meine Frau) und ich hatten gebetet, dass alles auf natürlichem Wege passiert, schnell und schmerzlos. Der Tag von Oscars Geburt kam. Eine Woche vor dem Termin und in weniger als vier Stunden war er auf der Welt.

Das erste, was mir bei seiner Geburt auffiel, waren die schönen und perfekt geraden Füße! Sie waren überhaupt nicht verformt. Ich schaute mir einige seiner anderen Merkmale an und konnte nicht viel von den charakteristischen Merkmalen von Down-Syndrom erkennen. Mir viel auf, dass eins seiner Ohren ein wenig schlaff war und das machte mir etwas aus. Dies hätte ein freudiger Moment sein sollen, doch ich fühlte mich leer. Ich wusste, dass Gott einen Plan hatte, doch die Dinge entwickelten sich nicht nach meinem Plan.

Die ersten paar Wochen waren schwer. Oscar musste eine Woche lang nach der Geburt im Krankenhaus bleiben, sodass wir ihn nicht mit nach Hause nehmen konnten. Er war ziemlich klein bei der Geburt, nur 2,2 kg, und er hatte Schwierigkeiten, seine Körpertemperatur aufrecht zu erhalten. Also kam er in ein Wärmebettchen, um seine Körpertemperatur zu stabilisieren. Es war auch die Zeit, in der wir als Familie richtig tief graben und uns auf Gottes Wort stellen mussten, ungeachtet der Dinge, die wir sahen: *Denn was sichtbar ist, das ist zeitlich; was aber unsichtbar ist, das ist ewig* (2.Kor 4,18). Während er im Krankenhaus war, untersuchte der zuständige Arzt Oscars Füße und sagte, es seien keine Anzeichen von bilateralen Talipedes zu finden, seine Füße seien völlig normal. Er bestand sogar darauf, dass wir die vorher gemachten Aufnahmen und Ultraschallbilder mitbrachten, um sicher zu gehen, dass die Diagnose korrekt gestellt worden war. Nachdem er sich die Aufnahmen angeschaut hatte, konnte er sich nicht erklären, wie sie sich selbst korrigiert hatten und zuckte nur mit den Schultern. Danke Jesus! Das Licht wurde etwas heller. Dies war das größte und erste echte Wunder, das ich in meinem Leben erlebt habe. Ich weiß, dass es da noch so viel mehr im Angebot gibt, was Gott tun möchte. Ich bin so froh, dass er uns erwählt hat, das zu bezeugen.

Als wir Oscar mit nach Hause nahmen, war er das perfekte Baby. Er schlief gut, aß gut und war so friedlich. Wir sprachen Leben in seinen Körper und sein Körper reagierte.

WEITERE WUNDER

Bei der Routineuntersuchung mit drei Monaten stellte der Kinderarzt Herzgeräusche fest. Offensichtlich wurde eine Herzklappe nach seiner Geburt nicht richtig geschlossen. Er würde eine Operation brauchen, um die Leitung zu schließen. Mittlerweile waren wir in unserer Überzeugung bezüglich des Willens Gottes für Oscar so stark geworden, dass wir davon überhaupt nicht beunruhigt wurden. Ich weiß, dass es für Eltern irgendwie normal ist, sich über ihre Kinder Sorgen machen. Wir hatten jedoch noch nie einen solchen Frieden in einer Zeit, in der die Stürme um uns herum tobten. Es war ganz sicher die Gnade Gottes, die uns mit Seiner Liebe und Seinem Trost umhüllte.

Wir sahen die Sache so, dass Jesus uns geboten hat, die Kranken zu heilen: *Heilt Kranke, reinigt Aussätzige, weckt Tote auf, treibt Dämonen aus* (Mt 10,8). Genauso wie die Jünger einen Sturm erlebten, als sie den See überquerten, und Jesus es auf keinen Fall zulassen würde, dass sie Schaden erleiden, wenn Er bei ihnen war (Mk 4,35-40). Jesus hat uns die Autorität über jeden Sturm gegeben, der sich zwischen uns und die vollkommene Gesundheit unseres Kindes stellt (Joh 14,12-14). Jesus hat gesagt, Er würde uns nicht als Waisen zurücklassen (Joh 14,18), was bedeutet, dass Er immer bei uns ist. Wenn Er mit uns im Boot ist, warum sollten wir uns dann fürchten?

Daher sprachen wir zu Oscars Körper und geboten ihm, sich dem Wort Gottes unterzuordnen und zu gehorchen. Dann ruhten wir uns aus und dankten Gott in dem Wissen, dass unser Vater die Gebete erhört hat. Während wir Gott für all die Dinge dankten, die Er bereits getan hatte und immer noch tat, kam Oscar mit wehenden Fahnen heraus aus den Begrenzungen, mit denen das Down-Syndrom ihn einzuschränken versucht hatte. Die Ärzte sagten uns fortwährend, dass er in allen Entwicklungsbereichen zurückgeblieben sein würde. Glücklicherweise ignorierten wir das und legten ihm nie diese Begrenzungen auf. Warum sollten wir darauf hören und Grenzen setzen für das, was ein Sohn Gottes erreichen kann? Wir sind Christen und wir glauben, dass Leben und Tod in der Gewalt der Zunge liegen, und wir essen ihre Frucht. Wir entschieden uns dazu, Leben über ihm auszusprechen und haben die Früchte genossen, die daraus erwachsen sind.

Mit sieben Monaten hat er schon zu krabbeln begonnen und seine ersten beiden Zähne sind durch. Sein Hinterkopf ist schön und rund, nicht flach. Seine Augen werden runder und immer weniger schief. Seine gesamtmotorischen Fähigkeiten sind erstaunlich, genauso wie bei unserem ersten Kind. Er hält seine Milchflasche beim Trinken selber fest, kann sich in jede mögliche Richtung herumdrehen und sein Muskeltonus hat sich weit über alle ihm auferlegten Beschränkungen hinaus entwickelt. Sein schlappes Ohr, das mich bei der Geburt so unangenehm berührt hatte, hat sich im ersten Monat selbst aufgerichtet und sieht jetzt völlig normal aus. Ganz zu schweigen von der Heilung seiner Klumpfüße bei der Geburt und der Spina bifida im Mutterleib. Wenn Leute ihn jetzt sehen, merken die meisten nicht einmal, dass er mit Down-Syndrom diagnostiziert wurde.

Kein Befund wird uns nun ins Wanken bringen können, weil wir unsere Augen fest auf Jesus gerichtet halten. Er hat gesagt, dass Er alles tun wird, wenn wir Ihm glauben. Alles! Darauf bauen wir und vertrauen darauf, dass Oscars Gesundheit vollkommen wiederhergestellt wird, einschließlich der Entfernung des überschüssigen 21-sten Chromosoms.

Die Liebe, die Carel und ich für Oscar empfinden, ist unbeschreiblich, und das Verlangen, zu erleben, wie er von der Fessel von Down-Syndrom befreit wird, ist immens. Wie groß muss dann erst die Liebe und das Verlangen unseres perfekten Vaters sein, unser Kind befreit zu sehen? Wenn wir unsere Situation durch Seine Augen betrachten, die Augen des perfekten Vaters, dann will Er doch, dass Seine Kinder das bekommen, was sie sich von Herzen wünschen. Ich würde für meinen Sohn alles geben, und der Vater hat uns alles gegeben, Seinen Sohn, sodass wir von unseren Sünden erlöst und von aller Bedrückung befreit werden konnten.

Eines Tages sagte ich im Gebet zum Vater: „Ich möchte wirklich wissen, wie Du über das Down-Syndrom denkst, und ich möchte es im geistlichen Bereich sehen." Einige Sekunden später hörte ich eine leise Stimme in mir sagen: „Jesaja 32,3". Ich habe seitdem gelernt, dass diese leise Stimme der Heilige Geist ist, der in mir spricht. Als ich die Stelle nachschlug, war ich hin und weg! Gott beantwortete beide Fragen in zwei einfachen Versen: *Und die Augen der Sehenden werden nicht mehr zugeklebt sein, und die Ohren der Hörenden werden aufhorchen; und das Herz der Unbesonnenen wird Einsicht gewinnen, und die Zunge der Stammelnden wird geläufig und verständlich reden.* (Jes 32,3-4)

Gott selbst sagte mir, dass Er die Zunge der Stammelnden (ein Merkmal von Down-Syndrom) klar und verständlich machen will. Die Freude, zu wissen, dass Gott das tun will, macht es zu einem Vergnügen, als sein Partner mit Ihm gemeinsam diesen Kampf zu kämpfen.

UNGLAUBLICHE ERMUTIGUNG

Der wohl unglaublichste Teil dieser Reise ereignete sich an einer Gemeindekonferenz unserer Ortsgemeinde. Das war eine neue Gemeinde, der wir uns hauptsächlich wegen ihres starken Fundamentes auf dem Wort und in Bezug auf Heilung angeschlossen hatten. In der Woche hatte ich Gott darum gebeten, uns ein Zeichen zu geben, dass wir auf

dem richtigen Weg sind. Wir saßen da und hörten einem sehr bekannten Sprecher zu, wie er vor 1.000 Leuten prophezeite. Wir waren diesem Mann vorher noch nie begegnet. Er war einige Tage zuvor im Land angekommen. Während des Gottesdienstes fragte der Sprecher, ob eine Carel und ein Lucas anwesend seien. Meine Frau stand auf (unser ältester Sohn Lucas war nicht bei uns). Dann fragte er, was das Datum 22. Januar für uns bedeutete. Das war Carels

Geburtstag! Daraufhin sprach er über Oscars Geburt und wie etwas Beängstigendes passiert sei. Und dann schmolzen unsere Herzen, als er die Prophetie aussprach, die Gott ihm gab: „Der Herr sagt, dass Er alle Auswirkungen dessen, was bei der Geburt geschehen ist, heilen wird. Alle Möglichkeiten des Lebens werden Oscar offen stehen." Wir schluchzten vor unbändiger Freude, während wir auf dem Boden knieten. Das ist die Güte, die Gott in Seinem Herzen für Seine Kinder hat. Gott würde so etwas nie vor einer Versammlung offenbaren, wenn Er nicht fest entschlossen wäre, es zu erfüllen.

Zwei Dinge sind uns als Familie während dieser ganzen Reise besonders wichtig geworden: Die intime Gemeinschaft mit unserem Vater und Seine Liebe zu uns. Er ist kein Geist aus der Flasche. Er ist ein liebender Vater. Ein Vater, der Seine Kinder kennen will. Ein Vater, der will, dass Seine Kinder Ihn kennen und Seine Stimme hören. Ein Vater, der willens ist, alles für Seine Kinder zu tun, die IHN LIEBEN und SEINEN WILLEN KENNEN. Ohne Liebe jedoch würden wir Ihn nicht erkennen, selbst wenn wir Seinen Willen kennen würden. Ich freue mich sehr darauf, Ihnen allen über Oscars vollkommene Heilung in den nächsten Monaten berichten zu können.

Gott heilt angeborene Erkrankungen
Erste Früchte

Häufig gestellte Frage Nr. 3

„Ich habe von manchen Familien gehört, dass sie prophetische Worte zur Heilung ihres Kindes empfangen haben, oder dass sie ihr Kind in übernatürlichen Träumen und Visionen vollkommen gesund sahen. Ich hatte so etwas nie. Heißt das, dass Gott mein Kind nicht heilen wird?"

Bei den meisten prophetischen Worten oder Träumen geht es letzten Endes schlicht darum, unsere Herzen im Glauben an das Wort Gottes in der Schrift zu festigen. So hätte beispielsweise König David nie ein prophetisches Wort von Nathan gebraucht, hätte er auf Gottes Wort gehört. Der Apostel Petrus hätte es nicht nötig gehabt, die Vision mit den vom Himmel in einem Tuch herabgelassenen Tieren zu sehen, hätte er schlicht den Worten Jesu geglaubt und gehorcht, in die ganze Welt zu gehen und alle Nationen zu Jüngern zu machen.

Jesus spricht: „Du glaubst, weil du mich gesehen hast; glückselig sind, die nicht sehen und doch glauben!" (Joh 20,29)

Eltern, die ein prophetisches Wort oder einen Traum empfangen haben, sollten Gott für die Ermutigung danken, die sie aus diesen besonderen Begegnungen mit Gott erhalten haben. Doch diejenigen, die keine prophetischen Träume oder Worte empfangen haben, können in der Zuversicht weitermachen, dass Gottes Wort in der Schrift für sie genauso sicher gilt wie für jeden anderen auch.

Doch hier ist eine gute Nachricht! Ich habe ein prophetisches Wort direkt vom Herrn für Sie und Ihr Kind. So spricht der Herr: *„Durch die Wunden Jesu Christi seid ihr geheilt. Im Namen Jesu Christi und durch den Glauben an Seinen Namen wird euer Kind in vollkommener Gesundheit stehen und alle werden es sehen. Glaubende werden den Kranken die Hände auflegen und sie werden sich wohl befinden. Siehe, ich habe euch Vollmacht gegeben, auf Schlangen und Skorpione zu treten und über alle Macht des Feindes, und nichts soll euch schaden. Wahrlich, ich sage euch, wenn ihr Glauben habt wie ein*

Senfkorn, dann werden ihr zu diesem Berg sagen: ‚Hebe dich hinweg von hier' und er wird sich bewegen, und nichts wird euch unmöglich sein." Jetzt haben auch Sie Ihr prophetisches Wort.

Seien Sie nicht jemand, von dem Gott sagen muss: „*O ihr Unverständigen, wie ist doch euer Herz träge, zu glauben an alles, was die Propheten geredet haben!*" (Lk 24,25) Gott ist begeistert, wenn SIE sich Sein *geschriebenes Wort* für sich, für Ihr Kind und für Ihre Situation zu Herzen nehmen! Es ist das ewige Wort des lebendigen Gottes! Das ist der Glaube, der Gott gefällt! Sie haben Ihr prophetisches Wort, und es ist so sicher, als wenn Jesus Christus zu Ihnen persönlich käme und Ihnen selbst sagte: „Durch meine Wunden habe ich dein Kind geheilt! Wirst du ihm die Hände auflegen und glauben? Wirst du für mich glauben und sprechen und handeln? Wirst du ein Täter meines Wortes sein, sodass ich meine Verheißungen durch dich erfüllen kann?"

KAPITEL 6
Blühend wie eine Blume

Junge. 1 Jahr alt. USA
Diagnose: Down-Syndrom

Als mein süßer kleiner Junge das Licht der Welt erblickte, fiel mir auf, dass er Anzeichen von Down-Syndrom zeigte. Ich fragte meine Krankenschwester, ob sie das auch denke, und ihre Antwort war: „Ja, meine Liebe. Es tut mir leid." Als die Ärzte und Schwestern den Raum verlassen hatten, begannen mein Mann und ich zu beten.

Als Ergebnis unserer Gebete konnten wir sofort Veränderungen feststellen. So verschwand beispielsweise die Fettrolle im Nacken-/Rückenbereich völlig, der Nasenrücken kam hervor und die Augenform veränderte sich. Drei Tage später besuchten wir einen Humangenetiker und er sagte uns, unser Baby sei vollkommen gesund und dass die Gentestergebnisse sicher perfekt sein würden. Er sagte, er würde Geld darauf wetten. Einige Tage später bekamen wir einen Anruf von unserem Kinderarzt, der uns sagte, dass der Down-Syndrom Test positiv war. Das war der schlimmste Tag meines Lebens. Es war der Beginn meiner Suche nach der Wahrheit.

Tage- und nächtelang las ich in der Bibel, schaute mir Heilungsvideos an, hörte Heilungszeugnisse und betete. Mein Leben drehte sich nur noch darum, mehr über Heilung zu lernen. Als mein Baby sieben Wochen alt war, flog ich in einen anderen Bundesstaat, um einen Heilungsprediger für mein Baby beten zu lassen. Ich konnte keine Resultate erkennen, also schloss ich daraus, dass das wohl nicht funktioniert.

Ich setzte meine Suche nach der Wahrheit fort. Ich schaute mir sehr viele Videos auf YouTube an, und nach jedem Video wurde mir ein bestimmtes Video zum Ansehen empfohlen. Nach etwa einer Woche klickte ich schließlich auf ein Video, welches alles in Bezug auf Heilung revolutionierte. Das Video hat den Titel „Heilige Kühe schlachten", von Curry Blake. Danach schaute ich mir das komplette Seminar „Ausbildung zum Heilungsdienst als Divine Healing Technician (DHT)" und das „Der Neue Mensch"-Seminar an. Dadurch wurde jeder Bereich meines Lebens (positiv) auf den Kopf gestellt.

Danach schloss ich mich einer Gruppe von gleichgesinnten Eltern und Großeltern an. Wir beten gegenseitig für unsere Kinder. Wir freuen uns darüber, dass unsere Kinder durch die Wunden Jesu geheilt sind (1.Petr 2,24). Es wird so sein und nicht anders.

Ich sehe meinen kleinen Jungen jeden Tag wie eine Blume aufblühen. Ich sehe, wie sich mentale und körperliche Veränderungen einstellen. Heute ist er 13 Monate alt. Er ist so groß wie ein 24 Monate altes Kind. Gemäß den Diagrammen der Ärzte ist er im 80-sten Perzentil für Babys ohne DS-Diagnose. Mit sechs Wochen drehte er sich zum ersten Mal vom Rücken auf den Bauch. Mit neun Monaten konnte er selbstständig sitzen und mit Spielzeugen spielen. Mit 11 Monaten konnte er stehen und sich am Sofa festhalten. Derzeit läuft er in einem Laufstuhl durch unser Haus, öffnet Küchenschubladen, versucht, Geschirr aus der Spülmaschine zu holen und mischt so ziemlich überall mit und versucht alles anzufassen. Gott tut fantastische Dinge im Leben unseres Kindes!

Ich möchte alle Eltern und Großeltern im höchsten Maße ermutigen, nicht eine einzige Minute an den Gedanken zu verschwenden, diese Diagnose könnte der Wille Gottes sein. Ganz egal, welche Diagnose Ihrem Kind oder Enkel gestellt wurde, Jesus hat schon vor 2.000 Jahren den Preis dafür am Schandpfahl bezahlt. Sein Aussehen wurde so entstellt, dass ihm die Haut vom Rücken herunterhing (Jes 53). Er hat für Ihr Kind gelitten, damit Ihr Kind nicht leiden muss. Wie es geschrieben steht: „damit erfüllt würde, was durch den Propheten

Jes gesagt ist, der spricht: *„Er hat unsere Gebrechen weggenommen und unsere Krankheiten getragen"* (Mt 8,17).

Gott hat Seinen Sohn gesandt, um für Sie, für mich und für Ihr Kind ausgepeitscht, geschlagen und getötet zu werden. Sprechen Sie zu dem Berg des Down-Syndroms und befehlen Sie ihm, sich im Meer zu versenken im Namen Jesu, und er wird Ihnen gehorchen!

Ich bin zu 100% davon überzeugt, dass es dem Willen Gottes entspricht, jedes Kind in diesem Augenblick vollkommen gesund zu sehen.

Als Christen haben wir den Auftrag, den Kranken die Hände aufzulegen und dem Geist Gottes zu erlauben (ja, demselben Geist, der Jesus von den Toten auferweckt hat), aus uns heraus und in die Kranken hinein zu fließen, sodass sich die Kranken wohl befinden (Mk 16,18).

Häufig gestellte Frage Nr. 4
„Mir wurde gesagt, dass die Erkrankung meines Kindes auf einen Generationenfluch zurückzuführen ist. Ist das wahr, und wenn ja, was kann ich tun?"

Der Gedanke, dass Leute unter dem Bann eines über die Blutlinie übertragenen Fluches herumlaufen, hat in der Kirche enorm an Popularität gewonnen. Er basiert auf einem Missverständnis dessen, was Gott zu Mose sagte, als Er sprach: *„Bete sie nicht an und diene ihnen nicht! Denn ich, der Herr, dein Gott, bin ein eifersüchtiger Gott, der die Schuld der Väter heimsucht an den Kindern bis in das dritte und vierte Glied derer, die mich hassen, der aber Gnade erweist an vielen Tausenden, die mich lieben und meine Gebote halten."* (2.Mo 20,5-6)

Weil Gott gesagt hat, dass Er *„die Schuld der Väter heimsucht an den Kindern bis in das dritte und vierte Glied derer, die mich hassen"*, gehen manche sogar so weit zu sagen, man solle keine Waisen adoptieren usw. Wer will schließlich einen „Verfluchten" in sein Haus holen? Ausgehend von dieser Lehre haben Menschen manchmal genetisch bedingte und angeborene Erkrankungen einem „Generationenfluch" zugeschrieben.

Eine etwas eingehendere Betrachtung der Schrift zeigt jedoch, dass dies ein furchtbares Missverständnis dieser Passage ist, und zwar aus unterschiedlichen Gründen.

Erstens gibt es so etwas wie einen „Generationenfluch" überhaupt nicht. Es gibt „generationsübergreifende Frevel". Das ist ein gewaltiger Unterschied! Ein generationsübergreifender Fluch wäre etwa: „Wenn du einen falschen Gott anbetest, wird dein Kind mit einer angeborenen Erkrankung verflucht". Doch das sagt Gott hier überhaupt nicht. Stattdessen warnt Gott schlicht solche Menschen, die sich möglicherweise von ihm abwenden wollen, dass Er außerhalb der Gnade Seines Bundes nicht einschreiten wird, um die Auswirkungen ihrer Sünden auf ihre Kinder zu unterbinden. Zum Beispiel, wenn der Vater ein Lügner und ein Dieb gewesen ist, dann sagt Gott, dass Er nicht einschreiten wird, um den Einfluss dieser Frevel auf das Leben seiner Kinder zu stoppen.

Zweitens, Gottes Warnung vor dem Einfluss dieser generationsübergreifenden Frevel war beschränkt auf diejenigen, die 1) Ihn hassen, und/oder 2) sich vor anderen Göttern beugen und ihnen dienen und 3) nicht umkehren. Jeder kann wählen, ob dieser Vers sich auf ihn bezieht. Wollen wir Gott lieben und gehorchen oder Ihn hassen? Die Entscheidung liegt bei uns.

Drittens, Gottes Verheißung der Gnade, selbst unter dem Alten Bund, verdrängt und hebt Seine Warnung vor generationsübergreifenden Freveln auf. Während Gott davor warnt, dass Er den Einfluss der Sünden der Väter für diejenigen, die Ihn hassen, über vier Generationen nicht entfernen wird, verspricht Er im Grunde nie endende beständige Liebe denen, die Ihn lieben und Seine Gebote halten. Wenn also jemand das geistliche Erbe ändern wollte, welches er den nachfolgenden Generationen hinterließ, musste er nur Buße tun. Sobald er Buße tat, wurde Gottes Gnade nunmehr aktiviert, um den Einfluss der Sünde zu verdrängen und aufzuheben!

Viertens, die Lehre von „generationsübergreifenden Flüchen" wird im Alten Testament durch den Propheten Hesekiel als eine Irrlehre entlarvt. *„Was gebraucht ihr da für ein Sprichwort im Land Israel, das besagt: ,Die Väter haben saure Trauben gegessen, und die Kinder bekommen stumpfe Zähne!' So wahr ich lebe, spricht Gott, der Herr, ihr sollt dieses Sprichwort künftig in Israel nicht mehr gebrauchen! (...) Die Seele, welche sündigt, die soll sterben! Der Sohn soll nicht die Missetat des Vaters mittragen, und der Vater soll nicht die Missetat des Sohnes mittragen. Auf dem Gerechten sei seine Gerechtigkeit, und auf dem Gottlosen sei seine Gottlosigkeit!"* (Hes 18,2-3, 20)

Und letztens, durch das Kommen Jesu Christi haben wir die Ermutigung einer noch viel klareren Offenbarung und eines besseren

Bundes. Jesus hat ganz spezifisch erklärt, dass die Sünden der Eltern NICHT die Ursache für die angeborene Erkrankung des blind geborenen Mannes waren (Joh 9,3). Außerdem hat Sein Tod am Kreuz uns von allen Flüchen des Gesetzes befreit (Gal 3,15). Durch Jesus Christus sind wir gesegnet mit allen geistlichen Segnungen in den himmlischen Orten (Eph 1,3). Jeder Fluch, der auf irgendeine Weise noch Gültigkeit haben könnte, wurde durch die erlösende Gnade des vollbrachten Werkes Christi durchbrochen. Wenn Sie von neuem geboren werden, dann bekommen Sie Gott zum Vater und alles, was Er Ihnen zu geben hat, sind geistliche Segnungen. Sie haben das gleiche geistliche Erbe wie Jesus Christus!

Also fassen Sie Mut - die angeborene Erkrankung Ihres Kindes hat nichts mit einem generationsübergreifenden Fluch zu tun! Es ist ein Angriff des Feindes, kein Fluch von Gott. Gott hat Kinder nie mit angeborenen Erkrankungen verflucht! Es ist vielmehr so, dass, wenn Sie ein Christ sind, Jesus Christus Sie mit der Kraft und Vollmacht gesegnet hat, angeborene Erkrankungen in Seinem Namen zu heilen!

KAPITEL 7
Der Weg in die Adoption wird zu einer Reise der Heilung

Junge. 5 Jahre alt. Indien
Diagnose: Zerebralparese

Michaels Reise begann im indischen Dimapur, im Heim Mother's Hope, Februar 2009. Seine Reise beginnt mit der Geschichte einer Adoption.

DAS GESCHENK DES LEBENS

Wir danken Gott, dass er die Chance auf einen Anfang bekam. Seine Geschichte hätte noch vor der Geburt enden können, wie es heute leider bei so vielen Ungeborenen der Fall ist. Michaels Leben und seine Reise dahin, wo er jetzt ist, war in vielerlei Hinsicht ein echtes Wunder und ist es immer noch.

Als erstes möchte ich dem Einen danken, dem wir alles, was wir haben, verdanken. Und ich danke Ihm, dass Er all die Menschen in Kontakt mit Michael brachte, die ihm so treu und liebevoll geholfen haben zu wachsen und dahin zu kommen, wo er heute ist.

Wer Sie auch sind und was Sie auch glauben mögen, ich hoffe und vertraue darauf, dass dies eine Ermutigung für Sie sein wird und Sie dazu bringen wird, sich an den Einen zu wenden, der Ihr Kind befreien kann und an diejenigen, die Ihnen auf der Reise mit Ihrem Kind helfen können. Und ich möchte Sie außerdem dadurch anspornen, dass es eine ganze Menge an Dingen gibt, die Sie tun *können*.

Michaels Leben war oft in Gefahr, vom Zeitpunkt seiner Empfängnis an und viele Male danach. Wäre er in bestimmten Ländern gewesen, hätte er es nicht einmal bis zur Geburt geschafft. Glücklicherweise entschied sich seine Mutter dazu, ihn zur Welt zu bringen. Geboren wurde er in Mother's Hope, einer wunderbaren Einrichtung im indischen Nagaland, wo unverheirateten Müttern, die aus unterschiedlichen Gründen ihr Kind nicht behalten können, geholfen wird, ihr Kind zur Welt zu bringen und es dann zur Adoption freizugeben.

Manche von Ihnen sagen vielleicht: „Wie konnten sie nur?" Wer gibt uns das Recht zu urteilen? Wir haben nie in ihrer Haut gesteckt und kennen all die Umstände und Gründe nicht, warum und wie es dazu kam. Viele dieser Mädchen waren in schwierigen Umständen, oft arm, sehr jung, möglicherweise ausgenutzt oder missbraucht, oft von den Schwiegereltern.

Und doch entschließen sie sich, ihr Kind zur Welt zu bringen. Sie treffen die schwere Entscheidung, ihr Kind getrennt von ihnen aufwachsen zu lassen, in einer Umgebung und mit Eltern, die ihrer Meinung nach besser für das Kind sind, als was sie selbst ihm bieten können. Glauben Sie mir, viele Tränen werden von diesen lieben Müttern vergossen.

Ich danke Gott, dass Michaels Mutter ihm das Geschenk des Lebens gab, indem sie ihn zur Welt brachte. Sie hielt ihn im Arm und gab ihm einen Namen. Er bekam seinen Vornamen (nach der Adoption), und dann wurde er von ihr der liebevollen Fürsorge der Pflegeeltern von Mother's Hope anvertraut. Diese sahen, dass sie eine hart arbeitende Mutter war, die sofort nach der Geburt aufstand und beim Aufräumen half, sowie ihre Kleider sofort wusch.

DER WEG ZUR ADOPTION

In den ersten Monaten seines Lebens war er ein glückliches und gesundes Baby, doch dann wurde festgestellt, dass seine rechte Seite steif war. Man brachte ihn zu einem Arzt und dann zu einem Neurologen. Bei Michael wurde Zerebralparese diagnostiziert.

Deswegen hatte er oft Husten und grippale Infekte. Man verabreichte ihm viele Medikamente und verordnete Armübungen. Da tauchte eine besondere Pflegerin auf! Die Mutter von Moamenla zeigte besonderes Interesse an ihm, verbrachte Zeit mit ihm, gab ihm zusätzlich zu Essen und trug ihn in seinem ersten Lebensjahr oft herum! In den ersten zwei oder drei Jahren seines Lebens hat er viele Reisen nach Guwhati (vier Stunden mit dem Zug) mitgemacht. Dies bedeutete eine zusätzliche Belastung für die Angestellten, dennoch haben sie diesen Zusatzaufwand akzeptiert.

Michael erreichte die Meilensteine (wie Krabbeln, Sitzen, der erste Schritt, das erste Wort, Stehen, Sprechen usw.), die normale Kinder erreichen, jedoch zu einem viel späteren Zeitpunkt. Der Hauptunterschied bestand jedoch darin, dass für ihn jeder Meilenstein ein Wunder war, hätte er sie doch gemäß den Befunden und Diagnosen der Ärzte überhaupt nicht erreichen dürfen.

Als er zweieinhalb Jahre alt war, sagten die Ärzte, dass sie nun alles in ihrer Macht Stehende getan hätten und dass es Zeit wäre, ihn in einer Einrichtung für Kinder mit Behinderungen unterzubringen. Glücklicherweise wurde dieser Vorschlag von Mother's Hope nicht akzeptiert.

Als er drei Jahre alt wurde, tauchten zwei weitere äußerst wertvolle Menschen in seinem Leben auf – Doktor Apung und der Physiotherapeut des Zion Krankenhauses – die beide Michael ihre Dienste anboten. Das bedeutete drei Mal wöchentlich Therapien für ein Jahr, was zu körperlichen Verbesserungen bei Michael führte.

Moamenla fand, dass Michael eine Herausforderung brauchte, also meldete sie ihn auch in einem Kindergarten an, der den Namen Superkidz trug. Pastorin Mary hatte diesen Kindergarten gegründet, und sie erklärte sich bereit, Michael aufzunehmen. Auch sie taten etwas, was die Ärzte für unmöglich hielten. Dann folgten die Meilensteine, dass er aufs Töpfchen ging, seine ersten Worte sprach, und weitere, wie das ABC und einfache mathematische Aufgaben zu lernen und sich in einer Klassenraumsituation zurecht zu finden. Im zweiten Jahr machte er einen Sprung und lernte schnell. Um ihm zu zeigen, dass es da draußen eine größere Welt gibt, wurde er eine Weile lang vom Personal mit einer „Auto-Rikscha" (ein typisches indisches Dreirad-Fahrzeug, das als eine Art Taxi fungiert) zum Kindergarten gefahren.

Wenn er nach Hause kam (nach Mother's Hope), begrüßte Michael immer sehr freundlich seine Amma (was in der Landessprache „Mutter" bedeutet und wie er Moamenla zu nennen pflegte) und das Personal. Außerdem machte er immer seine Runde, wenn er vom Kindergarten nach Hause kam, um zu sehen, wer von den Babys da war und wer nicht. Er kannte alle seine „Brüder und Schwestern" mit Namen. Bald begann er zu verstehen, was es zu bedeuten hatte, wenn eines von ihnen weg war, denn als Baby Benzo weg war, fragte er, wo Benzo sei. Als man ihm sagte, dass Benzo adoptiert worden sei, war er eine Zeit lang still. Dann sagte Er auf Nagamesisch: „Ich möchte auch adoptiert werden". Zu der Zeit war er etwa dreieinhalb Jahre alt.

HERZEN ÖFFNEN SICH FÜR ADOPTION

Dies war etwa die Zeit, in der wir die Bühne in Mother's Hope betraten. Wir kamen zu Mother's Hope nicht mit dem Wunsch, ein Kind zu adoptieren, sondern als freiwillige Mitarbeiter, um Gehörtests bei den Babys durchzuführen. (Taubheit ist in Indien sehr verbreitet und eine Früherkennung kann helfen, das Gehör wieder zu erlangen.)

Michael war das einzige ältere Kind und ich fragte mich, warum er wohl in Mother's Hope war. Es war sofort offensichtlich, dass er körperlich behindert war. Das Laufen schien ihm schwer zu fallen. Er hinkte ziemlich stark. Seinen rechten Arm hielt er in einem 90-Grad-Winkel am Ellbogen und es schien so, als würde er ihn nicht benutzen. Außerdem schien seine Hand auf der Seite ebenfalls gelähmt zu sein. Es sah so aus, als würde er einen nur mit einem Auge anschauen, weil das andere sich sozusagen in einer Ecke verkroch. Er hatte ein Taschentuch, mit dem er selbst oder jemand anderes ihm den Speichel vom Mund wischte, der immer wieder hervorkam. Er sagte nicht viel. Ich fragte zu dem Zeitpunkt nicht, was mit ihm los sei. Das habe ich alles erst später erfahren.

Einige Zeit darauf bekamen wir Besuch von einem älteren Ehepaar aus dem Ausland, die ein Kind für ihren Sohn und ihre Schwiegertochter adoptieren wollten. Sie schauten immerzu auf Michael, doch ich musste ihnen mitteilen, dass Babys einschließlich Michael nur hier lokal zur Adoption freigegeben wurden, damit sie im Kreise ihrer eigenen Leute aufwachsen konnten. Während ich das sagte, lenkte unser Himmlischer Vater meinen Blick auf Michael und sagte mir: „Wie wäre es mit dir?" Ich wies den Gedanken erst einmal zurück in der Meinung, nicht richtig gehört zu haben. Wir hatten vier Kinder, die alle schon mehr oder weniger erwachsen waren, und wir waren nun ziemlich eingespannt im Dienst.

Dann erinnerte ich mich an einen Traum, den ich vor einiger Zeit geträumt hatte. In dem Traum war ein kleiner Junge bei uns. Es wurde uns klar, dass er zu uns kommen sollte, Behinderung hin oder her.

Als er erfuhr, dass er adoptiert werden sollte, reagierte er froh, jedoch nicht überschwänglich. Es war eher so, als ob er es erwartet hätte. Hatte er auf seine kindliche Art gebetet? Seine liebste Zeit am Tag war die Andacht des Personals. Dann legte er die Bibel und das Liederbuch zurecht, sah Moamenla an und sagte: „Beten?"

An dem Tag, als wir kamen, um ihn abzuholen, hatte er seinen Koffer selbst sorgfältig gepackt, hatte die Kleidungsstücke sowie andere notwendige Dinge ausgesucht und war abfahrbereit. Moamenla hatte eine süße Abschiedsparty für ihn organisiert, an der das gesamte Personal sowie Pastorin Mary und das Kindergartenpersonal seines Kindergartens beteiligt war.

Als er kurz vor der Abfahrt in unserem Auto saß, sagte Moamenla: „Wir sehen uns bald!", doch er erwiderte im ernsten Tonfall: „Nein, ich werde adoptiert und ich komme nicht wieder."

AUF DER REISE DER HEILUNG

Was mich anging, so machte ich mir Gedanken darüber, wie ich mit diesem neuen Zuwachs zurechtkommen würde, insbesondere angesichts all unserer Pläne und auch seiner körperlichen Herausforderungen.

Er fügte sich sehr schnell in unsere Familie ein. Wenn wir ihn jetzt fragen, wer sein bester Freund sei, dann sagt er: „Papa". Er singt sehr gerne und denkt sich seine eigenen Lieder aus. So hat er sich ein „Mama"-Lied zurechtgelegt, das er im Auto singt und wenn er fröhlich ist. Zwei große Brüder zum Herumtoben zu haben, gefällt ihm sehr, und er mag die Gesellschaft seiner zwei großen Schwestern auch, wenn sie zu Besuch kommen oder anrufen.

Eine Weile lang besuchte er an Vormittagen eine kleine neue Schule in der Nähe. Als er Windpocken hatte und zu Hause war, fiel mir auf, wie viel schneller er zu Hause lernte. Also begann ich, ihn von da an zu Hause zu unterrichten.

Wir begannen als Familie täglich über seinem Körper zu beten, wobei jeder von uns sich einen Körperteil vornahm, um das Leben Gottes in ihn hinein zu sprechen. Die Besserung ist deutlich erkennbar! Später begannen wir, täglich zusammen das Abendmahl zu feiern. Doch sein Augenmerk gilt auch immer den Brotresten, die er nach dem Abendmahl immer bekommt!

Bei seinem ersten Besuch in Mother's Hope
nach seiner Adoption fielen ihm all die
Veränderungen auf, die sich bei ihm ereignet
hatten. Dinge, die dazu gekommen waren und
Dinge, die nicht mehr da waren, und er
erzählte Moamenla ständig davon! Voller Stolz
sagt er, dass er jetzt drei Orte sein zu Hause
nennt: Mother's Hope, unser Haus („die
Farm" genannt) und unser Zuhause im
Himmel.

Nachdem er einige Monate bei uns gewesen war, fuhren wir fort, für die rechte Seite seines Körpers zu beten, die von der Zerebralparese beeinträchtigt war. Wir konnten schon viele Verbesserungen feststellen, doch sein linkes Auge musste sich noch mehr nach vorne ausrichten. Seine rechte Hand, das Handgelenk und der Arm mussten weiter entwickelt sowie stärker und brauchbarer werden. Seine Sprachentwicklung war immer noch langsamer als die anderer Kinder. Sein rechter Fuß zeigte beim Laufen immer noch nach innen und er zog sein rechtes Bein nach. Außerdem lief ihm immer noch sehr leicht Speichel aus dem Mund.

Die folgenden Veränderungen konnten wir feststellen, nachdem wir angefangen hatten, als Familie täglich für ihn zu beten (jeder nahm sich einen Körperteil vor und sprach Leben hinein) - drei Monate nachdem er zu uns gekommen war (das war im Mai 2014):

- Der Speichelfluss hat deutlich nachgelassen. Er bemerkt ihn jetzt selbst und kann ihn kontrollieren.

- Er konnte vorher nicht rennen, doch wir geboten seinem Bein, zu wachsen. Eins seiner Beine war deutlich kürzer als das andere, ungefähr 2 cm. Nachdem sein Bein gewachsen war, konnte er rennen.

- Er gebrauchte seinen rechten Arm und seine rechte Hand überhaupt nicht, sie hingen nur so da - doch nun gebraucht er sie. Vorher hatte er zu allem nur die linke Hand verwendet, zum Schreiben, Anziehen, Essen usw. Die Besserung stellte sich allmählich ein. Früher aß er mit der linken Hand (die meisten Inder benutzen kein Besteck). Wir brachten ihm bei, 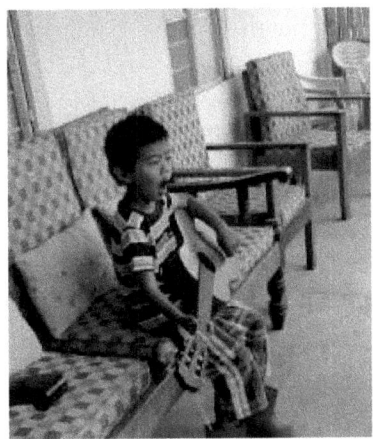 das Besteck zu benutzen, und das mit beiden Händen. Es fällt ihm immer noch schwerer, die rechte Hand zu benutzen, doch nun tut er es automatisch. Auch das Anziehen macht er jetzt mit beiden Händen (wenn er sich beeilt, dann benutzt er aber immer noch nur die linke Hand). Er konnte nicht Gitarre spielen – obwohl er es sehr gerne wollte – also hielt er sie verkehrt herum (wir hatten jahrelang eine kleine Gitarre für unsere Kinder aufbewahrt – nun wird sie gut genutzt), doch jetzt gebraucht er beide Hände und hält sie richtig herum. Jemand hat ihm eine Strickjacke mit Knöpfen geschenkt. Eines Abends bemühte er sich sehr intensiv, die Jacke mit beiden Händen zuzuknöpfen. Nach einer langen Zeit zeigte er mir stolz, wie er sie ganz selbständig zugeknöpft hatte. Auf unserer Farm arbeitet er gerne mit Hammer und Hacke – alles Dinge, welche er die großen Jungs tun sieht. Früher trug er Dinge immer nur mit einer Hand. Jetzt tut er es mit beiden Händen, hämmert mit beiden Händen, hackt mit beiden Händen und trägt Dinge mit beiden Händen.

- Sein linkes Auge beginnt sich besser zu fokussieren.

- Er begann schneller zu lesen, was einen positiven Einfluss auf seinen Spracherwerb hatte.

Wir machten ihm bewusst, dass Teile seines Körpers ihm nicht „gehorchten", dass er sie aber zum Gehorchen bringen konnte. Nun hat er begonnen zu lernen, dass er auch selbst zu seinem Körper sprechen kann. Er wurde sehr gut darin, uns daran zu erinnern, dass wir in unserer Morgenandacht für ihn beten sollen.

Jetzt, ein Jahr und zwei Monate später, können wir weitere Verbesserungen feststellen.

- Wir ließen sein Auge untersuchen und der Befund lautete, sein Gehirn habe das linke Auge aufgegeben, so dass er so gut wie keine Sehkraft mehr darin hatte – also begannen wir, für das Auge zu beten und „es zu trainieren". Nun erkennt er mehr und mehr mit dem Auge. Sein Auge ist viel mehr im Fokus.

- Er gebraucht seinen rechten Arm und die rechte Hand mehr und mehr für die unterschiedlichen Aufgaben, die er zu tun hat.

- Er wird nun zu Hause unterrichtet, wobei er mit einem Fach begann und kaum fähig war, das Alphabet zu scheiben. Jetzt bewältigt er 9-10 Fächer, darunter das Schreiben auf Hindi, welches ein anderes Alphabet verwendet, sowie auf Nagamesisch (der Landessprache).

- Er kämpft für andere im Gebet – mit Resultaten! Wenn jemand krank ist und wir beginnen, für die Person zu beten, dann klinkt er sich sofort ein und betet mit uns. Doch auch wenn er jemanden jetzt sieht, der krank oder verletzt ist, dann fragt er: „Bist du verletzt?" und betet dann laut und mutig: „Sei geheilt – Schmerz geh!" oder andere Befehle, an die er sich erinnern

kann. Eines Tages beim Essen (seine Lieblingszeit, bei der er NICHT gerne gestört wird) hörte er mich im Schlafzimmer neben der Küche für Tepu, seinen Papa, beten. Er sprang sofort auf – ließ sein Essen stehen – kam ins Schlafzimmer und begann laut und mutig für seinen Papa zu beten! Ein Mädchen, das kurze Zeit bei uns wohnte, hatte Kopfschmerzen. Er betete, befahl dem Schmerz zu verschwinden, und es ging ihr wieder gut.

- Er kann mit seinem Verstand nun schneller erfassen, was man von ihm verlangt.

- Er kann vom Nagamesischen ins Englische und umgekehrt übersetzen und kennt die Wortentsprechungen. Seine Sätze auf Englisch – nicht seine Muttersprache – werden immer fließender.

- Beim Unterricht ist er schneller geworden. Erkennt mehr Wörter.

- Singt besser und kann sich die Texte besser merken.

- Gerade arbeitet er ein Leselernprogramm mit 16 Einheiten durch. Weil wir umgezogen sind, konnte ich mit ihm eine Zeitlang nicht Lesen. Doch nach einigen Wochen, als wir dort weitermachten, wo wir vor einem Monat aufgehört hatten (Lektion 11), machte er die Aufgaben zu Ende – eine halbe Lektion – und konnte sich immer noch an die Wörter erinnern.

- Er übernimmt die Initiative – oft die falsche – doch er möchte so gerne kopieren, was er andere tun sieht, von daher gibt es immer wieder Überraschendes im Haus. Doch die Tatsache, dass er die Initiative ergreift, ist ein gutes Zeichen. Wir müssen sie nur noch in richtige Bahnen lenken.

Unser Ziel ist es, ihn von allen Auswirkungen der Zerebralparese geheilt zu sehen, so dass er die Bestimmung erfüllen kann, die Gott ursprünglich für ihn geplant hatte. Wir glauben, dass auch Michael von Gott unserem Schöpfer erstaunlich und wunderbar gemacht wurde, und obwohl er einen schweren Start hatte, wird das, was Gott für ihn geplant hatte sich jetzt noch besser erfüllen. Wir sind dankbar, dass wir bei der Wiederherstellung der für ihn geplanten Bestimmung eine Rolle spielen dürfen.

Ehre sei Gott in der Höhe und Freiheit den Menschen – einschließlich unserer Kinder! Seid gesegnet! Missionarin und Mutter in Indien.

Häufig gestellte Frage Nr. 5
„Warum hat Gott zugelassen, dass mein Kind mit einer angeborenen Erkrankung zur Welt kam? Bestraft Gott mich oder versucht Er, mir dadurch etwas zu zeigen?"

Wenn Sie die Frage stellen: „Warum hat Gott zugelassen, dass mein Kind mit einer angeborenen Erkrankung zur Welt kam", dann müssen Sie ebenso die Frage stellen: „Warum hat Gott zugelassen, dass ich als Sünder zur Welt kam?" Gott ist genauso wenig dafür verantwortlich, dass ein Kind mit einer angeborenen Erkrankung zur Welt kommt, wie dafür, dass Sie als Sünder geboren wurden. Beides ist auf den Sündenfall zurückzuführen und wurde durch die Bedrückung des Satans verursacht, nicht durch Gott. Gott hat Adam die Verantwortung für die Erde übertragen. Es war Adam, der die gesamte Schöpfung dem Bösen unterwarf, als er seine Knie vor dem Teufel beugte. Also war es Adam, nicht Gott, der die angeborene Erkrankung Ihres Kindes zugelassen hat. Gott hat Jesus Christus gesandt, um uns zu retten und zu heilen!

Wenn Sie beim Anblick eines mit einer angeborenen Erkrankung geborenen Kindes annehmen, dass Gott für den Defekt verantwortlich ist, dann ist das ein furchtbares Missverständnis Gottes. Gott hat uns zu Seinem Ebenbild erschaffen und Ihm ähnlich gemacht, um die Herrschaft über die Erde auszuüben, während wir in Einheit mit Ihm leben. Jede Abweichung davon ist durch das Böse verursacht, nicht durch Gott.

Gott hat die Erkrankung Ihres Kindes nicht verursacht, um Sie dadurch etwas zu lehren. Selbst wenn Sie ein echter Stinkstiefel wären, würde Gott Ihr Kind nicht belasten, um Ihnen eine Lektion zu erteilen. Er ist kein Mafia-Boss, der seine Schergen auf Ihre Kinder ansetzt, um Ihnen eins auszuwischen. Gott hat den Heiligen Geist gesandt, um unser Lehrer zu sein. Er ist in der Lage, Sie in ALLE Wahrheit zu leiten (Joh 16,13). Gott hat es nicht nötig, sich der Bedrückung durch Satan zu bedienen, um Sie irgendetwas zu lehren.

Ich mag meinen Kindern sagen: „Spielt nicht im Park, nachdem es dunkel geworden ist, weil dann die älteren Teenager rauskommen." Wenn mein Sohn beschließt, im Park zu bleiben, nachdem die Straßenbeleuchtung angegangen ist, und einige Rabauken klauen ihm seinen Ball und schlagen ihm ins Gesicht, dann würde ich vielleicht mit ihm Eis essen gehen, um ihn aufzumuntern. Während wir zusammen Eis essen, würden wir ein besonderes Gespräch führen, das einen bleibenden Eindruck bei meinem Sohn hinterlassen würde. Doch mein Sohn käme nie auf die Idee zu sagen: „Papa, ich bin froh, dass du diese Rabauken in den Park geschickt hast, um mir eine Lektion zu erteilen, damit ich näher zu dir komme." Warum würde mein Sohn so etwas nie zu mir sagen? Weil er mich kennt.

Jesus hat gesagt: *Wenn ihr mich erkannt hättet, so hättet ihr auch meinen Vater erkannt"* (Joh 14,7). Menschen, die Krankheiten und Gebrechen Gott zuschreiben, müssen sich umorientieren und den Vater durch Jesus Christus kennenlernen.

KAPITEL 8
Die Zeit der Heimzahlung

**15 Jahre altes Mädchen und 1,5 Jahre altes Mädchen. Kanada
Diagnose: Autismus (15 Jahre) und
Down-Syndrom (1,5 Jahre)**

Während ich hier sitze und schreibe, wünschte ich, ich selbst hätte ein Buch wie dieses vor 13 Jahren in der Hand gehabt.

ALLES WIRD GUT

Fast auf den Tag genau vor dreizehn Jahren besuchte ein prophetisches Gebetsteam unsere Gemeinde. Weil wir gerade mit unserem zweiten Baby, einem Jungen, vom Krankenhaus nach Hause gekommen waren, kam das Team in unser Haus, um für meinen Mann und mich zu beten. Ich werde nie vergessen, was eines der Mädchen zu mir gesagt hat: „Ich habe das Gefühl, dass du Angst um Deine Kinder hast, dass da etwas ist, worüber du dir Sorgen machst, doch Gott möchte dir sagen, dass Er deine Kinder in Seinen Händen hält, und Er wird dir Gnade, Geduld und Weisheit schenken und alles wird gut werden."

Zu dem Zeitpunkt hatte ich wirklich keine Ahnung, wovon sie sprach, doch zwei Wochen später kam ich heim, um nach unserem Haus zu sehen. Wir waren während der Aussaatzeit auf die Farm gezogen. Mein Mann arbeitete damals mit seinem Vater auf der Farm mit. Ich schaute die Post durch und bemerkte einen fotokopierten Artikel, der mit einem Leuchtstift markiert war. Als ich diesen Artikel über Autismus las, stellte ich fest, dass er unsere zwei Jahre alte Tochter Hannah haargenau beschrieb. Zu der Zeit wusste ich überhaupt nichts über Autismus, außer dem Film „Rain Man". Ich wusste, dass sie ein aktives Mädchen war, immer in Bewegung. Sie mochte es nicht, umarmt zu werden und sie konnte noch nicht sprechen. Sie war unser erstes Kind, also hatte ich keinen Vergleich. Einige Minuten später kam meine Schwester vorbei und ich zeigte ihr den Artikel. Sie war nicht überrascht, sondern sagte mir, dass sie und einige andere sich schon länger Sorgen um Hannah gemacht und nur auf die passende Gelegenheit gewartet haben, um mit uns darüber zu sprechen.

Ich erinnere mich, dass ich sehr oft die „Warum"-Frage stellte. Warum Hannah? Warum ich? Warum meine Familie? Warum Autismus? Das konnte nicht Gottes Plan für mein Mädchen sein. Wollte Gott mir dadurch etwas zeigen? Was habe ich falsch gemacht? Es gab viele Tränen und viele Fragen. An manchen Tagen wollte ich nicht einmal aufstehen. Es fühlte sich an, als ob etwas gestorben wäre. Ich wusste tief in meinem Herzen, dass Autismus nicht dem Willen Gottes für meine Tochter entsprach. Ich erinnerte mich an das prophetische Wort, welches wir vor ein paar Wochen empfangen hatten… „dass Gott meine Kinder in Seinen Händen hält und dass alles gut wird."

Mein Mann und ich sind beide in christlichen Familien aufgewachsen und haben das Wort Gottes von klein auf gehört. Als wir uns nun in dieser Situation mit Hannah wiederfanden, wussten wir, wohin wir uns wenden konnten – zum Wort Gottes! Ich erinnere mich, wie ich meine Bibel herausgeholt und Stellen über Heilung rausgesucht habe. Wir begannen, sie über ihr auszusprechen. Einige Tage später sahen wir sie Dinge tun, die sie niemals vorher getan hatte. Es war erstaunlich! Von dem Moment an hörte ich nie mehr auf zu beten oder zu glauben, doch ich wurde abgelenkt!

ABGELENKT VOM HERRSCHEN

Einige Wochen später begann ich mit ihr zu Hause eine Therapie. Ich fing an, mit Leuten zu sprechen und mich auf die Lösungen der Welt zu konzentrieren, um meine Tochter zu „reparieren". Ich war fest entschlossen, alles zu tun, was ich konnte, um sie zu heilen. Sie war vier Jahre alt, als sie ihre erste offizielle Diagnose von „hochfunktionalem

Autismus" erhielt. Ich wollte ihr nie ein Etikett aufdrücken, doch ihre Schule bestand darauf - aus finanziellen Gründen.

Ärzte, Therapeuten, Vitamine, Naturheilkunde, Blutuntersuchungen, viele Therapiestunden und Tausende von Dollars später... ich war müde und uns ging das Geld aus! Zu der Zeit glichen meine Gebete eher einem Betteln bei Gott, sie doch bitte zu heilen und uns die nächste Therapie zu zeigen, die wir machen sollten. Es waren auch sehr selbstsüchtige Gebete, die ich betete, fühlte ich mich doch als das Opfer. Ich war müde und es war mir äußerst peinlich, mich ständig für ihr Verhalten entschuldigen zu müssen. Ich sage hiermit nicht, dass alle Therapien schlecht sind, aber ich setzte all mein Vertrauen in die Therapien, die ich mit ihr machte.

Manchmal sah es so aus, als würde es funktionieren. Ich hatte das Gefühl, wir machten einen Schritt vorwärts und dann, nach einer Weile, ging es wieder fünf Schritte zurück. Mit den Jahren wuchs unsere Familie. Es kamen noch zwei Jungs dazu. Mit vier Kindern entschloss ich mich, sie zu Hause zu unterrichten und weiterhin Diäten und Therapien zu machen. Das Leben war sehr voll, doch es ging uns gut und wir genossen unsere Familie.

Als Hannah sich ihren Teenagerjahren näherte, stellten wir eine Zunahme ihrer Ängste und der zwanghaften Verhaltensmuster fest. Wir wussten nicht so recht, wohin wir uns wenden sollten, also beschlossen wir, sie wieder in das Schulsystem einzugliedern. Nach den Gesprächen mit der Schule begannen wir eine medikamentöse Behandlung in Erwägung zu ziehen (etwas, das ich nie tun wollte). Wir fragten die Schule, ob wir noch ein wenig länger warten und zuerst noch einige andere Dinge ausprobieren könnten.

Inmitten von alledem stellte ich fest, dass wieder ein Baby unterwegs war. Die Nachricht wurde von mir nicht sehr gut aufgenommen. Ich brauchte ziemlich lange, um das zu akzeptieren, da wir mit dem

Kinderkriegen abgeschlossen hatten (dachte ich zumindest). Als sich herausstellte, dass es ein Mädchen werden würde, war ich begeistert, doch gleichzeitig überkam mich eine Furcht. Ich erinnerte mich an die Worte eines Therapeuten, der mir sagte: „Wenn Sie wieder ein Mädchen bekommen, könnte es die gleichen Probleme haben wie Ihre älteste Tochter". Ich begann Gott um ein gesundes normales Mädchen anzubetteln.

Als Mckinley geboren wurde, war sie gesund und sah perfekt aus, doch an ihrem Gesicht war etwas, das nicht in Ordnung schien. Ich sah es und mein Mann sah es; doch keiner sagte etwas zum anderen. Der Arzt sagte uns, dass sie eine Schwellung im Gesicht habe, die aber in einigen Tagen abklingen würde. Als man sie zum Wiegen und Baden mitnahm, war ich allein. Ich begann unter der Dusche zu weinen und fortwährend zu sagen: „Nein, bitte Gott, es darf nichts sein mit ihr, sie muss perfekt sein."

STURMJÄGER

In dieser Nacht im Krankenhaus hatte ich einen Traum. In dem Traum kündigte sich ein Sturm an, also gingen wir alle in den Keller des Hauses. Ich hielt Mckinley im Arm und Hannah schlief in einem der Kellerräume. Ich sagte: „Lasst sie schlafen, denn wenn sie aufwacht, wird sie nicht einmal wissen, dass es einen Sturm gab." Meine Jungs und ich begannen, dem Sturm zu gebieten, im Namen Jesu zu weichen. Auf dem Sturm war ein Auge, das fortwährend Mckinley in meinem Arm beobachtete. Überall, wo ich hinging, folgte es mir und beobachtete sie. Wade und mein ältester Sohn kamen ins Haus. Sie sahen aus wie Sturmjäger, die den Sturm gejagt haben. Wir schauten aus dem Fenster und der Sturm kam nun aus einer anderen Richtung wieder. Wade rannte nach draußen, um ihn wegzujagen. Im nächsten Teil des Traumes saßen wir am Tisch beim Frühstück. Wade kam herein und sagte: „Der Sturm ist weg." Dann begann er über die Weizenfelder draußen zu sprechen und darüber, dass die Ernte wohl 5200 kg pro Hektar einbringen würde.

Einige Wochen später hatten wir einen Arzttermin für Hannah bei einer Autismus-Spezialistin. Wir saßen in ihrem Büro und sprachen über Medikamente und anderes. Mein Mann musste mit Hannah einen Spaziergang machen, weil sie starke Angstzustände bekam. Während sie weg waren, kam die Ärztin herüber zu mir, um Mckinley anzuschauen. Sie sagte mir, dass Mckinley einige Merkmale von Down-Syndrom hätte. Es fiel mir schwer, mich in diesem Büro zu beherrschen und den Termin zu Ende zu bringen, doch ich begann im Geist zu beten und fühlte, wie ein unglaublicher Friede über mich kam.

Beim Verlassen der Praxis fiel mir der Traum wieder ein, den ich im Krankenhaus in der Nacht von Mckinleys Geburt hatte. Wir mussten zum Fundament (Keller) gehen, zu unserem Glauben, und fest auf Gottes Wort stehen, Autorität über den Sturm ausüben und ihm befehlen, im Namen Jesu zu weichen. Hannah wird aufwachen und nicht einmal wissen, dass es einen Sturm gegeben hat. Ich glaube, dass der Sturm in dem Traum eine Menge mit Angst zu tun hatte. Die Angst ist weg. Sie wurde durch Glauben ersetzt – Glauben an das vollendete Werk Christi, welches uns befähigt, eine Ernte einzubringen. Amen!

NICHT MEHR ICH

Noch am selben Tag ließen wir an Mckinley einen Bluttest durchführen, doch wir mussten zwei Wochen auf die Ergebnisse warten (ich vermute, die Ärztin war im Urlaub). Das waren die längsten zwei Wochen meines Lebens. Bei jedem Läuten des Telefons überkam mich panische Angst. Während dieser Zeit konzentrierten wir uns nur auf die Verheißungen Gottes. Wir schalteten alle Ablenkungen aus, zogen den Stecker am Fernseher, ich löschte mein Facebook und einige Spiele von meinem Handy und ließ 24 Stunden lang Anbetungsmusik im Haus laufen. Es gab Zeiten, da wollte ich meine Mutter oder meine Schwester anrufen, doch dann legte ich einfach den Hörer wieder auf, kroch in mein Bett und rief zu meinem himmlischen Vater. Und dann kam Sein Friede über mich.

Ich erinnere mich an eine Nacht, als ich auf mein Angesicht fiel und Gott sagte, dass ich damit fertig war, für mich selbst zu leben. Ich wollte nichts mehr mit mir zu tun haben. (Ich glaube, an dem Tag wurde ich gerettet.) Ich sagte Wade, dass ich sterben würde, um meinen Mädchen ein gesundes, normales Leben zu ermöglichen. Galater 2,20 wurde für mich sehr real. *„Ich bin mit Christus gekreuzigt; und nun lebe ich, aber nicht mehr ich [selbst], sondern Christus lebt in mir. Was ich aber jetzt im Fleisch lebe, das lebe ich im Glauben an den Sohn Gottes, der mich geliebt und sich selbst für mich hingegeben hat."*

Zu der Zeit wurden wir auch von einer Freundin ermutig, nicht mehr nach dem Warum zu fragen, sondern Gott um die Lösung zu bitten. Das blieb bei uns hängen und wir begannen, Gott um die Lösung zu bitten. Die Testergebnisse kamen zurück und wir erfuhren, dass unser Baby ein extra Chromosom hatte. Sie wurde mit Down-Syndrom diagnostiziert. An dem Abend, nachdem ich die Testergebnisse erfuhr, weigerte ich mich, irgendetwas über Down-Syndrom herausfinden zu wollen und ich habe es bis jetzt durchgehalten, mit Ausnahme der Dinge, die mir andere Leute erzählt haben.

DAS ERWACHEN

Stattdessen suchte ich im Computer nach ‚Heilung vom Down-Syndrom' und fand den Blog einer anderen Mutter, die darin den Weg ihrer Tochter zur Heilung vom Down-Syndrom schilderte. Ich begann, mir die Dinge anzuhören, die sie erwähnte – das DHT von Curry Blake. Beim Hören hatte ich das Gefühl, dass ich durch die Wahrheit des Wortes Gottes ERWACHTE. Es war, als hätte jemand eine große Glühbirne in mir angeknipst. Alles begann plötzlich einen Sinn zu ergeben. Beim Hören der Serie über den Neuen Menschen wurde das Wort für mich lebendig und ich bekam eine Offenbarung nach der anderen über meine Identität und wer ich in Christus bin.

Alles ist anders geworden und verändert sich weiter, während ich fortwährend mein Denken mit dem Wort Gottes erneuere. Für jemanden wie mich, der in einer Kirche aufgewachsen ist, war nicht alles neu, was ich hörte, doch ich hatte das Gefühl, mit der Wahrheit ausgerüstet zu werden. Joh 8,32: *„und ihr werdet die Wahrheit erkennen, und die Wahrheit wird euch frei machen!"*

Ich wurde herausgefordert, ein Täter des Wortes zu werden und nicht nur rein Hörer zu sein. Jak 1,22, „Wenn ich das, was ich zu glauben behaupte, wirklich glaube, dann werde ich das tun, was ich glaube".

EINFACH? NEIN! LOHNT ES SICH? ABSOLUT!

Meine Gebete sind so anders geworden. Es geht nicht mehr um mich. Es gibt keine Methode. Es geht um das vollbrachte Werk Jesu am Kreuz. Ich begann, Leben über meinen Mädchen auszusprechen und den Symptomen zu befehlen zu VERSCHWINDEN. Ich begann, meine Autorität über den Feind auszuüben (Lk 10,19). Ich sagte dem Teufel, dass er sich mit der falschen Familie angelegt habe und dass jetzt die Zeit der Heimzahlung gekommen sei. Ich kenne meinen Wert in Christus und ich sehe den Wert meiner Kinder. Ich gebiete, dass ihre Bestimmung ihnen wiedergegeben wird. Ich leugne nicht die Tatsachen, aber ich leugne das Existenzrecht dieser Tatsachen. Ich entscheide mich dazu, im Glauben und nicht im Schauen zu wandeln.

Ich annullierte die Autismus-Diagnosen in Hannah. Autismus muss sich vor dem Namen Jesus beugen. Ich binde jedes Symptom und ich spreche Leben über ihr aus, Sozo-Leben (*sozo* ist das griechische Wort für *retten, heilen, wiederherstellen, befreien*). Ich annullierte die Down-Syndrom-Diagnose bei Mckinley. Das Down-Syndrom muss sich vor dem Namen Jesus beugen. Ich binde jedes Symptom und ich spreche Leben über ihr aus, Sozo-Leben (retten, heilen, wiederherstellen, befreien).

Jesus ist Herr über mein Leben und meine Familie. Er hat uns alle Macht und Autorität über die Macht des Feindes gegeben. Der, welcher in uns ist, ist größer als der, welcher in der Welt ist. In meinem Herzen ist Anbetung und Lobpreis für meinen Vater im Himmel. Anbetung ist eine Beziehung, ein Lebensstil. Im Lobpreis geschehen Durchbrüche!! Ketten fallen ab und werden abfallen, wenn wir Gott preisen!

Vor einigen Wochen habe ich ein T-Shirt gekauft mit der Aufschrift: „Wird es einfach sein? Nein! Wird es sich lohnen? Absolut! Bin wildentschlossen!" Ich bin entschlossen und werde nicht aufgeben, ganz gleich, wie meine Umstände sind. Es geht nicht darum, wie ich mich fühle oder was meine Emotionen mir sagen. Das Wort Gottes ist absolute Wahrheit und ich befehle meinen Umständen, Gefühlen und Emotionen, sich dem Wort Gottes zu fügen.

VERÄNDERUNGEN

Die Veränderungen in Hannah – im Laufe des vergangenen Jahres haben sich ihre Kommunikationsfähigkeiten und die soziale Kompetenz verbessert und verbessern sich ständig. Ihre Angstzustände sind um 90% zurückgegangen. Ihr Schlaf wurde besser und es gibt deutliche positive Veränderungen in den zwanghaften Verhaltensmustern. Vor einem Jahr sagte die Schule, dass sie eine komplette Wende vollzogen habe und sich nun wie eine völlig andere Person verhalte. Ihr Lehrer hat sie sogar bei Dingen fotografiert, die sie vorher nie getan hat. Sie dachten, wir hätten ihr Medikamente verabreicht, was wir jedoch nie getan haben. Danke JESUS!!

Sie versteht immer mehr und beginnt nun, Leben über sich selbst auszusprechen. Sie besucht jetzt die High School und geht in eine normale Klasse mit sehr wenig zusätzlicher Unterstützung. Sie singt im Schulchor mit, was ihr sehr viel Spaß macht. Außerdem besucht sie einen Schmink-Kurs und hat vor kurzem gelernt, Haare zu flechten. Es hat großen Spaß gemacht, sie an mir üben zu lassen. Sie mag unsere Mädchen-Abende, wenn sie mir die Haare, die Nägel und mein Makeup macht. Ich mag sie auch. An einem Abend fing sie an zu weinen und sagte, sie habe nie in ihrem Leben ein Rad schlagen können. Ich sagte ihr: „Du vermagst alles" und „wen kümmert die

Vergangenheit. Du kannst es doch jetzt noch machen!" Seitdem schaut sie sich Videos auf YouTube darüber an, wie man ein Rad schlägt, und sie übt. Sie brachte mir ein Paar Schuhe und sagte, dass sie lernen wolle, ihre Schuhe zu binden, wie alle normalen Mädchen. Sie ist sehr selbständig geworden und ständig kommen neue Dinge hinzu... Fortsetzung folgt!!

Mckinley— sie ist 18 Monate alt. Sie hat alle ihre Meilensteine erreicht. Sie hat sich vom Rücken auf den Bauch gedreht, gerobbt, sich aufgesetzt und sich an Möbeln hochgezogen. Sie krabbelt auf Händen und Knien, läuft entlang der Möbel und hat nun begonnen, allein zu stehen. Vor ein paar Tagen hat sie ihren ersten Schritt getan. Ihr Herz und ihre Augen wurden überprüft und sie sind perfekt. Sie sagt „bye", „ma ma", „da da", „Baby" und ihr Lieblingswort ist „Ball". Jeder Kreis, den sie sieht, ist ein „Ball". Mit drei älteren Brüdern wird sie hier wohl ihren Teil zu Sport und Spiel beitragen.

Sie verhält sich wie ein ganz normales Kind. Sie zeigt auf Dinge, öffnet die Schränke und holt alles raus. Sie spielt an der Spülmaschine, wenn ich das Geschirr wegräume, klettert die Treppenstufen hinauf, und ich habe sie sogar vor kurzem in der Toilette spielen sehen. Das heißt wohl, dass wir sie bald aufs Töpfchen setzen müssen ☺. Vor einigen Monaten hatten wir einen Termin, bei dem wir mit einem Arzt, einer Krankenschwester, zwei Verhaltenstherapeuten und einem Sozialarbeiter zusammensaßen. Sie waren alle erstaunt, wie gut sich Mckinley entwickelte!! Gegen Ende sagten sie uns, dass wir mit Mckinleys Diagnosen Anspruch auf eine Steuerrückzahlung wegen Behinderung hätten. Sie holten die Papiere und die Ärztin begann, den Antrag auszufüllen. Nach einigen Minuten legte sie den

Stift wieder hin und sagte: „Mckinley ist fantastisch! Ich weiß nicht, was ich sagen soll, sie ist zu gut." Sie sagte, zu diesem Zeitpunkt erfülle Mckinley nicht die Kriterien dafür!!! Wir mussten lächeln und Wade schaute sie an und sagte: „Gott hat mich mit einem wunderbaren Job gesegnet, wir brauchen keine Steuerrückzahlung". Sie wollen Mckinley in sechs Monaten wieder sehen, und sie werden die Größe unseres Himmlischen Vaters sehen. Uns sind auch schon leichte Veränderungen an Nasenrücken und Augen Mckinleys aufgefallen und ihre Haare wachsen schön dicht. Sie ist wunderschön... Fortsetzung folgt!

Wir werden weiterhin Leben über unseren Mädchen aussprechen. Die Liebe gibt niemals auf! Amen und so sei es... damit unser Vater im Himmel verherrlicht wird!

Häufig gestellte Frage Nr. 6
„Mein Kind ist alt genug um zu begreifen, dass es merklich anders ist als andere Menschen. Wie bete ich für es für Heilung, ohne ihm das Gefühl zu vermitteln, nicht angenommen zu sein, so wie es ist?"

Die wachsende Selbstwahrnehmung Ihres Kindes ist eine großartige Gelegenheit für Sie, die Identität Ihres Kindes in Christus zu verankern, und nicht in den Symptomen, der Diagnose oder den Meinungen anderer Menschen. Wir können sie lehren, dass Gott einen sehr hohen Preis für sie am Kreuz bezahlt hat, weil sie ihm so viel wert sind. Sie müssen auch von dem hohen Preis erfahren, den Jesus am Schandpfahl für ihre Heilung bezahlt hat.

Die gute Nachricht von Jesus Christus begründet unsere Identität als Söhne Gottes durch das vollendete Werk Jesu Christi. In dem Maß, wie Sie Ihrem Kind helfen, eine gesunde Sicht Gottes und von sich selbst durch das Evangelium zu entwickeln, wird Ihr Kind ausgerüstet, anderen und sich selbst zu dienen. Es wird darüber hinaus auch befähigt, Dienst für seine eigene Heilung zu empfangen und Enttäuschungen durch die Kraft des Evangeliums zu überwinden. Durch Ihre Liebe, Ihren Glauben und Ihr Durchhaltevermögen wird Ihr Kind Gottes unnachgiebige Liebe erfahren und beständig an sein Erbe und seine Bestimmung in Christus erinnert werden, während wir fortwährend Gott für die volle Manifestation der Heilung vertrauen.

Das Wachstum Ihres Kindes bietet Ihnen die Gelegenheit, es dazu auszurüsten, in der Autorität Jesu Christi zu leben. Bringen Sie ihm bei, den Kranken die Hände aufzulegen und im Namen Jesu zu gebieten, dass Krankheiten verschwinden und Körper geheilt werden, im Vertrauen darauf, dass Gottes Liebe und Kraft durch sie fließen wird. Rüsten Sie das Kind dazu aus, über sich selbst die Wahrheit auszusprechen und Heilung für seinen eigenen Körper zu gebieten, in der Gewissheit, dass es die Heilung schon hat und durch das vollendete Werk Jesu Christi bereits vollkommen gemacht wurde!

Während wir weiterhin mit Gottes Leuten vorangehen und für hundertprozentige Heilung vertrauen, müssen wir die Gläubigen lehren, ihre Identität und ihren Wert in dem zu finden, was Jesus in Seinem Körper am Kreuz geschafft hat, anstatt in dem, was Satan in ihrem Körper durch Krankheit und Gebrechen angerichtet hat. Sie „sitzen nicht auf der Bank". Sie sind aktive Mitspieler auf dem Feld und Diener des Reiches Gottes!

Wir geben nie nach und überlassen dem Feind keinen Zentimeter des Feldes, und wir rüsten unsere Kinder dazu aus, ihre Identität und ihren festen Stand im vollendeten Werk Jesu Christi zu verankern, während wir unablässig vorangehen, um die Fülle unseres Erbes in Jesus Christus zu erlangen! Wir bringen ihnen bei, ihre Übereinstimmung mit dem Himmel für sich selbst in ihren mächtigen Deklarationen zu proklamieren: „Wegen Jesus bin ich heil! Ich bin geheilt! Ich bin vollkommen und vollendet in Jesus Christus. Ich ziehe das Alte aus und ziehe das Neue an. Ich bin von Gott geliebt. Er vergibt alle meine Sünden. Er heilt alle meine Gebrechen. Körper, ordne dich dem Wort Gottes unter und sei geheilt. Ich empfange meine Heilung im Namen Jesu. Gott liebt mich. Er lebt in mir. Er lebt durch mich. Gott kann mich gebrauchen, um andere Menschen heute zu befreien! Der Teufel kann mich nicht aufhalten, aber ich kann den Teufel aufhalten im Namen Jesu Christi!"

KAPITEL 9
Kampf um Gottes Geschenk

Junge. 10 Jahre alt. USA
Diagnose: Down-Syndrom

Laßt uns festhalten am Bekenntnis der Hoffnung, ohne zu wanken — denn er ist treu, der die Verheißung gegeben hat. (Heb 10,23)

Am 30. Juni 2004 wurde unser Junge geboren. Sein Name bedeutet „Gottes Geschenk". Der Kinderarzt ließ eine Bombe platzen. Er vermutete, unser Sohn hätte die Diagnose Down-Syndrom. Ein Bluttest bestätigte dies. Die Ärzte waren entschlossen, uns all die Dinge mitzuteilen, die unser Kind nicht würde tun können und all die medizinischen Probleme, die wir zu erwarten hätten. Ehrlich gesagt waren wir uns nicht sicher, was wir erwarten sollten. Ich wusste, wir würden dieses Kind behalten, egal was passiert!

DAS SICHERE FUNDAMENT DER BARMHERZIGKEIT

Wir fragten uns, ob wir es hätten verhindern können, oder was der Grund dafür gewesen sein könnte. Ich hatte nie gedacht, dass es uns treffen könnte. Wir gingen zu einem Humangenetiker und dort wurde uns gesagt: „Ihr Kind wird diese Dinge nicht im normalen Alter tun können." Ich sagte, mir sei es egal *wann* er sie tut, Hauptsache, *dass er sie tut!*

Wir beschlossen, dass es egal sei und dass wir ihn lieben und ihm gute Eltern sein würden, die auf das Beste vertrauten. Ich wusste, Tim würde ein guter Vater sein. Tim war Helfer in einer Bowling Liga für Blinde und hatte schon als großer Bruder für Kinder fungiert, mit denen er nicht verwandt war. Er empfand echte Barmherzigkeit denen gegenüber, die nicht wie alle anderen waren.

Eines Tages fühlte ich mich sehr entmutigt und war ganz überrascht, aus welcher Richtung Ermutigung kam. Mein ältester Sohn sagte: „Du weißt ja noch gar nicht, wie er sein wird. Es wird ihm gut gehen". Und mein mittlerer Sohn sagte: „Mama, jeder hat Behinderungen, man sieht sie nur nicht immer." Während ich immer noch damit kämpfte, sagte eine Freundin: „Gott hat dir das Kind gegeben, welches du nach Seinem Willen haben solltest". Ich nahm den Frieden Gottes an und beschloss, Ihm zu vertrauen.

Nachdem wir ihn etwa einen Monat hatten, sprach Gott zu mir und sagte: „Welchem Bericht wirst du glauben?" Ich sagte: „Ich werde dem Bericht des Herrn glauben!" Da und dort beschloss ich, das zu glauben, was Gott sagte und nicht auf die negativen Berichte zu hören.

Bis zu diesem Zeitpunkt hatten wir gedacht, dass wir diese Diagnose akzeptieren mussten und dass es keine Heilung gab. Wir waren bibelgläubige Christen, die an Wunder und Heilung glaubten. Wir wussten, dass Gott ein Wunder tun konnte, doch wir sind den Lügen des Teufels auf den Leim gegangen, diese Diagnose sei dauerhaft. Wir glaubten, dass Gott besonderen Predigern und anderen Menschen die Gabe der Heilung gab. Wir glaubten, dass Gott ihn heilen konnte, doch wir waren uns dessen nicht bewusst, dass wir uns selbst danach ausstecken sollten.

ES GEHT VORAN

Mit elf Monaten bekam er Krupp. Uns war nicht klar, dass dies für JT lebensbedrohlich sein würde. Später erfuhren wir, dass jedes Atemproblem für ihn lebensbedrohlich werden konnte, weil seine Luftröhren halb so groß wie die unseren waren. Er kam ins Krankenhaus und musste in einem Sauerstoffzelt schlafen. Nach ein paar Tagen überwiesen sie uns in ein Kinderkrankenhaus. Als wir dort ankamen, sagte man uns, dass es ihm gut ginge und entließ uns am nächsten Tag nach Hause. Wir wussten, dass Gott etwas mit ihm vorhatte.

Zunächst erreichte er all die normalen Meilensteine. Wir benutzten die Zeichensprache, um damit möglichst die Lücke der verspäteten Sprachentwicklung zu schließen und die Frustration zu mildern. Es zeigten sich Anzeichen dafür, dass sein Gehirn wuchs. Er liebte die Zeichensprache.

Zu dem Zeitpunkt weigerte er sich zu krabbeln und begann, sich hochzuziehen. Er krabbelte gar nicht, bevor er zu laufen begann, obwohl man uns gesagt hatte, dass er krabbeln sollte, um bestimmte Gehirnbereiche zu stimulieren. Man schlug uns vor, ihn auf der Seite eines Stuhls auf und ab zu wippen, um seine Bauchmuskeln und Hüften zu stärken und so das Laufen zu unterstützen. Nicht lange danach fing er an, mit 15 Monaten zu laufen.

Im Alter von zwei Jahren stellten wir fest, dass er nicht gut hörte, weil sich Flüssigkeit im Ohr angesammelt hatte, was die Sprachentwicklung verzögerte. JT wurden dann operativ Röhrchen in die Ohren eingesetzt, was im Alter von vier Jahren noch einmal gemacht wurde. Wir kauften ein Leseprogramm, was ihm half, im Alter von drei Jahren lesen zu lernen!

Unsere Versuche, ihn in einem Sprachtherapie-Programm unterzubringen, waren sämtlich erfolglos, weil die Nachfrage zu groß und die Anzahl der Therapeuten zu gering war. Wir begannen, mit Sätzen bedruckte Papierstreifen zu benutzen, weil Lesen seine Stärke war. Er kam gut voran. Doch wir wollten noch mehr Fortschritte im Bereich der Sprache und der kognitiven Fähigkeiten sehen. Wir besuchten Seminare über Unterricht „begabter" Kinder zu Hause. Es gab viele andere mit unterschiedlichen Behinderungen, die von ihren Eltern mit Erfolg zu Hause unterrichtet wurden! Wir legten mit Vollgas los und er machte Fortschritte. Er hatte gelernt, vom Blatt zu singen und lernte Phonetik. Er liebte die Musik und begriff schnell.

Drei Jahre lang hatte er im Frühling immer zu kämpfen, was zur Feststellung von Saisonallergien führte. Wir hatten viele Jahre lang gekämpft und versucht herauszufinden, was er brauchte, mit wenig Feedback, und wir waren bereit für Antworten. Wir erkannten, dass wir alles in unserer Macht Stehende aus eigener Kraft getan hatten und nun lernen mussten, uns auf die Kraft Gottes zu verlassen.

KÄMPFEN LERNEN

An diesem Punkt begannen wir schließlich zu beten, ob wir um ein Wunder kämpfen sollten. Von vielen wurde uns gesagt: „Nehmt sie einfach so an, wie sie sind, und wie süß sie doch sind." Doch es waren gerade einige dieser Leute, die unser Kind nicht so gerne in ihrer Nähe zu haben schienen. Wir befanden uns in einem ungleichen Kampf mit all den Stigmata und vorgefassten Meinungen, die uns von der Gesellschaft auferlegt wurden.

Von Vitaminen bis zu Ärzten, die nicht so recht zu wissen schienen, was sie uns sagen sollten, probierten wir alles aus. Unsere Ressourcen waren erschöpft, unzählige Stunden der Recherche nach Antworten, die unserem Sohn helfen konnten, hatten keine Lösung gebracht. Es war wirklich ein Kampf! In der Bibel hatte David gegen einen Löwen und einen Bären gekämpft und musste sich dem Riesen Goliath stellen. Das war sein größter Kampf. Wir fühlten uns sehr ähnlich. Das ging weit darüber hinaus, was wir in eigener Kraft schaffen konnten.

Wir fragten den Herrn, ob es selbstsüchtig sei, um ein Wunder zu beten und ob wir damit nicht undankbar für Sein Geschenk an uns wären. Mein Mann und ich beteten beide, und wir BEIDE hatten den Eindruck, dass es Gott WAR, der uns ermutigte, ein Wunder anzustreben, und dass Gott JT heilen würde, der jetzt acht Jahre alt war.

Wir hatten Berichte anderer gehört, die vom Down-Syndrom geheilt worden waren, und so begannen wir, nach Zeugnissen zu suchen. Wir fanden ein Interview vom April 2009, bei dem ein Pastor berichtete, er sei in den Himmel entrückt worden, wo ihm William Seymour (von der Azuza Street Erweckung 1904-1906) aufgetragen habe, für Kinder zu beten - insbesondere für solche mit Down-Syndrom, und dass diese dann geheilt würden! Ich saß da und weinte. Wir sagten: „Das ist für uns!" Dann schauten wir, wo er ansässig war. Wir waren bereit, überall hinzufahren, um für JT beten zu lassen. Zu unserer Überraschung und Freude fanden wir heraus, dass er in nur 45 Minuten Entfernung seine Kirche hatte. Also fuhren im Oktober 2012 zu seiner Kirche. Er betete für JT und wir nahmen alles auf, was er sagte. Er betete für JT um vollkommene körperliche Gesundheit und darum, dass er die richtige Anzahl von Chromosomen bekomme. Er betete darum, dass JT den Lobpreis Gottes singen würde und dass Gott ihm eine mächtige Salbung zur Anbetungsleitung schenke. Dann betete er, dass er zu den Nationen reisen würde als Zeichen und Wunder von Gottes Gnade. Er sagte, wir sollten unser Heim mit Lobpreis füllen und die Schrift deklarieren. Wir waren auf dem richtigen Weg, so dachten wir zumindest.

Zehn Monate später war ich ein wenig entmutigt und fragte den Pastor, der für ihn gebetet hatte, warum wir unser Wunder immer noch nicht bekommen hätten. Ich hatte gelesen, dass Wunder augenblicklich geschehen, oder innerhalb weniger Stunden. Wir haben geglaubt und auch einige Veränderungen erlebt, doch die völlige Heilung von Down-Syndrom stand immer noch aus. Er sagte, das Wort Gottes würde Frucht bringen, wenn wir es glaubten. Wir sollten damit fortfahren, Gesundheit über JT auszusprechen, unsere Aufmerksamkeit beständig auf das Wort Gottes zu richten und keine Zweifel aufkommen zu lassen, denn wir seien in einem geistlichen Kampf. Das kann man wohl sagen!

HIMMLISCHE TRÄUME

Dann hatte ich einen sehr symbolträchtigen Traum. In dem Traum trainierte ich dafür, ein Rennen zu fahren, und ich fuhr ein rotes Rennauto. Mein Mann und JT waren bei mir. Wir hielten an einem Einkaufszentrum, und der Sicherheitsbeamte sagte mir, dass ich einen Reifen bräuchte. Er fragte, ob ich ihn repariert hätte und ob ich einen speziellen Pass besäße, um mich an langsameren Autos vorbeizuschlängeln. Dann verschwand er und kam mit dem Pass zurück. Als wir in das Einkaufszentrum gingen, halfen zwei Mädchen uns damit, das Auto abzuschließen und die Fenster hoch zu machen. Auf dem Heimweg beschloss ich, eine andere Route als gewöhnlich zu fahren.

Für mich hatte der Traum folgende Bedeutung: Ich wusste, dass dies ein schnelles Rennen werden würde, und das Rennen drehte sich um JTs Wunder. Gott zeigte uns den Weg um die Hindernisse herum durch Sein Wort, und die Engel halfen uns. Ich wusste, dass die Farbe Rot für Weisheit steht, also gab Gott uns Seine Weisheit, um uns in dem Rennen zu helfen, und wir würden einen anderen Weg einschlagen, als den, den wir vorher gegangen sind.

Nicht lange danach wurde ich von einer Frau kontaktiert, die mir über ein Team von Leuten erzählte. Sie beteten und glaubten zusammen, dass Gott an ihren mit angeborenen Erkrankungen geborenen Kindern ein Wunder tun würde. Ich wurde gefragt, ob ich mich dem Team anschließen wollte. Ich sagte, dass ich darüber beten würde, entschloss mich aber zu dem Zeitpunkt, nicht beizutreten.

An dem Morgen gab Gott mir eine Bibelstelle: *„Laßt uns FESTHALTEN am Bekenntnis der Hoffnung, ohne zu wanken — denn ER ist treu, der die Verheißung gegeben hat"* (Heb 10,23). Ich konnte da noch nicht ahnen, dass Gott mir diese Bibelstelle aus einem bestimmten Grund gegeben hat. Ich würde sie brauchen, wenn die Dinge nicht so gut aussehen würden. Glücklicherweise urteilen wir nicht länger nach dem, was wir sehen. Wir wandeln im Glauben und nicht im Schauen, was grundsätzlich bedeutet, dass wir zuerst **glauben** und **dann** erst sehen! Ich wusste, dass Gott Sein Wort hält, und dass Er darüber wachen würde, es zu erfüllen.

Danach hatte ich einen anderen Traum. In dem Traum war ich beim CVJM mit JT im Swimmingpool schwimmen. Dann kam eine ganze Gruppe olympischer Skullboote herein und wir konnten nicht weiter schwimmen. Sie begannen, um uns herum zu rudern, sodass wir den Pool verlassen mussten. Wir wussten nicht, dass sie einen Wettkampf hatten. Sie gaben bekannt, dass ein Training stattfinden würde und man vier Leute pro Team brauchte. Ich trug mich ein und wurde einem Team mit drei anderen Frauen zugeteilt, die ich nicht kannte. Ich musste JT ein Mittagessen besorgen und ihn bei jemandem lassen, sodass ich zurückgehen konnte. Als ich zurückkam, sah ich drei Frauen aus einer Kirche, in die ich früher gegangen bin, auch bei verschiedenen Teams mitmachen. Zwei von ihnen sagten, sie hätten so etwas schon einmal gemacht und es hätte ihnen super gut gefallen. Dann versuchte ich, einen Sitzplatz zu bekommen. Wir wurden angewiesen, uns umzuverteilen und bei unserem Team zu sitzen, also wurden einige Sitze frei. Jedoch konnte ich nicht bei meinem Team sitzen, sondern in der Nähe.

Obwohl ich glaubte, dass dieser Traum von Gott war, konnte ich mir zu der Zeit keinen Reim darauf machen. Ich wusste nur, dass es ein Rennen des Glaubens war und dass wir zusammen ruderten.

Ende Dezember wurde ich von der Leiterin des LifeTeams kontaktiert. Sie fragte, ob ich darüber gebetet hätte, Teil des „Teams" zu sein. Ich fühlte in meinem Inneren ein „Ja", das ist es! Also antwortete ich: „Ja, ich würde mich gerne diesem Team anschließen".

Ich wusste, das war die Bedeutung des Traums, den ich hatte. Wir waren ein Team auf einer bedeutenden Reise des Glaubens. Wir lebten nicht nah beieinander, konnten also nicht nebeneinandersitzen, doch wir ruderten alle zusammen in demselben Rennen mit demselben Ziel. Gott hatte einen großartigen Plan.

AUF IN DEN KAMPF

Kurze Zeit, nachdem ich mich dem Heilungsteam angeschlossen hatte, erlebte ich einen starken Angriff. Wir traten dem Team im Dezember 2013 bei. Am 2. Januar wachte ich auf, überwältigt von Gedanken, dass nichts richtig funktionierte. Ich fühlte mich, als würde ich in jedem Bereich versagen, doch ich entschloss mich, diese Gedanken nicht auszusprechen, sondern mich da irgendwie herauszukämpfen.

Bei dem Seminar „Ausbildung zum Heilungsdienst als DHT" hatte ich von Curry Blake gelernt, dass wir in unserem Herzen glauben aber immer noch in unserem Verstand Zweifeln konnten. Die Bibel sagt, dass unser Mund aus der Fülle des Herzens spricht. Ich wusste, dass ich die Gedanken nicht aussprechen sollte, auch wenn ich sie empfand. Meine Worte enthalten Leben und Tod.

Dennoch musste ich einen Weg finden, aus dieser Entmutigung heraus zu kommen, für die ich keine Erklärung hatte und die ganz plötzlich über mich gekommen war. Ich schaltete den Fernseher an und sah mir eine christliche Fernsehsendung an. Sie sprachen über Wunder und ich saugte es auf wie ein Schwamm. Nach einer Weile beschloss ich, mich gegen diese Entmutigung zu erheben, Gott beim Wort zu nehmen und zu glauben, dass Er das irgendwie erfüllen würde! Ich stellte fest, dass ich in solchen Zeiten – insbesondere wenn ich müde war – über dem Wort Gottes meditieren und Lobpreislieder hören sollte, um wieder aufgerichtet zu werden. An manchen Tagen rief ich eine christliche Freundin an oder schrieb eine SMS zu einem der Teammitglieder, damit sie für mich beteten, denn wir konnten uns auch gegenseitig helfen. Ich entdeckte, wie wichtig es sein kann, von gleichgesinnten Menschen umgeben zu sein, die Worte des Glaubens sprechen.

Ich fand heraus, dass der beste Weg, die Entmutigung zu besiegen, darin bestand, sich nicht mit anderen zu vergleichen und stattdessen über dem Wort Gottes zu meditieren, was zur Erneuerung des Denkens führt. Ich spielte Lobpreismusik, hörte mir aufbauende

Predigten an und gab den Gedanken von Entmutigung oder Zweifel keinen Raum. Ich beschloss, meine Fantasie zu disziplinieren und sie mit Bildern zu füllen, wie mein Sohn mit veränderten Gesichtszügen aussehen würde, anstatt mit dem, was ich sah. Ich brachte überall im Haus Bibelstellen an und sprach Deklarationen des Glaubens. So lernte ich, was es heißt, „jeden Gedanken gefangen zu nehmen". Ich merkte, wie ich immer mehr und mehr über die Güte des Herrn nachdachte und darüber, dass Er mein Kind befreien wollte! Er ist Herr über alles, und sogar DS muss sich vor Jesus beugen! Er hat bereits DS gefangen genommen und öffentlich darüber triumphiert!

Eine Sache, die auf dieser Reise wirklich sehr hilfreich war, war die Ermutigung der Teammitglieder. Es war hilfreich zu wissen, dass sie für JT beteten. Eine Person sagte beim Gebet, sie sehe, wie Gott sein Gehirn neu verdrahtet. Eine andere sagte, sie sehe JT eine Treppe herunterkommen, völlig geheilt! Und wieder eine andere sagte, sie glaubte vom Herrn gehört zu haben, dass JT Jesus lieben und viele für Jesus gewinnen würde!

Dieses Team war das Beste, was uns passieren konnte. Es war so ermutigend, diese Menschen um uns zu haben, die sich für uns ins Zeug legten und diesen Kampf MIT uns kämpften. Sie kamen in unser Leben, als wir dabei waren, die Hoffnung zu verlieren und Gebetsunterstützung dringend benötigten. Sie ermutigten uns, beteten für uns und waren für uns da. Das Team hat einen einzigen Schwerpunkt, Menschen geheilt zu sehen, insbesondere von Dingen, die als unheilbar gelten!

UNSER GOTT IST GRÖSSER

Man fühlt sich oft sehr allein, und es ist so hilfreich zu wissen, dass andere verstehen, wie es einem geht. Als wir Gottes Wort in unsere Herzen aufnahmen und es täglich aussprachen, stellten wir fest, dass sich die Veränderungen schneller einzustellen begannen.

Hier sind einige der Bibelstellen, auf die wir uns gestellt und die wir am häufigsten bekannt haben: Jes 53,5; 2.Petr 2,24; Heb 10,23; Ps 103,3; Josua 1,8; Römer 4,17.

VERÄNDERUNGEN SEIT JANUAR 2014

Es folgten einige Veränderungen, die wir feststellen konnten, seit wir uns dem Heilungsteam angeschlossen hatten. Kognitive Veränderungen: Wir sahen eine erstaunliche „plötzliche" Fähigkeit, flüssiger zu lesen und ein Verlangen zu lernen. Die staatlichen Testresultate ergaben einen Sprung von nahezu zwei Jahren beim akademischen Lernen. Wir sahen echte Liebe zu Jesus, wenn wir ihn dabei beobachteten, wie er überall im Haus Jesus zu preisen begann, egal welche Musik wir auflegten. Er klimperte dann oft auf einer Gitarre und sang für Jesus. Wir konnten bei ihm eine höhere Fähigkeit zur gedanklichen Verarbeitung feststellen, die sich beispielsweise im Ausdenken von Liedern zeigte. Fähigkeiten, wie Pünktlichkeit und viel mehr Sprechen, einschließlich der Bildung von Sätzen, kamen hinzu. Er begann, mehr mit anderen zu interagieren. Er legte mehr Unabhängigkeit an den Tag, half im Haushalt und tat Dinge für sich selbst. Wir merkten auch, dass er sich nun komplizierte Wegbeschreibungen merken und sich sogar daran erinnern konnte, wo er etwas liegen gelassen hatte. Er vergrößert seinen Wortschatz ständig dadurch, dass er sich Videos ansieht und Worte, die er aufgeschnappt hat, wiederholt, manchmal, bevor er sie von anderen hört.

Körperliche Veränderungen: Sein Nasenrücken begann, sich zu heben und seine Augen bekamen eine andere Form. Sein Kinn wurde ausgeprägter. Die Zähne sind nicht mehr übereinander geschoben, sondern haben sich eingereiht, während der Kiefer seine Form veränderte. Sein Kopf nahm eine eher ovale Form an und ist nicht mehr rund, wie früher. Er ist 6,3 cm gewachsen und hat acht Pfund zugenommen. Wir begannen von anderen zu hören, dass sie Veränderungen an ihm bemerkten und dass er „normal" aussehe.

Seit wir Teil des Gebetsteams „Team Avalanche" geworden sind und Curry Blakes Predigten hören, haben wir begriffen, dass wir durch Jesus die Kraft Christi in uns tragen. Die tägliche Erneuerung unseres Denkens durch das Wort Gottes hat eine Schlüsselrolle dabei gespielt, das Wunder unseres Sohnes zu erleben. Das Wort Gottes wurde lebendig und es war lebensverändernd!

Das folgende Gedicht gab mir Gott im Gebet:

Komm zu mir und traue MIR zu,
Dir die Dinge zu geben, die dir so viel bedeuten
Ich zeige dir einen Weg, den du vorher nicht sehen konntest
und du wirst sehen, dass ICH die Tür bin!
Es wird nicht schwer sein, sondern leicht, du wirst sehn
weil absolut nichts zu schwer ist für Mich!

Vertraue mir darin, Ich liebe sie auch,
und ich habe gute Dinge für Dich geplant!
Also hör auf, Dich abzumühen und zu streben, der Tag ist fast da.
Ich komme durch wie die aufgehende Sonne.

Wir haben festgestellt, dass Jesus der wahre Heiler ist! Alles andere hilft vielleicht, mit der Sache leben zu lernen, doch es erreicht nie die Wurzel des Problems. Jesus bringt Leben und macht uns völlig frei von allen Symptomen irgendwelcher Krankheiten oder Gebrechen!

Wir gewinnen diesen Kampf, indem wir wegsehen von dem, was zu sein scheint, und stattdessen fortwährend Gesundheit aussprechen, bis die Symptome verschwinden! Wir deklarieren Gottes Wort und machen uns eins mit Gott. Wir haben eine Stufe erreicht, bei der wir Gottes Wort mehr Glauben schenken als irgendwelchen Symptomen, die wir sehen. Wir wissen, dass Jesus dafür bereits bezahlt hat.

Wenn Sie das lesen und selbst einen furchtbaren Arztbericht oder eine Diagnose erhalten haben, dann verstehen Sie bitte, dass das nicht von Gott ist. Er möchte Ihr Kind befreien von allen Symptomen gleich welcher Art. Er hat für Ihr Kind vor 2.000 Jahren bezahlt, so dass Ihr Kind das nicht tragen muss. Es gibt Hoffnung, und Heilung ist möglich. Wenn Sie sich entscheiden, diesen Weg des Glaubens zu gehen, wird Gott Ihnen helfen, zu gewinnen! Erwarten Sie Widerstand, doch denken Sie daran, mit Gott sind alle Dinge möglich! Glauben Sie dem Bericht des Herrn!

Häufig gestellte Frage Nr. 7

"Ich weiß, dass Gott heilen kann. Ich bin mir nur nicht sicher, ob es seinem souveränen Plan entspricht, mein Kind zu heilen. Man hat mir gesagt, es sei anmaßend, auf der Heilung zu bestehen, wenn sie möglicherweise nicht zu Gottes souveränem Plan gehört. Ist es anmaßend von mir zu glauben, dass Gott mein Kind heilen wird?"

Jesus zeigt uns am besten, wie man die Souveränität Gottes korrekt anerkennt. Er hat Krankheiten und Gebrechen niemals als Teil von „Gottes souveränem Plan" für jemanden behandelt. Jesus begegnete Krankheiten und Gebrechen immer so, als seien sie das Werk des Feindes und Zeichen der Rebellion gegen Gottes Souveränität. Wir erkennen die Souveränität Gottes, also Seine Herrschaftsautorität, dann am besten an, wenn wir Seine Gebote befolgen und Seinen Verheißungen vertrauen.

Können Sie sich vorstellen, am Tag des Gerichts vor Gott zu stehen und Ihm zu sagen: „Ich habe mich entschieden, Deinem Wort nicht zu glauben und nicht zu gehorchen, weil ich Deine Souveränität anerkennen wollte?" Ergibt das überhaupt irgendeinen Sinn? Es macht doch weit mehr Sinn, unserem Herrn Jesus Christus zu gestatten, unser souveräner Herr zu sein, indem wir Seine Gebote befolgen, einschließlich des Befehls: „Heilt die Kranken".

Hat Jesus je einem Menschen vorgeworfen, anmaßend zu sein, weil er Ihn um Heilung bat? Oder hat Er uns ermutigt, mit allen unseren Bedürfnissen zu Ihm zu kommen?

Ohne Einladung bei meinem Freund aufzutauchen und auf seine Kosten bei ihm zu wohnen, weil ich davon ausgehe, dass er sich um mich kümmern wird - das wäre anmaßend. Doch für die Ferien ins Haus meiner Eltern zurückzukehren, weil sie mich dazu ermutigt und mich erwartet haben und mir bereits ein Zimmer vorbereitet haben -

das ist keine Anmaßung. Es bedeutet viel mehr, dass ich ihrer Liebe vertraue und sie beim Wort nehme. Hat Gott nicht schon bezahlt für unsere Heilung und uns eingeladen, zu kommen und sie durch den Glauben an Jesus Christus in Empfang zu nehmen? Wie kann so etwas anmaßend sein?

Gott befiehlt Seinen Nachfolgern, die Kranken zu heilen. Gott hat Jesus Christus zum Schandpfahl geschickt, um Heilung für unsere Körper zu erwerben. Wenn also Krankenheilung Gottes Idee ist, wie kann ich dann anmaßend handeln? Wir sind doch nicht auf die Idee gekommen, Gott sei unser Heiler. Es ist doch vielmehr die Art, wie Er sich uns selbst in der Bibel geoffenbart hat.

Gott wird uns nicht zur Rechenschaft ziehen darüber, wie gut wir Seine Gedanken lesen konnten, um einen angeblichen „souveränen Plan" zu entdecken und nur in Übereinstimmung mit ihm zu handeln. Er hat uns vielmehr die Verantwortung übertragen, Täter des geschriebenen Wortes Gottes zu sein. Gottes Befehle in Bezug auf Krankenheilung zu ignorieren und Seinen Verheißungen nicht zu glauben, nur weil wir darauf bestehen, an unseren eigenen theologischen Ansichten festzuhalten, ist viel anmaßender als schlicht das zu tun, was Gott uns in Seinem Wort sagt.

KAPITEL 10
Gott ist unsere Kraft

Junge. 1 Jahr alt. Deutschland
Diagnose: Down-Syndrom

Ich beginne Gabriels Geschichte wohl am besten am Heiligen Abend 2013, war es doch der Tag, an dem ich von meiner Schwangerschaft mit Gabriel erfuhr. Damals hatte Gott in meinem Denken sehr viel mit dem Weihnachtsmann gemeinsam.

Viele meiner Wünsche an meinen „Weihnachtsmann-Gott" hatten sich in dem Jahr erfüllt. Ich hatte endlich einen christlichen Mann geheiratet. Ich wurde schwanger, obwohl die Ärzte mir gesagt hatten, dass ich wegen beidseitig verschlossenen Eileitern unmöglich auf natürlichem Wege schwanger werden konnte. Leider endete diese erste Schwangerschaft mit einer Fehlgeburt. Doch dann sagte ich Gott, dass ich mir wünschte, wieder schwanger zu werden, und am Heiligen Abend 2013 fand ich heraus, dass mein Wunsch mir gewährt worden war. Mein Mann und ich waren überglücklich. Ich war aber auch ein wenig ängstlich, weil wir unser erstes Baby verloren hatten. Also setzte ich auf meinen Wunschzettel den Wunsch an Gott nach einem gesunden Baby.

FRÜHLINGSWOLKEN

An einem schönen Frühlingstag im April 2014 wurde dieser Wunsch von einer Wolke überschattet. Ich erinnere mich, wie ich unsere Wohnung in Berlin verließ und auf dem Weg zu Fuß zur 3D-Ultraschalluntersuchung betete, dass alles gut gehen würde, wobei mein Mann und ich händchenhaltend den Sonnenschein genossen.

Während mein Mann und ich im Wartezimmer saßen und die Formulare für die 3D-Ultraschalluntersuchung unseres Sohnes ausfüllten, sahen wir ein Pärchen aus dem Untersuchungszimmer herauskommen, als wir aufgerufen wurden. Sie grinsten beide von einem Ohr zum anderen, während sie begeistert die 3D-Aufnahmen ihres Babys betrachteten. Ich freute mich darauf, bald dasselbe zu tun.

Wir waren ein wenig besorgt, denn beim letzten Ultraschall hatte meine Frauenärztin den Magen unseres Sohnes nicht sehen können. Doch sie glaubte, dass das einfach nur daran lag, dass er gerade seine Blase entleert hatte. Sie hatte auch bemerkt, dass die Arme und Beine unseres Sohnes ziemlich kurz waren, doch das beunruhigte sie nicht weiter, weil mein Mann und ich beide eher klein von Statur sind.

Der Arzt begann, sich unser Baby anzuschauen. Ich werde nie seine ersten Worte vergessen: „Sie haben angekreuzt, dass Sie ein Baby mit Down-Syndrom austragen würden. Möchten Sie auch über etwaige Merkmale informiert werden?"

Ich hatte vergessen, dass wir das Kästchen bezüglich des Austragens eines Babys mit Down-Syndrom angekreuzt hatten. Später habe ich das Formular nochmal gelesen und überprüft, dass wir dieses Kästchen tatsächlich angekreuzt hatten. Mein Mann und ich waren beide Christen und gegen Abtreibung, daher war ich nicht überrascht, doch die Aussage des Arztes überraschte mich. Ich fragte ihn, warum er frage und ob er Merkmale erkennen könne, und er sagte, dass er mehrere sehe. Er zeigte uns, dass unser Sohn ein Loch im Herzen hatte, welches sehr wahrscheinlich sofort nach der Geburt einen operativen Eingriff erfordern würde. Er zeigte uns auch, dass der Magen unseres Sohnes deutlich kleiner war, als er sein sollte und er glaubte, dass seine Speiseröhre zu kurz sei. Auch zeigte er uns, dass unser Sohn noch keinen Nasenknochen hatte. Der Arzt sah auch weiße Flecken auf der Leber unseres Jungen, eine flache Stirn und einen dicken Nacken. Die kurzen Arme und Beine seien auch Merkmale, meinte er.

Ich versuchte, stark zu bleiben und die Tränen zurückzuhalten und zu beten, dass er sich geirrt habe. Die Tatsache, dass ich überhaupt schwanger geworden war, war in meinen Augen ein Wunder. Es war genau dieser Arzt, der bei mir Endometriose diagnostiziert und mir gesagt hatte, dass es schwierig bis unmöglich werden würde, überhaupt schwanger zu werden. Nachdem meine Eileiter überprüft worden waren, sagte man mir, dass ich auf natürlichem Wege nicht schwanger werden könnte, sondern dafür in eine Klinik müsste.

Da waren wir, mit demselben Arzt, weil wir ihm unser Wunderbaby zeigen wollten, das ohne die Hilfe einer Klinik empfangen worden war. Wir wollten ihm das Wirken der Kraft Gottes demonstrieren. Und nun sagte er uns, dass unser Baby mehrere Merkmale des Down-Syndroms an den Tag legte. Er sagte, dass er zu 99% sicher sei, dass unser Baby mit Down-Syndrom zur Welt kommen würde.

Ich erinnerte ihn daran, dass er es war, der mir gesagt hatte, ich würde überhaupt nicht erst schwanger werden können. Mein Mann sagte ihm, dass wir zu dem einen Prozent gehören würden, weil wir Gott vertrauten und unser Gott heilt. Er informierte uns, dass wir eine Fruchtwasseruntersuchung oder einen Bluttest durchführen lassen könnten, um die Diagnose zu bestätigen. Eine Fruchtwasseruntersuchung kann eine Fehlgeburt verursachen und der Bluttest würde sehr teuer sein. Wir beschlossen, keine der beiden Untersuchungen durchführen zu lassen, denn das Ergebnis hätte sowieso keinen Einfluss auf unsere Entscheidungen.

Zu der Zeit glaubten wir, dass Gott manchmal heilt, doch wir waren uns nicht sicher, ob Er immer heilen würde. Außerdem, wie schon erwähnt, war meine Beziehung zu Gott so, dass ich Ihn wie eine Art Weihnachtsmann behandelte. Jetzt wurde es sehr schwer für mich, zu verstehen, warum wir durch so etwas durch mussten.

Wir beschlossen, nicht länger an dem Aberglauben festzuhalten, man dürfe seinem Baby vor der Geburt keinen Namen geben. Wir wollten, dass die Leute unser Baby als eine wichtige Person wahrnahmen. Daher gaben wir unserem Sohn den Namen Gabriel, was so viel bedeutet wie „Gott ist meine Kraft" oder „starker Mann Gottes".

DIE TRENNLINIE DNA

Wir schrieben alle an, von denen wir glaubten, dass sie mit uns im Gebet für die vollkommene Heilung von Gabriel einstehen würden. Ich ermutigte die Leute sogar dazu, nicht zu beten „Gottes Wille soll geschehen", sondern „Gott direkt um vollkommene Heilung zu bitten." Die meisten Leute sagen „Gottes Wille geschehe", wenn sie Angst haben, sich für Heilung einzusetzen. Sie haben Angst, die Heilung könnte nicht eintreten. Ich wollte, dass die Leute spezifisch für Heilung beteten. Zu dem Zeitpunkt stützte ich mich auf Verse wie „Ihr habt nicht, weil ihr nicht bittet" und auf die Geschichte von dem Mann, der seinen Nachbarn um Brot bat und es bekam, weil er einfach immer weiter anklopfte. Ich bat die Leute, weiter an Gottes Tür zu klopfen und um vollkommene Heilung von Gabriel zu bitten. Nun, dies führte zu diversen Diskussionen über den Willen Gottes. Manche unserer „Freunde" und Familienangehörigen reagierten nicht einmal auf die Bitte um Gebet. Später sagten mir einige von ihnen, dass sie entsetzt waren darüber, dass ich sie überhaupt um Gebet für Heilung angeschrieben habe, weil sie glaubten, dass das Down-Syndrom ein Segen von Gott sei. Andere Freunde und Familienangehörige schrieben, dass sie für die Heilung der Organe unseres Sohnes beten würden, doch sie glaubten nicht, dass es Gottes Willen entsprach, Gabriels DNA zu ändern.

Ich konsultierte das Internet und las eine Menge über das Down-Syndrom. Ich konnte nichts von dem, was ich da aufgelistet fand, als Segen für Gabriel deuten. Dann schaute ich online nach Heilung von Down-Syndrom. Ich fand ein paar Zeugnisse, wo Babys mit Down-

Syndrom diagnostiziert worden waren, doch durch Gebet wurde die Diagnose verändert und sie wurden vollkommen gesund geboren.

Durch eines dieser Zeugnisse kamen mein Mann und ich mit einem Ehepaar aus Australien in Kontakt. Sie erwarteten ebenso ein Baby. Auch sie hatten die Diagnose Down-Syndrom erhalten, und sie hatten sich auch geweigert, sie anzunehmen. Wir einigten uns darauf, um Heilung für unsere Jungen zu beten. Täglich schrieben wir einander, um uns gegenseitig zu ermutigen. Es war hilfreich, andere zu haben, die dasselbe durchmachten wie wir und die auch an vollkommene Heilung glaubten.

DIE ENTDECKUNG DES WILLENS GOTTES

Ich fühlte mich gedrängt, alles in meiner Bibel zu lesen, was Jesus gesagt hat. Ich habe eine Ausgabe, in der die Worte Jesu rot gedruckt sind. Das machte es einfacher. Dann las ich das Vaterunser. Ich habe dieses Gebet mein Leben lang auswendig gekannt, doch dieses Mal sah ich etwas beim Durchlesen, was ich vorher nie gesehen hatte. Da stand es klar und deutlich: „Dein Wille geschehe, wie im Himmel, so auch auf Erden." Gott hat nicht zweierlei unterschiedliche Willen, einen für den Himmel und einen anderen für die Erde. Im Himmel gibt es kein Down-Syndrom. Wie konnte also Down-Syndrom ein Geschenk des Himmels sein, wenn der Himmel kein Down-Syndrom zu verschenken hat? Wenn es im Himmel kein Down-Syndrom gibt, sollte es auch auf der Erde keins geben.

Es war für mich keine Frage mehr, ob Gott das Down-Syndrom heilen will. Jetzt wusste ich, dass Sein Wille für uns vollkommene Gesundheit ist.

Bei unserer Suche im Internet fanden wir John G Lake Ministries. Wir schauten uns das DHT-Seminar auf YouTube an und wir nahmen Kontakt zu Eltern auf, die auch an die vollkommene Heilung ihrer Kinder glaubten. Durch das DHT fiel uns der Vers „durch Seine

Wunden seid ihr geheilt" auf. Mein Mann und ich waren so viele Jahre lang Christen gewesen, doch erst jetzt begannen wir, viele Dinge zu sehen, die wir vorher nicht gesehen hatten. Wir begannen für kranke Menschen zu beten, denen wir begegneten. Anstatt Menschen nur „Gute Besserung" zu wünschen, beteten wir für sie.

Was ich als besonders schwierig empfand, war Menschen mit Down-Syndrom zu sehen. Ich konnte mich nicht dazu bringen, zu ihnen zu gehen und für ihre Heilung zu beten. Ich empfand nur Furcht und betete „Bitte, Herr, nicht Gabriel." Der Feind flüsterte mir fortwährend die Lüge ein, dass das Down-Syndrom nicht heilbar sei, dass dies zu schwer sei für Gott.

Bis zur nächsten 3D-Ultraschalluntersuchung war es noch ein Monat. Während dieses Monats beteten und fasteten wir zusammen mit einigen Leuten aus unserer Gemeinde. Unsere Ältesten beteten über uns und salbten mich mit Öl. Wir glaubten, dass Gabriel vollständige Heilung empfangen hatte. Als wir dann bei der 3D-Ultraschalluntersuchung saßen, konnte der Arzt zunächst kein Loch in Gabriels Herzen sehen. Wir hielten uns fest an den Händen und dankten Jesus. Doch dann sagte der Arzt, dass er doch ein Loch sehen könne, allerdings sei es so klein, dass es fast nicht sichtbar sei. Er sagte, dass Gabriel jetzt wohl keine unmittelbare OP bräuchte! Doch er bestand auf seiner Diagnose von Trisomie 21, weil er immer noch die anderen Merkmale sah.

Im Laufe meiner Schwangerschaft wurden noch mehrere Ultraschalluntersuchungen durchgeführt. Bei jeder erwarteten wir sie sagen zu hören, Gabriel sei vollkommen gesund. Doch dies war nicht der Fall. Die Merkmale gingen leider nicht weg und es kamen noch einige hinzu. Eines war die hervorstehende Zunge und ein anderes zeigte, dass die Menge des Fruchtwassers zu niedrig war, ein Zeichen dafür, dass meine Plazenta nicht richtig arbeitete. Wir stellten uns weiterhin auf Gottes

Wort. Auch baten wir Menschen darum, zu beten, dass die Fruchtwassermenge zunehmen würde. Gabriel sollte auf natürlichem Wege das Licht der Welt erblicken.

DIE ANKUNFT DER KRAFT

Zweieinhalb Wochen vor Gabriels Termin war die Fruchtwassermenge gemäß dem Ultraschall immer noch zu niedrig und Gabriel wuchs nicht und nahm nicht zu an Gewicht. Man glaubte, Gabriel würde nur zwischen 1.900 – 2.000 Gramm wiegen. Die Ärzte empfahlen uns, einer Einleitung der Geburt zuzustimmen. Dies war eine der schwierigsten Entscheidungen, die wir je in unserem Leben zu treffen hatten. Wir entschieden uns, die Geburt einleiten zu lassen. Es war eine unglaublich schmerzhafte Geburt, doch ich war sehr dankbar, dass sie nur 12 Stunden dauerte und dass ein Kaiserschnitt nicht notwendig war. Als Gabriel gewogen und gemessen wurde, stellte sich heraus, dass er 2.560 Gramm wog, was einem normalen Gewicht für diesen Zeitpunkt entsprach. Ein weiteres Beispiel dafür, dass wir uns nicht darauf verlassen können, dass die von Menschen gemachten Maschinen immer richtig liegen.

Mein Herz sank, als die Diagnose Trisomie 21 bestätigt wurde. Sie zählten so viele Dinge über mein Baby auf, die Merkmale von Trisomie 21 waren. Am liebsten wäre ich vom Entbindungsbett aufgesprungen, hätte Gabriel geschnappt und ihn beschützt und alles besser gemacht.

Wir fuhren fort, Leben über Gabriel auszusprechen und uns auf das Wort Gottes zu stellen, welches bezeugt, dass Gabriel vollkommen geheilt ist. Röntgenaufnahmen zeigten, dass Gabriels Magen und Speiseröhre normal sind. Ein weiterer Test offenbarte, dass auch sein Gehör normal war. Wir waren selig und wir erwarteten noch mehr vom Himmel auf Erden zu hören und zu sehen.

DAS WORT BEJAHEN ANGESICHTS EINER BESTÄTIGTEN DIAGNOSE

Gabriel und ich waren eine ganze Woche lang im Krankenhaus. Am Tag unserer Entlassung nach Hause kamen die Ergebnisse des DNA-Tests. Eine „christliche" Ärztin teilte uns die Ergebnisse mit. Sie sagte, dass es keine Überraschungen gebe und dass Gabriels Blutwerte tatsächlich die Diagnose Trisomie 21 bestätigten. Wir sagten ihr, dass wir glaubten, Gabriel sei schon geheilt durch die Wunden Jesu und dass wir es miterleben würden, wie er seine Heilung empfängt. Sie erwiderte, dass sie auch an Gott glaube, jedoch nicht sicher sei, ob Gott heute immer noch heilt. Wir freuen uns darauf, ihr zeigen zu können, dass Gott schon für jeden Heilung bereitgestellt hat.

Wir freuen uns über jeden kleinen Erfolg, den wir bei unserem Sohn feststellen können. Von Freunden haben wir gelernt, Gabriel nicht mit anderen zu vergleichen, nicht einmal mit anderen Kindern mit Trisomie 21. Wir stehen auf dem Wort Gottes, das besagt, dass Gabriel zu 100% geheilt ist und wir werden uns nicht mit einer partiellen Heilung zufriedengeben. Jesus hat für Gabriels vollkommene Heilung bezahlt!

DIE HEILUNG BEGINNT

Wir haben schon gesehen, wie sich Gabriels Heilung teilweise manifestiert hat, und wir sind sehr dankbar dafür. Doch freuen wir uns darauf, die vollständige Heilung zu sehen, für die Jesus bezahlt hat. Wir freuen uns darauf, eines Tages die Ergebnisse des Bluttests zurück zu bekommen, die besagen, dass keinerlei Anzeichen für Trisomie 21 in Gabriels Blut zu finden sind. Bis zu dem Tag werden wir jeden Erfolg Gabriels feiern. Gabriel begann damit, dass er gar nicht gestillt werden konnte, dann konnte er mit Hilfe eines Hütchens gestillt werden, und mit zwei Monaten konnte ich ihn ohne Hilfsmittel stillen. Er wird immer noch gestillt und macht sich dabei wie ein Profi. Mit 6 Monaten begannen wir, ihm Babynahrung zu geben. Er hatte jedoch Probleme damit und spuckte sie aus. Jetzt schluckt er die meiste Babynahrung, die wir ihm geben.

Hat sich Gabriel am Anfang wie eine nasse Nudel angefühlt, wenn wir ihn hielten, so konnte er bald sein Köpfchen halten und mit anderthalb Monaten sich vom Bauch auf den Rücken drehen. Seine Physiotherapeutin ist erstaunt über die Kraft seines Unterkörpers, und sie ist begeistert darüber, wie gut sich die Kraft in seinem Oberkörper entwickelt. Wir haben beobachtet, wie er erst überhaupt nichts wahrzunehmen schien, und jetzt alles bemerkt und jeden anlächelt, der in seine Richtung schaut. Hat er zunächst mit seinen Armen und Beinen nur ziellos herumgewedelt, so benutzt er jetzt seine Finger und Hände, um Dinge zu greifen und zu bewegen. Mit siebeneinhalb Monaten begann er, Konsonantenlaute zu brabbeln und sich zu rollen, um an sein Ziel zu gelangen.

Wir beharren weiterhin auf dem Wort Gottes und bestehen darauf, dass alles, was der Teufel von Gabriel und uns gestohlen hat, wiedererstattet wird. Jesus hat den Preis bezahlt und wir freuen uns darauf, unseren Sohn in vollkommener Gesundheit und ohne ein zusätzliches Chromosom leben zu sehen. Wir haben jetzt auch keine Angst mehr, für jeden zu beten, der nicht in der vollkommenen Gesundheit lebt, für die Jesus bezahlt hat. Es ist immer noch schwer für uns, andere Kinder und Erwachsene mit Down-Syndrom leben zu sehen, doch nun wissen wir, dass wir die Schlüssel des Königreiches haben, um sie zu befreien. Wir sehen die Sache jetzt so, dass wir es auch begrüßen würden, wenn andere für Gabriel um vollkommene Heilung vom Down-Syndrom beten würden, und wir möchten, dass jeder ebenso in der vollkommenen Heilung leben kann. Wir sollen unseren Nächsten lieben wie uns selbst.

An dem Tag, als ich Gabriels Diagnose erhielt, redete ich mit Gott und fragte Ihn warum, und bettelte Ihn an, doch etwas zu tun, damit es besser wird. Die Worte „erwarte Größe" kamen mir in den Sinn.

Nachdem ich diese Worte gehört hatte, dachte ich, wie kann das Größe sein? Ich betete und hoffte, dass es die Heilung unseres Sohnes bedeuten würde. Jetzt glaube ich, dass es bedeutet, wir sollen erwarten, die Größe für die Jesus bereits bezahlt hat zu sehen. Wir sehen Gottes Größe in Gabriel und wir werden sie in ihrer Vollendung hier auf Erden sehen, wie sie schon im Himmel existiert.

Häufig gestellte Frage Nr. 8
"Mein Ehepartner ist nicht gläubig. Kann mein Kind auch dann durch mich geheilt werden?"

Ein absolutes Ja dazu! Natürlich wäre es ermutigend für Sie, wenn Ihr Ehepartner auch Glauben an Christus für Heilung hätte, doch wichtig ist, dass Sie sich selbst in einem Zustand der Ermutigung im Herrn erhalten.

Ihr Dienst an Ihrem Kind hat die gleichen Auswirkungen, ob Ihr Ehepartner nun gläubig ist oder nicht. Es mag zusätzliche logistische Schwierigkeiten geben, oder Spannungen in Ihrer Beziehung zum Ehepartner, doch hat dies keinerlei Auswirkungen auf den geistlichen Einfluss Ihres Dienstes. Ihr Dienst der Heilung ist geistlich effektiv wegen Ihrer Einheit mit Jesus Christus, nicht wegen Ihrer Einheit mit Ihrem Ehepartner.

KAPITEL 11
Jetzt verstehen wir uns!

Mädchen. 14 Jahre alt. USA
Diagnose: Down-Syndrom

Im Jahre 2001 mündete bei uns eine zunächst normale Schwangerschaft in eine Reihe unerwarteter Diagnosen und einen neuen Lebensstil voller Anpassungen und Versuche, wieder zu leben, ohne sich selbst zu verlieren. Wir waren Christen und wir glaubten an Wunder, doch wir kannten die Strategien nicht, wie man steht und kämpft, bis man sein Wunder hat. Wir kannten weder die Kraft des gesprochenen Wortes noch wussten wir um die Autorität der Gläubigen. Die Kirche, der wir zu jener Zeit angehörten, glaubte an Heilung, jedoch nicht an Heilung von angeborenen Erkrankungen. Als ich offen darüber sprach, wurde mir tatsächlich gesagt, ich hätte einen unvernünftigen Glauben.

DER ABSTURZ

Man gab uns alle möglichen negativen Prognosen, womit wir rechnen müssten und was wir lieber nicht erwarten sollten. Der Arzt hatte uns frühzeitig gesagt, dass die Wahrscheinlichkeit für ein Kind mit Down-Syndrom bei 1 zu 100 liege, also waren wir ziemlich zuversichtlich, dass wir ein normales Kind haben würden, weil wir dafür gebetet hatten.

Ich kann mich immer noch an die Gefühle erinnern, wie enttäuscht und entmutigt ich war. All meine Hoffnungen und Träume zerplatzten. Wir brauchten einige Tage, um den Trauerprozess zu bewältigen, das Verleugnen, und schließlich den Durchbruch zur Schlussfolgerung, dass wir Gott für unsere Tochter vertrauen würden. Man gab uns die Möglichkeit, unsere Tochter zur Adoption frei zu geben, wenn wir die Verantwortung ihrer Erziehung nicht auf uns nehmen wollten. Natürlich lehnten wir dieses Angebot ab und wagten es, auf ein Wunder zu vertrauen (Ps 127,3).

Es war schwer für mich, mit anderen Müttern zusammen zu sein, die zur gleichen Zeit wie ich ihr Kind bekommen hatten. Jede prahlte damit, dass ihr Kind sich schon drehen konnte oder dieses oder jenes tun konnte. Ich begann Gott zu fragen, warum, warum musste mir das passieren? Gab es bei Gott doch das Ansehen der Person?

Ich kündigte meinen Job, um mit meinem Kind zu Hause zu sein, weil keine Kindertagesstätte sie nehmen würde. Überall wo ich nur konnte, begann ich nach einer Antwort zu suchen. Ich fand das Zeugnis eines Jungen in Florida namens Richard, der geistig behindert gewesen war und durch ein Wunder geheilt wurde. Ich kontaktierte seine Mutter. Sie ermutigte mich, hatte aber nicht viel zu geben.

ANSCHLUSS AN MEIN GLAUBENSRUDEL

Im Jahre 2009 lernte ich einen Dienst kennen, von dem ich von einem wirksamen Glauben, dem vollendeten Werk Jesu und seinem Willen uns zu heilen erfuhr. Ich war erstaunt zu hören, dass Gott Vicky gesund haben wollte und dass dies nicht dem Willen Gottes entsprach.

Eines Tages, es war im Jahre 2013, hörte ich eine Predigt, in der die Wunder erwähnt wurden, welche die DHTs von JGLM (John G. Lake Ministries - JGLM.org) erlebten. Über eine Kette von Beziehungen lernte ich schließlich Margaret, Sherry und meine Gebetsteam-Eltern kennen.

In einer Zeit von totalem Chaos und Enttäuschungen musste ich mit Menschen in Verbindung kommen, die so glaubten wie ich und die mit meinen Kämpfen vertraut waren. Es war für mich ein wunderbares Vorrecht, Teil meines Gebetsteams zu sein.

Ich wurde ermutigt, bevollmächtigt und unterstützt. Das erste Mal seit 13 Jahren konnte ich aufatmen. Endlich geht es hier um Glauben. Ich habe das Gefühl, dass wir nun die gleiche Sprache sprechen. Die Last ist leichter zu ertragen und die Kraft zum Durchhalten ist größer. Ich werde verstanden.

Es ist wunderbar zu sehen, wie diese Mütter und Väter für einen gemeinsamen Zweck kämpfen. Das Wohlergehen ihrer Kinder ist der Fokus aller Gebete. Es ist bevollmächtigend und ansteckend. Diese Leute sind voller Hoffnung, sie sind unnachgiebig. Ich habe das Gefühl, dass wir vorankommen. Ich brauche nicht mehr allein zu sein und mich isoliert zu fühlen. Ich spüre, dass ich mit einer Gruppe für einen größeren Zweck verbunden bin. Das Wort Gottes ist lebendig geworden.

Das Down-Syndrom ist nicht länger ein unüberwindliches Hindernis. Auch dafür wurde der vollständige Preis bezahlt. Jesus hat dafür am Schandpfahl bezahlt. Durch Seine Wunden sind wir geheilt (1.Petr 2,24).

Es ist so großartig zu entdecken, dass das Wort Gottes für immer im Himmel gilt, und dass wir als Kinder Gottes auch das Recht haben, ihm hier auf der Erde Geltung zu verschaffen.

Es macht mich stolz zu wissen, dass ich mich weigern kann, dem zuzustimmen, was die Welt über meine Tochter sagt, und dass ich stattdessen mit dem Wort Gottes übereinstimmen kann.

Ich bekenne (Ps 91,1-16), ich bete (Jes 54,13-17), ich bete (Eph 1,3; 18-22), (Eph 3,14-20).

Jeden Abend schaue ich mir Videobotschaften von Curry Blake an, dem Generalaufseher von John G. Lake Ministries. Seine Predigt zum Thema „How to Receive from God" *(zu Deutsch: Wie man von Gott empfängt)* hat mir geholfen, stur auf dem zu beharren, was das Wort Gottes über mich sagt. Ich habe auch sehr stark von seinen Lektionen über das „Killing the Sacred Cows Concerning Divine Healing" *(zu Deutsch: Schlachten von heiligen Kühen göttlicher Heilung)*, das „Divine Healing Secret" *(zu Deutsch: Geheimnis göttlicher Heilung)*, die „7 Secrets to Spiritual Power" *(zu Deutsch: Sieben Geheimnisse geistlicher Vollmacht)* und vielen mehr profitiert. Currys Zeugnisse sind ebenso ermutigend. Er lebt das, was er predigt. Es ist kein leeres Gerede.

Als ich Margarets Tochter im Internet sah, war ich über die Veränderungen begeistert, die ich wahrnehmen konnte. Das gab mir Hoffnung. Es ist gut, die Zeugnisse anderer Eltern über die Veränderungen in ihren Kindern zu sehen. Es wirkt! (Mk 16,17-18), dies sind die Zeichen, die den Gläubigen folgen.

Von Zeit zu Zeit werde ich entmutigt, weil der Feind Widerstand leistet, doch in solchen Zeiten werde ich daran erinnert, dass ich nicht alleine bin, dass Jesus immer bei mir ist. Er hat bereits den Weg gebahnt und ich habe Menschen, die ich zusammenrufen kann. Wie es in Jak 4,6-7 heißt, widersteht dem Teufel, dann flieht er von euch. Gott zu gehorchen, heißt Seinem Wort zu glauben und daraufhin zu handeln. Ich lerne auch, zielgerichtet darauf fokussiert zu sein, was das Wort Gottes sagt. Ich versuche immer noch, daran festzuhalten und nicht an Gottes Verheißungen zu zweifeln. Manchmal sehen die Dinge nicht so aus, wie ich sie erwartet hätte, doch dann entschließe ich mich, meine Aufmerksamkeit auf das zu richten, was Gott in Seinem Wort sagt.

Seit wir uns dem Team angeschlossen haben, hatte ich viele Träume und Visionen von Vicky in einem perfekten Zustand, ohne eine Spur von Down-Syndrom. Bei einer anderen Gelegenheit sah ich sie in einem Traum in ein sehr verständliches Gespräch vertieft.

Die folgenden Veränderungen haben wir bisher schon sehen dürfen:

- Ihre Augen sind weiter und der Nasenrücken hebt sich.
- Die Form ihres Halses an der Basis ist sichtbarer und wird schlanker.
- Sie spricht mehr Worte und ist leichter zu verstehen.
- Das Verhalten ist deutlich besser geworden. Sie sitzt und hört sich jetzt eine Geschichte vollständig an und macht selbständig visuelle Matheübungen.

Wir sind voller Hoffnung und absolut begeistert - nicht nur für Vicky, sondern für alle Kinder im Team, für die wir beten.

Häufig gestellte Frage Nr. 9

„Manchmal fühle ich mich entmutigt oder deprimiert. Ich habe meine eigenen gesundheitlichen Probleme. Kann ich dann immer noch meinem Kind dienen? Bin ich immer noch qualifiziert, oder muss ich erst selbst gesund werden?"

Hat Jesus Sie entmutigt? Oder haben Sie Ihre Augen von Christus abgewandt und versucht, woanders Ermutigung zu finden? Gestatten Sie niemals dem Werk des Feindes gegen Sie oder gegen jemand anderen zur Quelle für Ihre Identität zu werden.

Der Feind versucht unsere Niederlagen zu benutzen, um die Wahrheit des Evangeliums in unserem Denken aufzuheben. Er wird ihnen zuflüstern: „Es steht geschrieben, dass Gott dich immer im Triumphzug in Christus führt, aber du hast immer noch mit Depression zu kämpfen." Sie müssen stattdessen lernen, Ihre Niederlagen mit der Wahrheit des Evangeliums aufzuheben. „Ich habe immer noch mit Depression zu kämpfen, ABER es steht geschrieben, Gott führt mich immer im Triumphzug in Christus Jesus!" Der Feind wird alles daran setzen, um Sie davon abzuhalten, Ihre Identität in Christus fest zu verankern, doch Sie müssen lernen, dem Wort Gottes mehr als Ihren Gefühlen und Umständen zu vertrauen. Wir gründen unsere Position in Gott nicht auf unseren Wandel mit Jesus. Unsere Position in Gott wurde durch das vollendete Werk Jesu Christi sichergestellt. Wir wandeln mit Gott auf dieser Grundlage, nicht umgekehrt!

Werden Menschen geheilt, nur weil Sie sich ermutigt fühlen? Oder werden sie geheilt, weil Jesus die Wunden auf Seinem Rücken erlitt? Wenn die Tatsache Ihrer Ermutigung niemanden heilen kann, warum sollte dann die Tatsache Ihrer Entmutigung jemanden davon abhalten, geheilt zu werden?

Werden Menschen geheilt, nur weil Sie vollkommen gesund sind? Oder werden sie geheilt, weil Jesus die Striemen auf Seinem Rücken für sie erduldete? Wenn Ihre perfekte Gesundheit niemanden heilen kann, wie sollten dann Ihre gesundheitlichen Probleme jemanden davon abhalten können, geheilt zu werden?

Sie sind qualifiziert, Ihrem Kind mit Heilung zu dienen, wegen dem, was Jesus Christus für Sie und Ihr Kind getan hat. Nichts kann daran etwas ändern!

KAPITEL 12
Der Bericht des Herrn

Junge. 1 Jahr alt. Niederlande
Diagnose: Down-Syndrom

Da ich im Grunde mein ganzes Leben lang Christ gewesen bin (im Alter von fünf Jahren begann ich zur Kirche zu gehen), habe ich sehr viele Segnungen erlebt. Viele meiner Träume hatten sich erfüllt, ich hatte übernatürliche Lösungen für Schwierigkeiten erlebt, viele Herausforderungen gemeistert und Siege errungen. Ich wusste jedoch nicht, dass die schwierigste und schmerzvollste Situation meines Lebens mir noch bevorstand.

Vor etwa neun Jahren lernte ich einen wunderbaren Mann kennen. Drei Jahre nachdem wir uns kennengelernt hatten, heirateten wir. Mein Herz war von Freude erfüllt, und alle meine Familienangehörigen und Freunde waren Zeugen dieses gewaltigen Segens, den Gott für mich vorbereitet hatte.

Wir begannen, uns ein Baby zu wünschen, als ich 35 war (Ich lernte meinen Mann mit 32 kennen). Leider gab es Probleme mit der Fruchtbarkeit, sodass wir beschlossen, uns einer Behandlung zu unterziehen. Wir glaubten, dass Gott die Errungenschaften der Wissenschaft auf diesem Gebiet nutzen konnte, sodass wir nicht mehr Zeit vergeuden mussten. Ein Jahr lang hatten wir es erfolglos mit künstlicher Befruchtung probiert, wonach uns Ärzte ein effektiveres Verfahren vorschlugen: ICSI (eine Art In-Vitro-Behandlung). Beim ersten Versuch wurde ich schwanger (mit 38). Dies war die Erfüllung einer Prophetie, die ich vier Jahre zuvor empfangen hatte:

„Du wirst schwanger werden und es wird ein kleiner Junge sein"
(genau wie ich es mir insgeheim im Herzen erträumt hatte).

Meine Schwangerschaft war ein Segen. Ich fühlte mich fröhlich, energiegeladen und schöner denn je. Menschen, die mich sahen, sagten: „Du strahlst ja richtig!" – Das war Glück pur.

Mein Sohn kam drei Wochen vor dem Termin im Januar zur Welt. Meine Familie brachte mich hastig ins Krankenhaus, und später am Tag wurde mir mein Baby gebracht. Ein Traum hatte sich erfüllt. Doch irgendwie spürte ich eine Art Kummer um mich herum. Ich dachte, es müsse wohl daran liegen, dass es alles so unerwartet und hastig gegangen war. Wir waren verängstigt und müde.

EINE DUNKLE WOLKE ZIEHT AUF

Als meine Familie gegangen war, sagte mir mein Mann, dass er mit mir über etwas „sehr Ernstes" reden müsse. Und dann sagte er: „Die Ärzte haben gesagt, unser Baby zeige Merkmale des Down-Syndroms". Ich begann am ganzen Leib zu zittern. Ich konnte mich in dem Krankenhausbett nicht richtig bewegen und durchatmen. Der körperliche Schmerz vom Kaiserschnitt wurde von der Nachricht noch verstärkt. Der Schmerz in meiner Seele war das Schlimmste, was ich je empfunden habe.

Ich schaute auf meinen Jungen, der neben mir schlief. Es konnte nicht wahr sein. Er doch nicht. Wir doch nicht.

Wir hatten beschlossen, keine entscheidenden Untersuchungen vor der Geburt durchführen zu lassen, hatten doch vorherige Untersuchungen keine Wahrscheinlichkeit für ein „hohes Risiko" ergeben, unser Kind könnte DS oder eine andere angeborene Erkrankung haben. Daher fragten wir uns, wie es möglich sein konnte.

An dem Abend rief ich die Stationsärztin der Kinderstation zu mir. Sie kam und sagte: „…aber er ist so hübsch!" – und dann fragte sie mich: „Wussten Sie nicht, dass er das hat?".

Weitere Familienangehörige kamen zu Besuch. Sie brachten mich zum Weinen. Die Verzweiflung, die ich fühlte, war unbeschreiblich.

Mein Mann hatte davon fünfundvierzig Minuten nach der Geburt erfahren. Ein Arzt bat ihn in sein Zimmer und berichtete ihm über die Vermutungen. Der Arzt beendete das Gespräch mit den Worten: „…doch Sie können jetzt gehen. Folgen Sie der Krankenschwester und schauen Sie zu, wie sie Ihr Baby badet". Später sagte mir mein Mann, dass ein tiefer Kummer alles war, was er empfinden konnte. Er konnte nicht jede Sekunde genießen, während „unser Baby zum ersten Mal in seinem Beisein gebadet wurde und er seinen ersten Kontakt mit unserem Sohn herstellen konnte."

Unser Sohn F.[5] musste zehn Tage lang im Krankenhaus bleiben. Er hatte einen plötzlichen Sauerstoffverlust in den Lungen, einen Verdacht auf Herzversagen (weil er Löcher im Herzen hatte), und außerdem bestand der Verdacht, dass etwas mit seiner Leber nicht stimme. Als er eine Woche alt war, kamen die Ergebnisse der Blutuntersuchung mit der Bestätigung, dass er mit Trisomie 21 geboren worden war. Es war der schlimmste Tag meines Lebens.

Ich musste das Stillen einstellen. Ich konnte nicht essen, nicht schlafen, meine Haare nicht kämmen, und vor allem: ich konnte nicht aufhören zu weinen. Wenn ich schlafen ging, hörte ich mitten in der Nacht die Stimme in meinem Kopf: „Er hat DS" immer und immer wieder. Am Morgen wachte ich auf und war mir nicht sicher, ob ich überhaupt je eingeschlafen war, ob ich Alpträume gehabt hatte oder im Delirium gewesen war.

---

[5] Einige Eltern haben sich entschieden, die Namen ihrer Kinder nicht zu nennen, um ihre Privatsphäre zu schützen.

Ich suchte Hilfe bei Psychologen und begann Antidepressiva einzunehmen. Dennoch...der Schmerz war unerträglich. Es war mehr, als ich ertragen konnte.

Und was war mit Gott? Wo war Er? Konnte Er das alles nicht sehen? War es Sein Wille, dass wir alle diese Tränen weinten und all diesen Kummer durchlitten?

Manche versuchten uns zu trösten mit Worten wie: „Ihr wurdet von Gott gesegnet – euer Kind ist ein Engel", oder „Gott legt euch keine Last auf, die schwerer ist, als das, was ihr tragen könnt" oder mit ähnlichen Sprüchen. Manche erzählten von Beispielen dieser oder jener Person mit DS aus ihrem Bekanntenkreis, die sich ganz gut machten in der Schule und sogar arbeiteten. Doch wenn ich etwas tiefer bohrte und genauer nachfragte, stellte ich fest, dass diese „Erfolgsgeschichten" immer noch von vielen Schwierigkeiten umgeben waren. Nichts konnte mich trösten. Diese sogenannten „guten Beispiele" beeindruckten mich in keiner Weise. Und außerdem hatten wir Gott um einen Sohn gebeten, nicht um eine „Last". Unser Sohn war KEINE Last, doch die Erkrankung war es.

„Welcher Vater unter euch wird seinem Sohn einen Stein geben, wenn er ihn um Brot bittet? Oder wenn [er ihn] um einen Fisch [bittet], gibt er ihm statt des Fisches eine Schlange? Oder auch wenn er um ein Ei bittet, wird er ihm einen Skorpion geben?" (Lk 11,11-12)

Die ganze Zeit über fühlte ich mich einfach nur beraubt. Die Freude, ein Kind bekommen zu haben, passte nicht zusammen mit all dem fortwährenden Kummer, der Verzweiflung, Verwirrung, Schuld (bei dem Gedanken, mein Alter oder die Unfruchtbarkeit meines Mannes könnten die Ursachen dafür sein, und dass wir es nicht hätten versuchen sollen, ein Baby zu bekommen) und über alledem ... dieses Gefühl, dass das Leben irgendwie zu Ende sei.

Ich bereue zutiefst, was ich damals tat: Ich googelte über DS, da ich überhaupt keine Kenntnisse über diese Erkrankung besaß und niemanden in meiner Nähe hatte, der so eine Situation schon einmal erlebt hatte. Und dann…je mehr ich las, desto verzweifelter wurde ich.

Der Tiefpunkt kam für mich an einem Freitagnachmittag, als ich auf dem Balkon saß. Mir kam der folgende Gedanke: „Ich möchte sterben – Sterben wäre definitiv besser als so zu leben. Ich kann das nicht ertragen…Ich kann es einfach nicht".

Doch im selben Augenblick kam ein anderer Gedanke: „Das ist so falsch…wie konnte Gott mir einen wunderbaren Ehemann geben, ein Kind, die Familie, die ich mir so lange gewünscht habe, nur damit das alles mit dem Wunsch endet, sterben zu wollen?" Es ergab überhaupt keinen Sinn.

Ich konnte nur ein wenig Trost finden, wenn ich in der Kirche war. Meine Pastorin, eine Frau des Glaubens, sagte mir, es könne nicht der Wille Gottes sein, dass ich mich so hoffnungslos und verzweifelt fühlte. Das leuchtete mir ein. Doch was sollte ich tun? Sollte ich es akzeptieren? Es schien der einzig mögliche Weg zu sein.

MORGENDÄMMERUNG

Meine Pastorin betete daraufhin und hörte von Gott, dass niemand gesündigt oder einen Fehler gemacht hatte, sondern dass diese ganze Situation zu Seiner Verherrlichung dienen würde. Genauso wie Jesus Seinen Jüngern in Bezug auf den blinden Mann geantwortet hatte, als diese Ihn nach der Ursache dafür fragten, warum er so geboren worden war:

„Und als er vorbeiging, sah er einen Menschen, der blind war von Geburt an. Und seine Jünger fragten ihn und sprachen: Rabbi, wer hat gesündigt, so daß dieser blind geboren ist, er oder seine Eltern? Jesus antwortete: Weder dieser hat gesündigt noch

seine Eltern; sondern an ihm sollten die Werke Gottes offenbar werden!" (Joh 9,1-3).

Sie kam dann zu mir und sagte: „Gottes Wille für ihn ist Heilung." Das erstaunte mich und ich reagierte mit dem Gedanken: „Ich glaube, sie weiß überhaupt nicht, was DS ist."

Eine andere Person in der Kirche, die mich nicht kannte und nichts über die Situation wusste, hatte eine prophetische Gabe und sprach zu uns über Heilung. Es war alles, was ich hören wollte, und doch... mein Herz war voller Zweifel.

Während eines Gottesdienstes kam diese Person mit einer Prophetie auf mich zu und sagte:

„Mein Kind, ich verändere das Gesicht deines Kindes...
Denn ich BIN Gott, Ich BIN der Schöpfer und Ich kann alles...
Menschen werden ihn anschauen und sagen: „
Das ist nicht er...er ist nicht mehr derselbe.
Das ist er nicht – das ist ein anderes Kind".

Ich kann nicht beschreiben, was ich an dem Tag empfand. Meine eigenen Gebete wurden mir in einer Prophetie zitiert – ich hatte gebetet und Gott darum gebeten, dass mein Kind nicht das Gesicht, die Stimme, den Körper und den Verstand dieser Erkrankung haben würde:

„Gleichwie sich viele über dich entsetzten — so sehr war sein Angesicht entstellt, mehr als das irgendeines Mannes, und seine Gestalt, mehr als die der Menschenkinder" (Jes 52,14)

Dieser Vers sprach mich im Herzen an: „Wenn Jesu Angesicht so entstellt war, mehr als das irgendeines Mannes, könnte es nicht heißen, dass Er die Erscheinung und die Symptome dieser Erkrankung auch getragen hat, als Er diese fürchterliche Strafe erlitt?" Das ergab für mich einen Sinn.

Etwa drei Monate waren vergangen, doch auch nachdem ich alles das gehört hatte, war noch sehr viel Furcht in meinem Herzen. Jedes Mal, wenn ich eine Person mit DS auf der Straße, im Fernsehen oder in einem Buch sah, hatte ich Angst, dass mein Sohn so werden würde.

Eine Schriftstelle ging mir nicht aus dem Sinn:
"wie Gott Jesus von Nazareth mit Heiligem Geist und Kraft gesalbt hat, und wie dieser umherzog und Gutes tat und alle heilte, die vom Teufel überwältigt waren; denn Gott war mit ihm." (Apg 10,38)

Als Jesus auf dieser Erde war, hat Er „Gutes" getan. Diese Situation war das Gegenteil von „Gutem". Wenn Jesus gestern, heute und für immer derselbe ist, dann tut Er immer noch „Gutes". Und eine andere Bibelstelle:
"Und das ist die Botschaft, die wir von ihm gehört haben und euch verkündigen, daß Gott Licht ist und in ihm gar keine Finsternis ist." (1.Joh 1,5)

Diese Erkrankung ist das Gegenteil von „Licht", sowohl für diejenigen, die mit ihr geboren werden, als auch für ihre Familien. Sie bringt Schmerzen, Leid und Unsicherheit.

MÖGE DIE HEILUNG BEGINNEN!

An einem Samstagnachmittag war ich so traurig und verzweifelt, dass ich von einem Zimmer ins andere lief und dachte, vielleicht sei ich verrückt geworden und zöge jetzt andere mit in meinen Wahn. In dem Moment hörte ich in meinem Kopf eine Stimme, die mir sagte: „Suche in Google nach: Heilungswunder Down-Syndrom, aber auf Englisch." (Ich hatte das schon in meiner eigenen Sprache, Portugiesisch, getan, aber nichts gefunden.)

Ich fand einige Dinge im Internet, doch das einzig Schlüssige war Margarets Blog, der sogar Bilder ihres Kindes enthielt. Sie hatte Worte gefunden, die genau das zum Ausdruck brachten, was ich empfand, einschließlich der Bitte darum, dass das Gesicht meines Kindes verändert werde.

Ich kontaktierte einige der von ihr auf dem Blog geposteten Kontakte. Manche von ihnen antworteten. Manche nicht. Doch eine Person war sehr hilfsbereit. Sie betete für mich und sagte, dass sie Margaret kenne, dass der Blog wahr sei und dass sich bei ihrem Kind Veränderungen ereignet hätten. Sie betete mit mir, meinem Mann und meinem Sohn einige Monate lang, doch ich wollte immer noch gerne Kontakt mit Margaret aufnehmen. Diese Frau wusste, wie ich empfand und sie wusste vor allem, was ich für mein Kind wollte. Sie hatte über alles das geschrieben.

Eines Tages schaffte ich es, mit Margaret Kontakt aufzunehmen. Sie und die Eltern ihres Teams waren ermutigend und hießen mich mit offenen Armen willkommen auf der Heilungsreise meines Sohnes (welche eigentlich schon zum Zeitpunkt seiner Geburt begonnen hatte – ich wusste es nur nicht).

- Es ist nun sieben Monate her, seit diese Reise gemeinsam mit den wunderbaren Menschen begann und seitdem:
- Man sagte uns, unser Sohn werde nicht allein (ohne Stützen) sitzen können, bevor er ein Jahr alt ist. Er tat es mit elf Monaten.

- Die Löcher in seinem Herzen sind kein Problem mehr. Eines hat sich vollkommen geschlossen. Das andere ist so klein, dass der Arzt sagte, es könne keinen Schaden anrichten und würde sich innerhalb weniger Monate ebenfalls schließen (als unser Sohn etwa 18 Tage alt war, hatte uns ein Arzt gesagt: „Die Wahrscheinlichkeit, dass er operiert werden muss, bevor er das Alter von drei Monaten erreicht, ist extrem hoch").

- Die DS-Klinik, die ihn jährlich untersucht, hat einen Bericht geschrieben (er ist diesem Zeugnis beigefügt), in dem seine Entwicklung als „hervorragend" beschrieben wird.

- Er ist intelligent, er interagiert mit Menschen, er ist voller Leben und Freude, er ist klug, aktiv, und ich muss sagen, auch hübsch.

- Seine Leber sowie sein gesamter Verdauungsapparat arbeiten perfekt.

Wir kämpfen weiter, denn wir wollen unseren Sohn von jeder Spur von DS befreit wissen. Ich glaube von ganzem Herzen, dass Gottes Wille für ihn die hundertprozentige Freiheit von dieser Erfahrung ist. Wir haben gesehen, wie sich die Rettung durch Jesus in seinem Leben manifestiert hat; durch Sein Opfer am Schandpfahl; durch Sein heiliges Blut, das für uns vergossen wurde, welches uns nicht nur die Rettung sondern auch Heilung gebracht hat.

Gott heilt angeborene Erkrankungen
Erste Früchte

*Doch er wurde um unserer Übertretungen willen durchbohrt,
wegen unserer Missetaten zerschlagen; die Strafe lag auf ihm,
damit wir Frieden hätten, und
durch seine Wunden sind wir geheilt worden.*
(Jes 53,5)

DANKE, VATER!

DANKE, JESUS!

DANKE, HEILIGER GEIST!

„*Ja, von jeher bin ich derselbe, und niemand kann aus meiner Hand erretten. Ich wirke — wer will es abwenden?* (Jes 43,13)

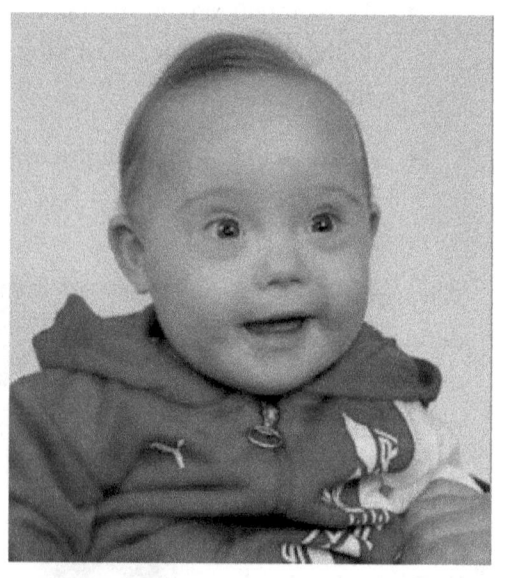

Gott heilt angeborene Erkrankungen
Erste Früchte

Arztbericht im Original

Conclusie:
1. Groei en gewicht: prima.
2. Psychomotore ontwikkeling: uitstekend.
3. Bevindingen huisarts: Rustige KNO status. Beleid: Expectatief.
4. Bevindingen oogarts: volgt 18/2
6. Laboratoriumonderzoek: goede schildklier functies.

Conclusie en beleid:
Prima kliniek en ontwikkeling  ders zijn erg bezig om hem maximaal te stimuleren. Tot nu toe prachtige stappen in ontwikkeling. Wij zien hem over een jaar weer terug op de Down poli.

Revisie:
Belafspraak over 1 week.

Met vriendelijke groeten,

mw. H.D. Buiter, kinderarts-neonatoloog

Deutsche Übersetzung des Arztberichts

Übersetzung des letzten Teils des Arztberichts für [NAME], ausgestellt vom Krankenhaus, das seine allgemeine Entwicklung beobachtet und für die Vermeidung weiterer Komplikationen verantwortlich ist. Dieser Bericht wurde im Januar 2015 verfasst.
SCHLUSSFOLGERUNG: 1. Wachstum und Gewicht: sehr gut 2. Psychomotorische Entwicklung: hervorragend 3. Ärztliche Befunde: HNO-Status (Hals/Nasen/Ohren) normal Verhalten: erwartungsvoll 4. Augenärztliche Befunde: Untersuchung im Alter von 18,5 Monaten 5. Laborbefunde: gute Schilddrüsenfunktion SCHLUSSFOLGERUNG UND VERHALTEN: Sehr guter klinischer Zustand und Entwicklung von [NAME]. Die Eltern bemühen sich, ihm höchstmögliche Stimulierung zu bieten. Wunderbare Entwicklungsschritte bisher. Wir werden ihn in einem Jahr (Januar 2016) in der Down-Syndrom-Klinik wiedersehen. Revision: Telefonischer Termin in einer Woche. Mit freundlichen Grüßen, [NAME], Kinderarzt Neonatologie

Häufig gestellte Frage Nr. 10
„Beweist der Pfahl im Fleisch des Paulus nicht, dass Gott manchmal auch im Neuen Bund die Heilung verweigert?"

Und damit ich mich wegen der außerordentlichen Offenbarungen nicht überhebe, wurde mir ein Pfahl fürs Fleisch gegeben, ein Engel Satans, daß er mich mit Fäusten schlage, damit ich mich nicht überhebe. Seinetwegen habe ich dreimal den Herrn gebeten, daß er von mir ablassen soll. Und er hat zu mir gesagt: Laß dir an meiner Gnade genügen, denn meine Kraft wird in der Schwachheit vollkommen! Darum will ich mich am liebsten vielmehr meiner Schwachheiten rühmen, damit die Kraft des Christus bei mir wohne. (2.Kor 12,7-9)

Obwohl schon viel darüber spekuliert wurde, was denn der Pfahl im Fleisch des Paulus genau gewesen sei, gibt es gute Gründe zu glauben, dass es sich *nicht* um eine Krankheit, ein Gebrechen oder ein Augenleiden gehandelt hat. Erstens sagt Paulus ganz klar, dass es ein Engel Satans war, der ihn belästigte. Das griechische Wort für „Engel" bezieht sich immer auf eine Person, entweder auf Menschen oder Engelwesen. Zweitens war der Ausdruck „Pfahl im Fleisch" ein biblischer Terminus, der sich im Alten Testament immer auf Verfolger bezog. Paulus war mit diesem Ausdruck sehr vertraut, war er doch der am meisten verfolgte Apostel aller Zeiten.

Dieser Engel Satans wurde ihm „wegen der außerordentlichen Offenbarungen" gegeben, damit Paulus sich nicht überhebe. Paulus wurde vom auferstandenen Herrn Jesus persönlich bekehrt und zum Jünger gemacht. Paulus hat den dritten Himmel besucht, wo er Dinge sah und hörte, über die kein Mensch sprechen durfte. Er schrieb nahezu zwei Drittel des Neuen Testaments.

Eine gute Nachricht! **Bevor Sie nicht nahezu zwei Drittel des Neuen Testaments geschrieben haben, sind Sie für den Pfahl im Fleisch des Paulus nicht qualifiziert, ganz gleich was es im Einzelnen gewesen ist!**

Jesus hat unsere Sünden am Kreuz getragen und unsere Krankheiten und Gebrechen am Schandpfahl. Unsere Anfechtungen und Verfolgungen hat Er jedoch nicht getragen. Die müssen wir selbst tragen, was wir jedoch im Vertrauen darauf tun können, dass Gottes Gnade immer genügt!

KAPITEL 13
Leben aussprechen

Mädchen. Säugling. England
Diagnose: Down-Syndrom

*„Durch seine Wunden ist **sie** geheilt."* (Jes 53,3)

Das ist etwas, das ich ganz fest glaube. Warum? Weil ich glaube, dass die Bibel von Gott inspiriert ist. Ich habe einen nicht christlichen Hintergrund und vieles ist neu für mich, doch es ergibt einen Sinn in meinem Herzen. Ich weiß, dass Gott real ist und dass Er einen Weg gebahnt hat, um alle Defekte, Fehlbildungen und Anomalien zu heilen.

Unser Weg begann in der siebzehnten Schwangerschaftswoche, als wir die Nachricht erhielten, bei unserem Mädchen sei Down-Syndrom diagnostiziert worden. Es brachte uns sehr durcheinander, doch ich wusste, dass es nicht Gottes Willen für unsere Tochter entsprach, mit dieser Diagnose zu leben. Gewöhnlich sagen die Menschen zu mir: „Oh, sie ist so hübsch" und „das sind so liebevolle Menschen". Ja, wahrscheinlich sind sie es, doch ich weiß, dass dies nicht von Gott ist. Gibt es das Down-Syndrom im Himmel? Wie kann es vom Himmel kommen, wenn es das Down-Syndrom im Himmel gar nicht gibt? Genau!

Ich weiß, dass sie vollkommen geheilt und frei von dieser Diagnose sein wird. Ich will damit jedoch nicht sagen, dass ich nicht auch „schlechte Tage" habe. Ich denke wahrscheinlich über all die Fragen nach, die wohl alle Mütter dieser Welt sich stellen, wenn sie ein Kind mit einer Behinderung haben – „Wie wird die Zukunft sein? Was geschieht, wenn ich sterben sollte? Wie wird das mein ältestes Kind beeinflussen..." Jedoch kommen diese Gedanken aus einer Perspektive, die davon ausgeht, dass mein Kind nicht geheilt wird. Ich weiß, dass dies nicht passieren kann, weil Gottes Wort nicht leer zu Ihm zurückkehrt, sondern ausführt, wozu es gesandt wurde (Jes 55,11). Es steht so vieles in der Bibel, das den Willen Gottes für eine hundertprozentige Heilung Ihres Kindes bestätigt, sei es von einer ernsten angeborenen Erkrankung oder von einer Erkältung! Ich trage meine Liste mit Bibelstellen immer ganz nah bei mir und kenne sie außerdem auswendig. Wenn ich beginne, sie zu lesen und über ihnen zu meditieren, dann stelle ich fest, dass meine Gedanken eine hoffnungsvolle Richtung einschlagen und ich dann tief im Inneren weiß, dass ihre Heilung Wirklichkeit werden wird.

Während der Schwangerschaft haben wir niemandem von der Diagnose erzählt. *„Leben und Tod sind in der Gewalt der Zunge."* Deshalb sprechen mein Mann und ich nur ‚Leben' über ihr aus. Wir sprechen beständig und täglich Heilungsbibelstellen über ihr aus und ruhen in der Tatsache, dass ‚es vollbracht' ist. Sie ist bereits geheilt.

Die Ärzte sagten, dass ich sie wahrscheinlich nicht würde stillen können - wegen ihres Schluckreflexes - aber ich stille sie. Sie sagten, dass sie Meilensteine bei der Entwicklung möglicherweise verspätet erreichen würde, was aber nicht zutrifft. Die Ärzte sagen, dass sie gute Fortschritte macht und alle Meilensteine erreicht. Sie lacht, lächelt, hält ihr Köpfchen und beginnt sich vom Bauch auf den Rücken zu drehen, obwohl sie noch so jung ist (fünf Monate). Sie hat die Merkmale des Down-Syndroms, doch manchmal sehe ich sie an und sehe das glückliche, lächelnde kleine Mädchen, das sie durch den Tod Gottes sein soll. Wir haben ihr den Namen Chavah (Ava) gegeben, was das hebräische Wort für ‚Leben' ist.

Häufig gestellte Frage Nr. 11
„Ich habe immer geglaubt, dass Gott den perfekten Zeitpunkt für die Heilung meines Kindes bestimmt hat. Stimmt es denn nicht, dass mein Kind schon geheilt wäre, wenn Gott es so gewollt hätte?"

Gott sitzt nicht im Himmel und sagt Ihnen mit Blick auf Seinen Tagesplaner, dass Sie auf Ihre Heilung bis nächsten Donnerstag warten müssen! Jesus Christus, in dem sich der Vater in vollkommener Weise offenbart hat, wurde ständig spontan gebeten, zu kommen und Menschen zu heilen. Kein einziges Mal hat Er geantwortet: „Es tut mir leid, Gottes Zeitpunkt ist leider noch nicht gekommen. Behalte deine Krankheit bis zum nächsten Passahfest. Wenn ich zurück in Jerusalem bin, dann schauen wir, ob Gottes Zeitpunkt dann gekommen ist." Noch hat Jesus jemals gesagt: „Warum bittest du Mich um Heilung? Wenn Gott dich heilen wollte, wärst du bereits gesund!" Nein! Jesus hat demonstriert, dass Gott nicht auf den richtigen Zeitpunkt wartet, um Seine Werke zu tun. Er wartet auf ein Kind Gottes, das im Glauben handelt, so dass Er einen Mitarbeiter auf Erden hat, durch den Er wirken kann!

Gottes Zeitpunkt für die Heilung Ihres Kindes war vor 2.000 Jahren, als Jesus alle unsere Krankheiten und Schmerzen in Seinem eigenen Leib am Schandpfahl getragen hat. Er hat vollkommene Heilung für Ihr Kind erworben, die Ihn persönlich sehr viel gekostet hat. Er hat nun Ihnen das von Ihm erworbene Paket anvertraut – das Reich Gottes! Sie und ich sind der Lieferservice, der das Paket an unsere Kinder ausliefern muss. Gott wartet nicht auf „perfektes Timing".

Denn Er sagt: *„Zur angenehmen Zeit habe ich dich erhört und am Tag des Heils dir geholfen. Siehe, jetzt ist die angenehme Zeit; siehe, jetzt ist der Tag des Heils!"* (2.Kor 6,2)

„Heil" bedeutet viel mehr als die Vergebung der Sünden. Es bedeutet die Befreiung vom Bösen... von allem Bösen. „Heil" bedeutet gerettet, geheilt, gesund gemacht und vor allem Schaden bewahrt zu sein.

Gottes Timing für Heil ist immer JETZT. Gottes Timing für die Heilung Ihres Kindes ist immer JETZT. Unsere Botschaft lautet nicht, dass Gottes Reich kommen wird. Unsere Botschaft lautet, das Reich Gottes ist „nahe herbeigekommen". Wir sagen nicht: „Wer wird in den Himmel hinaufsteigen und es herunterholen." Und doch verhalten sich viele Christen so, als ob alles, was wir brauchen immer noch oben im Himmel wäre! Ich habe eine gute Nachricht! Der Vorhang wurde zerrissen! Genauso, wie das Wasser ausläuft und sich überall im Garten verteilt, wenn jemand mit einem Messer eines dieser Kunststoff-Schwimmbecken aufschlitzt, wurden der Heilige Geist und all die in Gott selbst befindlichen Segnungen in Seine Leute ausgegossen!

Wir proklamieren, dass Jesus Christus JETZT der Herr ist! Ihm ist JETZT alle Macht gegeben! Wir sind JETZT Botschafter an Christi statt! Wir besitzen das Reich Gottes JETZT! Deshalb gebieten wir dem Teufel und allen seinen Werken JETZT zu verschwinden, weil sie schon besiegt sind. Das Werk Christi ist bereits vollendet, deswegen verkündigen wir es JETZT!

KAPITEL 14
Den guten Kampf kämpfen

Junge. Ein Jahr alt. USA
Diagnose: Down-Syndrom

Vor fast zwei Jahren entdeckten die Ärzte bei unserer Ultraschalluntersuchung in der zwanzigsten Schwangerschaftswoche Anzeichen eines DS. Ich schaffte es bis ins Wartezimmer, bevor ich zusammenbrach. Dies ist meine erste Schwangerschaft, dies ist mein erstes Kind. Wie konnte das passieren?

Obwohl ich an übernatürliche Heilung glaubte, waren weder ich noch ein mir nahestehender Mensch jemals ernsthaft krank gewesen. Deshalb habe ich Heilung nie wirklich ernst genommen. Mein Mann und ich lehnten weitere Untersuchungen ab und beschlossen, um Heilung für ihn zu beten. Nach der Geburt wurden Untersuchungen durchgeführt und DS diagnostiziert. Zwei Monate lang weinte ich ununterbrochen. Es fühlte sich an wie das Ende der Welt. Ich begann, nach Antworten zu suchen, warum das passiert war. Welche Sünde war da in meinem Leben? Was hatte ich falsch gemacht? Was hätte ich anders machen oder verändern sollen? Dann fand ich diese Website (Margarets Website) darüber, dass Gott Anomalien mit Chromosomen heilen kann und mein Geist machte einen Luftsprung. Ja, Gott kann!

Nach langem Suchen und Forschen kam ich zu dem Schluss, dass ich nichts hätte tun können, um dies zu verhindern. Es war ein Angriff des Feindes auf unser Leben. Andere Christen haben mich gefragt: „Warum passieren guten Menschen schlechte Dinge? Ich mache immer das Richtige und habe immer noch zu kämpfen." Ich glaube, das liegt an den Angriffen des Feindes. Wenn Sie nicht groß oder mächtig im Reich Gottes wären, warum sollte der Teufel Sie dann angreifen?

Der Beitritt zu diesem Gebetsteam hat meinen Glauben wirklich gestärkt. Die Bibel spricht so viel über Heilung und die Vollmacht, die Gott uns gegeben hat, um zu heilen. Ich habe gelernt, dass ich dem vertrauen und an das glauben muss, was die Bibel sagt und nicht, was die Ärzte sagen. Sein Wort sagt, wegen unserer Missetaten wurde Er zerschlagen; die Strafe lag auf Ihm, damit wir Frieden hätten, und *„durch seine Wunden sind wir geheilt worden."* (Jes 53,5)

Ich bete für meinen Sohn und andere, so viel ich kann und halte fest im Glauben daran, dass er geheilt ist. Meine Gebete sind unnachgiebig.

Er wurde mit zwei Löchern im Herzen geboren und wurde vom Kardiologen überwacht. Bei unserem Termin im zwölften Monat wurde uns gesagt, dass sich ein Loch komplett geschlossen habe und alles gut aussähe. Er galt nicht mehr als Herzpatient und es ging ihm vollkommen gut. Preis dem Herrn!

Er wurde auch mit einer vergrößerten Niere und Blase geboren und musste regelmäßig dem Urologen vorgestellt werden. Beim Termin im neunten Monat hieß es, er müsse operativ untersucht werden (einschließlich einer Vollnarkose), um genau feststellen zu können, wie seine Niere und Blase weiter zu behandeln seien. Wir beschlossen als Familie, diese Operation nicht durchführen zu lassen. Wir vertrauten im Glauben auf seine Heilung und bei unserem nächsten Besuch nach vier Monaten wurde uns gesagt, dass seine Niere und Blase vollkommen normal aussähen. Danke, Jesus!

Bitte beachten Sie, dass wir in Washington D.C. wohnen und ihn nur von den besten Ärzten behandeln lassen – denn wir wollen, dass sie bezeugen, was Gott getan hat. Alle Ärzte, mit denen ich über meinen Sohn gesprochen habe, haben gesagt, er sei bemerkenswert. Wir haben seine Diagnose nicht vielen meiner Freunde und Familienangehörigen mitgeteilt, und wir haben bisher niemanden je etwas Außergewöhnliches über ihn sagen hören.

Ich weiß, dass uns noch mehr Kämpfe bevorstehen. Als die Israeliten Ägypten verließen, dachten sie, dass sie nun zu Hause und frei wären. Doch ihnen standen noch manche Kämpfe bevor. Alle diese Kämpfe erfordern Glauben – Glauben, den ich manchmal hatte und manchmal nicht hatte. Mein Avalanche-Gebetsteam kämpfte mit mir, wenn ich nicht allein kämpfen konnte. Sie hatten Glauben für mich, wenn ich ihn nicht hatte. Und ich habe durch dieses Hindernis so viel gelernt. Das Wort Gottes sagt „die auf den Herrn vertrauen, werden nicht zuschanden werden". Wir wissen, dass es der Wille Gottes ist zu heilen. Jesus hat in der Bibel jeden geheilt, der Heilung nötig hatte. Also verlassen wir uns auf das, was das Wort Gottes sagt und erwarten die volle Manifestation in unseren Kindern (es wird sehr bald passieren). Und Gott wird mit Sicherheit alle Ehre bekommen!

Häufig gestellte Frage Nr. 12
„Meine Freunde und Familienangehörigen sagen mir, dass ich die Realität nicht wahrhaben will, und dass ich mein Kind nicht wirklich liebe und annehme. Was soll ich dazu sagen?"

Bevor Sie überhaupt etwas sagen, sollten Sie es dem Evangelium gestatten, Ihr eigenes Herz zu befreien. Sie müssen sich die Meinungen anderer Menschen nicht zu Herzen nehmen. Es besteht keine Notwendigkeit, sich von den Meinungen anderer in die Defensive drängen zu lassen. Lassen Sie den Götzendienst los, der Sie dazu führt, die Anerkennung anderer Menschen anzubeten und richten Sie sich ganz fest und sicher darin ein, wer Sie sind und was Ihnen der Glaube an Jesus Christus bedeutet.

Sobald Ihr Herz frei ist, werden Sie in der Lage sein, so zu antworten, dass die Liebe und Wahrheit Gottes aus Ihnen fließen und Ihre Familie und Freunde aufbauen. Deshalb ist es so entscheidend, zuerst Ihr eigenes Herz in Ordnung zu bringen. Sonst werden Sie ihnen einfach eine „biblisch korrekte" Antwort servieren, die sich aus Ihrer eigenen Unsicherheit speist.

Euer Wort sei allezeit in Gnade, mit Salz gewürzt, damit ihr wißt, wie ihr jedem einzelnen antworten sollt. (Kol 4,6)

Hier sind einige Ideen für mögliche Antworten:
- Erzählen Sie Ihr Zeugnis, indem Sie beginnen mit: „Es gab eine Zeit in meinem Leben, da habe ich genauso gedacht, aber Gott hat meine Ansichten verändert. Darf ich erzählen, was ich entdeckt habe…"
- Wenn Sie angegriffen werden, dann wechseln Sie einfach das Thema: „Dann habt ihr euch sehr in mir geirrt." Sie schulden niemandem eine Antwort.

- Antworten Sie mit einer Gegenfrage: „Glaubt ihr, dass ich mein Kind nicht annehme oder nicht liebe, nur weil ich glaube, dass Gott es heilen will? Glaubt ihr, dass Eltern, die mit ihren Kindern zum Arzt gehen, damit sie gesund werden, lieblos handeln? Vielleicht liegt dem Ganzen ja die Tatsache zugrunde, dass Gott für mich sehr real ist und dass ich weiß, Er kann heilen. Habt ihr jemals ein Wunder erlebt?"

Manchmal liegt der Grund dafür, dass Menschen Ihnen „Wirklichkeitsverweigerung" vorwerfen schlicht darin, dass sie nicht dieselbe Wirklichkeit sehen, die Sie sehen. Sie können dies als Gelegenheit nutzen, das Evangelium weiterzugeben und das Reich Gottes zu verkündigen. Zahlen Sie es dem Teufel heim! Jedes Mal, wenn jemand auf die Diagnose Ihres Kindes zu sprechen kommt, verkündigen Sie Christus! Führen Sie Menschen zum Glauben und heilen Sie sie! Der Teufel wird bald anfangen zu überlegen, ob es sinnvoll ist, Ihr Kind weiterhin mit diesem Leiden zu belasten!

Sehr wahrscheinlich werden Sie erleben, dass manche Menschen aus Ihrem Familien- oder Freundeskreis, mit denen Sie früher gut befreundet waren, Ihren Glauben für die Heilung Ihres Kindes nun aufrichtig ablehnen und versuchen, Sie zu entmutigen und daran zu hindern, Gott zu vertrauen. Sie müssen sich diesem Einfluss nicht beugen. Das Licht in Ihnen ist viel stärker als die Finsternis in diesen Menschen. Während Sie jedoch Ihren Wandel in der Fülle Jesu Christi festigen, sollten Sie sich mit gleichgesinnten Menschen zusammentun, die Sie in Ihrem Wettlauf ermutigen können.

Gott fordert uns auf, Menschen zu meiden, die Seine Kraft verleugnen. Er warnt uns vor Menschen, die *„Verräter, leichtsinnig, aufgeblasen (sind); sie lieben das Vergnügen mehr als Gott;* **dabei haben sie den äußeren Schein von Gottesfurcht, deren Kraft aber verleugnen sie. Von solchen wende dich ab!"** (2.Tim 3,4-5). Wenn Gott Ihnen also sagt, dass es einige Menschen zu meiden gilt, sollten Sie Ihre Beziehungen im Anbetracht Ihrer derzeitigen Mission überdenken, um sich weiterhin darauf konzentrieren zu können, Ihr Kind zu befreien. Lassen Sie sich keine Schuldgefühle einreden, wenn Sie Ihre Beziehungen neu ordnen, um dadurch Ihre Mission im Reich Gottes zu unterstützen. Doch oft ist Angriff die beste Verteidigung! Machen Sie sich bereit, jede Erwähnung der Diagnose Ihres Kindes in eine Gelegenheit zu verwandeln, über den Herrn und über Seine Herrlichkeit zu reden!

KAPITEL 15
Begegnung mit der Wahrheit auf einem Umweg über „Holland"

Junge. 5 Jahre alt. Kanada
Diagnose: Down-Syndrom

Vor fünf Jahren hießen wir unser Kind Lucas auf dieser Welt willkommen. Einige der ersten Deklarationen, die über ihm ausgesprochen wurden, waren die Worte der Ärzte bei seiner Geburt: „Er hat Down-Syndrom", die geschriebenen Worte einer Sozialarbeiterin in Gedichtform, die sie uns überreichte: „Willkommen in Holland" von Emily P. Kingsley, und die gut gemeinten Versuche einiger Freunde, uns für die Wirklichkeit zu sensibilisieren, dass falls wir unser neues Baby als eine Traumreise nach Italien sahen, wir nun definitiv in Holland gelandet waren. Das Beste, was wir tun konnten, bestand dabei darin zu versuchen, etwas Gutes an diesem neuen Ort zu entdecken. Mein Mann und ich taten genau das – wir begannen, die Segnungen zu zählen, während wir unser winziges kostbares Baby in den Armen hielten.

Im Laufe der nächsten Monate versuchten wir, über der Suche nach der Bedeutung dieser Diagnose für uns nicht den Verstand zu verlieren – ob es möglicherweise eine verdiente Strafe oder ein gut getarnter göttlicher Segen sein könnte. Wir bemühten uns, jede Kleinigkeit zu feiern, die Lucas tun konnte. Doch was war mit ihm? Was bedeutete diese Diagnose für Lucas?

Im Laufe der nächsten Jahre beobachteten wir bedeutende Verspätungen bei der Entwicklung seiner grobmotorischen und feinmotorischen Fähigkeiten, bei der Sprache und in den anderen Bereichen seiner Entwicklung, Atemschwierigkeiten, schmerzhaften Säure-Reflux,

Wahrnehmungsstörungen und einige Tendenzen aus dem Störungsspektrum des Autismus. Die Spezialdienste und die Ärzte halfen ihm und uns, mit der Situation zurechtzukommen, doch versprachen sie nie, dass sie ihn „gesund" machen konnten.

EINE BESSERE HOFFNUNG GESPEIST AUS BESSEREN VERHEISSUNGEN

Die Schrift sagt, dass Jesus „*unsere Krankheit getragen und unsere Schmerzen auf sich geladen*" hat und „*durch seine Wunden sind wir geheilt worden*" (Jes 53,4,5). Warum hatte Lucas aber dann immer noch dieses Gebrechen? Die Schrift sagt auch, dass der Teufel kommt, „*nur um zu stehlen, zu töten und zu verderben*" doch Jesus kam, damit wir „*das Leben haben, und es im Überfluss haben.*" (Joh 10,10). Also dachten wir, warum kommt Jesus nicht einfach vom Himmel herab und berührt Lucas und gibt ihm das Leben im Überfluss? Wir bekamen die Antwort aus Ps 115,16, wo es heißt: „*Der Himmel ist der Himmel des Herrn; aber die Erde hat er den Menschenkindern gegeben*", um darüber zu herrschen. Wir mussten lernen, die Herrschaft durch die Kraft Jesu Christi zu übernehmen.

Woher wissen wir, dass wir bei der Ausübung der Herrschaft Erfolg haben werden? Weil Jesus gesagt hat: „*Siehe, ich gebe euch die Vollmacht, auf Schlangen und Skorpione zu treten, und über alle Gewalt des Feindes; und nichts wird euch in irgendeiner Weise schaden*" (Lk 10,19). Jesus muss nicht erneut vom Himmel herab kommen; Er lebt in uns, in den Gläubigen! Er hat alles zu unserer Rettung, Heilung und Befreiung getan, was wir nicht tun konnten, und dann kam Er, um durch Seinen Heiligen Geist in uns zu wohnen und uns zu helfen, alles in unserer Macht Stehende zu tun, um mit all diesen Segnungen uns selbst und anderen zu dienen.

Mein Mann und ich nahmen Jesus als Vorbild und die Schrift als die absolute Wahrheit. Wir erklärten, dass der Schmerz und das Gebrechen im Körper unseres Sohnes Tatsachen waren. Doch stellen diese Tatsachen nicht die letzte Wirklichkeit dar. Die Wahrheit ist, dass Gebrechen und Krankheit kein Bleiberecht haben, weil Jesus ihn davon befreit hat. Wir beziehen diese Wahrheit aus dem Bereich der geistlichen Welt, bis sie auch im natürlichen Bereich Wirklichkeit wird. Wie? Die Schrift sagt, dass Gläubige *„Kranken die Hände auflegen werden, und sie werden sich wohl befinden"* (Mk 16,18). Alles, was wir tun müssen, ist wirklich Gott zu glauben, dass es bereits vollbracht ist und durch den Glauben die Heilung in Anspruch zu nehmen, die Jesus durch Sein Opfer bereitgestellt hat, als Er für die Rettung und Heilung unseres Kindes brutal geschlagen und gekreuzigt wurde. Gott wird Seine Meinung zum Thema Freiheit für Lucas nicht ändern.

Im letzten halben Jahr haben wir inbrünstig für unseren kleinen Jungen gebetet und andere gebeten, mit uns zu beten. Wir legen ihm die Hände auf und glauben, dass Gott Lucas „gesund" haben will, und dass Er für ihn schon einen Weg bereitgestellt hat, wiederhergestellt zu werden. Wir geboten dem Säure-Reflux und allen Verdauungs- und Sinnesproblemen im Namen Jesu zu verschwinden, und nach einigem Hin und Her können wir jetzt erleben, wie er konsequent eine Vielzahl an Nahrungsmitteln essen kann, und wir haben den Geruch von Erbrochenem auf seinen Kleidern vergessen. Kürzlich sagte uns seine

Erzieherin im Kindergarten, dass Lucas „aufgelebt" sei, und wir haben tatsächlich festgestellt, dass sein gewöhnlicher „glasiger Blick" seit einigen Monaten nicht mehr da ist, und dass eine deutlich wahrnehmbare Verbesserung in seinem Sozialverhalten und bei seinen kognitiven Fähigkeiten eingetreten ist. Er hat begonnen, Anweisungen zu befolgen. Er lernt neue Wörter und kommt immer mehr heraus aus dem Verhalten „nach eigenem Kopf". Augenkontakt mit anderen Menschen zu haben macht ihm nichts mehr aus. Für das Lesen des Alphabets hat er in der Schule einen

„Überfliegerpreis" erhalten. Er ist jetzt generell ein glücklicheres Kind, und er nimmt gerne und oft an interaktiven Spielen teil, wie nie zuvor in seinem Leben.

Aus unserer menschlichen Perspektive hat er noch einen langen Weg vor sich, bis er all die Meilensteine für sein Alter erreicht. Doch seine Heilung und seine Freiheit sind eine vollendete Realität in der geistlichen Welt – und wir werden uns mit nichts weniger begnügen als dem, wofür unser Erlöser bezahlt hat. Es geht nicht um uns und nicht darum, wie gut wir mit den Handicaps unseres Sohnes zurechtkommen; es geht einzig um das Herz Gottes und darum, was all diese Ungerechtigkeit für Lucas bedeutet. Wenn ich unterdrückt wäre, würde ich mir wünschen, dass jemand, der die Macht und Autorität zu meiner Befreiung besitzt, mich befreit, oder es zumindest versucht.

Unser Ausflug nach „Holland" wurde für uns zu einer Reise, auf der wir die Wahrheit gefunden haben. Wir haben allerdings auch unsere eigenen Bereiche des Unglaubens entdeckt und lernen, sie zu beseitigen, indem wir das Herz Gottes und die neue Schöpfung, zu der Er uns in Christus gemacht hat, immer besser kennen lernen. Durch die Kraft des Geistes Gottes, der in uns lebt, fahren wir fort, Leben und Wiederherstellung über unserem Sohn auszusprechen und wir erwarten, ihn „gesund" zu sehen, so wie Jesus es für ihn geplant hat. Je anhaltender und zuversichtlicher wir in unseren täglichen Deklarationen der Heiligen Schrift über Lucas werden, desto bessere Resultate stellen sich ein, denn *„Gott ist treu; Er hält Sein Wort"* (Ps 138,8).

Wir weigern uns, den Lügen und Flüchen des Feindes unsere Stimme zu leihen; wir weigern uns, der Angst, Niederlage oder Schuld unsere Stimme zu leihen, das Gebrechen zu akzeptieren und so zu tun, als hätten wir Frieden mit ihm geschlossen. Stattdessen sprechen wir Gottes Wort, Seine Wahrheit aus und Er kommt treu, um Sein Wort zu bestätigen. Die Fortsetzung guter Nachrichten über Lucas folgt, wegen Jesus!

Wir sehen, wie sich täglich Dinge bessern. Anstatt, wie gewöhnlich, sich beim Schlafengehen herumzuwälzen, seinen Kopf zu stoßen, wild zu schaukeln und sich zu isolieren, hat er vor zwei Wochen zum ersten Mal meine Hand genommen und mich in sein Zimmer geführt. Ich habe nun schon zwei Wochen am Stück mein Kind in den Schlaf gesungen! Er hat damit aufgehört, Trost in Isolation und Selbstverletzung zu finden, und findet nun Trost in meinen Armen!

Es gibt weitere Fortschritte im Sozialverhalten, die ich in der vergangenen Woche zum ersten Mal gesehen habe. Wir hatten eine große Familienparty, und er ging buchstäblich von einer Person zur anderen und begrüßte sie mit seinem Lächeln; er nennt seine Geschwister nun beim Namen (er sprach mir nach, doch seine große Schwester war beeindruckt, dass er sie beim Namen nannte und sie anerkannte). Er fühlt sich wohl dabei, andere Kinder an der Hand zu halten. Einige Male hat er von sich aus Gespräche angefangen, mit den Worten: „Hallo, was machst du?" Als er einen Schuh verlor, hielt er inne und versuchte, ihn wieder anzuziehen. Er holte seine Jacke und seine Schuhe, als er nach draußen gehen wollte. Und anstatt einfach barfuß nach draußen zu rennen, sagte er: „Zumachen" und machte den Reißverschluss seiner Jacke zu. Er hat begonnen, Dinge wegzuräumen – seine Jacke rutschte von einer Stuhllehne herunter, und er versuchte, sie wieder aufzuhängen – er beginnt, an dem, was um ihn herum geschieht, Anteil zu nehmen, die Menschen ihm ihn her wahrzunehmen! Er ist dabei, aus seiner eigenen Welt herauszukommen, aus der Gefangenschaft in die Freiheit! Preis dem Herrn!

Häufig gestellte Frage Nr. 13

„Kürzlich habe ich einen Prediger sagen hören, der Grund dafür, dass wir kein Wunder erleben, läge darin, dass wir Medikamente nähmen und zum Arzt gingen. Stimmt das? Ist es Unglaube, wenn ich meinem Kind Medizin gebe und mit ihm zum Arzt oder zur Physiotherapie gehe?"

Erstens, keine Pille ist groß genug, um Gott daran zu hindern, Ihr Kind zu heilen. Und kein Doktor ist mächtig genug, dass er Gott daran hindern könnte, Ihr Kind zu heilen. Wenn es um angeborene Erkrankungen geht, gehören Ärzte zu den ersten, die bereitwillig zugeben werden, dass es eines Wunders bedarf, um sie zu heilen! Sie haben in Christus die Freiheit, Gott zu vertrauen, in Christus erwachsen zu werden und Ihrem eigenen Gewissen zu folgen, was den Umgang mit Medizin, Ärzten und Physiotherapie angeht. Wenn Ihr Kind zu irgendeinem Zeitpunkt medizinisch behandelt werden muss und Sie keine übernatürliche Heilung sehen, dann lassen Sie Ihrem Kind die Hilfe zukommen, die es benötigt. Lassen Sie Ihr Kind nicht leiden, nur um Ihren Glauben unter Beweis zu stellen. Gott will, dass es uns gut geht!

Manche Christen, die Gottes Worte zum Thema Krankenheilung ernst nehmen, vertreten einen kompromisslosen Standpunkt *gegen jeglichen Gebrauch* von Ärzten und medizinischen Behandlungen. Auch wenn sie die Freiheit haben, dies für sich selbst so zu handhaben – wenn sie ihre eigenen Ansichten allen anderen aufzwingen wollen, begehen sie den Fehler „Lehren vorzutragen, die Menschengebote sind" (Mt 15,9). Jesus sandte Seine Jünger aus, um die Kranken zu heilen und rüstete sie mit der übernatürlichen Kraft und Vollmacht des Reiches Gottes aus. Und doch hat Er *niemals verboten*, Ärzte oder medizinische Behandlung in Anspruch zu nehmen, wenn es nötig war. Auch wenn es nur eine Illustration ist, so hat Jesus doch gesagt: „*Nicht die Starken brauchen den Arzt, sondern die Kranken*" (Mt 9,12).

In der ganzen Bibel ist mir nur eine Begebenheit bekannt, bei der Gott sich über jemanden, der medizinische Hilfe sucht, negativ äußert. Im Fall Asas tadelt Gott Asa dafür, dass er die Hilfe der Ärzte sucht und sagt: *„Und Asa wurde krank an seinen Füßen im neununddreißigsten Jahr seines Königreichs, und seine Krankheit war sehr schwer; doch suchte er auch in seiner Krankheit nicht den Herrn, sondern die Ärzte"* (2.Chr 16,12). Eine aufmerksame Lektüre dieser Passage offenbart jedoch, dass das Problem Asas nicht so sehr darin bestand, dass er Ärzte konsultierte, sondern **warum** er es tat. Sein Herz war so verhärtet Gott gegenüber, dass er Ihn selbst dann nicht suchte, als es wirklich schlimm um ihn stand. Asa konsultierte die Ärzte aus Trotz, weil er unbedingt beweisen wollte, dass er Gott nicht brauchte.

Als an Jesus Christus Gläubige vertrauen wir Gott in allen Dingen. Wir stehen fest in unserem Glauben für vollkommene Heilung und in der Vollmacht für übernatürliche Wunder. Wenn Sie auf dieser Reise die Hilfe eines Arztes in Anspruch nehmen müssen, seien Sie wie Hiskia, der mit seiner Feigenmasse den Lobpreis Gottes sang. Als Hiskia todkrank war, erklärte er: *„Der Herr wird mich erretten!"* (Jes 38,20). Doch als Antwort auf sein Gebet zeigte Gott dem Propheten Jesaja *eine medizinische Behandlung: „Man bringe eine Feigenmasse und streiche sie ihm als Salbe auf das Geschwür, so wird er gesund werden!"* (Jes 38,21). Für Hiskia war es ein Akt des Glaubens, die Feigenmasse auf sein Geschwür aufzutragen! Doch der Dank und der Lobpreis gebühren Gott und nur Gott!

In unserem Dienst äußern wir uns niemandem gegenüber in Bezug auf den Einsatz medizinischer Behandlungen, den Besuch von Ärzten oder die Inanspruchnahme von Physiotherapie. Wir geben grundsätzlich keine Empfehlungen ab. In den USA ist dies für jeden gesetzlich verboten, der nicht über eine entsprechende Lizenz verfügt. Wir konzentrieren uns auf Jesus Christus, nicht auf medizinische Behandlungen oder Ratschläge – die sind Ärzten vorbehalten. Jesus sendet Seine Jünger nicht dazu aus, Medizin zu verabreichen, Ernährungskurse oder Trainingskurse zu geben. Wir wurden von Jesus Christus ausgesandt, das Reich Gottes durch Wunder freizusetzen, die den Ärzten die Sprache verschlagen!

Wenn es darum geht, medizinische Behandlungen anzuwenden (einschließlich der Inanspruchnahme von Ärzten, Operationen oder Therapien) ermutigen wir jeden, gemäß dem Wort Gottes und gemäß ihrem Gewissen Jesus Christus zu folgen, ohne ihren Ansatz vor anderen rechtfertigen zu müssen. Wir leben für Gott, in dem Wissen, dass Gott den Eltern – und nicht einer anderen Person, nicht dem Avalanche-Gebetsteam, nicht dem Prediger, und nicht dem Arzt – die Verantwortung für ihre Kinder übertragen hat.

Wenn Sie ein Vater oder eine Mutter sind, müssen Sie sich dessen bewusst sein, dass Sie die ultimative Verantwortung für das Wohlergehen Ihrer Kinder tragen. Doch mehr noch als die Verantwortung haben Sie die Gnade und Kraft Gottes in sich, welcher der ultimative Arzt ist und über die Maßen mehr zu tun vermag als jeder Arzt gemäß der Kraft die in uns wirkt!

KAPITEL 16
Ganzheitliche Gesundheit*[6] im Werden

Mädchen. Fünf Jahre alt. USA
Diagnose: Down-Syndrom

Ich erinnere mich, wie ich nach meinem Kaiserschnitt im Aufwachraum lag und mein christlicher Arzt mit der Nachricht herein kam, bei meinem Baby sei das Down-Syndrom diagnostiziert worden. Danach betete er über mir ein Gebet, welches ich nicht annehmen konnte, obwohl ich wusste, dass es aus einem fürsorglichen Herzen kam. Ich sah, wie die Assistenzärztin neben ihm weinte, während der neue Kinderarzt, dem ich vorher noch nicht begegnet war, sagte, meine Tochter habe die Merkmale und die Testergebnisse würden ihre Vermutung mit Sicherheit bestätigen. Ich hatte meine Tochter noch gar nicht gesehen, doch in dem Moment entschloss ich mich, diesen Bericht nicht zu akzeptieren, so wie ich es auch heute nicht tue. Es gibt nur einen Bericht, dem ich Glauben schenke, und das ist der Bericht des Herrn.

RÜCKBLICK AUF DIE SCHWANGERSCHAFT

Ich erinnere mich an den Arztbesuch im zweiten Drittel der Schwangerschaft einige Monate zuvor, als mein Arzt mir den Bereich der Werte für die Nackenfalte bei DS-Fällen nannte und dass die Werte meiner Tochter sehr hoch waren. Vielleicht habe ich zu jener Zeit in eigener Kraft gehandelt, jedenfalls habe ich nicht auf diese Nachricht reagiert, so dass er sie wiederholte, und zwar mit mehr Gewissheit

---

[6] *Englisch „wholeness", was sowohl Ganzheit als auch Gesundheit in sich vereint – Anmerkung des Übersetzers.

darüber, dass sie DS habe. Ich wusste, dass Gott die Geburt dieses Babys bestimmt hatte, und dass dies nicht Seinem Plan entsprach. Mein christlicher Arzt gab mir ein Andachtsheft für werdende Mütter, wobei er die DS-Seite für mich extra markiert hat. Ich habe die Seite bis heute nicht gelesen. Ich wollte nicht getröstet werden, denn in meinem Denken hätte die Annahme des Trostes bedeutet, dass ich die Diagnose akzeptierte. Ich wollte Gottes Plan für dieses Baby, weil ich wusste, dass es ein guter Plan für ihr Leben war. Auf der Fahrt nach Hause gingen Meine Gedanken zurück zu der Zeit, als ich im ersten Monat war. Ich sagte damals zu Gott: „Ich weiß, dass etwas nicht in Ordnung ist, denn ich kenne meinen Körper." Seine Antwort kam laut und deutlich in meinen Geist, als Er sagte: „Du hast immer auf dich selbst und deine eigenen Fähigkeiten vertraut.... Doch jetzt möchte ich, dass du lernst, Mir zu vertrauen." An dieser Wahrheit hielt ich mich fest während der kommenden Monate der Unsicherheit.

Mein Mann und ich fuhren mehrmals in eine andere Stadt zu einem Spezialisten, dessen medizinische Ausrüstung besser war als die meines Arztes. Ich erinnere mich an unseren ersten Termin dort. Mein Mann und ich wehrten das Angebot einer Abtreibung entschieden ab. Wir hatten zehn Jahre auf dieses Baby gewartet und es ging in vielerlei Hinsicht gegen jede Faser meines Wesens. Er teilte uns mit, dass eine 30%ige Wahrscheinlichkeit bestand, das Baby zu verlieren, und dann erklärte er uns 45 Minuten lang jede mögliche Einzelheit, die bei ihr nicht in Ordnung sein könnte. Wir verließen die Praxis traurig. Nachdem die Autotür zu war, weinte ich auf der langen Fahrt nach Hause. Doch als die Tränen versiegt waren, waren wir uns darin einig, für vollkommene Heilung zu beten. Zu dem Zeitpunkt in unserem Leben wussten wir jedoch nicht wirklich, wie wir für Heilung beten sollten. Ich bin in einer Gemeinde erfüllt mit dem Heiligen Geist aufgewachsen, die an Heilung glaubte, jedoch hatte ich eine Auffassung von Gottes Souveränität, nach der alles, was passierte, auch so passieren sollte. Das ließ dem Bereich des Gebets nicht viel Spielraum. Ich hatte viele Jahre damit verbracht, Gottes Willen über Situationen zu erbitten, und ich hatte tatsächlich geglaubt, dass Gott mich dazu erwählt habe, Schwierigkeiten zu erleben, weil Er die Beziehung mit mir dadurch vertiefen wollte. JA, Er hat immer Gutes aus den schlechten Situationen hervorgebracht, und ich danke Ihm dafür, dass Er Schönheit statt Asche gegeben hat. Doch glaube ich, dass ich Ihn in einer Box eingesperrt hielt, während Sein Plan so viel größer war, weil Er ein guter Gott ist. Er ist ein liebender Vater, der nur Gutes für Seine Kinder will.

Ein Umstand, der uns zu jener Zeit sehr zugute kam, war die Tatsache, dass wir von der Schwangerschaft und der Diagnose niemandem aus unserem Familien- und Freundeskreis erzählten außer unseren Eltern. Ich hatte das Glück, die Gene meiner Mutter geerbt zu haben, die es mir ermöglichten, während der Schwangerschaft zu essen und dennoch an Gewicht zu verlieren. Selbst im siebten Schwangerschaftsmonat schöpfte niemand Verdacht. Das war sehr wichtig für mich, weil ich nur Eine Stimme hören wollte und weil Gott nun begann, mein Verlangen nach der Wahrheit in Bezug auf Heilung zu stillen. Während dieser Zeit begann ich, im Herrn zu wachsen und im Gebet zu kämpfen, und zwar zusammen mit meiner Mutter, die ebenso täglich über mir für das Leben und die Gesundheit meiner kleinen Tochter gebetet hat.

Mein Mann spielte eine wichtige Rolle als Fels in der Brandung, der mich ständig mit Lobpreis- und Anbetungsmusik versorgte. Ich glaube, dies trug zu meinem Hunger nach einer intimen Beziehung mit meinem Gott bei und intensivierte fortwährend mein Verlangen danach, Ihn zu kennen und mich nach Ihm über allem anderen auszustrecken. Ohne mir dessen bewusst zu sein, war Lobpreis nach meiner Überzeugung damals mit die beste Kampfführung, die ich einsetzte. Gott was mir so unglaublich wertvoll und wenn ich nachts aufwachte, ging mir immer dasselbe Lobpreis- und Triumphlied durch den Kopf. Es basierte auf der Schriftstelle Mk 11,23: *„Denn wahrlich, ich sage euch: Wenn jemand zu diesem Berg spricht: Hebe dich und wirf dich ins Meer! und in seinem Herzen nicht zweifelt, sondern glaubt, daß das, was er sagt, geschieht, so wird ihm* *zuteil werden, was immer er sagt."* Gott begann mich zu lehren, zum Berg zu sprechen und zu vertrauen, dass Sein Wort die Wahrheit ist.

„Er hat uns mitauferweckt und mitversetzt in die himmlischen [Regionen] in Christus Jesus" (Eph 2,6)

NORMALES CHRISTSEIN

Während dieser Monate der Schwangerschaft wuchs in mir auch ein unbändiges Verlangen, eine andere Dimension Gottes kennenzulernen. Ich kannte Ihn bereits als meinen Tröster und besten Freund. Er war für mich schon seit meiner frühen Kindheit sehr real, und dieses Schlachtfeld angeborener Erkrankungen war für meine Familie leider allzu vertraut, bin ich doch mit einem Bruder aufgewachsen, der mit einer seltenen genetischen Erkrankung geboren worden war und als Teenager verstarb.

Ich hatte das große Glück, Gott als meinen wunderbaren Ratgeber zu kennen, und ich wandelte täglich mit Ihm, doch war ich entschlossen, den mächtigen und gewaltigen Gott der Bibel ebenfalls kennenzulernen. Während ich aufwuchs, hatte ich viele Wunder erlebt und ich wusste, dass Gott *konnte*, doch wusste ich nicht, ob Er auch *wollte*. Also begab ich mich auf die Reise, meinen mächtigen Gott zu erkennen, eine Reise, die in Ewigkeit weitergehen wird, während ich immer neue Dimensionen dessen erkenne, wer Er ist.

Ich begann von Pastoren und Autoren zu lernen, die der Überzeugung waren, dass Heilung das Erbe der Gläubigen ist, und ich lernte, dass Heilung „normales" Christsein ist. Ich begann meine Denkweise auf die Wahrheit des Wortes umzustellen, dass es Gottes Willen entspricht, *immer zu heilen*. Ich verbrachte zahllose Stunden damit, Heilungszeugnisse zu lesen und mir anzusehen und belegte sogar Online-Kurse an einer Bibelschule, wo man an göttliche Heilung glaubt. Es war wichtig für mich, Menschen „um mich" zu haben, die glaubten, dass Heilung nicht nur möglich, sondern hundertprozentig verheißen war im Wort

Gottes. Ich wollte in dem Leben der Fülle leben, das Gott Seinen Gläubigen versprochen hatte.

GANZHEITLICHE GESUNDHEIT

Da ich immer noch dabei war, für mein Baby beten zu lernen, fragte ich den Herrn einfach: „Wie willst du, dass ich beten soll?" Die Antwort kam prompt und bestand in einem soliden Wort, welches meine Seele durchdrang: „Wholeness" *(zu Deutsch: ganzheitliche Gesundheit)*. Das habe ich in den letzten fünf Jahren fortwährend über Hanna ausgesprochen. Einige Tage später bestätigte Gott dieses Wort beim Lesen über die zehn Aussätzigen in Lk 17. Sie alle wurden gereinigt, doch der eine mit dem dankbaren Herzen wurde „whole" *(zu Deutsch: ganzheitlich gesund, gerettet)*, was meiner Meinung nach bedeutet, dass er in seinen ursprünglichen Zustand versetzt wurde. Unter Tränen entschied ich mich da und dort, dass es mir bei ihr nicht um „Reinigung" gehen sollte, was in ihrem Fall bedeuten würde, ihren derzeitigen Zustand als Ausgangspunkt zu nehmen und um Wachstum in verschiedenen Bereichen zu beten. Ich vertraute Hanna Gott zur vollkommenen Widerherstellung und vollständigen Gesundheit an. Dieser Vers war eine perfekte Beschreibung einer notwendigen Bedingung des Herzens. Unser Gott liebt ein dankbares Herz und ich möchte dieses genau so intensiv wie ich Hannas Heilung möchte.

Einer aber von ihnen kehrte wieder um, als er sah, daß er geheilt worden war, und pries Gott mit lauter Stimme, warf sich auf sein Angesicht zu [Jesu] Füßen und dankte ihm; und das war ein Samariter. Da antwortete Jesus und sprach: Sind nicht zehn rein geworden? Wo sind aber die neun? Hat sich sonst keiner gefunden, der umgekehrt wäre, um Gott die Ehre zu geben, als nur dieser Fremdling? Und er sprach zu ihm: Steh auf und geh hin; dein Glaube hat dich gerettet! (Lk 17,15-19)

Während dieser Zeit wurde das Wort mir auch überaus kostbar. Es scheint, als ob viele der Zwei-Wege-Gespräche mit dem Herrn sich ereigneten, während ich putzte oder Auto fuhr. Ich erinnere mich, wie ich Gott gefragt habe: „Was willst Du, dass ich tun soll?" Er sagte:

„stehen". Ich wusste nicht, was das bedeutete, also betete ich eine Woche lang um Offenbarung über diese Antwort. Auf meinem Weg zur Arbeit sagte die Moderatorin einer christlichen Radiostation: „Sagt Gott Ihnen, dass Sie stehen sollen? Dann habe ich einen Vers für Sie." Sie fuhr fort: „In 1. Samuel 12,16 heißt es: *Jetzt aber tretet herzu* (im Engl. „steht" – Anmerkung des Übersetzers) *und seht, was für eine große Sache der Herr vor euren Augen tun wird!*" Das ging mir durch Mark und Bein, während Gott mein ganzes Sein damit erfüllte.

Jeden Monat fuhren wir fort, den Spezialisten aufzusuchen, und jeden Monat wurde ich ein bis zwei Stunden lang untersucht. Die Befunde schienen jedes Mal besser zu werden und der Arzt änderte seine düsteren Prognosen über einen Herzfehler zur Aussage, unser Baby habe ein perfektes Herz. Gute Befunde folgten und etwas sehr Begeisterndes geschah. Die Flüssigkeit in der Nackenfalte verschwand und die Maße waren im Normbereich. Bei unserem letzten Besuch waren die Maße des Kopfes normal, die Arme und Beine waren normal, und die Frau, welche die Ultraschalluntersuchung durchführte schaute mich an und sagte: „Das ist ein perfektes Baby." Der Arzt war über die Entwicklung begeistert. Mein Mann und ich waren sehr ermutigt, und wir priesen Gott für Seine Güte zu uns. Dies waren die Bausteine, welche Gott in unserem Leben gebrauchte, um uns zu lehren, im Glauben standhaft zu sein und fest auf seinem Wort zu stehen.

HANNAS ANKUNFT

Die Geschichte endet nicht mit Hannas Geburt – sie ist erst der Anfang dessen, was Gott im Mutterleib begonnen hatte. Ich erinnere mich an den Anruf der Kinderärztin eine Woche nach der Geburt, die mir sagte: „Kommen Sie bitte in die Praxis, damit wir die DNA-Testresultate besprechen können." Ich erinnere mich, wie ich meiner Mutter am Telefon unter Tränen sagte: „Ich kann das nicht... Ich kann das einfach nicht machen."

Die gute Nachricht ist, dass ich nicht dort stehen blieb. Die Wahrheit ist nicht das, was wir sehen oder lesen, oder irgendein Bericht, meine Lieben. Die einzige Wahrheit ist das Wort Gottes und das, worauf wir stehen. Bei meiner Suche nach einem tieferen Verständnis dessen, wer mein Mächtiger Gott ist, habe ich eine noch größere Wahrheit verstanden – Er möchte mächtig sein in mir. In Epheser 1,19 heißt es: *„was auch die überwältigende Größe seiner Kraftwirkung an uns ist, die wir glauben, gemäß der Wirksamkeit der Macht seiner Stärke."* Wer bin ich, dass der Gott und Schöpfer des Universums sich in und durch mich als mächtig erweisen möchte? Ich musste meine Identität in Christus kennenlernen. *„Ist jemand in Christus, so ist er eine neue Schöpfung; das Alte ist vergangen; siehe, es ist alles neu geworden!"* (2.Kor 5,17). Ich musste mein geistliches Eigentum erkennen, das Gott für mich eingerichtet hatte, wovon das erste der Geist war, den Gott in mich hineingelegt hatte, als ich Christus in mein Leben aufnahm. Er ist neu und in jeder Hinsicht vollkommen – mein neues Wesen, zu dem ich geworden war. Die Reise, auf die ich mich für meine Tochter und mich begab, hat viel damit zu tun, mein Denken gemäß dem Wort Gottes zu erneuern und es in Einklang mit dem Heiligen Geist zu bringen, der in mir wohnt. Ich muss nicht in meinen Gefühlen und meinen eigenen Gedanken leben. Ich nehme das, was Gott in Seinem Wort sagt, Seine Gedanken und Seine Gefühle, und bringe sie mit dem Heiligen Geist in Übereinstimmung, der in mir wohnt, so dass das Wort sich in meinen Gedanken, meinen Gefühlen und meinem physischen Körper manifestiert. Ich traue meinen Gefühlen nicht und ich habe definitiv gelernt, meine Gedanken gefangen zu nehmen! Ich habe die Wahl, ob ich in meinen physischen Sinnen und den Tatsachen der Situation leben will, oder ob ich mich für die Wahrheit von Gottes Wort entscheide und täglich mit den Augen des Geistes sehe.

FAKTEN CONTRA WAHRHEIT

Lassen Sie mich Ihnen kurz über einige Fakten berichten, die eine Begegnung mit der Wahrheit des Wortes Gottes erfahren haben. In dem kurzen Leben meiner Tochter von fünf Jahren haben wir unglaubliche

Dinge gesehen. Wir haben uns entschieden, normale medizinische Untersuchungen von normalen Ärzten und Spezialisten vornehmen zu lassen, wenn wir den Eindruck hatten, dass es wichtig sei. Dabei ist es nicht immer notwendigerweise wichtig für Hanna, sondern auch dafür, die Heilungen zu dokumentieren und denen, die mit ihr in Kontakt kommen und denen Gott Seine Wahrheit offenbaren möchte, den Zugang dazu zu ermöglichen. Denken Sie daran, dass Heilung zur Ehre Gottes geschieht und auch anderen dazu verhilft, Christus kennenzulernen und die Kraft Seines vollendeten Werkes am Kreuz, die Fülle des Lebens, das Er uns durch den in uns lebenden Geist schenkt zu erkennen.

- Das Loch im Hannas Herzen schloss sich nicht nach der Geburt. Im Laufe ihres ersten Lebensjahres haben wir etliche Male einen Herzspezialisten aufgesucht. Wir fuhren damit fort, Gottes Wort und Leben über ihr freizusetzen. Bei unserem letzten Besuch wurde uns gesagt, dass das Loch sich geschlossen hat und dass wir gerne in einem Jahr zu einer Überprüfung kommen *könnten*, wobei jeder Termin danach einfach nur noch „Zeitverschwendung" wäre.

- Weil Hanna ein Frühchen war, hatte sie ein Hämangiom. Allein die Bilder im Internet zu sehen brächte alle Eltern zum schaudern. Es sah aus wie ein großer roter Tumor über ihrem linken Auge. Man verwies uns an einen Spezialisten, der jeden zweiten Monat danach sah und es vermaß. Die Ärzte teilten uns die Fakten mit; das Ding würde wachsen, bis sie ein Jahr alt sei und danach langsam bis zum Alter von etwa zwölf Jahren schrumpfen. Wir wussten, dass Gott uns die Autorität über alle Dinge gegeben hat. Also begannen wir, zu diesem Gewächs im Namen Jesu zu sprechen. Nach dem zweiten oder dritten Termin hörte es auf zu wachsen, wonach die Wahrheit des Wortes Gottes, dass „durch Seine Wunden Hanna geheilt ist", einschritt und das hässliche Gewächs zu schrumpfen begann. An ihrem ersten Geburtstag war es kaum noch zu erkennen.

„Siehe, ich gebe euch die Vollmacht, auf Schlangen und Skorpione zu treten, und über alle Gewalt des Feindes; und nichts wird euch in irgendeiner Weise schaden." (Lk 10,19)

- Wir haben als Familie nie all das gelesen, was Bücher oder das Internet über Kinder mit einer DS-Diagnose und deren geistige Fähigkeiten zu sagen haben. Wir glauben nur die Wahrheit dessen, was Gott sagt und stellen uns darauf. Im Alter von zwei Jahren zeigten Sprachtests, dass sie sich mit ihrem Verständnis auf dem Niveau eines Vierjährigen bewegte. Täglich spreche ich diese Worte über ihr aus: „Du bist vorne und nicht hinten, du bist die erste, nicht die letzte, du bist ein Kind des Höchsten Königs und du hast den Sinn Christi." Gott sagt in Seinem Wort in 1.Korinther 2,16: *„denn »wer hat den Sinn des Herrn erkannt, daß er ihn belehre?« Wir aber haben den Sinn des Christus."* Täglich zapfen wir Seinen Sinn für ihr mentales Wachstum an. Im Alter von zwei Jahren kannte Sie das Alphabet in Groß- und Kleinschrift, die Farben und Formen sowie über 30 geschriebene Wörter.

- Als Hanna nahezu drei Jahre alt war, hatten wir eine unserer letzten Physiotherapie-Sitzungen in Easter Seals. Der Programmleiter war an dem Tag auch in der Therapiehalle, und er beobachtete sie und hörte ihr zu. Sie war damit beschäftigt, die Farben all der Bälle im Bällebad zu benennen. Er fragte meinen Mann, ob sie die Mosaik-Trisomie habe – was bedeutet, dass nicht jede Zelle ein zusätzliches Chromosom habe. Als mein Mann ihm sagte, dass dies nicht der Fall sei, empfahl er uns, eine weitere Blutuntersuchung durchführen zu lassen, weil sie so gut entwickelt sei. Wir werden weiterhin beobachten, wie diese Zellen sich zur Perfektion wandeln.

- Die „Tatsache", dass manche mit DS diagnostizierte Kinder eine niedrige Schilddrüsenfunktion und niedrige Eisenwerte haben, versuchte, sich gegen Hanna zu stellen. Ich erinnere mich daran, wie ich neun Monate lang durch Verabreichen von

Eisenpräparaten daran gearbeitet habe, ihre Eisenwerte zu erhöhen. Ich fühlte mich nicht wohl dabei, ihr diese zu geben und die Werte stiegen so minimal, dass ich beschloss, damit aufzuhören. Sechs Monate später, bei ihrer jährlichen Untersuchung, zeigte sich die Ärztin erstaunt über ihre Eisenwerte und fragte mich, was ich denn getan hätte. Ich sagte ihr im Beisein der Praktikantin, die neben ihr saß und sich Notizen machte: „Ich habe alle Präparate abgesetzt und ihren Eisenwerten im Namen Jesu geboten anzusteigen." Sie sagte mit einem verlegenen Lächeln: „Ok, machen Sie weiter damit." Die Wahrheit ist, dass Gott ganzheitliche Gesundheit für unsere Kinder bereithält, und Sein Wort sagt in Johannes 10,10: *„Der Dieb kommt nur, um zu stehlen, zu töten und zu verderben; ich bin gekommen, damit sie das Leben haben und es im Überfluss haben."*

- Meine Lieblingsbegebenheit, die medizinisch wunderbar dokumentiert ist, hat mit Hannas Zähnen zu tun. Bei einer jährlichen Untersuchung erkundigte ich mich nach ihren Eckzähnen, die im Alter von vier Jahren immer noch nicht da waren. Meine Ärztin zeigte mir auf ihrem Röntgenbild, dass sie keine Eckzähne hatte. Ich sagte: „Aber sie wird sicher die bleibenden Eckzähne bekommen, oder?" Daraufhin zeigte sie mir die bleibenden Zähne, die für alle ihre anderen Zähne bereits im Zahnfleisch zu sehen waren und sagte, dass sie wohl sehr wahrscheinlich keine bekommen würde, da sie nicht einmal die Milchzähne hatte und auch keine bleibenden Zähne im Zahnfleisch zu sehen wären. Als ich Hanna im Autositz festschnallte, annullierte ich diesen Bericht, betete um Zähne, sprach zu ihrem Mund und gebot den Eckzähnen im Namen Jesu, sich zu bilden und hervorzukommen. In den nächsten Monaten vergaß ich diese Begebenheit völlig, bis eines Tages meine Mutter sie beim Verlassen ihres Hauses in den Autositz setzte und ausrief: „Hanna! Da kommt ja ein Zahn." Wir können uns nicht auf Fakten verlassen, wir stehen nur auf der Wahrheit.

- Nächstes Jahr kommt Hanna in den Kindergarten und ihre Vorschullehrerin sagt, dass sie akademisch sehr stark sei und einen erstaunlichen Wortschatz habe. Sie empfahl einen allgemeinen Kindergarten ohne Sonderunterricht.

- Was die meisten Leute vor allem wissen wollen, ist, ob sie aussieht, als hätte sie das DS. Sie hatte keine Nackenrolle wegen der Heilung, die Gott schon im Mutterleib begonnen hatte. Sie hat lange Arme und Beine und ist wohl proportioniert. Auf dem Somatogramm war sie immer im „normalen" Bereich, und ihr Arzt sagte oft, was für ein großes Mädchen sie doch sei. Oft muss ich grinsen, erwidere aber kein Wort darauf, wenn das einzige, was Menschen an ihr auffällt der Umstand ist, dass sie <u>müde aussieht.</u> Gott ist treu und Er wird das Werk vollenden, welches Er in diesem Bereich begonnen hat.

- Genauso wichtig wie die körperlichen Veränderungen ist für mich das, was sich in mir geändert hat, wenn ich Menschen mit Down-Syndrom sehe. Früher war das sehr schwierig. Der Feind benutzte Bilder gegen mich, die sich ständig in meinem Kopf abspielten. Wenn ich jetzt Kinder oder Erwachsene mit DS sehe, ist mein Herz mit Mitgefühl und Liebe ihnen gegenüber erfüllt, und ich wünsche Ihnen nichts sehnlicher, als dass auch sie Heilung und Ganzheit erleben. Die Angst ist verschwunden. Sie wurde durch Gottes Liebe zu Seiner Ehre ersetzt.

WAS ICH IHNEN VOR ALLEN DINGEN SAGEN MÖCHTE

Mein lieber Freund, meine liebe Freundin, wenn ich jetzt bei Ihnen sein könnte, würde ich Ihnen sagen: „Die Wahrheit ist nicht das, was Sie sehen. Die einzige Wahrheit ist im Wort Gottes zu finden, und Er wird sie manifestieren, wenn Sie das Schwert des Wortes über Ihren Umständen schwingen." Wir sehen nicht mit unseren natürlichen

Augen. Dies ist ein Weg, der wirklich das Sehen in der geistlichen Welt erfordert, wo wir wahrhaftig „auf Erden wie im Himmel" sehen.

Ich habe gelernt, dass diese Schlacht von der Siegerseite gekämpft wird; dass dies eine Feier großer Freude mit gewaltigem Lobpreis für unseren Herrn und König ist, und eine Gelegenheit herauszufinden, worum es beim Ruhen im Herrn wirklich geht. Das Ganze bot mir auch die Möglichkeit zu sehen, wo mein Vertrauen liegt und wer ich im Herrn wirklich bin. Es gibt Tage, an denen ich den Feind daran erinnern muss, wer ich bin. Dann begebe ich mich entweder auf eine Spritztour oder finde einen „Treffpunkt" im Haus, wo ich ausrufen kann: „Weißt du nicht, wer ich bin?" Dann fange ich an, meine Beziehung mit dem Herrn auszusprechen. Ich sage, was Er in Seinem Wort darüber sagt, wer ich bin und wer Hanna nach Seinen Worten ist. Ich glaube, dass der Teufel voller Angst ist, weil er weiß, was die Zukunft für unsere Kinder bereithält und was dies für das Reich Gottes bedeutet. Deshalb besteht sein Plan immer darin, „zu töten, zu stehlen und zu verderben."

Das Wort Gottes ist mir auf dieser Reise überaus kostbar geworden. In meiner Bibel sind all die Schriftstellen über Heilung markiert und ich verlasse mich auf sie und spreche sie über Hanna aus. Es gibt noch einige andere Bibelstellen, die ich Ihnen mitgeben möchte. Sie waren die Anfangspunkte dieser Reise für mich und ich hoffe, dass Sie in Ihnen den Widerhall finden, den sie bei mir damals fanden.

„Denn von Ewigkeit her hat man nie gehört, nie vernommen, hat kein Auge es gesehen, daß außer dir ein Gott tätig war für die, welche auf ihn harren."
(Jes 64,3)

„Er zweifelte nicht an der Verheißung Gottes durch Unglauben, sondern wurde stark durch den Glauben, indem er Gott die Ehre gab und völlig überzeugt war, daß Er das, was Er verheißen hat, auch zu tun vermag." (Römer 4,20-21)

Gott heilt angeborene Erkrankungen
Erste Früchte

„Er bitte aber im Glauben und zweifle nicht; denn wer zweifelt, gleicht einer Meereswoge, die vom Wind getrieben und hin- und hergeworfen wird. Ein solcher Mensch denke nicht, daß er etwas von dem Herrn empfangen wird, ein Mann mit geteiltem Herzen, unbeständig in allen seinen Wegen." (Jak 1,6-8)

Häufig gestellte Frage Nr. 14

„Mein Pastor steht NICHT hinter diesem Ansatz. Mein Pastor sagte, dass wir etwas ganz Besonderes sein müssen, da uns ein Kind mit Down-Syndrom anvertraut wurde. Doch es fühlt sich nicht besonders an. Hat er recht?"

Leider können Pastoren sich irren. So sehr jeder Pastor auch sein Bestes gibt, um das Richtige zu tun, dies ist ein Gebiet, auf dem sich viele (die meisten?) Pastoren irren. Die Frage, die sich Ihnen stellt lautet: Wie sollten Sie reagieren?

Reagieren Sie beleidigt, weil Ihre Erwartungen nicht erfüllt wurden? Bevor Sie irgendetwas bezüglich Ihres Pastors unternehmen, würde ich Sie gerne ermutigen, sich um Ihr eigenes Herz zu kümmern. Manchmal behandeln wir Pastoren schlecht, weil wir unser Verhalten ihnen gegenüber auf Erwartungen gründen statt auf die Liebe Christi und die Offenbarung ihrer Einheit mit Christus. Lassen Sie Ihre Erwartungen los, sowie die Enttäuschungen, das Bedürfnis, Recht zu haben, Ihren Wunsch nach Bestätigung und Unterstützung von ihnen und alle diese Dinge. *„Zieh zuerst den Balken aus deinem Auge, und dann wirst du klar sehen, um den Splitter aus dem Auge deines Bruders zu ziehen!"* (Mt 7,5)

Wenn ich meine Seminare halte, sage ich den Leuten: „Wenn Sie aus einer anderen Gemeinde sind, dann gehen Sie bitte nicht zurück mit einer besserwisserischen Einstellung und fangen an, Ihrem Pastor und jedem anderen zu sagen, dass sie falsch liegen. Gehen Sie zurück und tragen Sie Frucht. Nehmen Sie das, was Sie gelernt haben und helfen Sie den Menschen damit. Befreien Sie die Menschen. Ermutigen Sie sie. Bauen Sie andere auf, nicht sich selbst!" Wir müssen die Tatsache respektieren, dass Leiter von Ortsgemeinden ihr Bestes tun, um ihrer Berufung treu zu sein, über die Herde Gottes mit Integrität zu wachen gemäß ihrem Verständnis des Wortes Gottes.

Wenn Sie es dem Heiligen Geist erst einmal gestattet haben, mögliche Enttäuschungen und Verletzungen in Ihrem eigenen Herzen auszuräumen, sind Sie viel besser in der Lage, Ihren weiteren Weg zu reflektieren.

Ihr Pastor trägt die Verantwortung vor Gott, der Gemeinde zu helfen, die Herrschaft Jesu Christ zu verstehen und zu demonstrieren, was die Herrschaft Jesu Christi über angeborene Erkrankungen und alle Krankheiten einschließt. Wenn er nicht in der Lage ist, angemessene geistliche Führung auf diesem Gebiet bereitzustellen, ist er offen, sich helfen zu lassen? Gott hat Ihnen die Aufgabe gegeben, als Agent Seines Reiches die Heilung Ihres Kindes zu bewirken. Gibt Er Ihnen auch den Auftrag, Ihrem Pastor zu helfen?

Sehr wenige Pastoren haben je die Möglichkeit erwogen, dass Gott angeborene Erkrankungen heilt. Manche Pastoren werden vielleicht von Ihrem Glauben inspiriert und unterstützen Sie dabei, Ihrem Kind mit Heilung zu dienen. In einem solchen Fall könnten Sie Ihrem Pastor dieses Buch als Quelle und Anfangspunkt zukommen lassen, damit er oder sie Ihren Ansatz in dieser Sache versteht.

Manche Pastoren werden jedoch eher gegen Ihren Glauben argumentieren. Sie dürfen keine Energie darauf verschwenden, mit Leuten zu debattieren, schon gar nicht mit Ihrem Pastor. Sie müssen in den Dingen, von denen Sie überzeugt worden sind, mit voller Kraft vorwärtsgehen, selbst wenn dies bedeutet, alleine dastehen zu müssen!

Sie werden Entscheidungen treffen müssen darüber, auf welche Weise Sie die von Ihnen benötigte geistliche Führung und Unterstützung auf diesem Gebiet Ihres Lebens erhalten. Doch Ihre ultimative geistliche Führung und Unterstützung wird von Jesus Christus Selbst und vom Trost des Heiligen Geistes kommen.

Viele der Familien, die Zeugnisse zu diesem Buch beigesteuert haben, stehen beim Thema Heilung Ihres Kindes alleine da. Obwohl ihre eigenen Familien, Freunde und Gemeinden ihren Glauben nicht teilen, dass Gott angeborene Erkrankungen heilt, gehen sie vorwärts, weil Gottes Wort ihnen die Zuversicht gegeben hat, auszuhalten.

Fahren Sie fort damit, im Geist zu säen und weigern Sie sich, den Mut sinken zu lassen! Zu gegebener Zeit werden Sie und Ihr Kind eine mächtige Ernte für das Reich Gottes einfahren!

Das werden viele sehen und sich fürchten und werden auf den Herrn vertrauen.
(Ps 40,4)

KAPITEL 17
Eine Taube vom Himmel

Junge. 5 Jahre alt. Neuseeland
Diagnose: Down-Syndrom

Jona hatte seinen großen Auftritt am 21. Juni 2009 um 17:45 Uhr. Während er geboren wurde, kam mir der Name ‚Jona' in den Sinn, ich glaube vom Heiligen Geist, denn Jona gehörte nicht zu den Namen, die wir uns überlegt hatten. Jona bedeutet ‚eine Taube'. Es war eine normale und natürliche Hausgeburt. Mit einem Gewicht von 3,3 kg und einem Apgar-Wert von 9 Punkten aus 10 war er das perfekte Baby. Die Brust nahm er sofort wie ein Profi. Sein flacher Nasenrücken war der einzige Hinweis für mich, dass etwas anders sein könnte. Ich war ein wenig besorgt über seine sehr verschnupfte Nase, und seine lange eidechsenartige Zunge kam mir etwas seltsam vor.

DANN KAMEN DIE TRÄNEN

Plunket, eine Organisation in Neuseeland, die das Wachstum und die Gesundheit Neugeborener überwacht, löste nach sechs Wochen unsere Hebamme ab. Die Krankenschwester war über den niedrigen Muskeltonus Jonas besorgt. „Alle Babys entwickeln sich doch verschieden, oder?" – dachte ich. Als Jona zehn Wochen alt war, sagte eine Freundin, sie hätte schon mit Babys mit Down-Syndrom gearbeitet und dächte, Jona sähe so ähnlich aus.

Am nächsten Tag ging ich mit Jona zu meiner Ärztin. Sie überwies uns an einen Kinderarzt wegen Jonas niedrigem Muskeltonus, versicherte mir aber, dass sie nicht dachte, es handle sich um das Down-Syndrom. Zwei Tage später stellten wir uns beim Kinderarzt vor, der auf unsere Frage nach dem Down-Syndrom nur milde lächelte. „Sehr unwahrscheinlich," sagte er. Er untersuchte Jona und entschied, Blutuntersuchungen und einen Karyotyp machen zu lassen, nur um sicher zu sein. Seiner Ansicht nach handelte es sich lediglich um Hypotonie (niedriger Muskeltonus). Mann, waren wir erleichtert.

Drei Wochen und einige verpatzte Bluttests später saß ich mit Jona im Sprechzimmer des Kinderarztes (dieses Mal brauchte mein Mann nicht dabei zu sein, dachten wir – alles war in Ordnung, nicht wahr?). Dann kamen die Worte, die mir den Boden unter den Füßen wegzogen: „Es tut mir leid, aber Jona hat tatsächlich das Down-Syndrom". Alles, was ich sagen konnte war: „Das ist ein Scherz, oder?" Dann kamen die Tränen. Ich schaute zu meinem Baby in seinem Baby-Autositz und wagte es kaum zu glauben, dass es wahr sei. Ich nahm ihn auf den Arm und drückte ihn an mich, in dem plötzlichen Bedürfnis, ihn zu beschützen.

Es goss in Strömen, als ich mit Jona nach Hause fuhr – das stürmische Wetter war ein Spiegelbild dessen, was in meiner Seele vorging. Als wir zu Hause ankamen, fiel ich in die Arme meines Mannes und wir weinten zusammen. Ich blieb an dem Abend lange wach und las alles über das Down-Syndrom, was ich finden konnte. Die meisten Informationen waren angsteinflößend, zählten sie doch all die negativen Auswirkungen des zusätzlichen Chromosoms auf. Ich versuchte zu schlafen, konnte mich jedoch nur im Bett herumwälzen. Schließlich landete ich schluchzend auf dem Boden unseres Gästezimmers. Ich dachte nicht, dass ich genug Kraft haben würde, um mit alledem fertig zu werden. Also rief ich zu Gott und bat Ihn, Jona zu sich zu holen und so Jona und uns den Kampf eines Lebens mit dem Down-Syndrom zu ersparen. Jona war 14 Wochen alt, als die Diagnose „Trisomie 21" bestätigt wurde.

DAS „PRO SYNDROM"-SYNDROM

Die nächsten paar Tage waren ein einziger Alptraum, während ich mir Mühe gab, mich zusammenzureißen; ich war sehr nahe daran, zusammenzubrechen. So etwas durfte doch unserem Kind nicht passieren, doch nicht uns. In meiner Trauer hatte ich mich emotional abgeschottet, doch dann bemerkte ich, dass Jona dasselbe tat. Er war vorher immer ein fröhliches, interaktives Baby gewesen, doch jetzt glich er einer kleinen Statue. Ich beschloss zu „vergessen" und ihn einfach wieder Jona sein zu lassen. Sobald Mama wieder da war, kamen auch die Lebensgeister Jonas zurück. Doch für mich ging der Kampf weiter.

Ich las ein Buch, das mir half, mit Jonas Diagnose zurechtzukommen. Doch ich hatte keine Ahnung, dass dies etwas war, wovon Gott Jona heilen wollte. Also bemühte ich mich, Wege zu finden, damit zu leben. Jedermann sagte mir, dass das Down-Syndrom eine „Gabe von Gott" sei. Nur besondere Menschen bekommen besondere Kinder, und all die anderen Klischees von dieser Sorte. Es ist so politisch korrekt geworden, diese Dinge zu akzeptieren. Ich möchte nicht missverstanden werden. Menschen mit Behinderungen sollten nicht weniger gut behandelt oder in irgendeiner Weise diskriminiert werden. Sie sollten befreit werden. Die heutige Gesellschaft versucht, Menschen dazu zu erziehen, zu akzeptieren und willkommen zu heißen, doch mit sehr geringem Erfolg, wie die Abtreibungsrate von über 90% ungeborener Babys mit der Diagnose des Down-Syndroms beweist.

Diese Forderung, die Behinderung als solche zu akzeptieren und willkommen zu heißen, ist in der Kirche weit verbreitet, also machte ich da mit. Ich stürzte mich kopfüber in alles, was mit Down-Syndrom zusammenhing, fest entschlossen, mich dadurch dazu zu bringen, es zu akzeptieren. Ich ging sogar so weit, dass ich Gastbeiträge für das Magazin des neuseeländischen Down-Syndrom-Verbandes verfasste, mich mit anderen Familien mit Kindern mit Down-Syndrom traf, auf „Buddy Walks" (von der National Down Syndrome Society veranstaltete Events zum Thema Down-Syndrom – Anmerkung des Übersetzers) ging und mich schließlich als Kernmitglied einer Interessengruppe engagierte, die rechtliche Schritte gegen die Regierung von Neuseeland einleitete mit der Begründung, dass das nationale Programm zu Ultraschalluntersuchungen eine eugenische Operation sei, um ungeborene Kinder mit Down-Syndrom aufzuspüren und deren Abtreibung zu forcieren. Als

Mitglied dieser Gruppe trat ich sogar mit meiner Familie bei einer speziellen Show zu aktuellen Themen im Fernsehen auf. Doch die Gruppe war nicht gegen Abtreibung, sie war einfach nur für das Down-Syndrom.

Jona war ein Poster-Boy für das Down-Syndrom und ich hatte T-Shirts für ihn mit dem Schriftzug: „Am I rocking this extra chromosome or what?" *(zu Deutsch: „Rocke ich dieses Extrachromosom etwa nicht, oder was?")* Und doch, tief innen fühlte ich mich wie eine Heuchlerin, weil ich ihn ansah und bei mir dachte, wie er wohl ohne dieses Extrachromosom aussehen würde? Ich weinte innerlich und wünschte mir, es sehen zu können. Meine Reaktion auf diese Gefühle bestand darin, noch härter an all diesen Down-Syndrom-Aktivitäten zu arbeiten und diese Gefühle zu verdrängen.

Jetzt sieht es so aus, als hätten wir so viele Jahre seines Lebens verschwendet. Wir hätten das Down-Syndrom nicht akzeptieren und willkommen heißen dürfen. Was wir hätten tun sollen, wäre gewesen, die Gefangenen zu befreien. In Hosea 4,6 heißt es: *„Mein Volk geht zugrunde aus Mangel an Erkenntnis."* Unser Sohn wurde von einer Krankheit mit dem Namen Down-Syndrom zerstört. Jonas Erbe wurde geraubt und sein Verstand und Körper wurden behindert wegen unseres Mangels an Erkenntnis darüber, was die Bibel wirklich zum Thema Heilung zu sagen hat.

Wir machten den Fehler, die traditionelle Lehre der Kirche zu glauben, die besagt, dass „Gott nur manche Menschen manchmal heilt", und „Krankheit und Gebrechen sind eine ‚Gabe' von Gott, um uns zu demütigen und zu lehren". Heute wissen wir, dass dies genau so sehr eine Lüge ist wie *„Da sprach die Schlange zu der Frau: Keineswegs werdet ihr sterben"* (1. Mose 3,4). Wir sind Gott unendlich dankbar dafür, dass Er Seine Hände nicht in Unschuld wusch wegen unseres Unglaubens und unserer Nachlässigkeit darin, die Schrift für uns selbst zu erforschen, um herauszufinden, was Er zu dem Thema Heilung zu sagen hat.

VOM SCHLUMMER AUFGEWECKT

Ich stand in E-Mail-Kontakt mit einer respektierten und kompetenten Ärztin in Bezug auf die Probleme, die wir mit der Gesundheit unseres ältesten Sohnes Samuel hatten (er war zuvor in diesem Jahr mit sehr starken Einschränkungen wegen Allergien auf Nahrungsmittel, auf Dinge in der Umgebung sowie wegen Asthma diagnostiziert worden). Als unsere Ärztin herausfand, dass wir Christen waren, rügte sie mich umgehend dafür, dass wir Hilfe bei Menschen anstatt bei Gott suchten. Ich reagierte zuerst beleidigt und versuchte, mich mit allen möglichen Entschuldigungen zu rechtfertigen. Doch ich bin dankbar dafür, dass Gott mich sehr schnell gedemütigt hat, so dass mein Mann und ich uns entschlossen, das von ihr geschickte E-Book zu lesen (**Krankenheilung** von T.L. Osborn).

Wir verpflichteten uns dazu, jeden Abend ein Kapitel zu lesen und das Gelesene im Gebet zu verdauen. Ich kann nur sagen „WOW!". Dieses Buch bewirkte einige sehr erstaunliche Veränderungen in unserer Familie, nicht nur im Bereich Heilung, sondern auch dabei, unser Leben mit Gott in Ordnung zu bringen und näher zu Gott zu kommen. Zu unserer Schande mussten wir erkennen, dass wir einer Lüge aufgesessen waren, anstatt dem Wort Gottes zu glauben, und dass wir daher weit unterhalb dessen lebten, was Sein Bestes für uns ist. Die in der modernen Kirche grassierende Lüge, dass „Heilung nur für einige wenige auserwählte Glückspilze sei", und dass Krankheit oft eine „Gabe von Gott" sei, hatte auch uns in ihren Bann geschlagen.

Beim Lesen des Buches und Nachforschen in der Schrift fassten wir den Entschluss, von nun an Gott zu vertrauen, anstatt auf unsere Gefühle und die Meinungen anderer Menschen zu bauen. Uns wurde klar, dass Gott uns diese Dinge nicht nur für Samuel offenbarte, sondern auch für Jona. Mein Mann begann sofort, auch Jonas Heilung im Glauben in Anspruch zu nehmen, doch ich hatte Schwierigkeiten damit. Ich dachte wohl, dass die Heilung von Chromosomen etwas anderes war als die Heilung anderer Krankheiten. Ich fühlte mich wie eine Heuchlerin, die einerseits überall herumposaunte, wie toll es sei, ein Kind mit Down-Syndrom zu haben, andererseits tief im Inneren jedoch die Tatsache verabscheute, dass unser Sohn in diesem Zustand gefangen war, und mich danach sehnte, dass er frei sein könnte. Schließlich, an einem Freitag im Februar 2014, nachdem mein Mann mal wieder sehr stark den Standpunkt vertreten hatte, dass Jona schon geheilt werden sollte, reagierte ich extrem aufgebracht und wir stritten miteinander, obwohl wir sehr selten streiten. Danach schloss sich ein sehr langes Gespräch und Gebet darüber an und alle meine Argumente fielen wie ein Kartenhaus zusammen. Innerlich immer noch erschüttert, ging ich an meinen PC und durchsuchte das Internet nach „göttlicher Heilung vom Down-Syndrom", wobei ich keine Ahnung hatte, was ich finden würde. Glücklicherweise fanden wir einen Blog, der bezeugte, dass Gott auch genetische Erkrankungen heilt.

Wir nahmen Kontakt mit John G. Lake Ministries auf, die uns mit Margaret in Verbindung brachten. Gott bestätigte, dass wir auf dem richtigen Weg waren. Ich habe immer geglaubt, dass Jona im Himmel geheilt sein würde, dass er dort genau so sein würde, wie wir alle. Dieser Glaube hatte mir geholfen, mit der Diagnose und den täglichen Schwierigkeiten seines und unseres Lebens fertig zu werden. Wenn er also im Himmel geheilt sein würde, dann war sein Körper hier auf Erden offensichtlich nicht richtig.

Ich bin mir dessen bewusst, dass es politisch nicht korrekt ist, das Down-Syndrom eine ‚Erkrankung' zu nennen, doch wenn wir uns die Definition des Wortes ‚Erkrankung' im Lexikon ansehen, passt sie genau. Das Lexikon definiert eine Erkrankung als **„ein Organ, Körperteil, eine Struktur oder ein System des Körpers, das gestört ist und nicht korrekt funktioniert, und zwar als Folge von genetischen oder entwicklungsbedingten Störungen,** Infektionen, Giften, mangelnder oder unausgewogener Ernährung, Toxizität oder ungünstigen Umwelteinflüssen; Krankheit; Erkrankung; Gebrechen."

Jesus kam, um die Gefangenen von Erkrankungen zu befreien. Er erkaufte die Freiheit mit jedem Peitschenhieb, den Er erduldete, und *„durch Seine Wunden sind wir geheilt."* *„Er ist derselbe gestern, heute und in Ewigkeit."* Also sollte Jona befreit werden und kann Jona befreit werden. Wir taten uns dann mit anderen Gläubigen zusammen, um diese Verheißung in Anspruch zu nehmen. Im Glauben erklären wir ihn für geheilt, unabhängig davon, wie es äußerlich aussehen mag. Wir halten fest an der Verheißung Gottes (Der nicht lügen kann) und erklären ihn für geheilt.

ENDGÜLTIG GEHEILT

Voller Begeisterung erleben wir nun die körperliche Manifestation seiner Heilung. Dasselbe taten wir für Samuel in Bezug auf seine Allergien, sein Ekzem und das Asthma, die ihn zu zerstören versuchten. Was für eine Freude ist es nun, zuzusehen, wenn er mit unserer neuen Katze spielt oder frische Tomatenscheiben auf seinem Sandwich genießt, gefolgt von frischen Erdbeeren – alles Dinge, die ihn früher wegen der extremen allergischen Reaktionen in die Notaufnahme gebracht hätten. Und bei Jona beobachten wir die sofortige Veränderung seines Temperaments, die neue Fähigkeit zu kommunizieren und die Versuche, sich sprachlich auszudrücken. Seine Augen ändern ihre Form, das Fett am Hals und unter der Haut schrumpft, die Augenbrauenwölbung tritt hervor. Und so vieles, was noch kommt. Unsere neue Katze heißt Rafe, was so viel bedeutet wie ‚Gott hat geheilt'. Denn Er hat geheilt, und zwar jeden!

Wir dachten, dass wir warten müssten, bis Gott heilt, während Er die ganze Zeit darauf gewartet hat, dass wir die Heilung in Anspruch nehmen, die Jesus für unsere Söhne am Schandpfahl erworben hat.

Als Jona empfangen wurde, war ich 29 Jahre alt. Statistisch gesehen standen die Chancen 1 zu 1890 für mich, ein Baby mit dem Down-Syndrom zu bekommen. Früher habe ich gedacht, dass Gott es zugelassen hat, doch heute weiß ich, dass Gott keine Erkrankungen verursacht. Es war eine böse Absicht dahinter. Unser Sohn sollte in einem Körper und einem Verstand gefangen sein, die nicht gemäß Seinem Geist funktionieren. Doch nun hat Gott es zum Guten gewendet. Die Heilungen unseres Sohnes werden ein Zeugnis dafür sein, dass Gott real ist und sich danach sehnt, dass wir alle die Heilung in Anspruch nehmen, die Er uns durch die Wunden zur Verfügung gestellt hat, die den Rücken Seines Sohnes am Schandpfahl auf Seinem Weg zum Kreuz aufgerissen haben. Wie bei Joseph in der Bibel hat Gott das, was böse gemeint war, zum Guten gewendet – zur Rettung vieler Menschenleben und zur Befreiung der Gefangenen. Amen!

ALLEIN STEHEN BIS ANDERE MIT UNS STEHEN

Das Schwerste daran, diese Wahrheit zu kennen und zu leben, ist der Mangel an Unterstützung von der Familie, von Freunden und, erstaunlicherweise, vom Leib Christi. Uns wurde vorgeworfen, wir würden unseren Sohn nicht lieben und akzeptieren. Das ist ein so gemeiner und völlig haltloser Vorwurf. Wenn Ihr Kind Krebs hätte, wären Sie als Eltern lieblos und ablehnend, wenn Sie Ihr Kind von dieser Erkrankung befreit sehen wollten? Technisch gesehen wäre der Krebs genauso Teil des kindlichen Körpers wie das 21-ste Chromosom als Teil eines kindlichen Körpers mit dem Down-Syndrom angesehen wird. Ich bin mir sicher, dass die Antwort auf meine Frage „Nein" lauten würde.

Liebevolle Eltern wollen das Beste für ihre Kinder. Die inneren Schmerzen und Leiden angesichts des Leids eines Kindes sind so stark, dass sie fast unerträglich sind. Wenn Sie wissen möchten, was eine Person mit dem Down-Syndrom zu erwarten hat, dann suchen Sie einfach im Internet nach all den unerwünschten Folgen des zusätzlichen Chromosoms und lesen Sie sich das durch. Würden Sie das Ihrem Kind wünschen? Würden Sie sich das für sich selbst wünschen? Sollten Sie dann nicht Ihren Nächsten lieben wie sich selbst und die Gefangenen befreien?

Gott heilt angeborene Erkrankungen
Erste Früchte

Ich liebe und akzeptiere Jona, aber ich lehne das Ungemach und Unheil ab, die durch das zusätzliche Chromosom verursacht wurden. Ich bin entschlossen, die Rolle Jesu im Leben meines Sohnes zu spielen und ihn zu befreien. Ja, DER Jesus, der alle heilte, die zu Ihm kamen, lebt in mir – derselbe Jesus, der nie gesagt hat: „Es tut mir leid, aber deine Zeit ist noch nicht gekommen" oder „Habe gerade beim Vater nachgefragt, und ich kann dich leider nicht heilen; Er hat dir diese Krankheit auferlegt, damit du Durchhaltevermögen und Geduld lernst" oder „Du bist zwar gesund, aber ein bisschen stolz; hier hast Du ein wenig Lepra, damit du Demut lernst". Nein! Derjenige, der den perfekten Willen des Vaters offenbart hat, hat IMMER geheilt, hat NIEMALS „nein" gesagt. Er hat NIEMALS jemanden krank gemacht.

Die Gemeinde hat eine total verkorkste Sicht der Dinge, wenn sie so furchtbare Dinge wie Krankheiten, Gebrechen, Unfälle usw. Gott zuschreibt. Ich weiß, dass dies angeblich dazu dient, das Leben zu bewältigen, aber lassen Sie es uns mal logisch durchdenken: Wenn Eltern heute ihrem Kind absichtlich solche Dinge antun würden, die viele Christen Gott zuschreiben, würden uns die Kinder von den Sozialbehörden weggenommen werden und wir selbst würden ins Gefängnis kommen. Wie könnte ein liebender Gott, ein Vater, der Seinen Kindern gute Gaben gibt, Seinen Kindern JEMALS Krankheiten oder Gebrechen schenken? Die Antwort ist – Er tut es nie. Wie eine andere Mama mit Kampfgeist für Jesus mal festgestellt hat: „Es gibt keine Fußnote zu Psalm 103,3, die besagt, dass Er alle unsere Krankheiten heilt „außer dem Down-Syndrom". Nein. Er heilt ALLE unsere Krankheiten.

Häufig gestellte Frage Nr. 15
"Ist es möglich für mich, für meine Enkel für Heilung zu beten, obwohl wir sehr weit voneinander entfernt wohnen?"

„Denn wahrlich, ich sage euch: Wenn ihr Glauben hättet wie ein Senfkorn, so würdet ihr zu diesem Berg sprechen: Hebe dich weg von hier dorthin! und er würde sich hinwegheben; **und nichts würde euch unmöglich sein.***"* (Mt 17,20)

Jesus hat mehrmals aus der Ferne geheilt, den Knecht des römischen Zenturio zum Beispiel (Mt 8,13).

Wenn Sie wiedergeboren sind, dann lebt der Herr Jesus Christus in Ihnen, der mit aller Macht im Himmel und auf Erden ausgestattet ist und auf dem himmlischen Thron sitzt, um Seinen Willen durch Sie zur Geltung zu bringen. Christus hat alle Macht im Himmel und auf Erden! Daher gibt es keinen Ort, den Seine Gegenwart durch Ihren Glauben nicht erreichen könnte oder wo Er nicht handeln könnte.

Dies kann durch den Glauben und durch den Geist Gottes allein geschehen. Heutzutage ist es uns möglich, mithilfe technischer Hilfsmittel über große Entfernungen einen Kontakt herzustellen, beispielsweise über das Telefon oder das Internet. Ich habe schon für viele verschiedene Menschen über das Telefon für Heilung gebetet und viele Heilungen erlebt. Den „Entfernungsrekord" in meiner Familie hält jedoch eindeutig mein Sohn. Wir dienten in einer chinesischen Gemeinde und manche der Anwesenden benutzten das Skype-App auf ihrem I-Pad. Mein Sohn betete für einen älteren Mann mit furchtbaren Zahn- und Kiefernschmerzen, der augenblicklich geheilt wurde – in China! Das ist eine tolle Art, das Internet zu benutzen, ich bin mir jedoch sicher, dass Gott die gleichen Dinge auch ohne eine Internetverbindung tun kann.

Die Benutzung eines Gebetstuchs ist eine andere Möglichkeit, jemandem auf Entfernung zu dienen. Dies wurde vom Apostel

Paulus praktiziert (Apg 19,11-12). Legen Sie einfach Ihre Hände auf das Tuch und sprechen Sie Leben in den Gegenstand hinein, als wäre es die Person, der Sie dienen wollen. Dann schicken Sie den Gegenstand der Person zu. Für Kinder eignen sich Cowboyhüte, T-Shirts und Stofftiere hervorragend als „Gebetstücher".

Anstatt die Entfernung zwischen Ihnen und der von Ihnen geliebten Person als Nachteil zu sehen, sollten Sie erkennen, dass es eigentlich ein Vorteil ist! Sie können Ihren Blick so besser auf Jesus Christus gerichtet halten, ohne die Störungen, die manchmal auftreten, wenn wir „im Schauen wandeln". Weil Sie die Erkrankungen nicht mit Ihren physischen Augen sehen, können Sie sie aus der geistlichen Perspektive betrachten – als das Werk besiegter Teufel, das keine Chance hat, der Hand des Allmächtigen Gottes zu widerstehen! Die Machenschaften angeborener Erkrankungen können ebenso wenig Gottes heilender Tätigkeit widerstehen wie Dunkelheit das Licht aufhalten kann, wenn es scheint!

Richten Sie also Ihren Blick fest auf Jesus Christus. Stehen Sie vor dem Thron der Gnade und setzen Sie Barmherzigkeit zu rechtzeitiger Hilfe und die Kraft zur Heilung frei, während Sie in dem festen Vertrauen leben, dass Gott Ihre Stimme hört und durch Sie wirkt!

KAPITEL 18
Oma und Opa finden Gold

Junge. 2 Jahre alt. USA.
Diagnose: Down-Syndrom

Unsere Reise begann am 10. Dezember 2013, als unser zweites Enkelkind geboren wurde. Wir besuchten unsere Tochter im Krankenhaus, um den jüngsten Familienzuwachs zu sehen. Wir betraten das Zimmer und da war er! Dunkelschwarze Haare und eine helle Hautfarbe, genauso wie seine Mama! Ich nahm ihn auf den Arm und drückte ihm einen großen Kuss auf die Stirn. Kurz darauf kam die diensthabende Kinderärztin herein und bat uns, den Raum zu verlassen, weil sie mit den Eltern reden müsse. Als wir das Zimmer verließen, wusste ich bereits in meinem Herzen, was da gesagt werden würde.

Meine Tochter hatte mir vorher an dem Tag schon ein Foto von ihr und dem Baby geschickt. Als ich das Bild anschaute, bemerkte ich, dass er „anders" aussah. Ich sagte jedoch zu niemandem ein Wort und verscheuchte die Gedanken, die in meinem Kopf waren.

Während wir im Flur warteten, kamen jene Gedanken in meinen Kopf zurück. Ich wehrte sie wieder ab und begann zu beten und das Wort Gottes zu deklarieren, obwohl ich noch keinerlei Nachricht über meinen Enkel erhalten hatte. Offensichtlich kamen wir zu früh in den Raum zurück, denn die Ärztin bat uns, noch nicht herein zu kommen. Bevor ich rausging, sah ich meine Tochter weinen, als hätte man ihr das Herz gebrochen. Wieder warteten wir auf dem Flur. Kurz darauf winkte uns die Ärztin herein. Als wir das Zimmer betraten, ging die Ärztin raus. Ich trat an das Bett und meine Tochter hielt ihren Sohn auf dem Arm. Dann sagte sie uns, die Ärztin habe ihr mitgeteilt, dass ihr Baby Down-Syndrom hätte. Ich weiß nicht mehr genau, was ich empfand, jedoch wusste ich, dass dies nicht richtig war. Irgendwie war der Teufel in unsere Familie gekommen und versuchte nun, das Leben dieses kleinen Babys zu stehlen.

Meine Tochter weinte so sehr, dass ihre Augen völlig verschwollen waren. Die Tränen liefen ihr über die Wangen und sie konnte sie nicht zurückhalten. Der Vater des Kindes versuchte derweil, sie so gut er konnte zu beruhigen. Er sagte Worte wie, „Es ist okay. Wir lieben ihn, ganz gleich was passiert." Sie erwiderte darauf, dass es nicht recht sei. Dies ist nicht recht. Er fuhr dann im gleichen Sinne fort und sagte zu ihr: „Wie meinst du das? Wieso ist das nicht recht?" Die Worte, die sie in dem Moment sagte, werde ich mein Leben lang nicht vergessen. Sie sagte: „Weil das aus der Hölle kommt, deshalb."

TAL DER TRAUER

Als sie diese Worte sagte, war mir klar, dass wir sofort etwas tun mussten. Natürlich hatte ich schon das Wort über ihm deklariert, als er noch im Mutterleib war, und auch als ich das erste Mal das Bild meines Enkels sah und als wir im Flur gewartet hatten. Doch diese Worte dann wirklich zu hören, war nochmal etwas anderes. Es schien, als sei die Diagnose für immer zementiert und nichts würde oder könnte sie jemals ändern. Ich wusste bereits in meinem Herzen, dass Jesus der Heiler war und dass Sein Wort wahr ist, doch ich hatte noch nie gehört, dass jemand je von dieser Diagnose geheilt worden sei. Andererseits wusste ich aber auch, dass **nur weil ich noch von keinem gehört hatte, der davon geheilt worden war, dies noch lange nicht hieß, dass es unmöglich war.**

Ich kannte alle Bibelstellen über Heilung, war ich doch schon über dreißig Jahre lang Christ zu der Zeit. Ich hatte schon oft erlebt, wie Gott viele Menschen geheilt hat, mich eingeschlossen. Ich selbst hatte Menschen schon die Hände aufgelegt und sie waren geheilt worden. Ich wusste sehr wohl um den Preis, den Jesus am Kreuz für uns bezahlt hatte. Ich wusste, dass ich alles andere beiseitelegen und das Wort Gottes zu dieser Sache konsultieren musste. So wurde ich im

Wort gelehrt. In meinem Herzen und Verstand hatte ich ein festes Fundament des Wortes. Ich wusste: Ganz gleich was mir auch begegnete, das Wichtigste und Erste, was ich wissen musste war, was Gottes Wort dazu zu sagen hatte. Mein Auftrag war klar.

Als wir das Krankenhaus verließen, sah meine Tochter ihren Vater an und sagte: „Nun, Mann des Glaubens, was wirst du jetzt tun?" Wow! Wenigstens wusste sie, dass sie jemanden hatte, der für sie und unseren Enkelsohn da war. Während sie aufwuchs, hat sie uns im Wort leben sehen und sie hat gesehen, wie Gott Sein Wort in unserem Leben erfüllte, immer und immer wieder. Bevor wir das Krankenhaus verließen, sprachen wir Gottes Wort über ihr und unserem Enkel aus. Ihr Vater sagte zu ihr: „Er ist geheilt. Hörst du? Er ist geheilt." Sie stimmte zu mit dem Anflug eines Lächelns, offensichtlich getröstet durch seine Worte. Dann umarmten und küssten wir sie und gingen.

Auf dem Weg nach Hause weinte ich ununterbrochen. Ich war wie gelähmt. Dies schien eine so unmögliche Aufgabe zu sein. Wie konnte das nur passieren, dachte ich? Wir sind Christen. Meine Tochter war seit ihrem vierten Lebensjahr Christin. Sie ging zur Kirche, seit sie einen Monat alt war. Sie hatte sich in der Kirche engagiert, war auf Sommerfreizeiten und Jugendfreizeiten gewesen. Im Alter von siebzehn Jahren nahm sie sogar an einem Missionseinsatz in Peru teil. Immer war sie ein gehorsames Kind gewesen. Ich hatte keinerlei Probleme mit ihr. Noch nicht einmal, als sie ein Teenager war. Sie ist freundlich, intelligent und besonnen und hat eine aufrichtige Liebe für Menschen. Wie kann das sein?

Als wir zu Hause ankamen, waren mein Mann und ich sehr still. Wir lagen beide im Bett und starrten die Decke an. Beide weinten wir. Er begann, im Internet zu suchen, in der Hoffnung etwas zu finden, das uns die Richtung weisen würde. Leider konnte er nichts finden. Als es Zeit war, zu Bett zu gehen, beteten wir. Unser Gebet war wie immer voller Glauben, doch waren wir uns nicht sicher, in welche Richtung wir uns von hier aus bewegen sollten. Wir deklarierten das Wort, doch wussten wir in unserem Geist, dass es da ein fehlendes Glied in der Kette gab. Am nächsten Tag gingen wir, wie gewohnt, zur Arbeit. Als ich mich für den Tag zurechtmachte, hatte ich Mühe, das Makeup aufzutragen, weil ich immerzu weinen musste. Ich zitierte das Wort Gottes und deklarierte es vor Gott, was Er gesagt hat. Er hat gesagt, dass Ihm nichts unmöglich ist und dass es nichts gibt, was für Ihn zu schwer wäre. (Mt 19,25; 1. Mo 18,14; Jes 50,2) Er hat auch gesagt: „Wer hat unserer Verkündigung geglaubt?" (Jes 53,1). Ich sagte: „Ich glaube Deiner Verkündigung, Herr." Ich sagte auch, dass es für Ihn rein gar nichts wäre, das zusätzliche Chromosom von meinem Enkel zu entfernen. Es war ein sehr schwerer Tag für mich, ohne Frage, doch ich behielt das Wort in meinem Mund und in meinem Verstand. Sobald die Gedanken des Unglaubens kamen, wehrte ich sie mit dem Wort Gottes ab. Es war nicht einfach, aber ich tat es trotzdem.

Habe ich geweint? Oh ja, das habe ich. Jedoch habe ich vor langer Zeit einen Prediger etwas sagen hören, was ich nie vergessen habe. Er sagte zusammengefasst etwa folgendes: „Wenn du etwas erlebst, das ein sehr schwerer Schlag für dein Leben ist, dann halte dich am Wort fest, ganz egal, wie es um dich her aussehen mag. Versinke nicht in Selbstmitleid und weine nicht, doch **wenn du weinst, dann weine im Glauben!** Sprich das Wort mit Tränen aus, wenn es sein muss, aber sprich das Wort aus!" Es ist erstaunlich, wie dieser einfache kleine Satz mir viele, viele Male geholfen hat.

WIR STOSSEN AUF GOLD

Als mein Mann von der Arbeit nach Hause kam, begann er wieder im Internet nach etwas zu suchen, was uns in unserer Situation helfen könnte. Er suchte und suchte. Als wir uns schon bettfertig machten, stieß er auf eine Website namens **healingforchromosomes.com** (*Heilung für Chromosomen*). Wie er diese Website am Abend vorher übersehen konnte, wird mir für immer schleierhaft bleiben. Doch das war nun egal, wir hatten gefunden, wonach wir gesucht hatten... das von mir oben erwähnte fehlende Glied in der Kette. DONNERWETTER!!!! Das war ein Geschenk des Himmels. Er begann, den Blog laut vorzulesen, die Berichte darüber, wie Gott andere Kinder von vielen DS-Symptomen geheilt hat. Er las weiter darüber, wie der Herr insbesondere begonnen hatte, dieses eine kleine Mädchen Tag für Tag zu verändern. Wir waren so ermutigt. Uns kamen vor Freude die Tränen. Wir wussten, dass es da noch andere geben musste, die wie wir diese furchtbare Neuigkeit erhalten hatten, die aber, wie wir, nicht bereit waren, sich mit weniger zufrieden zu geben als mit einem vollkommen geheilten und normalen Kind, schlicht weil dies der Wille Gottes ist!!

Wir lasen jedes Zeugnis auf dieser Seite immer und immer wieder. Etwas begann sich dadurch in unserem Geist zu regen. Wir wussten, dass wir auf Gold gestoßen waren. Die Kühnheit des Blog-Autors war großartig. Das Vertrauen in Gottes Wort und das Wissen darum, dass Gott schlicht nicht weniger tun würde als das, was Er in Seinem Wort gesagt hat, waren einfach nur Musik in unseren Ohren.

Wir lasen immer weiter, bis wir zum Ende der Seite kamen, wo wir einige Links zu Predigten eines Mannes Namens Curry Blake entdeckten. Sofort machten wir uns daran, diese Predigten zu hören. Wieder waren wir auf Gold gestoßen! Zwei Mal in einer Woche. Wir waren ganz außer uns vor Freude. Die Dinge, die er in diesen Predigten lehrte, haben nicht nur unseren Glauben bezüglich der Heilung unseres Enkels genährt, sondern sie begannen, auch uns zu befreien.

Bis zu diesem Zeitpunkt in unserem Leben waren mein Mann und ich in einem „Lager" der Christenheit zu Hause gewesen, wo man uns gelehrt hatte, dass wir unser Leben auf eine „bestimmte Art" führen mussten, wenn wir etwas von Gott erhalten wollten - ein nahezu perfektes Leben. Wir mussten sichergehen, dass wir alles bis aufs I-Tüpfelchen richtig machten. Verstehen Sie mich nicht falsch, wir sollten ein Leben führen, das Gott gefällt, doch so wie wir gelehrt wurden, ging es dabei um eine Art Werkgerechtigkeit. Natürlich kannten wir die Stelle in Epheser 2,8: *„Denn aus Gnade seid ihr errettet durch den Glauben, und das nicht aus euch — Gottes Gabe ist es; nicht aus Werken, damit niemand sich rühme."* Doch aus irgendeinem Grund dachten wir, dass je mehr wir taten, den Zehnten gaben, spendeten, zur Kirche gingen, die richtigen Dinge sagten, Vergebung praktizierten, anderen nichts Böses wünschten, das Richtige sagten, das Richtige dachten, richtig lebten, desto mehr würden wir von den „schlechten" Dingen des Lebens verschont bleiben. Wir dachten, dass wir uns in einer Art Sicherheitsblase befänden und dass uns niemals etwas Schlechtes zustoßen würde.

Erinnern Sie sich noch an die Blue Chip Stamps und die Green Stamps (Rabattmarken in den USA, Anmerkung des Übersetzers)? (Ich weiß, dass ich damit mein Alter verrate!) Ich erinnere mich, wie ich diese scheußlichen Marken lecken und in ein Buch kleben musste. Dann nahm meine Mutter das volle Buch mit den Rabattmarken zum Laden und tauschte es gegen Waren um. Erinnern Sie sich daran? Nun, so benutzten wir unsere „Werke". Aus irgendeinem Grund dachten wir, dass, sobald wir uns einer Herausforderung gegenübersahen, wir immer unsere „Werke" gegen einen Ausweg aus der Situation eintauschen konnten, egal um was es sich handelte. Wir versuchten, etwas von Gott zu bekommen, indem wir unsere Werke gegen Heilung oder was wir sonst gerade benötigten, eintauschten.

Aus diesem Grund hatte ich mich sofort einer eingehenden Selbstprüfung unterzogen, sobald uns das passiert war. Ich versuchte zu verstehen, wo ich mich vergangen hatte. In welchem Bereich? Wie und wo hatte ich diesem Teufel von Krankheit und Gebrechen einen Zugang eröffnet? Welche Tür hatte ich aufgemacht? Es war sehr anstrengend! Gott sei Dank dauerte es nur ein paar Tage, höchstens drei, bis wir auf diese Goldmine stießen!

Während mein Mann und ich mehr und mehr Curry Blake hörten, entdeckten wir, dass sehr vieles von der „Lehre", die wir in den vergangenen mehr als 30 Jahren empfangen hatten, zwar nicht komplett falsch war, jedoch in vielen Bereichen sehr unausgewogen war. Wir haben einige sehr wertvolle Dinge gelernt, wie beispielsweise dem Wort Gottes immer den ersten Platz einzuräumen. Auf unsere Worte zu achten. Nur das zu sagen, was das Wort sagt. Leugneten wir das, was um uns geschah? Nein, keineswegs. Wir weigerten uns nur, dem in irgendeiner Weise Ehre zu geben. Stattdessen gaben wir Gott die Ehre für Sein Wort. Doch irgendwo in alledem dachten wir, dass Heilung etwas ist, was man durch gutes Verhalten verdient. Obwohl wir wussten, dass Jesus sie für uns erworben hat. Hier kam die Unausgewogenheit zum Tragen.

SPRICH DAS WORT, UM DAS WERK ZU SEHEN

Abraham wurde von Gott ein Versprechen gegeben. Gott nannte ihn den Vater vieler Nationen, lange bevor Isaak geboren wurde. **Gott sprach das Endergebnis aus.** Das Endergebnis würde sein, dass Abraham der Vater vieler Völker sein würde. *„Gegen alle Hoffnung, der Vater vieler Völker werden zu können"*, und Abraham hielt an diesem Versprechen fest. Er leugnete nicht die Tatsache, dass er und Sarah nicht mehr in dem Alter waren, in dem man Kinder bekommt. Was er leugnete war vielmehr, ***dass die Umstände mehr Macht hatten als das, was Gott ihm versprochen hatte.**** Er stand fest auf diesem Versprechen und wankte nicht, sondern war stark im Glauben während er Gott die Ehre dafür gab, dass Er es erfüllen würde, *bevor* es geschah. Abraham war felsenfest überzeugt. Warum? Weil er sich am Versprechen orientierte anstatt an den Umständen, und weil er nur das sagte, was Gott über die Situation sagte. Wir entscheiden uns einfach dazu, das auszusprechen, was Gott über die Situation zu sagen hat, und sprechen zur Situation, anstatt sie zu uns sprechen zu lassen! Statt das Problem darüber zu Wort kommen zu lassen, wie groß es ist, sprechen wir zu dem Berg darüber, wie groß unser Gott ist!! Das Wort Gottes ist das Endresultat.

Wir haben gelernt, dass Jesus für unsere Heilung bezahlt hat, und dass es **nichts** *gab, was wir besser tun konnten oder wie wir besser leben konnten, um sie zu empfangen.* Wir wussten, dass Er für unsere Sünden am Kreuz bezahlt hatte, doch haben wir uns nie Zeit genommen, zu ergründen, welche Rolle der Schandpfahl gespielt hat. Ja, wir hatten gehört, dass wir durch Seine Striemen geheilt sind. Aus irgendeinem seltsamen Grund trennten wir jedoch die Rettung von der Heilung. Wir wussten, dass wir nichts weiter tun mussten als zu glauben, dass Gott Jesus zur Erde gesandt hat, um uns zu retten. Wir würden gerettet sein, wenn wir glaubten, dass Er für unsere Sünden gestorben und wieder von den Toten auferstanden war und Ihn in unser Herz aufnahmen. So einfach war das.

Doch wenn es um Heilung ging, waren wir gelehrt worden, dass es dabei sehr viele Begrenzungen und Anforderungen gab. Lebten wir richtig? Lasen wir genug, fasteten wir genug, beteten wir genug, spendeten wir genug, gingen wir oft genug zur Kirche usw.? Wenn wir keine Kriterien erfüllen mussten, als wir Jesus als unseren Retter annahmen, warum gibt es diese Kriterien, wenn es um Heilung geht? Als wir Jesus annahmen, mussten wir nichts weiter tun als glauben. Warum sollte es beim Empfang von Heilung anders sein? Wir taten keine besonderen Werke, um Jesus empfangen zu können. Warum sollten besondere Werke erforderlich sein, um Heilung zu empfangen? Beide Gaben sind umsonst!! Es geht einzig darum, was Er für uns getan hat, an unserer Stelle, nicht darum, was wir getan haben oder tun.

Wow! Das öffnete uns die Augen. Als wir begannen, den Unterschied zu hören zwischen dem, wie wir gelehrt worden waren und dem, was wir nun lernten – dass wir nichts tun mussten, um es zu verdienen – das war nicht nur lebensverändernd, es war die Freiheit. Freiheit, das zu empfangen, was Jesus für uns getan hat, ohne Regeln und Gebote. Wir erkannten, dass wir nichts tun mussten, um es zu verdienen. Wir brauchten keine Checkliste, auf der wir erst alle „Punkte für gute Werke" abhaken mussten, um Gott überhaupt um Heilung bitten zu können. Können Sie sich vorstellen, was für eine Befreiung das für uns war?

Als wir hörten, dass es nicht davon abhing, was wir tun oder getan haben, sondern von dem, was Er getan hat, dann ging es richtig los bei uns! Wir erhielten so viel Freiheit, auf Gottes Wort hin zu handeln. Wir brauchten keine Checkliste mehr. Jesus hat diese Checkliste für uns erledigt! Es ist die Haltung der Dankbarkeit, die uns auf den Flügeln des Glaubens hoch aufsteigen lässt!

Wir wussten, dass Heilung kein *Versprechen ist*. Wie bitte?, sagen Sie vielleicht. Das stimmt. **Heilung ist eine Tatsache,** weil Jesus alle Krankheiten und alle Gebrechen für uns getragen hat. Wir müssen sie nur empfangen.

Nun war die Zeit für uns gekommen, das in die Tat umzusetzen. Wir luden unsere Tochter zu uns ein. Sie kam mit dem Baby, versteht sich, und wir legten los. Wir nahmen das Wort Gottes und begannen, es über unserem Enkel auszusprechen. Wir deklarierten und proklamierten wie ein König, dass er normal ist, geheilt und gesund. Wir sprachen ihm Leben und Heilung zu und wir ließen das Gesetz des Geistes des Lebens durch seinen Körper fließen und seine Heilung bewirken. Wir erklärten, dass er geheilt sei. Wir stellten uns fest auf den Standpunkt unserer Identität in Christus und geboten dem unreinen Teufel des Down-Syndroms, den Körper unseres Enkels zu verlassen. Dann sprachen wir zu seinem Körper und geboten ihm, so perfekt zu funktionieren, wie es Gottes Absicht in der Schöpfung entspricht. Wir geboten dem Körper, in Einklang mit dem Wort Gottes zu kommen. Dieser Teufel hat kein Recht an unserem Enkel. Down-Syndrom ist ein Name und der Name Jesus ist über diesem Namen. Der Teufel hat die Grenze überschritten, er ist wie ein Dieb und Räuber eingebrochen und versucht nun, das Leben, die Gesundheit und Identität meines Enkels zu stehlen. Wir trieben diesen Teufel aus, der aus der Hölle gekommen war. Wir lassen ihn nicht zu und werden ihn nicht tolerieren! Im Namen, der über allen Namen ist, dem Namen Jesus, übten wir unsere Autorität aus und schlugen diesen Teufel in die Flucht. Dann brachten wir unsere Freude und die große Dankbarkeit darüber zum Ausdruck, dass Gott Sein Wort im Leben meines Enkels erfüllte.

AUF FESTEM FUNDAMENT

Wir stehen auf einem festen Fundament. Dies besteht aus dem, wer wir in Christus sind und aus der Autorität, die wir im Namen Jesu haben. Wir sind Überwinder. Aber nicht erst irgendwann im Himmel! Sondern schon jetzt, während wir hier auf dieser Erde sind! Dieselbe Kraft, die Gott benutzte, um Jesus von den Toten aufzuerwecken, lebt in uns. Es ist keine Kraft aus zweiter Hand, es ist dieselbe Kraft. Wenn wir unserem Enkel die Hände auflegen, übertragen wir dieselbe Kraft auf ihn, und zwar vom Scheitel bis zur Sohle und an jede Stelle dazwischen. Es sind die Ströme lebendigen Wassers, der Strom des Lebens, der in ihm fließt und in ihm sein Werk vollbringt.

Wir wurden zusammen mit Jesus Christus auferweckt. Wir sitzen mit Ihm in den himmlischen Orten in Christus Jesus und alle Dinge sind unter unseren Füßen, weil sie unter Seinen Füßen sind. Er ist das Haupt und wir sind der Leib. Was unter Seinen Füßen ist, ist auch unter unseren Füßen, weil wir in Ihm sind (Eph 1,17-23). Wir müssen wissen, wer wir in Ihm sind, nicht in uns selbst. Wir haben nichts getan, um dies zu erwerben. Er hat es getan! Wir haben diesen Sieg, weil wir in Ihm sind und weil uns Sein Name gegeben wurde. Wir sind in der Familie Gottes und wir haben Zugang dazu erhalten, diesen machtvollen Namen zu gebrauchen, und auch das Recht dazu, ihn zu gebrauchen, weil wir in Ihm sind!

Während Sie das Wort erforschen und sich vor Augen führen, sprechen Sie es aus. Jesus sagte in Markus 11,22-24, dass wir das bekommen können, was wir aussprechen. Es ist ein Gesetz. Ob Gutes oder Schlechtes, es wird eintreffen, wenn Sie es glauben. Glauben Sie, was das Wort sagt und sprechen Sie es aus. Auf diese Weise wirkt Gott!

Wir sprechen das Wort fortwährend über unserem Enkel aus und wir werden nicht aufgeben und nicht aufhören. Das Wort Gottes ist Leben. Es ist ein Samenkorn. Wenn Sie es einpflanzen, weiß es genau, was es zu tun hat. Gott hat es so programmiert. Wir begießen dieses Samenkorn und bringen es zum Wachsen durch die Worte unseres Mundes. (Jes 55,10-11) Wir müssen das Wort erst hineintun, damit etwas herauskommen kann.

Keine Spareinlage – kein Ertrag. Genauso wie bei einem Sparkonto. Sie können nicht einfach zur Bank gehen und um Geld bitten, wenn Sie keine Einzahlung gemacht haben. Das gleiche gilt auch hier – wenn Sie das Wort nicht eingepflanzt haben, wird es auch nicht herauskommen. Proklamieren Sie das Wort. Lassen Sie den Geist Gottes das Wort ausführen. Er tut nur das, was das Wort sagt. Lassen Sie unseren Mund immer im Einklang mit dem Wort Gottes sprechen, ganz gleich was uns begegnet. Der Vater, Jesus und der Heilige Geist bestätigen jedes Wort von Gott. Lassen wir Sie an die Arbeit gehen!

DEN FUSS AUF DEM NACKEN DES TEUFELS

Ich weiß, dass das Wort Gottes im Leben meines Enkels wirkt. Ob ich das mit meinen natürlichen Augen sehen kann oder nicht, darum geht es gar nicht. Es geht vielmehr darum, dass er im Namen Jesu geheilt ist, weil Jesus das für ihn am Schandpfahl bereits getragen hat. Es geht um das Wort Gottes. Es geht darum, dieses Wort auszusprechen, mutig zu deklarieren, was Er gesagt hat und sich nicht davon beeinflussen zu lassen, was wir sehen. Standhalten und nicht nachgeben oder aufgeben. Täglich Leben in ihn hineinsprechen und nicht weniger von Gott, dem Vater erwarten, als was Er in Seinem Wort gesagt hat und wofür Jesus bereits bezahlt hat.

Das einzige, was zwischen Ihnen und Ihrer Antwort steht, ist der Teufel. Räumen Sie ihn aus dem Weg! Er hat sowieso keine Macht. Er hat keine Rechte. Jesus hat sie ihm genommen. Wir müssen unseren Fuß fest auf seinen Nacken stellen und, während wir ihn unter den Füßen haben, mutig das Wort proklamieren und ihn daran erinnern, dass er besiegt ist, keine Macht hat und nur laut kläffen kann, und dann zu ihm sagen: „Raus!" So wie wir es mit einem Hund machen, wenn wir ihn nicht auf unserem weißen Sofa sitzen haben wollen! Wir haben die Vollmacht im Namen Jesu. Wir haben das Wort Gottes. Der Teufel hat kein Wort, sondern nur Lügen. Wir haben die Kraft Gottes im Namen Jesus! Lassen Sie nicht zu, dass Ihnen das, was Er gegen Sie mobilisiert, Angst einjagt. Er ist ein Lügner! **ANGST** = Falsche Tatsachen erscheinen real (***FEAR**= False Evidence Appearing Real*.)

Jesus hat die Schlüssel des Todes und der Hölle genommen und den Teufel aller seiner Kraft beraubt. Er hat keine Macht über die Menschen. Er wurde gelähmt und von seinem Thron über der Menschheit gestürzt. Wir als Gläubige müssen dem Geltung verschaffen, was Jesus ihm angetan hat. Wir müssen ihn unter unseren Füßen halten. Wir müssen um das kämpfen, das rechtmäßiger Weise uns gehört. Der Teufel wird sich nicht einfach hinlegen und sich ergeben, nur weil Sie ein Christ sind. Das wäre Wunschdenken. Er wird in Frage stellen, was Sie glauben. Er wird versuchen, das Wort Gottes zu diskreditieren. Er versucht, Sie dazu zu bringen, das Wort Gottes in Frage zu stellen. Er versucht, jeden nur erdenklichen Schatten des Zweifels auf das Wort Gottes zu werfen. Er hat genau dasselbe mit Jesus gemacht, als er Ihn in der Wüste versuchte. Doch was hat Jesus gesagt? Er beantwortete jede Versuchung, die in Form einer Frage an ihn herangetragen wurde, mit dem Wort Gottes! Genau das müssen auch wir tun. Jeder Zweifel oder Gedanke der Angst muss mit dem Wort Gottes beantwortet werden. Deshalb ist es so wichtig, für jeden Gläubigen zu wissen, was das Wort sagt und zu wissen, wer Sie in Jesus Christus sind. Rüsten Sie sich aus mit dem Wort Gottes. Der Teufel hat nur ein einziges Ziel: Ihnen das Wort Gottes zu stehlen. Lassen Sie es nicht zu. Seien Sie

bereit, und haben Sie immer eine Antwort parat zu dem, was Sie glauben. Insbesondere dann, wenn das Wort Gottes in Frage gestellt wird. Stehen Sie ein für das, was Sie glauben, und Gott wird es zur Erfüllung bringen. Gedanke zum Nachdenken: **ZWEIFEL** = Gelegenheit für den Teufel, biblische Wahrheit zunichte zu machen. (**DOUBT**= **D**evil's **O**pportunity to **U**ndo **B**ible **T**ruth.)
Das ist es, was der Teufel tut. Er gibt Ihnen die Gelegenheit, am Wort Gottes zu zweifeln. Werden Sie ihm diese Genugtuung gestatten?

Tun Sie das, was unser Vater des Glaubens, Abraham, tat. Geben Sie Gott die Ehre für die Antwort. Danken Sie Ihm jeden Tag für das, was Er in Seinem Wort gesagt hat. Danken Sie Ihm jeden Tag dafür, dass Ihr Kind geheilt ist. Nicht geheilt wird, sondern schon geheilt ist. Es ist schon eine feststehende Tatsache. Wir sind in Christus und wir haben einen Bund mit Gott durch Jesus. Einen ewigen Bund, der nicht gebrochen werden kann. Der Bund besteht zwischen Gott und Jesus. Wir sind in Christus, also gehört dieser Bund uns. Im Brief an die Hebräer,6,9-19, ist die Rede davon, dass wir nicht träge sein sollen, sondern Nachfolger derer, die durch Glauben und Geduld die Verheißungen erben.

Wir sind durch den Bund in Christus. Wir haben Zugang zu allem, was Jesus für uns am Schandpfahl und am Kreuz erworben hat. Uns wurde das Wort Gottes gegeben und Er kann nicht lügen! Gott ist ein guter Gott und ein liebender Vater. Er wird Sein Wort nie zurücknehmen. Auf Sein Wort kann man sich verlassen. Wir können uns darauf verlassen, genauso wie Abraham es tat. Denken Sie mal darüber nach. Abraham war noch nicht einmal wiedergeboren. Wie viel mehr sollten wir Gott vertrauen, dass Er das, was Er versprochen hat auch erfüllen wird? Sein Geist lebt in uns. Wir haben den unvergleichlichen Namen Jesus und das wertvolle Blut Jesu, die das Wort bestätigen! Wie viel mehr sollten wir mutig standhalten und unsere Kinder und Enkel für geheilt erklärten, nach alledem, was Jesus am Schandpfahl und am

Kreuz für uns getan hat? Gott ist treu und man kann sich auf Ihn verlassen und Ihm vertrauen! Er ist Gott!!

Werden Sie nicht müde im Gutes tun, denn wenn Sie nicht ermatten, werden Sie ernten. Wir müssen immer weitermachen und nicht aufgeben, bis wir das bekommen haben, weshalb wir gekommen sind. Ganz gleich wie es aussehen mag, und was die Schulmedizin zu sagen hat. Das Wort Gottes ist wahr und Er wird uns nicht enttäuschen oder zuschanden werden lassen. Wir müssen das Wort so lange aussprechen, bis wir es in Erfüllung gehen sehen. Das Wort Gottes ist ein Samenkorn. Wir pflanzen es mit unserem Mund und begießen es mit unseren Worten, und wir geben nicht auf, bis es durch die Erdoberfläche bricht und die Frucht hervorbringt, die das Wort verheißt.

Es ist eine sehr mächtige Sache, sobald wir unser Denken in Einklang mit dem Wort gebracht haben. Unsere ganze Welt beginnt, sich zu verändern. Unsere Einstellung dem Leben gegenüber beginnt, sich zu verändern. Es entsteht solch eine Hoffnung und wir bauen ein Vertrauensverhältnis mit dem Vater auf. Wir beginnen zu sehen und zu wissen, dass Er für uns sorgt und dass Er die besten Absichten für uns in Seinem Herzen hat. Deshalb hat Er gesagt: *„So demütigt euch nun unter die gewaltige Hand Gottes, damit er euch erhöhe zu seiner Zeit! Alle eure Sorge werft auf ihn; denn* **er sorgt für euch**" (1.Petr 5,6-7).

Ich bin meiner guten Freundin Margaret so dankbar, dass sie die Liebe, Überzeugungskraft und den Mut aufbringt, diesen Blog online zu posten, und ich danke dem Herrn, dass Er uns zu dem Blog geführt hat. Ich weiß nicht, wie die Dinge heute stünden, hätten wir nicht diese Website gefunden. Es war für uns so ein Segen zu wissen, dass es da draußen noch andere Gläubige gab, die wie wir nicht willens waren, das zuzulassen, was der Teufel im Leben unseres Enkels zu tun versuchte. Es war solch ein Segen, mehr von der Wahrheit des Wortes Gottes zu lernen, die uns total befreit hat. Wir empfinden es als einen sehr großen

Segen, Teil einer weltweit vernetzten Gruppe von Eltern und Großeltern zu sein, die Hand in Hand in diesem Siegesmarsch marschiert!

Der Herr ist so gnädig und voller Mitgefühl und ich bin unglaublich dankbar dafür, wer Er in unserem Leben ist, und, was noch wichtiger ist, dass Er ein liebender Vater ist, der Sein Wort hält und darüber wacht, es zu erfüllen (Jeremia 1,12).

Zum Schluss: Gehen Sie vorwärts und seien Sie fleißig. Seien Sie sich ständig dessen bewusst, wer Sie in Christus sind und was Er Ihnen im neuen Bund durch das kostbare Blut Jesu und durch die Vollmacht im Namen Jesu bereitgestellt hat.

Häufig gestellte Frage Nr. 16
„Was passiert, wenn Ihr Kind keine Heilung empfängt? Ich bin Menschen begegnet, die durch diese Theologie verletzt wurden. Ich versuche nur, Sie zu schützen."

Ich bin schon solchen Menschen begegnet, wie Sie sie beschreiben. Das sind Menschen, die verletzt wurden und Anstoß genommen haben, weil sie empfinden, dass Gott sie im Stich gelassen hat. Sie haben versucht, Heilung auf eine Formel zu reduzieren und das Reich Gottes dazu zu benutzen, ihr eigenes Leben besser zu machen, ohne ihr Leben völlig Gott zur Verfügung zu stellen, um Ihn zu erkennen und Seinem Bild gleichgestaltet zu werden. Sie haben die gute Nachricht des Reiches Gottes angenommen, doch als sie geprüft wurden, hatten sie kein festes Fundament. Anstatt das Reich Gottes und Seine Gerechtigkeit zuerst zu suchen, suchten sie Heilung in ihrem eigenen Interesse. Als es nicht nach ihrem Zeitplan funktionierte, gaben sie auf, nahmen Anstoß und wurden bitter. Sie brauchen mich davor nicht zu beschützen.

Wie könnte ich von einem Gott verletzt werden, der mich so sehr geliebt hat, dass Er für mich gestorben ist, wo ich doch nichts anderes getan habe, als Ihn zu verletzen? Wie könnte ich von einem Gott verletzt werden, der mich immer in Seinem Sieg führt? Wie könnte ich von einem Gott verletzt werden, der mich als Waisen gefunden und als Sein eigenes Kind adoptiert hat? Wie könnte ich durch den Glauben daran verletzt werden, dass Gott Sich Selbst als derjenige offenbart hat, der uns heilt und nicht als der, der uns krank lässt? Wie könnte ich von einem Gott verletzt werden, dessen Sohn gnadenlose Folter an Seinem eigenen Leib und an Seiner Seele ertrug, um Heilung für uns alle zu erwerben?

Wenn ich überhaupt verletzt werde, dann von Satan, der weiterhin versucht zu stehlen, zu töten und zu verderben; aber niemals von Jesus Christus, der gekommen ist, um uns das Leben im Überfluss zu geben.

Es würde mich vielmehr verletzen, eine Theologie anzunehmen, die allem widerspricht, was ich von Gott in Jesus Christus erkennen kann. Eine Theologie, die meinen himmlischen Vater als Urheber und Komplizen dieser bedrückenden Krankheit bezeichnet, anstatt ihn als den Urheber unserer Rettung zu bezeichnen!

Mein Kind ist durch die Wunden Jesu Christi bereits geheilt worden. Wie könnte ich verletzt werden außer dadurch, dass ich zurückweiche und beginne, menschlichen Philosophien und Traditionen mehr Glauben zu schenken als dem Wort Gottes selbst? Liebe gibt niemals auf und sie sucht nicht das ihre; wie könnte ich also verletzt werden, wenn ich in der Liebe lebe? „Glaube gefällt Gott" und „Wer an Ihn glaubt, wird nie enttäuscht werden." Man kann das, was schon geschehen ist, nicht mehr aufhalten. Das einzige, wovor ich Schutz brauche, ist das Leben nach dem Fleisch, davor, dass womöglich mein Bedürfnis nach Selbstschutz und mein Wankelmut mich davon abhalten könnten, voller Glauben in alledem zu leben, was Gott bereits für mich erworben hat.

KAPITEL 19
Vertrauen in Gottes Barmherzigkeit

Junge. 2 Jahre alt. Südafrika.
Diagnose: Down-Syndrom

Ich möchte etwas sehr Kostbares erzählen, das sich eines Morgens vor nicht allzu langer Zeit ereignet hat. Ich habe es mir zur Gewohnheit gemacht, dem Herrn zu gestatten, mich durch Seinen Geist zu einer Bibelstelle zu führen, bevor ich beginne zu beten. Als ich meine Bibel aufschlug, wurde mir das Wort des Herrn gegeben: „Herr, erbarme Dich über meinen Sohn …" (Mt 17,15) Als ich diese Bibelstelle aufschlug, wo es um den epileptischen Jungen geht, der *„leidet schwer; er fällt nämlich oft ins Feuer und oft ins Wasser"*, da weinte ich und hatte eine sehr innige Zeit mit Gott, bei der ich mir der Liebe des Herrn Jesus ganz neu bewusst wurde.

Oft denken wir, dass wir erst unser Denken erneuern müssen, bevor unsere Kinder geheilt werden können. Wenn wir glauben, dass die Heilung unseres Kindes von unserer Fähigkeit zur Erneuerung unseres Sinnes abhängt, können wir leicht verzweifeln und mutlos werden. Das legt uns die Last auf, mit Gott in Ordnung zu kommen, wo wir doch schon gerecht gemacht worden sind.

Als der Heilige Geist – der ‚Geist Jesu Christi Selbst' diese Bibelstelle für mich öffnete, da habe ich geweint und ganz tief innen erkannt, wie sehr Er uns liebt und wie unmittelbar Er Anteil an unserem Leben nimmt; dass Er sich noch mehr als wir danach sehnt, unsere Kinder komplett geheilt zu sehen. Doch nicht nur das, Er kam tatsächlich, um mir zu sagen, dass Er barmherzig ist und keine Perfektion von uns im Prozess der Erneuerung des Denkens erwartet, bevor wir unsere Kinder geheilt sehen können. Er möchte uns einfach Barmherzigkeit erweisen und zeigen, dass Er sie aus purer Barmherzigkeit heilt und aus vollkommener Liebe und Anteilnahme denen gegenüber, die ihr Vertrauen auf Seine Liebe setzen, die Er durch Seinen gebrochenen Körper und Sein Blut am Kreuz demonstriert hat.

Will ich damit sagen, dass wir nicht unsere Autorität einsetzen sollten, um Heilung zu gebieten? Keineswegs! Was ich sagen will, ist, dass wir tatsächlich beides haben! Wir haben Jesus, der Gott ist und der für uns betet, und uns wurde die Autorität auf Erden anvertraut, im Leben durch Jesus Christus zu herrschen. Jesus liebt uns und Er möchte, dass unsere Kinder in der vollkommenen Heilung leben, für die Er am Schandpfahl bezahlt hat. Er kam, um uns Seine Liebe zu zeigen, indem Er Sein Leben freiwillig für uns hingab.

Danke Jesus! Wir lieben und schätzen Dich so sehr! Danke, dass Du so gerne sehen willst, wie unsere Kinder ihre vollkommene Heilung empfangen, weil für sie bereits bezahlt wurde. Danke, dass Du uns die Heilung bedingungslos zur Verfügung stellst, sodass wir auch die Werke des Teufels im Leben unserer Lieben zerstören können.

Meinem Sohn geht es gut.
Seine grobmotorischen Fähigkeiten entwickeln sich ständig weiter:
- Mein Sohn hat begonnen zu „segeln", indem er seine Unterarme benutzt, um sich vorwärts zu ziehen.
- Er rutscht auf dem Po überall herum und genießt es, sich überall hin bewegen zu können, wo er will.

Seine kognitive Entwicklung geht ebenso mit Riesenschritten voran:
- Er ist plötzlich sehr wissbegierig geworden. Er zeigt auf alles, als ob er Fragen stellt und eine Antwort erwartet.
- Er ist voller Freude und er liebt es, mit seiner Schwester zu spielen und sie zu kitzeln.

- Er benutzt jetzt einen Löffel zum Essen und geht dabei sehr präzise und sorgfältig vor.

- Sein Sprechen ist erstaunlich. Er versucht, Wörter zu sagen und er hat ein großartiges Gedächtnis.

- Wir haben begonnen, ihm die Zeichensprache beizubringen und er merkt sich die Handsymbole sehr schnell.

- Zeichen wie: Papa, Mama, Hunger, ich bin satt, es ist fertig, Schwester, Bruder, Opa, Oma. Er liebt es, die Zeichen vorzuführen, wenn er darum gebeten wird.

- Er weiß, wo seine Ohren, sein Mund, seine Nase und seine Zehen sind.

- Er kommuniziert wirklich das, was er will, und jetzt sagt er uns sogar schon mittels Zeichensprache, dass er Hunger hat.

- Er sagt Wörter wie „Krokodil" und nennt seine Lieblingstiere mit Namen.

Mein Sohn ist vor kurzem zwei Jahre alt geworden. Vielen Dank, Jesus, für unseren kleinen süßen Jungen!

Häufig gestellte Frage Nr. 17

"Gott wohnt im Lobpreis Seines Volkes. Wird nicht Gottes Gegenwart mein Kind heilen, wenn ich in meinem Haus und um mein Kind herum ständig Lobpreismusik spiele? Das scheint mir ein viel einfacherer Weg zu sein, mein Kind zu heilen."

Aber du bist heilig, der du wohnst unter den Lobgesängen Israels! (Ps 22,3)

Auf den ersten Blick klingt das wie eine großartige Idee, doch wie ich schon zuvor erwähnt habe: „Bibelverse sind wie Puzzleteile. Jesus ist das Bild auf der Schachtel. Er ist das fleischgewordene Wort Gottes. Daher müssen wir aufpassen, dass wir nicht Bibelverse zu einem Bild zusammenfügen, welches nicht wie Jesus aussieht." Sehen wir Jesus, wie Er über Menschen singt, um „eine Atmosphäre der Gegenwart Gottes zu schaffen", sodass sie durch die den Lobpreis erfüllende Gegenwart Gottes geheilt werden können? Sehen wir, wie Er Seine Jünger anweist, die Musik ständig laufen zu lassen, damit die „Salbung der Heilung sich nicht verflüchtigt?" Nein.

Wie sieht es damit in der neutestamentlichen Gemeinde aus? Haben die Apostel je die Heiligen zusammengerufen, um über Menschen, die Heilung brauchen, Lobgesänge zu singen? Nein. Vielmehr haben sie den Kranken die Hände aufgelegt und in der Vollmacht des Reiches Gottes zu den Bergen gesprochen.

Singen und in unserem Herzen musizieren ist ein wunderbares Ventil für Menschen, die mit dem Heiligen Geist erfüllt sind. Gottes Geist löst einen spontanen Strom von Lobpreis und Musik in unseren Herzen aus. Das Singen von Gotteslob ist schlicht ein Teil der geistlichen DNA von wiedergeborenen Gläubigen.

Wenn jedoch jemand glaubt, dass Lobpreismusik aus der Stereoanlage Gottes Gegenwart in der Atmosphäre freisetzt, dann hat diese Person begonnen, ihr Vertrauen in die Musik selbst zu setzen, anstatt in Jesus Christus! Das geht mittlerweile in manchen Kreisen so weit, dass manche „christlichen" Leiter sogar beginnen, den Gedanken zu verbreiten, manche Klangfrequenzen besäßen „heilende Eigenschaften." Dies ist eine subtile Form des Götzendienstes, die Gottes Gegenwart mit Musik verbindet (was übrigens auch die Nachfolger Hare Krishnas tun) und die Fähigkeit, die Kranken zu heilen, der Musik anstatt den Striemen auf dem Rücken Jesu zuschreibt.

Das Singen von Lobpreis Gottes ist nicht einmal mit Anbetung gleichzusetzen. Das Volk Israel hat in der Vergangenheit den Fehler begangen zu denken, dass Gott Gefallen an ihren Opfern, ihren Versammlungen und Lobpreisgesängen hatte. Doch Gott lässt ihnen sagen: *„Ich hasse, ich verachte eure Feste und mag eure Festversammlungen nicht riechen! Wenn ihr mir auch euer Brandopfer und Speisopfer darbringt, so habe ich doch kein Wohlgefallen daran, und das Dankopfer von euren Mastkälbern schaue ich gar nicht an.* **Tue nur hinweg von mir den Lärm deiner Lieder, und dein Harfenspiel mag ich nicht hören! Es soll aber das Recht einherfluten wie Wasser und die Gerechtigkeit wie ein unversiegbarer Strom!"** (Amos 5,21-24)

Wahre Anbetung hat viel mehr mit einem Lebensstil aufopferungsvollen Gehorsams und Glaubens durch die Kraft des Heiligen Geistes zu tun als damit, dass wir irgendwelche Lieder singen…und weniger noch mit Liedern, die wir auf unserer Stereoanlage abspielen (siehe Röm 12,1-2).

Wir verlassen uns nicht auf unseren eigenen Verstand, stattdessen glauben wir an Jesus Christus und gehorchen Seinen Geboten. Anstatt zu sagen, dass Gottes Gegenwart in unserer Lobpreismusik wohnt, sagte Jesus vielmehr, dass Gott **in unserem Inneren** Wohnung nimmt, wenn wir Ihn lieben und Ihm gehorchen. *„Jesus antwortete und sprach zu ihm: Wenn jemand mich liebt, so wird er mein Wort befolgen, und mein Vater wird* *ihn lieben, und wir werden zu ihm kommen und Wohnung bei ihm machen"* (Joh 14,23). Wenn Sie also Ihr Kind mit der Gegenwart Gottes umgeben wollen, **dann lieben und gehorchen Sie Jesus Christus.** Wenn Sie die Kranken geheilt sehen wollen, dann tun Sie das, was Jesus Christus gesagt hat. Hat Er gesagt: „Die gläubig geworden sind, werden die Lobpreis-Session aufdrehen?" oder *„Die Gläubigen werden Kranken die Hände auflegen"* und *„zu den Bergen sprechen"*? Wenn Jesus gesagt hat, dass wir die Kranken durch Handauflegung und durch das Sprechen mit der Autorität des Reiches Gottes heilen sollen, dann sollten wir tun, was Er gesagt hat. Dann können wir von ganzem Herzen den Lobpreis Gottes singen ... aus dem richtigen Grund.

KAPITEL 20
Das Angesicht Gottes finden

Junge. 1 Jahr alt. Philippinen.
Diagnose: Down-Syndrom

Ich dachte, der Kreis meines Lebens hätte sich geschlossen, als ich Edward bekam. Er wurde im August des Jahres 2013 geboren. Es war das Jahr, in dem ich dachte, ich sei angekommen und hätte alles. Kurz davor war ich in die höchste Position des Unternehmens befördert worden. Ich konnte mir ein Auto leisten, die Darlehensrückzahlungen waren nun leichter geworden und zu unserer Überraschung kündigte sich auch ein Baby an! Ich erinnere mich daran, wie ich dachte: „Der Ausspruch scheint zu stimmen: ‚Das Leben beginnt mit vierzig'".

Mein Mann und ich leben auf den Philippinen. Die Ultraschalluntersuchung während der Schwangerschaft ergab ein völlig normales Bild. Daher war es eine bittere Überraschung, als der Arzt uns nach der Geburt mitteilte, dass unser Kind das Down-Syndrom hatte.

SCHWIERIGKEITEN AM HORIZONT

Die Ärztin auf der Neugeborenen-Station sagte uns, dass Edward vier visuelle Merkmale hatte, die auf eine Diagnose mit DS schließen ließen: Zwei Vierfingerfurchen, flacher Nasensteg, tiefsitzende Ohren, und nach oben geneigte Augen. Diese Anzeichen sind mir überhaupt nicht aufgefallen, und hätte die Ärztin uns nicht auf sie aufmerksam gemacht, wären wir ahnungslos geblieben.

Die nächste Ärztin, die uns besuchte, war eine Humangenetikerin. Sie klärte uns über das überschüssige Chromosom auf und sagte, dass es niemandes Schuld sei. Weder hätte ich etwas Schlechtes gegessen, noch mich sonst während der Schwangerschaft irgendwie falsch verhalten, um dies zu verursachen. Sie empfahl, dass wir uns über DS informierten und kündigte einen Bluttest an, um eine abschließende Diagnose stellen zu können. Die Testresultate würden in einem Monat zur Verfügung stehen.

Ich weinte, als ginge die Welt unter, und um es mir leichter zu machen, weinte die Genetikerin mit mir. Sie sagte, dass es ihr nie wirklich leicht falle, den Eltern die Nachricht mitzuteilen, da sie selbst eine 18 Jahre alte Tochter mit dem DS habe.

HANNAS VERSPRECHEN

Auf den Philippinen ist der Glaube stark. Außerdem sind wir eine betende Nation, weil wir immer wieder schwere Unwetter erleben, bei denen die Menschen all ihr Hab und Gut verlieren. Doch trotz alledem wenden wir uns immer an Gott, der uns immer wieder versorgt. Daher staunen die Menschen über unsere Widerstandskraft ... sie kommt aus dem Wissen, dass wir in Gottes Hand sind.

Nach dem Termin mit der Humangenetikerin kam als Nächstes der Besuch eines Priesters (unsere Familie ist katholisch). Er kam direkt nach der Ärztin und wies uns an, den Bibelvers zu lesen, in dem es um Hannahs Einlösung ihres Versprechens an Gott geht. Wir waren nicht sehr vertraut mit dieser Bibelstelle und fanden erst später heraus, dass Hannah Gott ziemlich lange um einen Sohn gebetet hatte und dass sie Gott versprach, ihn Gott zurückzugeben, damit er ein Priester würde. (Ganz ähnlich wie in unserem Fall! Auch wir hatten um ein Kind gebetet). Sie zögerte zunächst, doch schließlich gab sie nach und übergab ihn an Gott. Danach wurde Hannah mit anderen Kindern gesegnet.

Ich weiß nicht, wie es kam, dass gerade dieser Vers gelesen werden musste, aber ich habe das Gefühl, dass Gott Edward gebrauchen wird, um Sein Reich voran zu bringen. Zwei verschiedene Priester haben uns bei zwei verschiedenen Gelegenheiten dazu aufgefordert, ihn Gott zu weihen, so dass er eines Tages ein Priester würde. Daher weiß ich, dass es in Gottes Absicht liegt, Edward sehr bald zu heilen. Er muss ihn an seinem Körper, an Seele und Geist heilen, so dass Edward das Instrument sein kann, das Jesus beabsichtigt hatte.

DAS VERSPRECHEN DES GLAUBENS

Wir hatten einen Monat Zeit, bevor die Bluttestergebnisse vorliegen würden, und so entschieden wir uns, unser Vertrauen auf Gott zu setzen. Wir entschlossen uns, die Testergebnisse gar nicht abzuholen, weil Gott bereits an Edwards Heilung arbeitete.

Leider mussten wir noch einmal ins Krankenhaus zurückkehren, und mein Mann lief der Ärztin zufällig über den Weg, die uns über die Resultate informierte. Doch getreu unserem Entschluss haben wir diese Resultate nie zu Gesicht bekommen.

Gott ist wesentlich mächtiger als die Ärzte, und Er wird Edward vollständig heilen! Edward hat im Reich Gottes noch eine Rolle zu spielen, und es wird nicht mehr lange dauern, bevor wir seine Heilung verkündigen können und anderen helfen können, ebenfalls geheilt zu werden.

SEHNLICH ERWARTETER FAMILIENZUWACHS

Edward ist das erste Mitglied der vierten Generation unserer Familie. Auf den Philippinen spielt die Stammeszugehörigkeit eine wichtige Rolle. Auf der Seite meines Mannes ist seine Mutter die Patriarchin der Familie (da mein Großvater bereits verstorben ist). Daher bezeichne ich meine Großmutter als die erste Generation, da sie immer noch lebt. Da sie nach dem Krieg die Älteste Person meiner Familie ist, wird sie als das Familienoberhaupt der Litonjua-Familie angesehen. Die Litonjuas sind chinesische Einwanderer, die im neunzehnten Jahrhundert sich mit den spanischen Konquistadoren vermischten.

Ich war die zweite Angehörige der dritten Generation, die geheiratet hat. Es war eine großartige Überraschung, dass ich als erste schwanger wurde, und so wurde Edward mit großer Spannung in der Familie erwartet. Ich sagte meiner Großmutter, sie solle dafür beten, dass die Ergebnisse des Bluttests für Edward negativ im Hinblick auf DS ausfallen würden. Ich sagte ihr auch, sie solle darüber Stillschweigen bewahren. Leider hat sie es anderen Familienmitgliedern auch erzählt und sie um Gebet gebeten, also wussten sie es auch. Als die Testresultate herauskamen, sagten wir ihr, dass wir sie nie erhalten hätten, weil wir sie nicht glaubten. Und als wir Edward das erste Mal auf einen Besuch bei ihr mitnahmen, zeigte er keinerlei Anzeichen davon und sah völlig normal aus.

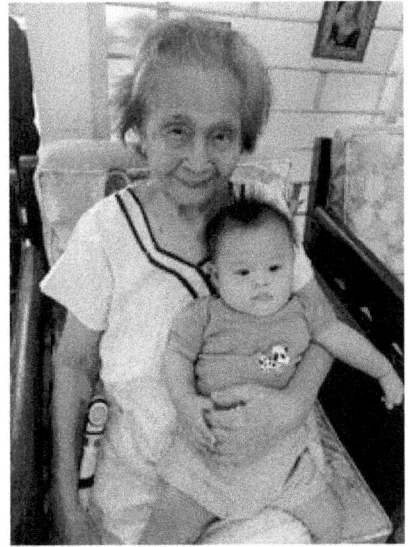

Als meine Tante und mein Onkel aus den Vereinigten Staaten uns auf den Philippinen besuchten, waren sie sehr daran interessiert, Edward zu checken. Ich bin mir sicher, dass sie beide die Nachricht gehört hatten. Sie sind beide Ärzte und sie beobachteten Edward beide unauffällig. Nach einer Weile erklärten sie, dass Edward kein DS habe. Sie staunten über Edwards Beweglichkeit, Augenkontakt und Erscheinungsbild.

EDWARDS OHREN

Nachdem uns die Ärztin über die Merkmale informiert hatte, stellte ich beim Stillen fest, dass Edwards Ohren wirklich tief saßen. Ich weinte und weinte. Seine Ohren waren auf der Höhe seiner Augen und zum ersten Mal begriff ich, was die Ärztin gesagt hatte. Ich versuchte, nicht zu weinen, da noch andere Mütter anwesend waren, die ihre Kinder stillten. Im Vergleich zu ihren Babys war Edward so klein. Bei der

Geburt brachte er nur 2,85 kg auf die Waage. Ich war überrascht, weibliche Babys zu sehen, die so viel größer waren als er. Am nächsten

Tag wuchsen Edwards Ohren!!! Es war das erste Zeichen dafür, dass Gott am Wirken war. Ich weiß nicht wie, aber am nächsten Tage waren seine Ohren auf der Höhe seiner Augenbrauen. Edwards Ohren hatten begonnen zu „wachsen".

Die nächste Herausforderung war sein Gehör. Edwards Neugeborenen-Hörtest war ergebnislos. Man sagte, dies sei normal, da er per Kaiserschnitt zur Welt gekommen war und das Wasser nicht auf die gleiche Weise aus dem Gehörgang abgelaufen war, als wenn er auf normalem Weg geboren worden wäre. Wir sollten ihn nach einem Monat wieder vorstellen.

Auch der zweite Test verlief ergebnislos. Das war zu viel für mich. Er kann doch nicht das DS haben und auch noch taub sein. Ich entschloss mich, abzuwarten und keinen weiteren Test

durchführen zu lassen. Ich ging in den Salon, um mich zu beruhigen, und ich erinnere mich daran, wie ich zu Gott betete, dass Er sich um diese Sache kümmern sollte.

Ich probierte meinen eigenen Hörtest an ihm aus. Während er schlief, klatschte ich in die Hände, um zu sehen, ob er reagieren würde. Zuerst reagierte er, woraus ich schloss, dass er hören konnte. Doch dann merkte ich, dass er wahrscheinlich reagiert hatte, weil sich beim Klatschen das Bett bewegt hatte (ich saß im Bett neben ihm). Doch später erkannte ich, dass Edward auf Geräusche reagierte, während er schlief, beispielsweise, wenn jemand im Zimmer nebenan geräuschvoll die Schubladen schloss. Wir waren erleichtert, dass unser Baby hören konnte!

DER RAT DER ÄRZTIN FÜHRT DAZU, DASS ICH GLAUBENSFREUNDE FINDE

Die Humangenetikerin empfahl uns, uns über das Down-Syndrom zu informieren. Nach der ersten Website begann ich, nach Internetseiten Ausschau zu halten, die über Heilungswunder im Zusammenhang mit dem Down-Syndrom berichteten. Gott hatte schon erstaunliche Dinge in meinem Leben getan und ich wusste, dass Er ein Heiler ist. Ich hatte lediglich noch keine direkte Erfahrung mit Seiner heilenden Kraft.

Dabei stolperte ich über eine Website, auf der von täglichen Wundern berichtet wurde, sowie darüber, wie eine Mutter die fortschreitende Heilung ihrer Tochter dokumentierte. Ich checkte die Website und stellte überrascht fest, dass sie ziemlich aktuell war. Also nahm ich Kontakt mit ihr auf und fand dabei eine wunderbare Gemeinschaft von Gläubigen, die sich zusammengetan hatten, um für ihren Kindern für Heilung zu beten. Nichts geschieht durch Zufall! Gott hatte mich zu Freunden geführt, die viele Tausend Meilen weit weg waren und sich in derselben Situation wie ich befanden.

Nun beten wir fortwährend zusammen mit anderen Eltern für die Heilung unserer Kinder. Wir mögen aus verschiedenen Denominationen kommen, doch wir beten im Glauben und vertrauen darauf, dass unsere Kinder durch den heiligen Namen Jesus geheilt werden.

DAS ANGESICHT GOTTES

Eines Nachts war ich beruflich wegen einer Managerin in einer ernsthaften Krise. Ich konnte kaum schlafen und verbrachte die Zeit damit, über die Situation zu beten. In jener Nacht fiel ich in einen halb schlafenden, halb wachen Zustand, in dem ich eine Kinderstimme hörte, die fragte: „Wer möchte mit mir und Mark Fahrrad fahren?" Irgendwie wusste ich, dass die Stimme, die ich gehört hatte, Edwards älterem Selbst gehörte. Der Traum ging weiter und ich sah ein Kind mit einer hohen Nasenbrücke, das aussah wie meine Schwägerin (mehr nach der Seite meines Mannes). Dieses ältere Kind in meinem Traum schien zu schlafen, und in dem Traum begann es plötzlich immer kleiner zu werden, bis ich es als Edward sah, wie er mich anschaute. Ich erkannte, dass dieses ältere schlafende Kind Edward im Alter von drei Jahren gewesen sein musste. Gott hatte mir das echte Gesicht meines Kindes gezeigt, das Gesicht, welches Er entworfen hatte.

Gleichzeitig bekam ich die Gewissheit, dass die Managerin, mit der ich mich im Konflikt befand, unser Büro innerhalb einer Woche verlassen würde. Tatsächlich hatte die besagte Managerin in dieser Woche ihren letzten Tag in unserem Büro. Ich bin mir bis heute sicher, dass Gott mir Edwards wahres Gesicht gezeigt hat, um durch die Ereignisse in meinem Büro zu bestätigen, dass ich Ihn hören konnte und um meinen Glauben in Bezug auf die Heilung unseres Sohnes zu stärken.

EDWARDS REISE

Mein kleines Baby ist nun ein Jahr und sieben Monate alt. Als Baby verfügt Edward über sehr guten Augenkontakt und gute Beweglichkeit.

Mit vier Monaten hat er bereits gelächelt. Doch zuerst lernte er, böse zu gucken.

Hier ist Edward im Alter von drei Tagen. Eine Menge Haare und sehr gesund. Ich dachte, das Muttersein sei eine glückliche Angelegenheit, bis ich die schlechte Nachricht von der Ärztin erfuhr. Doch dieser kleine Engel hat überhaupt nie erkrankt ausgesehen. 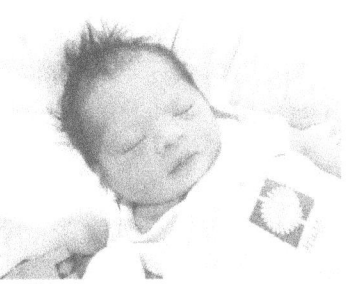 Wir ließen ein zweidimensionales Echokardiogramm seines Herzens machen und es lieferte perfekte Resultate. Dieses Baby hatte, seitdem es im Mutterleib war, einen perfekten Herzschlag.

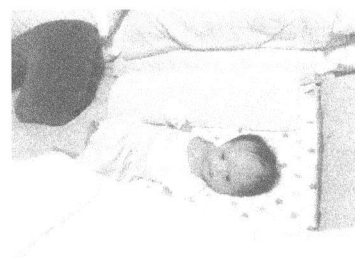 Das ist Edward mit zwei Monaten in froher Erwartung seiner Milch. Sehen Sie das kleine Lächeln? Es gibt genauso ein Bild auf dem er weint. Als er wusste, dass ich ihn gehört hatte und kam, um ihn zu stillen, hat er gelächelt. Er wusste sehr früh, dass er mich manipulieren konnte. Uns fiel auch auf, dass er über einen sehr guten Muskeltonus verfügte und dass er über zwei Zentimeter gewachsen war.

Hier ist Edward drei Monate alt und blickt finster drein. Er hat zuerst gelernt, böse zu gucken, bevor er das Lächeln lernte. In diesem Alter lernte er auch zu gurren und sich mit uns zu „unterhalten". Wir fanden einen Knoten auf seinem Oberschenkel, doch wir beteten darüber, und der Knoten verschwand.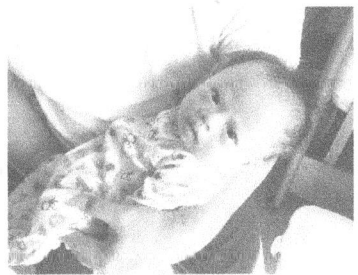

Mit fünf Monaten, wie er lernt, sich zu drehen. Er ist so ein fröhliches Baby. Als er vier Monate alt war, stellten wir auch fest, dass sich seine Schlafgewohnheiten verbessert hatten. Er konnte nachts zehn Stunden durchschlafen und einen Mittagsschlaf von 2-3 Stunden machen.

Fallschirmspringerpose im Alter von acht Monaten. Sehen Sie dieses Lächeln? Das macht er immer. Er liebt es, glücklich zu sein. Zu dieser Zeit war er auch schon in der Lage, seine Flasche selbständig zu halten, obwohl wir ihm häufig helfen mussten.

Erstaunliche Muskelstärke. Völlig im Gegensatz zu den Symptomen. Edward konnte sich sehr gut drehen und strecken.

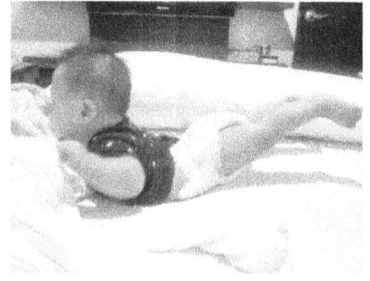

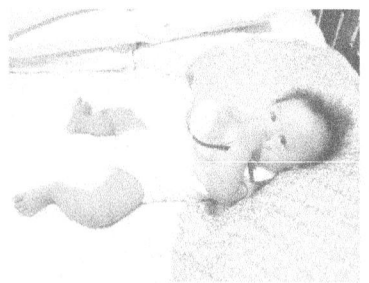

Er hält seine Flasche fest mit zehn Monaten. Perfektioniert die Kunst, seine Flasche festzuhalten. Wie alle Babys war er zunächst faul und wollte seine Flasche nicht selbst halten. Doch wir bestanden darauf, sonst würde er hungrig bleiben. Er lernte schnell.

Und schließlich wird er im Hochstuhl gefüttert mit zehn Monaten. Dieser kleine Junge hat einen Riesenappetit. Hatte ich erwähnt, dass sein Vater ein Koch ist? Wir stellten auch fest, dass er bestimmte Lieblingsspeisen hatte.

Fast ein Jahr alt. Stellt sich auf in seinem Laufstall. Es hat eine Weile gedauert, bis er laufen konnte, doch er lernte früh, sich in seinem Laufstall hochzuziehen. Wir stellten auch fest, dass er alles herumwarf, was sich in seinem Laufstall befand … einer dieser Meilensteine, die er eigentlich „nicht erreichen konnte."

Edward liebt seine Fernsehprogramme. Uns ist aufgefallen, dass er lieber echte Menschen beim Tanzen und Singen beobachtet, als animierte Filme anzusehen. Ebenso zieht Edward es vor, Bücher zu lesen, wenn man ihm seine Spielzeuge bringt. Im Spielzimmer geht er immer geradewegs zu seinen Büchern, anstatt zu den Spielzeugen.

Edward lernt zu krabbeln. Uns ist auch aufgefallen, dass er ein sehr vorsichtiges Baby ist. Die meisten Böden bei uns haben keinen Teppich, weil es für Teppiche zu warm ist. Unsere Böden sind entweder aus Holz, Marmor oder Beton. Hier im Hotel stellten wir fest, dass Edward viel mutiger überall herumgekrabbelt ist, da er wusste, dass der Teppich seinen Fall dämpfen würde, falls er herunter fiel. Intelligenz in Aktion.

Edwards Schädel begann sich zu verändern. Die Stirn über seiner Nase begann Gestalt anzunehmen. Bis heute befindet sich Edwards Schädel im Prozess der „Formung". Sein Hinterkopf war ganz flach. Jetzt wird er immer runder.

Edward der Zerstörer. Unsere hauseigene Krake („Lasst die Krake los" aus dem Film Kampf der Titanen). Meist nennen wir ihn den „Sturm", der jedes Zimmer im Haus heimsucht. Hier konnte er ein Handtuch herausziehen (jetzt unter ihm) und versucht nun, das  verbleibende Handtuch herauszuziehen. Haben Sie auch auf die Teile der Matte geachtet? Er hat herausgefunden, wie er seine Spielmatte auseinander nehmen kann. Kürzlich sind die Löcher in der Zahl „8" verschwunden, und wir wissen nicht, wo er sie versteckt hat.

 Gegenwärtig liebt Edward alles, was ein Geräusch macht. Wir haben gemerkt, dass er seine Legosteine auf den Boden schlägt, um das dadurch entstehende Geräusch zu hören. Er liebt auch sein Xylophon mit den Klaviertasten.

GLAUBENSPRÜFUNG BESTANDEN

Im vergangenen Februar ist Edward ganz heftig hingefallen. Wir brachten ihn ins Krankenhaus, wo festgestellt wurde, dass ihm nichts fehlte. Doch ein Arzt stellte dabei fest, dass er sehr bleich sei. Ein Bluttest wurde veranlasst. Wir wurden an diesem Abend nicht nach Hause entlassen, weil er eine Bluttransfusion benötigte.

Sie vermuteten Leukämie, weil alle Anzeichen in diese Richtung zu deuten schienen. Die Thrombozytenzahl war viel zu niedrig (bei einer

Norm von 150 war seine bei 14), die Hämoglobinwerte waren auch beunruhigend. Die Ärzte sagten, dass es sich hierbei um etwas handelte, wozu Kinder mit dem DS prädisponiert seien.

Unser Glaube wurde in jenen Tagen auf die Probe gestellt. Edward musste drei Wochen lang im Krankenhaus mit Bluttransfusionen behandelt werden. Wir hatten einige Angehörige, die sich anboten, uns zu helfen, stattdessen jedoch unsere Sorgen schürten, anstatt uns zu helfen, den Glauben zu bewahren. Glücklicherweise wurde unser Glaube belohnt. Es war keine Leukämie.

Bald wurden wir von unserem Bluttest zwei Mal pro Woche zum Bluttest einmal pro Woche „befördert". Ich war sehr glücklich, als Edward durch einen Priester Gebet empfing, der sagte: „gagaling na siya *(zu Deutsch: es geht ihm bereits besser)*". Ich denke daran, wie der Zenturio in der Bibel zu Jesus sagte: „Sprich nur ein Wort und mein Knecht wird gesund". Es war mein Gebet, dass das Wort gesprochen würde, und Jesus bestätigte Sein Wort durch dieses Gebet.

Bei unserem nächsten Arztbesuch hatten sich seine Blutwerte um das Doppelte verbessert. Daraufhin wurden die Tests auf einmal alle zwei Wochen ausgedehnt. Beim darauffolgenden Besuch sagte man uns, dass Bluttests nun nur noch einmal im Monat notwendig seien, weil sich sein Blut so gut entwickelte.

Ich bat Jesus, Edward einen Tropfen von Seinem kostbaren Blut zu geben und damit alles in seinem Blut zu korrigieren, was nicht normal war. Und jetzt, da er sich auf dem Weg der Besserung befindet, habe ich Jesus wieder um diesen Tropfen gebeten, um die Anzahl seiner Chromosomen zu korrigieren.

„Bittet, so wird euch gegeben". Wenn ihr Glauben habt, wie ein Senfkorn, so könnt ihr zu diesem Berg sagen, dass er sich wegbewegen soll, und er wird verschwinden. Nichts ist unmöglich für Gott. Durch Seine Wunden ist Edward geheilt!!!

Häufig gestellte Frage Nr. 18
„Andere scheinen mehr Veränderungen bei ihren Kindern zu erleben als ich. Mache ich etwas falsch? Stimmt etwas nicht mit mir?"

Es ist alles in Ordnung mit Ihnen. Jesus Christus hat Sie erkauft, gereinigt, Sie zur Gerechtigkeit Gottes gemacht und Er lebt in Ihnen für alle Ewigkeit. Er hat alles entfernt, was mit Ihnen nicht stimmte, als Er Sie in Seinem Tod am Kreuz vor 2.000 Jahren mitgekreuzigt hat.

Jedoch machen Sie ganz sicher etwas falsch. Sie haben Ihre Identität verschoben. Sie vergleichen sich mit anderen Leuten und beziehen Ihre Identität aus dem, was Sie an Veränderung im Körper Ihres Kindes vermissen, anstatt aus dem, was im Körper Jesu Christi bereits geschehen ist.

Ich habe Folgendes herausgefunden, was für Sie hilfreich sein könnte: Sich selbst und die eigene Situation zu analysieren, gehört zur „Art des alten Menschen." Dabei ist die Gesinnung des Fleisches am Werk, die vom Bedürfnis getrieben ist, herauszufinden, wie die Dinge funktionieren und wie das Leben am besten zu unserem Vorteil zu steuern ist, weil sie nichts vom ewigen Leben weiß. Der „alte Mensch" ist beständig dabei, sich selbst zu analysieren, weil er glaubt, dass die Selbstverbesserung der Schlüssel zu allem ist.

Die Art des „neuen Menschen" unterscheidet sich hiervon deutlich in ihrer Vorgehensweise. Ihr neuer Mensch weiß, dass er ein Gefäß des lebendigen Gottes ist. Ihr neuer Mensch lebt durch Glaube, Hoffnung und Liebe in Gemeinschaft mit Gott durch unsere Einheit mit Jesus Christus. Sitzt Jesus Christus auf dem Thron und analysiert sich selbst, indem Er sagt: „Mache ich etwas falsch? Stimmt etwas nicht mit mir?" Dann tut Er dies auch nicht in Ihnen!

Bei Gott gilt kein Ansehen der Person. Er hat keine Lieblinge. Lassen Sie sich also ermutigen durch das, was Sie Ihn in anderen Kindern tun sehen. Was Er für eine Person tut, wird Er für alle tun. Freuen Sie sich an allem, was Sie Gott tun sehen – ganz egal, um wessen Kind es sich handelt! Freuen Sie sich an allem, was Sie in Christus sehen! Werfen Sie Ihr Eigeninteresse und Ihre Selbstanalysen über Bord und begeben Sie sich zurück in Ihre Einheit mit Christus und fahren Sie damit fort, das Reich Gottes mit Glauben, Hoffnung und Liebe auszubreiten und sich an Ihrer Gemeinschaft mit dem Vater zu freuen.

KAPITEL 21
Heilung beginnt im Herzen

Mädchen. 1 Jahr alt. USA
Diagnose: Down-Syndrom

Unsere Tochter Stella ist ein Jahr alt und erreicht alle Entwicklungsmeilensteine wie ein Champion. Wir sind so dankbar! Der Herr hat unsere Tochter geheilt und wir werden Ihn für immer preisen.

In der vergangenen Woche hatten wir mit ihr einen Termin beim Kardiologen, welcher alle sechs Monate ansteht. Die letzten beiden Termine waren beide mit einem negativen Befund verbunden. Mein Mann und ich sagten: „Nein, wir akzeptieren das nicht, weil Jesus am Schandpfahl dafür gelitten hat." Uns wurde gesagt, eine Herzklappe bei ihr weise zusätzliches Gewebe auf, so dass sie das Wachstum der Klappe und des Herzens überwachen müssten. Der Arzt erwähnte auch, dass dies etwas sei, was in der Zukunft zu Herzversagen führen könnte. (Eine Vergrößerung des Herzens kann durch Erkrankungen hervorgerufen werden, die das Herz stärker als gewöhnlich schlagen lassen oder den Herzmuskel schädigen. Manchmal vergrößert sich das Herz aus unbekannten Gründen und wird schwach.) Bei beiden vorhergehenden Terminen pumpte die Herzklappe zu stark und das zusätzliche Gewebe war da. Beim Termin vor einer Woche wurden bei ihr wieder ein EKG und ein Echokardiogramm durchgeführt. Der Arzt war schockiert als er feststellte, dass das zusätzliche Gewebe verschwunden war und ihre Klappen normal funktionierten. Preis sei Gott!!!!!

Häufig gestellte Frage Nr. 19
"Menschen mit dem Down-Syndrom scheinen so glücklich und unschuldig zu sein. Könnte diese Behinderung nicht eine Art Schutz Gottes sein, um sie vor schlimmen Sünden, die sie im gesunden Zustand begehen würden, zu bewahren?"

Wollen Sie damit sagen, dass Sie glauben, Gott erlaube Satan Kinder zu bedrücken, um sie damit vor Sünde zu bewahren? Würden Sie dasselbe bei einem Kind sagen, dass durch AIDS oder Leukämie angegriffen wird? Würden Sie Eltern, die ihr Kind in einem Keller eingesperrt halten, damit es keine großen Sünden begeht, für gute Eltern halten?

Glauben Sie nicht, dass die Kraft des Kreuzes und des vollendeten Werkes Christi genügt, um uns von der Sünde fern zu halten?

Gestattet Gott dem Satan, die Heiligen in der Herrlichkeit mit Erkrankungen anzugreifen, damit sie vor „großen Sünden" bewahrt werden, oder ist Gott in der Lage, ihre Herzen so sehr mit Seiner Herrlichkeit zu füllen, dass Sünde für sie in einem Maße abstoßend wird, dass sie es sich überhaupt nicht vorstellen können, gegen jemanden, der so wunderbar ist wie unser Herr, zu sündigen?

Gottes Bestimmung für alle Kinder ist so viel größer, als sie vor „großen Sünden" zu bewahren. Gott hat jeden von uns dazu geschaffen, Sein Ebenbild zu tragen und in der Kraft des Heiligen Geistes die Ähnlichkeit mit Ihm hier auf Erden zu demonstrieren. Gott kann in keiner Weise von Satan bedrückt werden, daher ist diese Erkrankung ein Angriff auf die Bestimmung der Kinder als Träger des Ebenbildes Gottes. Gott hat sie dazu geschaffen, Ihn zu erkennen und Seine Liebe dadurch zu demonstrieren, dass sie das Evangelium verkündigen, die Kranken heilen, Dämonen austreiben und die Toten auferwecken. Jedes Kind wurde mit der Bestimmung geschaffen, ein wunderbares Elternteil, ein Arzt, ein Pfleger, eine politische Führungspersönlichkeit, ein Pastor, Lehrer oder Missionar zu sein. Nicht nur sie werden beraubt, sondern auch Gott und die Welt werden beraubt!

Ich glaube, dass Gottes Kraft in der Lage ist, diese Kinder zu heilen und sie zu ermächtigen, in Heiligkeit zu leben.

KAPITEL 22
Zeugen übernatürlicher Veränderungen

Mädchen. 5 Jahre alt. USA
Diagnose: Down-Syndrom

Unsere Tochter ist jetzt 5 Jahre alt.

Während der ersten drei Jahre ihres Lebens dankte ich Gott für ihre Heilung, weil ich wusste, dass Gottes Wort die Wahrheit ist, doch tat ich es mit einem schweren Herzen, weil ich nicht verstand, wie Heilung vor sich ging. Wir wussten nicht, wie wir selbst für ihre Heilung Sorge tragen konnten, bis sie 37 Monate alt war. In ihrem ersten Lebensjahr erlebten wir, wie die Linien oberhalb ihrer Augen verschwanden und andere kleine Veränderungen an der Position ihrer Augen und Ohren. Es war aufregend! Kleine mit den Linien über ihren Augen verbundene Blutgefäße nahmen langsam ab, als ob sie aufgefüllt würden, wonach die Linien einfach verschwanden. Es gab viele ermutigende prophetische Worte, die zu der Zeit über ihr ausgesprochen wurden, und es wurde intensiv in der Fürbitte für sie gekämpft.

Mein Mann und ich begannen, für sie persönlich für Heilung zu beten, als sie 37 Monate alt war (nachdem wir auf Youtube Curry Blakes Seminar für Göttliche Heilung (DHT – Divine Healing Training) gefunden hatten). Wir fuhren einige Monate damit fort, für ihre Heilung zu beten, bis eine der größten Unterbrechungen unseres Lebens uns ereilte. Wir begannen dann den Kampf für die Befreiung meines Mannes vom Lymphom im vierten Stadium (Metastasen in allen Knochen und jedem Organ). Innerhalb von vier Monaten war er komplett frei von Krebs und wir konnten uns wieder dem Heilungsdienst an unserer Tochter widmen.

Gegenwärtig sind ihre Muskeln gut definiert. Wir haben fünf Kinder, und dieses Kind hat von allen die bei weitem am besten definierten Muskeln in diesem Alter. Ihre Körperlänge und ihr Körpergewicht sind für ihr Alter im Normbereich. Sie trägt Größe 122. Ihr Gesicht hat sich verlängert. Ihre Ohren sitzen nicht mehr tief und sind normal groß. Ihr Hals ist besser definiert. Ihre Stirn ist nicht flach, sondern gewölbt, und dort, wo ihre Augenbrauen sind, hat sich nun eine Knochenwölbung gebildet. Ihre Augen haben die Form verändert und sind tiefer in die Augenhöhle eingesunken. Früher standen sie weiter vor als ihre Nase. Sie waren gerundet, jetzt hat sich ihre Form verändert. Ihre Nasenbrücke hebt sich. Ihr Kiefer ist jetzt definierter und ihre Backenknochen haben begonnen, hervorzutreten.

Echte Schönheit zeigt sich nun bei unserer Tochter, die vorher nicht da gewesen ist. Vor kurzem begann die Vertiefung an ihrem Nacken sichtbar zu werden. Ihr Hinterkopf nimmt allmählich eine runde Form an und ist nicht mehr so flach. Alle Finger und Zehen sind unterschiedlich lang. Ihre Zunge ist dünner geworden und steht nicht mehr so weit vor wie früher.

Sie schaukelt gerne hoch auf der Schaukel, klettert auf Bäume und spielt mit Lego. Sie mag ihren Radio Flyer Roller und sie fährt ihn einwandfrei, ohne dass jemand es ihr beigebracht hätte. Sie spielt mit ihrer Baby-Puppe und ihrer Spielzeugküche und sie liebt es, Bilder auszumalen und sich zu verkleiden. Ihr Lieblingsbuch ist „Green Eggs and Ham", das sie sich gerne am Stück von vorne bis hinten vorlesen lässt. Sie ist ein Experte im Nachahmen von Leuten. Bleistift und Besteck hält sie korrekt in der Hand, ohne dass man es ihr beibringen musste.

Die Manifestation ihrer Heilung schreitet ständig weiter fort. Das Bemerkenswerte an ihrer Heilung ist die Tatsache, dass mein Mann und ich uns ganz sicher sind, dass sie sehr bald vollständig geheilt sein wird. Wir wünschen diese Erfahrung niemandem, doch es ist tatsächlich eine große Freude, unser Kind zu einem normalen Kind aufblühen zu sehen. Ich möchte Sie ermutigen, daran zu glauben, was das Wort Gottes über Heilung sagt. Erneuern Sie Ihr Denken und ergreifen Sie die Wahrheit, die jedem Gläubigen zur Verfügung steht.

Häufig gestellte Frage Nr. 20
„Wie soll ich mit Menschen umgehen, die darauf bestehen, die Erkrankung meines Kindes zu thematisieren?"

Wenn es um Ihre eigene Familie und die von Ihnen festgelegten Routinen geht, sollten Sie alles tun, um ein Umfeld zu schaffen, das von Glauben, Leben und Wahrheit bestimmt wird! Sie haben die Freiheit und die Autorität, als Botschafter des Reiches Gottes zu fungieren. Wo Sie hingehen, da ist das Reich Gottes gegenwärtig. Sprechen Sie also Leben aus, sprechen Sie den Glauben Jesu Christi in Liebe aus und tun Sie es mutig, ohne Scham, ohne zu zögern und ohne sich dafür zu entschuldigen.

Außerdem sollten Sie Ihre Routinen überprüfen. Eliminieren Sie unnötige Kämpfe und Ablenkungen, die Sie nur belasten, die Ihren Glauben entmutigen, Ihnen die Energie rauben und Ihr Augenmerk vom Dienst der Heilung an Ihrem Kind weglenken, indem Sie die Menschen meiden, von denen Sie wissen, dass sie nicht bereit sind, Ihren Glauben zu respektieren.

Jedoch müssen Sie Ihre Umstände oder die Menschen um Sie herum nicht „kontrollieren", um Frieden und Freude erleben zu können. Viele sind vollkommen ahnungslos über Gott und Sein Reich. Die Menschen sind nicht Ihr Feind. Das Reich Gottes ist in Ihnen, daher können Sie in der Kraft des Heiligen Geistes Seine Herrschaft ausüben. Immer repräsentieren Sie Jesus Christus als Sein Botschafter, in jeder Situation, also sagen Sie die Wahrheit in Liebe. Sie müssen die Menschen so behandeln, wie Jesus Christus sie behandeln würde und die Interessen des Reiches Gottes fördern.

Bevor Sie losgehen, und sich eine Geißel aus Stricken machen... denken Sie daran, dass Sie die Menschen so behandeln müssen, wie Sie gerne behandelt werden möchten. Wie würden Sie gerne behandelt werden, wenn Ihre Worte bei jemandem Anstoß erregen, ohne dass dies Ihnen bewusst wäre?

Ich bin schon zahlreichen Christen begegnet, die so von Lehren über „die Macht unserer Worte" durchdrungen waren, dass sie in Bezug auf ihre Stellung in Christus total unsicher wurden. Sie haben sich einige Bibelverse herausgepickt, die sie zu einer Formel reduziert haben, um sie im Fleisch zur Bewältigung ihres Lebens zu benutzen. Ihr Glaube an Christus wurde vom „Glauben an die Macht der Worte" verdrängt. Als Folge davon fühlen Sie sich genötigt, die Worte anderer zu kontrollieren, wobei sie von jedem Wort anderer Menschen völlig verunsichert werden, anstatt ihre Sicherheit aus ihrer Identität in Christus zu beziehen. Sie reagieren impulsiv und ängstlich, anstatt im Frieden, in der Liebe und in der Kraft Jesu zu agieren. Das sind die Menschen, die Familienangehörige, Freunde und Kassierer im Supermarkt anmeckern, wenn sie die Diagnose ihres Kindes erwähnen, weil sie Angst vor der „Kraft des negativen Bekenntnisses" haben.

Jesus hat nicht so gelebt, obwohl der größte Teil des Dienstes Jesu sich in Gegenwart von Menschen ereignete, die „negative Bekenntnisse" aussprachen. Auch wenn ich daran glaube, dass „Leben und Tod in der Gewalt der Zunge" sind, so sehe ich doch bei Jesus, dass Er Menschen nie aus Angst korrigierte, ihr negatives Bekenntnis könnte das Reich Gottes durcheinander bringen. Er hat nicht um Worte gezankt. Er offenbarte den Vater. Wenn Er Menschen korrigierte, dann mit dem Ziel, ihnen die Wahrheit vor Augen zu führen.

Sie sollten sich nicht eine unnötige Last aufbürden mit dem Versuch, die Worte aller Menschen zu managen. Gott hat Ihnen nicht die Verantwortung für den Mund anderer Menschen übertragen. Sie haben die Verantwortung für Ihr Herz und Ihren Mund. Tun Sie das, was Jesus tat. Umgeben Sie sich mit Menschen, die mit der gleichen Mission des Reiches Gottes unterwegs sind wie Sie. Und wenn Sie in die Welt hinausgehen, um das Licht Christi zu verbreiten, dann gehen Sie voller Zuversicht, Liebe, Kraft, Autorität und Barmherzigkeit.

Sie werden viele Gelegenheiten erhalten, als Botschafter des Reiches Gottes und als guter Vater oder gute Mutter, die ihre Kinder schützen, Menschen sanft zurechtzuweisen. Sprechen Sie die Wahrheit in Liebe und mutig aus. Wenn es sein muss, stoßen Sie Leute vor den Kopf und lassen Sie sie ruhig denken, dass Sie ein Freak sind. Sie kennen die Wahrheit, also teilen Sie mit den Menschen das, was Gott bereits getan hat.

Wie würden Sie selbst gern angesprochen werden? Ich möchte Sie ermutigen, es dem Heiligen Geist zu gestatten, Ihnen die Grenzen zu zeigen, die Sie ziehen müssen sowie die Art und Weise, diesen Grenzen im Geist Jesu Christi Geltung zu verschaffen, und dabei aber die Menschen dennoch mit der Liebe und Kraft des Reiches Gottes zu berühren!

Hier ein Beispiel: „Ich weiß, dass Sie es nicht respektlos gemeint haben, aber ich würde Ihnen gerne ganz kurz etwas sagen. Wir nennen unser Kind nicht „Down-Syndrom-Kind", genauso wenig, wie wir jemanden, der Krebs hat, als „Krebsmenschen" bezeichnen, oder eine Frau mit Lungenentzündung als „Lungenentzündungsdame" titulieren. Es ist ein Kind, schlicht und einfach, geschaffen im Ebenbild Gottes. Wir glauben nicht, dass die Erkrankung Teil der Identität des Kindes ist, sondern vielmehr ein Angriff auf das, wozu Gott es in Wirklichkeit geschaffen hat. Vielleicht ist Ihnen das nicht bewusst, aber Satan versucht ständig, die uns von Gott zugedachte Identität zu stehlen. Aber ganz gleich, was er in Ihrem Leben möglicherweise angerichtet hat, ob im physischen oder im emotionalen Bereich, Gott möchte, dass Sie wissen, das Er die Kraft und die Liebe hat, das alles aus Ihrem Leben zu entfernen und Sie zu absoluter Perfektion wiederherzustellen. Wir glauben, dass Gott in der Lage ist, unser Kind zu heilen, doch mehr noch als das, Er hat die Kraft, durch Jesus Christus, jeden von uns komplett zu erlösen. Haben Sie das jemals persönlich erfahren?"

Nehmen Sie ein Blatt Papier und einen Stift zur Hand (und vielleicht Ihren Ehepartner).

Schreiben Sie die Grenzen auf, von denen Sie glauben, dass der Heilige Geist sie in Ihrem Leben festgelegt haben möchte, um das größte Reich-Gottes-Momentum für Ihre Familie zu entfalten. Dazu Ideen, wie Sie Menschen ansprechen können, die diese Grenzen überschreiten, und Sie dabei mit dem Reich Gottes in Berührung bringen können:

Nehmen Sie Ihre Familienroutine unter die Lupe. Wo oder mit wem verlieren Sie an Reich-Gottes-Momentum?

Was werden Sie verändern? (Hinweis: „Ich kann nicht" ist keine passende Antwort für einen Botschafter Christi. Gott sagt, Sie KÖNNEN. Sie müssen! Niemand wird es für Sie tun!)

Teil 3

Briefe von der Front

Einführung zu Teil 3

Margaret Weishuhn

Warum schreiben Sie ein Buch über Heilung von genetisch bedingten Erkrankungen, wenn Sie keine dokumentierten genetischen Heilungen vorweisen können?

Wahrheit ist der Grund für die Entstehung dieses Buches. Diese Wahrheit macht Kinder und Eltern *jetzt* frei, wie Sie es bereits auf den Seiten dieses Buches beobachten konnten. Es ist so wichtig für Eltern zu begreifen, dass Gott nicht die Ursache der angeborenen Erkrankung Ihres Kindes ist, sondern dass Er vielmehr der „Herr, der heilt" ist, auch für Ihr Kind. Wir wissen, dass derselbe Gott, der viele der Symptome dieser Erkrankungen geheilt hat, auch in der Lage ist, die Wurzel der Erkrankung selbst zu heilen! Wir wollen es im Voraus schon proklamieren, dass wir ausgehend von der Wahrheit des Wortes Gottes allein glauben, dass Gott angeborene Erkrankungen vollständig heilt, schon bevor wir die vollständige Heilung der DNA erlebt haben. Auch wenn die Zeugnisse ermutigend sind, so ist doch das Wort Gottes selbst unser ultimativer Beweis!

Durch dieses Buch wurden Sie zum Zeugen eines weltweiten Wirkens Gottes in den Herzen von Eltern und in den Körpern unsere Kinder. Hier ist der Beleg für ein noch nie dagewesenes Handeln Gottes in seiner Entstehung. Wir sind ganz normale Eltern, auf vielen Kontinenten verstreut, doch vereint in unserem Glauben an Jesus Christus. Wir dienen unseren eigenen Kindern, bei denen angeborene Erkrankungen diagnostiziert wurden, und wir dienen den Kindern unserer Nächsten. Durch die Kraft des Heiligen Geistes und durch das Verständnis dessen, wer wir sind, verändern wir Schicksale. Dabei werden nicht nur die Körper der Kinder verändert und wiederhergestellt, sondern auch wir, die Eltern, beginnen zu verstehen, dass *wir* es sind, nach denen die

Schöpfung sich seit Jahrhunderten und Jahrtausenden seufzend sehnt (Röm 8,22). Wir sind der Leib Christi und die Lösung für das Problem von angeborenen Erkrankungen. Wir sind die Christen. Wir sind die Menschen, welche die Kraft besitzen, den Lauf der Weltgeschichte zu verändern, indem wir verstehen, wer wir in Christus sind und was wir zu tun in der Lage sind. Sie werden keinen Glauben ausüben müssen, wenn Sie in Ihrem zu Hause im Himmel angekommen sind. Dann wird es zu spät sein. Jetzt ist die Zeit, zu erkennen, wer wir in Christus Jesus wirklich sind und was das bedeutet.

Der Leib Christi scheint in einer Art Identitätskrise zu stecken, so dass viele in ihrem Verständnis dessen, wer sie als Kinder Gottes wirklich sind, unterentwickelt sind. Viele Texte christlicher Lieder im Radio sind mit Worten durchzogen, die kraftlose Menschen widerspiegeln. Die Kirchen und Gemeinden, in denen wir mitgearbeitet haben, wissen, wie man die Verlorenen rettet, jedoch scheinen sie sehr unsicher darüber zu sein, wie das Problem körperlicher Heilung gelöst werden kann. Ich denke zurück an all die Jahre, in denen mein Mann krank gewesen ist und das Beste, was unsere Gemeinde uns zu bieten hatte, war, uns einen Eintopf vorbeizubringen und um Frieden für uns zu beten. Es war ermutigend, jedoch völlig bar jeder Art von Kraft, uns zu befreien.

In der Bibel ist davon die Rede, dass es in den letzten Tagen Menschen geben wird, die einen äußeren Schein von Gottesfurcht haben, deren Kraft aber verleugnen. Ist es nicht ein Wunder, wenn Christen daran glauben, dass der Geist Gottes in ihrem Geist wohnt, aber eine Bilanz der Kraftlosigkeit aufweisen? *„Das aber sollst du wissen, daß in den letzten Tagen schlimme Zeiten eintreten werden. Denn die Menschen werden sich selbst lieben, geldgierig sein, prahlerisch, überheblich, Lästerer, den Eltern ungehorsam, undankbar, unheilig, lieblos, unversöhnlich, verleumderisch, unbeherrscht, gewalttätig, dem Guten feind, Verräter, leichtsinnig, aufgeblasen; sie lieben das Vergnügen mehr als Gott;* **dabei haben sie den äußeren Schein von Gottesfurcht, deren Kraft aber verleugnen sie.** *Von solchen wende dich ab!"* (2.Tim 3,1-5).

Ich habe dieses Buch nicht für den Skeptiker oder Spötter geschrieben. Mir geht es nicht darum, Menschen etwas zu beweisen, die debattieren wollen. Ich wurde innerlich dazu gedrängt, für Eltern zu schreiben, deren Kind mit einer angeborenen Erkrankung diagnostiziert wurde und die felsenfest davon überzeugt sind, dass angeborene Erkrankungen nicht richtig sind! Sie sind nicht von Gott! Sie wissen, wer Sie sind. Tief in Ihrem Herzen wissen Sie, dass die Ihrem Kind gestellte Diagnose einer angeborenen Erkrankung nicht dem Willen Gottes für sein Leben entspricht. Sie wissen, dass Gott die Dinge hier auf Erden so haben will, wie sie im Himmel sind. Und obwohl das wahr ist, kann es sein, dass Sie niemanden kennen, der diesbezüglich ähnlich denkt wie Sie, und Sie kennen auch niemanden, der Ihr Kind befreien kann. Möglicherweise haben Sie die Hoffnung schon aufgegeben, dass Ihr Kind jemals geheilt werden könnte. Vielleicht warten Sie, bis Sie im Himmel sind, bevor Sie die perfekte Schönheit und Persönlichkeit Ihres Kindes zu sehen bekommen.

Ich bin hier, um Ihnen zu sagen, dass Jesus derjenige ist, der Er zu sein behauptet. Er tat genau das, was Er angekündigt hatte. Alles, was es zur Heilung Ihres Kindes braucht, ist schlicht ein Kind Gottes, welches weiß, wer er oder sie in Christus ist und was ihm oder ihr anvertraut worden ist. Gott wartet darauf, dass wir aufwachen und der Realität ins Auge blicken, dass wir die Lösung des Problems sind! Er hat Seinen Beitrag schon geleistet. Jesus hat den Preis für uns bezahlt, sodass wir mit dem Vater versöhnt und als wahre Söhne und Töchter Gottes leben können. Wir sind es, die von der gesamten Schöpfung sehnsüchtig erwartet werden. *„Denn die gespannte Erwartung der Schöpfung sehnt die Offenbarung der Söhne Gottes herbei."*(Röm 8,19)

Was Sie in diesem Buch gelesen haben, ist nur ein kleiner Einblick in die Zeugnisse von Eltern rund um den Globus, die ihren eigenen Kindern, die mit einer angeborenen Erkrankung diagnostiziert wurden, und denen anderer Eltern mit Heilung dienen. Wir persönlich sind mit Eltern aus vielen Ländern in Kontakt, die körperliche und mentale

Veränderungen bei ihren Kindern bezeugen, und *alle* diese Eltern erwarten, dass ihre Kinder zu 100% geheilt werden.

Wir sind die Lösung für das Problem angeborener Erkrankungen. *„Wahrlich, wahrlich, ich sage euch: Wer an mich glaubt, der wird die Werke auch tun, die ich tue, und wird größere als diese tun, weil ich zu meinem Vater gehe. Und alles, was ihr bitten werdet in meinem Namen, das will ich tun, damit der Vater verherrlicht wird in dem Sohn. Wenn ihr etwas bitten werdet in meinem Namen, so werde ich es tun."* (Joh 14,12-14). Willkommen im Zeitalter der „größeren Werke"! Dies ist die Zeit für die Kirche, sich zu aus ihrem Schlummer zu erheben und zu erkennen, dass sie nicht kraftlos ist. Und es beginnt mit Ihnen!

KAPITEL 23
Brief an die Eltern

Margaret Weishuhn

Wenn Sie vor kurzem die Diagnose einer angeborenen Erkrankung für Ihr ungeborenes Baby erhalten haben, wenn Sie dies im Krankenhaus auf Ihrem Bett sitzend lesen, während Ihr kürzlich geborenes, mit einer angeborenen Erkrankung diagnostiziertes Baby neben Ihnen liegt, oder wenn Sie ein mit einer angeborenen Erkrankung diagnostiziertes Kind haben und auf der Suche nach Befreiung von der Diagnose für Ihr Kind sind, dann ist dieser Brief für Sie. Ich möchte Sie mächtig ermutigen. Der Gott Abrahams, Isaaks und Jakobs, der Schöpfer des Universums, kennt Sie mit Namen. Sie und Ihr Kind liegen Ihm sehr am Herzen. Er hat für alles gesorgt, was für die vollkommene Befreiung Ihres Kindes von der Erkrankung erforderlich ist durch Seinen Sohn und unseren Erlöser. Ich kann nicht bewirken, dass die Sorge und Enttäuschung über das Geschehene einfach verschwinden, jedoch kann ich Ihnen ein Heilmittel anbieten. Sein Name ist Jesus.

MEIN EIGENER SCHMERZVOLLER ANFANG

Ich bin eine Ehefrau und Mutter, die bis vor kurzem im Verlauf von dreiundzwanzig Jahren unzählige Stunden im Gebet für ihren Ehemann verbracht hat, der mit chronischen und lähmenden Erkrankungen diagnostiziert wurde – ohne Erfolg. Viele Männer und Frauen, die in den mit uns verbundenen christlichen Gemeinschaften geachtet waren, haben auch für meinen Mann gebetet, ohne dass sich positive Veränderungen eingestellt hätten.

Ich denke daran, wie ich eines Abends verzweifelt per Telefon um Gebet bat, damit mein Mann von den nässenden Wunden auf seinen Beinen (Erythema nodosum) und den alle sechs Wochen stattfindenden Bluttransfusionen befreit würde. Ich rief einen unserer Freunde an, der in einer anderen Stadt Pastor war. Er betete für meinen Mann und reichte dann den Hörer an seinen Assistenzpastor weiter, damit auch er für ihn betete. Ich hörte konzentriert zu, den Hörer an mein tränenüberströmtes Gesicht gepresst, wie er betete, dass Wills Symptome ‚bleiben und nicht verschwinden sollten, bis er alles gelernt hatte, was Gott ihn durch diese Erfahrung lehren wollte'. Ich rief ihn nie wieder mit der Bitte um Gebet an. Er war jung und hatte nie irgendeine Art chronischer Erkrankung erlebt. Nach diesem Anruf fühlte ich mich einsamer als jemals zuvor in meinem Leben.

Mein Eheleben war durch unglaublich viele herzzerreißende Arztbesuche und Krankenhausaufenthalte belastet und beschwert. Jeder Bereich unseres Lebens war von den Folgen von Krankheit betroffen. Niemand, dem ich begegnete, konnte auch nur annähernd nachvollziehen, was mein Mann und ich jahraus jahrein durchmachten.

Dreiundzwanzig Jahre lang habe ich versucht, biblische Heilung zu verstehen. Schon allein durch die Lektüre von Psalm 103 und Jesaja 53 wusste ich, dass es Gottes Wille war. Einer der Namen Gottes ist Jehova Rapha, der ‚Gott, der heilt'. In den Gemeinden, zu denen wir gehörten, wurde Heilung nicht als eine Verheißung angesehen, auf die wir zählen konnten. Es war vielmehr so: Wenn man das Glück hatte, Heilung zu empfangen, dann bedeutete dies, dass sie Gottes Willen entsprach. Wenn man dagegen keine Heilung empfing, dann konnte man Mut aus dem Wissen schöpfen, dass auch dies Gottes Wille war.

Der Heilungsbedarf im Körper meines Mannes war enorm. Zu seinen zahlreichen Diagnosen gehörten Leberinsuffizienz (primär sklerosierende Cholangitis), Nierenversagen (das zu einer Transplantation führte), systemisches Gangrän, Colitis ulcerosa, die zur vollständigen Entfernung des Dickdarms führte, Lymphom Grad 4, ganz zu schweigen von Arthritis und unterschiedlichen Autoimmunerkrankungen, die auch noch dazu kamen.

Dreiundzwanzig Jahre lang lebte ich mit der Angst, zu einer jungen Witwe und alleinerziehenden Mutter zu werden. Diese Tage sind vorbei. Ich habe die Wahrheit gefunden, und sie hat meinen Mann und mich frei gemacht!

Kurz nachdem mein Mann die Krebserkrankung überwunden hatte und für gesund erklärt worden war, kam er die Treppe herunter mit Symptomen, die an einen Herzinfarkt erinnerten. Ich wurde so wütend. Es bedurfte eines etwa 10 Minuten dauernden effektiven Gebets und er war frei von Symptomen. Jetzt betet er auch für mich für Heilung, wenn ich es brauche.

In diesem Jahr werden wir unsere Silberhochzeit feiern! Jedes Jahr wird besser und besser. Wenn ich zurückblicke, sehe ich viele Jahre unnötiger Krankheiten und Schwierigkeiten, die hätten vermieden werden können, hätten wir die in diesem Buch beschriebene Wahrheit gekannt und gewusst, wie man sie anwendet. Mein Liebling ist jetzt gesund. Er lässt sich regelmäßig untersuchen und die Berichte der Ärzte sind durchweg positiv. Es geht ihm gut und er hat einen starken und gesunden Körper. Die Wahrheiten, die ich über biblische Heilung gelernt habe, haben unser Leben buchstäblich verändert und sind jetzt dabei, das Leben unsere Tochter widerherzustellen.

Unser fünftes Kind wurde nach der Geburt mit dem Down-Syndrom diagnostiziert. Wir hatten im Vorfeld keinerlei Kenntnis davon, dass mit unserem Kind etwas nicht stimmte. Ich erinnere mich daran, wie mein Mann und ich an diesem Novemberabend des Jahres 2009 zusammen in unserem Arbeitszimmer saßen. Das war der Abend, an dem wir uns entschlossen, zu glauben, was die Bibel über Heilung sagte und jemanden zu finden, der wusste, wie es funktionierte. Ich habe tatsächlich an jenem Abend eine bewusste Entscheidung getroffen, Christ zu bleiben. Dem christlichen Leben, das ich bis dahin geführt hatte, fehlte jegliche Kraft, irgendjemanden von Krankheit zu befreien.

EIN TRAGFÄHIGES FUNDAMENT FÜR DIE HEILUNG VON ANGEBORENEN ERKRANKUNGEN ENTWICKELN

Mit der Hilfe eines von uns entdeckten Heilungsdienstes begannen sich schon früh Veränderungen bei meiner Tochter einzustellen, obwohl ich drei Jahre lang weder verstand noch davon überzeugt war, dass meine Tochter ohne jeden Zweifel zu 100% geheilt werden würde. Dann geschah etwas Bemerkenswertes. Spät an einem Dezemberabend, als ich damit beschäftigt war, Geschenke zu verpacken, fand ich auf YouTube die Lehre über Göttliche Heilung von John G. Lake, wie sie von Curry Blake präsentiert wurde. Er erklärte das vollendete Werk Jesu so einfach, dass ein Drittklässler es verstehen konnte! Ich begann zu erwarten, dass ihre Knochen sich bewegen, ihr Körper stark werden und ihr Gehirn normal funktionieren würde, ohne jeden Zweifel daran, dass es zur Vollendung kommen würde. Ich wusste, dass ich wusste, dass ich wusste – ihre Heilung war nicht aufzuhalten.

Zuallererst müssen Sie entscheiden, ob die Bibel die Wahrheit ist. Sie müssen entscheiden, ob Gott Ihr Vertrauen verdient. Wenn Sie sich selbst als Christen, als Gläubigen bezeichnen, dann erfordert allein schon Ihre Identität, dass Sie Gott und Seinem Wort vertrauen.

Sobald Sie für sich geklärt haben, dass Sie Gottes Wort vertrauen, müssen Sie entscheiden, ob Ihr Kind (Enkel oder Verwandter) Heilung benötigt. Ich musste erst klären, ob das Down-Syndrom überhaupt eine Erkrankung ist. Ich wusste, dass es NICHT dem entsprach, was ich für meine Tochter wollte, doch ich musste wissen, ob das Down-Syndrom überhaupt für Heilung in Frage kam. Seien Sie versichert, lieber Leser, das Down-Syndrom gehört nicht zur Identität eines Menschen, sondern ist nach medizinischer Definition eine Erkrankung.

Eine „Erkrankung" ist gemäß der Definition im *Medizinischen Wörterbuch Merriam-Webster* eine „Beeinträchtigung des Normalzustandes des lebendigen Tier- oder Pflanzenkörpers oder eines seiner Teile, welche die Leistung der Vitalfunktionen unterbricht oder verändert, sich typischerweise durch charakteristische Merkmale und Symptome bemerkbar macht und eine Reaktion auf Umweltfaktoren (wie Mangelernährung, industrielle Risiken oder Klima), auf spezifische Infektionserreger (wie Würmer, Bakterien oder Viren) oder auf inhärente Störungen des Organismus (wie genetische Anomalien) darstellt."

Ein „Syndrom" ist „eine Gruppe von Symptomen, die gemeinsam für eine Störung, Erkrankung o. ä. charakteristisch sind" (Dictionary.com). Nach einer anderen Definition ist ein ‚Syndrom' „eine Erkrankung oder Störung, die mit einer bestimmten Gruppe von Anzeichen und Symptomen einhergeht" (Merriam-Webster).

Das Verständnis, dass *angeborene Defekte eine Erkrankung sind* und dass *Jesus angeborene Erkrankungen heilt*, ist ein Weg, der selten beschritten wird. Bevor Sie sich auf diesen Weg begeben, muss Ihnen die Befreiung Ihres Kindes wichtiger werden als die Zustimmung der Menschen. Sie machen sich nicht beliebt, wenn Sie das Down-Syndrom und andere Syndrome als Erkrankung bezeichnen, selbst in der Kirche nicht. *Sie lehnen Ihr Kind nicht ab, wenn Sie ihm Heilung von der angeborenen Erkrankung wünschen, Sie lehnen eine Erkrankung ab.*

Sobald Sie für sich geklärt haben, dass angeborene Erkrankungen ganz allgemein, und die Diagnose Ihres Kindes insbesondere, tatsächlich Krankheiten sind, dann bleibt Ihnen nur noch herauszufinden, was Gott über Krankheiten zu sagen hat. Er ist Ihr Gott, wenn Sie ein Christ sind. Sie haben sich bereits festgelegt, dass Sie Ihrem Gott vertrauen und tun werden, was Er sagt.

WENN SIE NICHTS GUTES SAGEN KÖNNEN, DANN SAGEN SIE LIEBER ÜBERHAUPT NICHTS

Die Bibel sagt, dass wir die Frucht unserer Lippen essen werden (siehe Spr 13,2). Sie sagt auch, dass Leben und Tod sich in der Gewalt der Zunge befinden (Spr 18,21). Was aus unserem Mund geht, formt und bestimmt unsere Welt. Ich möchte Sie sehr dazu ermutigen, achtsam mit den Worten umzugehen, die Sie auf dieser Reise des Glaubens an unseren Großartigen und Mächtigen König und Vater sagen.

Hier ist die Geschichte von zwölf Menschen, die alle dasselbe Versprechen erhielten, jedoch nur zwei von ihnen empfingen das, was ihnen versprochen worden war. Der Grund, warum die zehn anderen ihr Erbe nicht erhielten, lag darin, dass sie Gott bei der Bewertung ihrer Ressourcen nicht mit einbezogen haben. Sie entschieden sich dazu, ihr Augenmerk auf die Berge der Herausforderungen zu richten, die scheinbar den Weg zur Erfüllung ihres Versprechens blockierten.

Hier ist ihre Geschichte:

Und der HERR redete zu Mose und sprach: Sende Männer aus, daß sie das Land Kanaan auskundschaften, das ich den Kindern Israels geben will. (…) Und Mose sandte sie aus, das Land Kanaan auszukundschaften. (…) Und sie erzählten ihm und sprachen: Wir sind in das Land gekommen, in das du uns sandtest, und es fließt wirklich Milch und Honig darin, und dies ist seine Frucht. Aber das Volk, das im Land wohnt, ist stark, und die Städte sind sehr fest und groß. Und wir sahen auch Söhne Enaks dort. Die Amalekiter wohnen im Land des Negev; die Hetiter, Jebusiter und Amoriter aber wohnen im Bergland, und die Kanaaniter am Meer und entlang des Jordan. Kaleb aber beschwichtigte das Volk gegenüber Mose und sprach: Laßt uns doch hinaufziehen und [das Land] einnehmen, **denn wir werden es gewiß bezwingen!** *Aber die Männer, die mit ihm hinaufgezogen waren, sprachen:* **Wir können nicht** *hinaufziehen gegen das Volk,* **denn es ist stärker als wir!** *Und* **sie brachten das Land, das sie erkundet hatten, in Verruf bei den Kindern Israels.** *(…) Da erhob die ganze Gemeinde ihre Stimme und schrie. (…) warum führt uns der HERR in dieses Land, daß wir durch das Schwert fallen, und daß unsere Frauen und unsere kleinen Kinder zum Raub werden? Ist es nicht besser für uns, wenn wir wieder nach Ägypten zurückkehren? (…) Und Josua (…) und Kaleb (…) die auch das Land erkundet hatten, zerrissen ihre Kleider, und sie sprachen zu der ganzen Gemeinde der Kinder Israels: Das Land, das wir durchzogen haben, um es* *auszukundschaften, ist ein sehr, sehr gutes Land! Wenn der HERR Gefallen an uns hat, so wird er uns in dieses Land bringen und es uns geben — ein Land, in dem Milch und Honig fließt. Seid nur nicht widerspenstig gegen den HERRN und fürchtet euch nicht vor dem Volk dieses Landes; denn wir werden sie verschlingen wie Brot. Ihr Schutz ist von ihnen gewichen,* **mit uns aber ist der HERR; fürchtet euch nicht vor ihnen!***"(4. Mose 13 u. 14)*

Diese zehn Kundschafter haben bei ihrem Bericht nicht gelogen, jedoch in 4. Mose 13,32 heißt es, dass sie das Land in Verruf brachten. Sie sagten, dass Riesen das verheißene Land bewohnten. Das war eine Tatsache. Sie sagten, dass sie im Vergleich zu ihnen wie Heuschrecken waren. Auch das war eine Tatsache. Sie schätzten ihre Gegner ab und waren drauf und dran, in die entgegengesetzte Richtung davon zu laufen. Diese zehn Männer haben bei der Bewertung ihrer Ressourcen Gott nicht mit einbezogen. Die Wahrheit war, dass Gott ihre Trumpfkarte war. **Wahrheit übertrumpft Fakten!**

Ich bitte Sie nicht darum, die Diagnose Ihres Kindes zu leugnen. Ich bitte Sie darum, ***Ihren Gott nicht zu leugnen*** und auch nicht die Ressourcen, die Ihnen anvertraut wurden, weil Sie zu Ihm gehören.

Nie zuvor in der Geschichte der Menschheit hat es eine Zeit gegeben, in der Eltern rund um den Globus sich zusammengetan hätten, um die Verheißungen Gottes für ihre mit angeborenen Erkrankungen diagnostizierten Kinder in Anspruch zu nehmen…bis heute. Wir haben von unserem „Land der Verheißung" gehört, in dem alle Verheißungen Gottes in Ihm Ja und in Ihm Amen sind Gott zum Lob durch uns (siehe 2.Kor 1,20). Wir haben uns entschlossen, das Unmögliche zu glauben, weil wir unserem Gott vertrauen. Er ist nicht ein Mensch, dass Er lügen könnte. Wenn Er es gesagt hat, dann wird es auch so eintreffen. Punkt. Schauen Sie nicht auf die ‚Riesen'. Verschließen Sie Ihre Ohren vor den Einflüsterungen derer, die uns für verrückt erklären. Akzeptieren Sie den Arztbericht Ihres Kindes nicht als das letzte Wort.

Seien Sie ein ‚Kaleb'. Seien Sie ein ‚Josua'. Seien Sie ein Kind, das seinem Vater vertraut.

Selbst wenn wir noch nie davon gehört haben sollten, dass angeborene Erkrankungen je geheilt worden sind, lassen Sie uns Menschen sein, die sagen: *„Bei den Menschen ist dies unmöglich; aber bei Gott sind alle Dinge möglich."* (Mt 19,26)

MEHRERE WEGE ZUR HEILUNG
Wie im Himmel, so auch auf Erden
Psalm 103 sagt, dass unser Gott der Gott ist, der ALLE unsere Gebrechen heilt. Im Himmel wird es keine Krankheiten geben, und Gott hat es klargemacht, dass wir um die Erfüllung Seines Willens beten sollen ‚wie im Himmel, so auch auf Erden' (Mt 6,10). Warum sollte irgendeine angeborene Erkrankung eine Ausnahme für das Wort Gottes darstellen?

Früher habe ich geglaubt, dass alles, was in meinem Leben geschah, dem Willen Gottes entsprang. Ich dachte, dass Krankheiten, Enttäuschungen, Gebrechen, Nöte und Bedrängnisse alle ein Mittel zum Zweck waren. Ich dachte, diese Dinge seien Teil eines großen Planes, den Gott benutzte, um mich zu einem besseren Menschen zu machen. Es tut mir heute sehr leid, dass ich so viele Jahre lang an einen harten Gott geglaubt habe. Gott ist nicht wütend auf uns. Er versucht nicht, uns eine Lektion zu erteilen, indem Er Nöte und Bedrängnisse in unser Leben einbaut. Jesus hat uns mit dem Vater versöhnt. Er hat alle Strafen für unsere Sünden auf sich genommen. Er wurde zum Fluch für uns. *„Christus hat uns losgekauft von dem Fluch des Gesetzes, indem er ein Fluch wurde um unsertwillen (denn es steht geschrieben: »Verflucht ist jeder, der am Holz hängt«* (Gal 3,13). In Kolosser 2,14 heißt es, dass er die gegen uns gerichtete Schuldschrift ausgelöscht hat, die durch Satzungen uns entgegenstand, und sie ans Kreuz geheftet. Danke Jesus!

In Matthäus 6 hat Jesus uns ein Muster gegeben, wie wir beten sollen. *„Deshalb sollt ihr auf diese Weise beten: Unser Vater, der du bist im Himmel! Geheiligt werde dein Name. Dein Reich komme. Dein Wille geschehe, wie im Himmel, so auch auf Erden."* (Mt 6,9-10)

Im Himmel wird es keine Gebrechen geben. Es wird dort weder das Down-Syndrom noch irgendeine andere angeborene Erkrankung geben. Warum sollten wir dann etwas annehmen, was es im Himmel schlicht nicht geben wird? Fordert Jesus uns im Vaterunser nicht dazu auf, danach zu trachten, dass Gottes Wille auch auf Erden geschieht? Das ist doch der eigentliche Punkt!

Auf diesem Weg zu körperlicher Heilung beten wir etwa mit folgenden Worten, die das ‚Vaterunser' widerspiegeln:

> *Vater, im Himmel wird es kein Kind mit einer angeborenen Erkrankung geben. Was Du für mein Kind im Himmel willst, ist dasselbe, was Du für mein Kind hier auf der Erde möchtest. Ich stimme mit Deinem Wort und Deinem Willen für mein Kind überein. Im Namen Jesu gebiete ich, dass für mein Kind DEIN WILLE GESCHEHE auf Erden, wie im Himmel. Amen.*

(Amen ist ein Wort aus dem Griechischen und bedeutet so viel wie: „Es ist geschehen, so wird es sein, so soll es sein!")

Gläubige werden Kranken die Hände auflegen, und sie werden sich wohl befinden

Ein weiterer Weg zur Heilung findet sich hier in den Worten, die Jesus gesagt hat: *Wer glaubt und getauft wird, der wird gerettet werden; wer aber nicht glaubt, der wird verdammt werden.* **Diese Zeichen aber werden die begleiten, die gläubig geworden sind:** *In meinem Namen werden sie Dämonen austreiben, sie werden in neuen Sprachen reden…* **Kranken werden sie die Hände auflegen, und sie werden sich wohl befinden."** (Mk 16,17-18).

Ehrlich, ich bin in wunderbaren Kirchen aufgewachsen. Es waren Orte der Gemeinschaft für mich. Ich war ein engagiertes und treues Mitglied in den Gemeinden, denen ich über die Jahre angehört habe. Viele der Pastoren haben Predigten gehalten, die meine Weltanschauung geprägt haben. Doch über Markus 16,17-18 habe ich in all den Jahren keine einzige Predigt gehört. Es ist klar, dass dies Gottes Wort[7] ist. Diejenigen, die gläubig geworden sind, die gerettet sind, sind auch in der Lage, die Kranken zu heilen. Sie müssen nicht erst jemanden in einem anderen Land mit einer besonderen Gabe der Heilung finden, um den Ihnen nahestehenden Menschen zu befreien. Gläubige haben die Kapazität, dies zu tun. Es ist kein Vorschlag über ein Zeichen, dass sich möglicherweise einstellen könnte, es ist eine Verheißung.

Ich habe nichts dagegen, wenn andere meinem Kind oder einem anderen Mitglied meiner Familie die Hände auflegen und beten. Jedoch war es ein ganz entscheidender Wendepunkt für mich, als ich begriffen habe, dass jeder Christ die Kapazität besitzt, andere Menschen von Krankheiten und Gebrechen zu befreien. Ich hatte so viel Zeit darauf verwendet, nach anderen Menschen Ausschau zu halten, die mein Leben verändern und die Last der Krankheiten erleichtern konnten. Meine Reise zu dieser Erkenntnis war ein dreiundzwanzig Jahre lang dauernder, ermüdender Kampf. Das muss bei Ihnen nicht so sein.

---

[7] Manche haben versucht, diese Verse aus dem Markusevangelium mit dem Hinweis auf die Tatsache abzutun, dass die frühesten Abschriften des Markusevangeliums vor diesen Versen enden. Jedoch enden die frühesten Manuskripte auch vor den Augenzeugenberichten der Auferstehung Jesu. Die meisten Gelehrten sind sich darin einig, dass in den frühesten Manuskripten der *eigentliche Schluss fehlt*. Der ausführliche Schluss, der diese Verse einschließt, erscheint in sehr frühen Manuskripten und *ist Teil jedes Markusevangeliums, das jemals in eine Bibel aufgenommen wurde*. Es ist geringstenfalls ein genaues Abbild dessen, was die Christen als zum Evangelium und zum apostolischen Auftrag gehörig erachtet haben, wenn nicht *der eigentliche Originalschluss selbst*.

Wenn Sie ein Gläubiger sind, dann haben Sie die Kraft in Ihrem Inneren, den Kranken Heilung zu bringen.

„Denn auf ALLE Gottesverheißungen ist in Ihm das Ja." (2.Kor 1,20) Die Schlachter Übersetzung formulierte es so: *„Denn so viele Verheißungen Gottes es gibt — in ihm ist das Ja, und in ihm auch das Amen, Gott zum Lob durch uns!"*

„Denn alle Schrift, von Gott eingegeben, ist nütze zur Lehre, zur Zurechtweisung, zur Besserung, zur Erziehung in der Gerechtigkeit..." (2.Tim 3,16)

Letztlich geht es um die Grundsatzfrage – glauben Sie dem Wort Gottes? Wenn Sie sich selbst als Christen oder als Gläubigen bezeichnen, dann erfordert schon Ihre Identität allein, dass Sie glauben, was Ihr Gott sagt. Haben Sie Mut! Es ist nicht *Ihr Ruf,* der hier auf dem Spiel steht. Dieses Buch, die Bibel, wurde für die Erben der Erlösung geschrieben. Dieses Buch sollte das Fundament für die Glaubensüberzeugungen des Christen sein – nicht ihre Erfahrung. Es ist sehr vermessen, Ihre Erfahrungen über das Wort Gottes zu stellen. Wenn wir bekennen, Christen zu sein, dann müssen wir unsere Überzeugungen zum Thema Heilung mit dem in Übereinstimmung bringen, was die Bibel sagt.

Also, wie funktioniert das? Angenommen, Sie waren die meiste Zeit Ihres Lebens ein Nachfolger Jesu, haben aber bisher noch nie Kranken die Hände aufgelegt und sie genesen sehen. Schauen wir uns den Glauben an, der notwendig ist, um in unserer Identität als Glaubende leben zu können.

*„Denn aus Gnade seid ihr **selig** geworden durch Glauben, und das nicht aus euch: Gottes Gabe ist es..."* (Eph 2,8)

Das in diesem Vers verwendete Wort „selig" ist von entscheidender Bedeutung für das Verständnis dessen, was Jesus für uns getan hat. Es ist das griechische Wort ‚sozo', mit der Bedeutung „retten, heil machen, heilen und heil sein." Dieses Wort umspannt die ganze Reichweite dessen, was Jesus für uns getan hat, als Er uns erlöste. Er hat uns von der Hölle gerettet, indem Er die Strafe für unsere Sünden am Kreuz auf sich nahm. Er trug alle unsere Krankheiten und Gebrechen, als er am Schandpfahl seinen Weg zum Kreuz unterbrach.

Das Wort ‚sozo' wird in der Bibel in Bezug auf körperliche Heilung verwendet. So wird beispielsweise bei der Heilung der Frau, die von ihrem Blutfluss geheilt wurde (Mk 5) und des blinden Mannes (Mk 10,52) das Wort ‚sozo' verwendet. Wenn Jesus körperlich heilte (sozo), erlöste Er die Menschen aus der Macht von Gebrechen und Erkrankungen. Dasselbe Wort, das zur Beschreibung dessen verwendet wird, was Jesus für unsere Sünden getan hat, wird auch für die Beschreibung dessen verwendet, was Jesus für Krankheiten und Gebrechen getan hat. *„Denn der Menschensohn ist gekommen, zu suchen und selig zu machen, was verloren ist"* (Lk 19,10). Der Glaube, den Sie brauchen, um Vergebung Ihrer Sünden zu erhalten, ist derselbe Glaube, den Sie zum Heilen anderer durch Handauflegung benötigen.

Vor dieser Erkenntnis hatte ich schon vielen Menschen die Hände aufgelegt, jedoch ohne Resultate. Jetzt verstehe ich, dass es der Glaube war, der gefehlt hat. Wenn die Bibel sagt, dass Menschen sich wohl befinden werden, wenn ich ihnen die Hände auflege, dann sollte meine Erwartung genau das beinhalten. Ohne jeden Zweifel sollte ich erwarten, dass die Person, der ich die Hände auflege, von ihrer Plage genesen wird. Glaube war das fehlende Element bei meinem Bemühen, die Kranken zu heilen. Sie können das nicht mit dem Verstand ergründen, auch findet sich keine Logik darin, Sie müssen es glauben.

Bei der Ankunft aller meiner Kinder auf dieser Welt genoss ich die Momente, als ich sie im Arm wiegen und ihre winzigen Züge studieren konnte. Ich hielt Ausschau nach vertrauten Merkmalen, die an meinen Mann, unsere anderen Kinder und an mich erinnerten. Die Anzeichen der angeborenen Erkrankung bei der Geburt meiner Tochter brachen mir das Herz. Wenn Sie das nicht erfahren haben, können Sie den Schmerz nicht verstehen.

Ich hatte früher einen ungewöhnlichen ‚Vertrag' mit Gott. Ich sagte Gott, dass ich von Ihm ein Zeichen haben wollte, um gewiss zu sein, dass meine Tochter bis hin zur DNA vollständig geheilt sei. Das Zeichen bestand in zwei spezifischen Veränderungen – ihrem Bauchnabel und ihren Ohren. Alle meine anderen Kinder wurden mit nach innen gerichteten Bauchnabeln geboren, und mit Ohren, die „übereinstimmten", außer meiner Tochter, die mit Down-Syndrom diagnostiziert wurde. Ich beobachtete diese zwei Merkmale mit der größten Erwartung und tiefsten Vorfreude, die Sie sich vorstellen können. Es tat mir sehr weh, diese Merkmale unverändert vorzufinden.

Der ‚Vertrag', den ich mit Gott bezüglich der Ohren und des Bauchnabels meiner Tochter hatte, wurde in dem Moment beendet, als ich die in diesem Buch dargelegten biblischen Wahrheiten verstand. Die Heilung ihres kleinen Körpers hat sich schon ereignet (siehe 1.Pt 2,24), und es war meine Stimme, die Gott benutzen konnte, um Seinen Willen in ihrem Körper zu verwirklichen. Es waren meine Hände, die Gott benutzen konnte, um ihren Körper anzurühren. Ich war ein Kanal, den Er benutzen konnte, um meinem Kind Seine heilende Berührung zuteilwerden zu lassen. Ich halte nicht mehr nach diesem ‚Zeichen' von Gott Ausschau. Jetzt verstehe ich und habe es aus erster Hand erfahren, dass ich die Kapazität dazu habe, die nötige Veränderung herbeizuführen, wenn etwas mit dem Körper meines Kindes nicht in Ordnung ist.

(Zur Info: aktuell ist der Bauchnabel meiner Tochter praktisch nach innen gerichtet. Er steht nicht mehr vor. Mein Mann und ich werden nicht aufhören, bis jede Zelle Perfektion reflektiert, einschließlich übereinstimmender Ohren!)

Gebet der Übereinstimmung

Ein anderer wirksamer Weg für das Gebet um Heilung findet sich in der folgenden Lehre Jesu: *„Weiter sage ich euch: Wenn zwei von euch auf Erden übereinkommen über irgendeine Sache, für die sie bitten wollen, so soll sie ihnen zuteil werden von meinem Vater im Himmel"* (Mt 18,19).

Bei dieser Reise ist es wichtig, jemanden an seiner Seite zu haben. Die Eltern in diesem Buch repräsentieren ein weltweites Team von Eltern, die gemeinsam auf den Verheißungen Gottes bauen und gegenseitig für ihre jeweiligen Kinder beten. Jeder Vater und jede Mutter, die sich entscheiden, die Diagnose ihres Kindes *nicht* als ihr Schicksal anzunehmen, brauchen die Unterstützung einer Person, die für ihr Kind ausdauernd betet und bei dieser Reise des Glaubens zugegen ist.

Ich möchte Ihnen sehr ans Herz legen, dass Sie sich mit einer Familie zusammentun, die bei ihrem Kind mit einer ähnlichen angeborenen Erkrankung für Heilung beten und dass Sie gegenseitig für Ihre Kinder um Heilung beten. Dabei muss es sich nicht um eine Familie handeln, die sich ähnlichen Umständen gegenübersieht. Es könnten Familienangehörige, Freunde oder Nachbarn sein. Einfach jemanden auf dieser Befreiungsmission an Ihrer Seite zu haben, der Ihrem Kind auch mit Heilung dient, wird eine ganz starke Hilfe und Ermutigung sein. *„Es ist besser, daß man zu zweit ist als allein, denn die beiden haben einen guten Lohn für ihre Mühe. Denn wenn sie fallen, so hilft der eine dem anderen auf; wehe aber dem, der allein ist, wenn er fällt und kein zweiter da ist, um ihn aufzurichten!"* (Pred 4,9-10).

Das Wort, welches auf diesem Weg zur Heilung sehr genau betrachtet werden muss, ist das Wort ‚übereinstimmen'. Die Definition für das Wort übereinstimmen lautet ‚dieselbe Meinung über etwas vertreten; beipflichten." (Google Dictionary für ‚agree'). Noch einmal, der Vers, um den es geht, handelt vom Gebet der Übereinstimmung: *„Weiter sage ich euch: Wenn zwei von euch auf Erden* **übereinkommen** *über* **irgendeine Sache***, für die sie bitten wollen, so* **soll sie ihnen zuteil werden** *von meinem*

Vater im Himmel" (Mt 18,19). Das bedeutet nicht, dass zwei oder mehrere Menschen auf Erden dasselbe *erhoffen*, es bedeutet vielmehr, dass zwei oder mehrere Menschen *derselben Meinung über etwas sind und* in einer Sache *übereinstimmen*.

Ich habe einen Prediger mal sagen hören, dass sie auf diese Weise die meisten Menschen in ihrer Gemeinde von Krankheit befreit haben. Sie müssen dabei nicht an das Werk Jesu glauben, das Er am Schandpfahl vollbracht hat (Jes 53 und 1.Petr 2,24), damit sich bei diesem Gebet der Übereinstimmung Heilung einstellt. Sie müssen noch nicht einmal davon überzeugt sein, dass die angeborene Erkrankung eine Krankheit im engeren Sinne ist, wenn Sie auf diese Weise beten.

Sie können erleben, wie sich Heilung einstellt, schlicht weil Sie übereingekommen sind, für Heilung zu beten. Doch ich fordere Sie heraus, einen zweiten und dritten Blick in das Wort Gottes zu werfen, bevor Sie den Schandpfahl außen vor lassen und sich allein auf diesen biblischen Weg zur Heilung konzentrieren. Sobald Sie verstehen, was Jesus auf dem Weg zum Kreuz für Krankheiten und Gebrechen bereits getan hat, wird es so viel leichter, dieses Gebet der Übereinstimmung zu beten, in dem Wissen, dass Sie sich auch in Übereinstimmung mit dem Willen Gottes befinden.

Sprich zum Berg

„Denn wahrlich, ich sage euch: Wenn jemand zu diesem Berg spricht: Hebe dich und wirf dich ins Meer! und in seinem Herzen nicht zweifelt, sondern glaubt, daß das, was er sagt, geschieht, so wird ihm zuteil werden, was immer er sagt."
(Mk 11,23).

Was ist, wenn Sie das tun und es sieht so aus, als ob der Berg sich „scheibchenweise", Felsbrocken für Felsbrocken, ins Meer wirft? Ich kann das verstehen. Ich glaube nicht, dass es Gottes Wille ist, dass sich die Heilung über Jahre hinzieht, jedoch ist es das, was ich bis heute bei meiner Tochter erlebe. Ich könnte Ihnen verschiedene Gründe dafür nennen, warum ich glaube, dass dies so geschehen ist. Jedoch möchte ich keine auf meinen Erfahrungen basierende Lehre aufbauen.

Mir kommt die Bibelstelle in den Sinn, wo es heißt, dass wenn man zurückschaut während der Arbeit, ist man für die Arbeit nicht geeignet. *„Niemand, der seine Hand an den Pflug legt und zurückblickt, ist tauglich für das Reich Gottes!"* (Lk 9,62). Wir machen weiter und geben nicht auf. Es gibt keine Rückspiegel auf dieser Reise!

Lassen Sie mich Ihnen über meinen Berg erzählen, der „einen Felsbrocken nach dem anderen" ins Meer geworfen wird! Ich erinnere mich an den Morgen, als unsere Tochter am Frühstückstisch saß, mein Mann und ich ihr Gesicht anschauten und zum ersten Mal einen deutlichen Rückgang der Erkrankungsmerkmale sahen. Es war nicht zu leugnen. Ich erinnere mich daran, wie ich die tiefliegenden Linien über ihren Augen beobachtete und feststellte, wie sie durch winzige Blutgefäße „ausradiert" wurden, die sich mit ihnen verbanden; und dies ging so einige Monate lang, bis die für die Erkrankung charakteristischen Linien verschwunden waren. Ich erinnere mich an den Morgen, an dem uns auffiel, dass ihr Gesicht länger war und nicht mehr so rund. Zurzeit ist eines ihrer Augenlider länger als das andere und wenn sie die Augen schließt, ist ein Augenlid näher an ihrer Wange als das andere. Wir beobachten, wie sich dieses Wunder vor unseren Augen entfaltet. Ihre Zunge hat nicht sofort begonnen, dünner zu werden, und sie ist im Moment nicht perfekt. Sie ist jedoch dünner und definitiv dabei, perfekt zu werden. Das Fettgewebe um ihren Hals hat sich stark reduziert und hat nun eine viel schönere Form bekommen. Es ist, als würde man eine ganz exquisite Blume aufblühen sehen! Ihre Augen und Ohren haben sich langsam zu einer normaleren Position hinbewegt. Obwohl die Ohren jetzt perfekt aussehen, müssen sich die Augen noch etwas weiter verschieben. Gegenwärtig hat die Biegung hinten am Hals begonnen, sich zu entwickeln. Wenn man sich die Bilder über einen Zeitraum hinweg anschaut, kann man diese Veränderungen messen. Obwohl sich bemerkenswerte Veränderungen eingestellt haben, war der Gesamtprozess bis zum jetzigen Zeitpunkt schmerzhaft langsam für meinen Mann und mich.

Zu Beginn unserer Reise entschlossen mein Mann und ich uns dazu, uns voll und ganz auf das Wort Gottes zu stellen, wobei wir sehr wenige Menschen um uns hatten, die mit uns übereinstimmten. Hätten wir nicht unsere ganze Hoffnung auf das Wort Gottes gesetzt, hätte der Mangel an Unterstützung unseren Glauben verkrüppelt.

Ganz ohne Frage wäre es viel einfacher, die Diagnose zu akzeptieren und unsere Kinder bei Bedarf in Programmen, Schulen und Langzeit-Betreuungseinrichtungen unterzubringen, wenn sie erwachsen sind. Ich habe darüber nachgedacht. Doch wenn ich die Diagnose akzeptieren würde, müsste ich meinen Glauben verleugnen. Mein Glaube an meinen Gott erfordert es, dass ich Seinen Worten für mich vertraue. Er hat gesagt, dass ich ihm vertrauen kann. Er hat gesagt, dass Seine Antwort zu Seinen Verheißungen immer ein „ja" sein würde (2.Kor 1,20). Er hat gesagt, dass ich nicht ohne Seine Kraft und nicht ohne Seine Gegenwart bin (1.Kor 6,17; 1.Joh 4,17). Er hat gesagt, dass alles, was Jesus hat, auch ich habe (Röm 8,17). Sehen Sie, ich weiß genau, dass so viele Verheißungen über die Vernunft und Logik hinausgehen. Ich habe das Buch nicht geschrieben – Gott hat es geschrieben (die Bibel)!

Noch einmal, wenn wir Christen sind, dann sollten wir auch danach handeln. Als Glaubende werden wir aufgefordert, alle Vernunft und Logik, die sich gegen das Wort Gottes erheben, zu zerstören. In 2.Korinther 10,5 heißt es, dass „*wir Vernunftschlüsse* (das griechische Wort ‚logismos' bedeutet sowohl Gedanken und Vernunftschlüsse als auch Fantasien) *zerstören und jede Höhe* (das griechische Wort ‚hypsoma' bedeutet eine Barriere) *die sich gegen die Erkenntnis Gottes erhebt, und jeden Gedanken gefangennehmen* sollen *zum Gehorsam gegen Christus.*" Tatsache ist, dass meine Tochter mit einer „unheilbaren" Erkrankung diagnostiziert wurde. Die Wahrheit ist, dass es Gottes Wille ist, alle Arten von

Krankheiten und Gebrechen zu heilen. Er hat dafür Vorsorge getroffen durch Jesus, und durch Seinen Leib, den Gläubigen, gelangt sie zur Anwendung. **Wahrheit triumphiert über Fakten.**

Im vergangenen Jahr hatte ich zwei Gewächse an meinem Körper, die bedenklich aussahen. Eines war im Bereich meiner Schläfe, und das andere an meinem Bein. Hautkrebs kommt in meiner Familie durchaus vor, und Form, Farben und Beschaffenheit dieser Gewächse gaben mir das Gefühl, dass sie sehr wahrscheinlich nicht gutartig waren. Jeden Tag legte ich meinen Finger darauf und sagte: „Im Namen Jesu gebiete ich dir, auszutrocknen und zu sterben." Das war alles. Diese Worte sprach ich über mehrere Wochen lang mehrmals am Tag. Raten Sie mal, was passiert ist? Sie begannen zu schrumpfen und zu verblassen, bis sie verschwanden. Nun, wenn Sie meine Vergangenheit kennen würden, wüssten Sie, dass diese Art zu Reden überhaupt nicht zu meinem Hintergrund passt. Ich bin in Gesellschaft sehr gebildeter und kluger Verwandter und Freunde aufgewachsen. In den Gemeinschaften, in denen mein Mann und ich aufgewachsen sind, würde diese Art zu Reden als „verrückt" bezeichnet werden. Doch man muss sich nur anschauen, was Jesus mit dem Feigenbaum gemacht hat, um zu begreifen, warum das Sprechen zu Gewächsen am Körper (und zur DNA Ihres Kindes) nicht seltsam ist und **nicht** etwas Ungewöhnliches für den Gläubigen sein sollte.

„Und als sie am folgenden Tag Bethanien verließen, hatte er Hunger. Und als er von fern einen Feigenbaum sah, der Blätter hatte, ging er hin, ob er etwas daran finden würde. Und als er zu ihm kam, fand er nichts als Blätter; denn es war nicht die Zeit der Feigen. Und Jesus begann und sprach zu ihm: Es esse in Ewigkeit niemand mehr eine Frucht von dir! Und seine Jünger hörten es."

Und als sie am Morgen vorbeikamen, sahen sie, daß der Feigenbaum von den Wurzeln an verdorrt war. Und Petrus erinnerte sich und sprach zu ihm: Rabbi, siehe, der Feigenbaum, den du verflucht hast, ist verdorrt! Und Jesus antwortete und sprach zu ihnen: Habt Glauben an Gott! Denn wahrlich, ich sage euch: Wenn jemand zu diesem Berg spricht: Hebe dich und wirf dich ins Meer! und in seinem Herzen nicht zweifelt, sondern glaubt, daß das, was er sagt, geschieht, so wird ihm zuteil werden, was immer er sagt. Darum sage ich euch: Alles, was ihr auch immer im Gebet erbittet, glaubt, daß ihr es empfangt, so wird es euch zuteil werden! (Mk 11,12-14,20-24)

Sprechen Sie weiter zu dem Berg der angeborenen Erkrankung. Befehlen Sie ihm, im Namen Jesu zu VERSCHWINDEN! Und seien Sie gewiss, dass wenn Gott es Ihnen gesagt hat, wird die Antwort zu Seinen Verheißungen immer ein „ja" sein. Dann KÖNNEN Sie in Ihrem Herzen gewiss sein, auch wenn es scheibchenweise, ein Felsbrocken nach dem anderen, geschieht – dieser Berg wird sich auf Ihren Befehl hin ins Meer werfen.

Durch Seine Wunden
Wenn wir die Realität des Schandpfahls verstehen, macht dies das Sprechen zu angeborenen Erkrankungen und Krebs so ziemlich zum einfachsten Gebet, das man beten kann, um Resultate zu erzielen. Wenn Sie wirklich diese Wahrheit des Schandpfahls zutiefst begriffen haben, dann wird es Zeit, „aufzusehen, denn unsere Erlösung naht!"

Jesaja 53,4 ist meine Lieblingsstelle, wenn es um das biblische Fundament für körperliche Heilung geht! Ich erinnere mich an den Tag, an dem ich endlich, bis tief in mein Innerstes hinein, verstanden habe, was es mit dem Schandpfahl auf sich hat! Ich rannte aus meinem Zimmer und rief „ES IST SCHON PASSIERT! ES IST SCHON PASSIERT"!! Ich hüpfte auf und ab mit einem meiner Kinder. Ich glaube, dass ich beinahe gegen die Decke gestoßen wäre, so hoch bin ich gesprungen!

Wenn Sie sich die Wortbedeutungen in den Originalsprachen anschauen, in denen die Bibel geschrieben wurde, werden Sie entdecken, dass Jesus viel mehr für die Menschheit getan hat, als uns einen Weg zum Himmel zu eröffnen. Sobald diese Wahrheiten Ihnen offenbart werden, stehen Sie vor einer Wahl. Sie haben die Wahl, ob Sie glauben wollen, was die Bibel sagt, oder nicht. Ich muss zugeben, dass ich ein bisschen geschockt war, nachdem ich begonnen hatte, bestimmte Bibelstellen in der Originalsprache nachzuschlagen und die wahre Bedeutung vieler dieser Verse zu entdecken. Ich war schockiert und zutiefst enttäuscht darüber, dass die Kirche es sich erlaubt hat, jahrhundertelang in Unwissenheit über die Wahrheit zu bleiben und daher auch nicht in der vollen Freiheit zu leben, die durch den Leib und das Blut Jesu Christi erkauft worden war.

Werfen wir einen genaueren Blick auf das, was Jesus für uns getan hat in Jesaja 53 und 1.Petrus 2,24, indem wir uns die ursprünglichen Wortbedeutungen im Hebräischen und Griechischen anschauen.

Es ist wichtig, die volle Bedeutung der Schlüsselworte zu verstehen, um die gesamte Bedeutungsbandbreite dieser grundlegenden Verse zu erkennen.

Jes 53,4: *„Fürwahr, er* (gemeint ist Jesus) *hat unsere Krankheit* („choliy'=Krankheit, Gebrechen, Leid) *getragen* („nasa'=nehmen, tragen, wegnehmen, aufheben…) *und unsere Schmerzen* („makob'=Betrübnis, Schmerz – körperlich und seelisch) *auf sich geladen."*

Das bedeutet, dass Jesus Christus unsere Krankheiten, Gebrechen, Schmerzen und Sorgen weggetragen hat, indem Er sie in Seinem eigenen Körper durch Sein eigenes Leiden für uns ertragen hat. Jesus hat die angeborene Erkrankung Ihres Kindes in Seinem Körper getragen. Während Jesus litt, durchlitt Er die quälenden Auswirkungen von Krankheit und Schmerzen an Stelle Ihres Kindes! Er tat es, damit dieses frei sein kann! Er hat im Voraus für die Heilung und Freiheit Ihres Kindes bezahlt, daher können Sie sicher sein, dass Ihr Kind wirklich befreit werden kann. Sie können etwas nicht aufhalten, das schon vollendet ist!

Gott heilt angeborene Erkrankungen
Erste Früchte

Jes 53,5 *„Doch er wurde um unserer Übertretungen willen durchbohrt, wegen unserer Missetaten zerschlagen; die Strafe lag auf ihm, damit wir Frieden* (Schalom=Frieden, Wohlbefinden, Wohlergehen, Wohlstand, Gesundheit…) *hätten, und durch seine Wunden sind wir geheilt* („rapha'=heilen, Arzt, kurieren, wiederherstellen…) *worden.*

Jesaja prophezeite, dass Jesus viel mehr bewirken würde, als uns die Möglichkeit des Himmels zu eröffnen. Der Blick auf die Wortbedeutungen in den Originalsprachen lässt keinen Zweifel darüber, dass Jesus für Krankheit und Gebrechen genau dasselbe tat, was Er für die Sünde tat. Genauso wie Er unsere Sünden getragen hat, sodass wir sie nicht mehr selbst tragen müssen, hat Er unsere Krankheiten, Gebrechen und Schmerzen getragen, sodass wir geheilt werden können.

Wenn ich meine Tochter durch die Linse dieser biblischen Wahrheiten betrachte, sehe ich die bemerkenswerte Entfaltung eines Wunders, das nicht aufzuhalten ist. Es ist kein schönes Erlebnis, wenn der Mangel in meinem Kind beim Spiel mit anderen Kindern so deutlich zutage tritt. Das ist tatsächlich eine der schmerzhaftesten Erfahrungen meines Herzens… ABER… mit tiefer Freude und Zuversicht sehe ich, wie der heute so offensichtliche Mangel weniger wird und ganz ohne Zweifel dem süßesten und vollkommensten Gesicht und Körper des Kindes Platz machen wird, das Gott nach seiner ursprünglichen Absicht meiner elterlichen Fürsorge anvertraut hat.

Ich beschwöre Sie, liebe Eltern, diesen Lauf des Glaubens mit der konzentrierten Absicht zu laufen, keinen einzigen Moment an Verzweiflung und Trauer zu verschwenden. Entscheiden Sie sich heute, Ihr Kind durch die Linse des Glaubens und der Vorfreude zu sehen, damit das Wort Gottes sich manifestiert und Ihre Belohnung hervorbringt! *„Siehe, Kinder sind eine Gabe des Herrn, die Leibesfrucht ist eine Belohnung."* (Ps 127,3).

In Jesaja 53 heißt es, dass wir geheilt SIND. Jedoch wurde das lange vor dem geschrieben, was Jesus für uns am Schandpfahl auf dem Weg zum Kreuz tun würde. Sobald das Fleisch Jesu am Schandpfahl aufgerissen und zerschunden war, war es geschehen. Es war keine Prophetie mehr. Er trug und nahm auf sich alle Arten von Krankheiten und Gebrechen für die Menschheit am Schandpfahl, und dann ging Er ans Kreuz und trug und nahm auf sich alle Sünden der Menschheit. In 1.Petrus 2,24 nimmt das, was Jesus getan hat, die Vergangenheitsform an. Es ist vollbracht. „*Er* **hat** *unsere Sünden selbst an seinem Leib* **getragen** (Vergangenheit) *auf dem Holz, damit wir, den Sünden gestorben, der Gerechtigkeit leben mögen;* **durch seine Wunden seid ihr heil geworden** *(Vergangenheit).*"

Es wäre tölpelhaft und vergeblich zu glauben, dass dieser Ausdruck ‚heil geworden' sich nicht auf körperliche Heilung bezieht.

Ein Blick auf die Bedeutung in der Ausgangssprache genügt, um zu verstehen, dass dieses Wort sich direkt auf körperliche Heilung bezieht. Das Wort, das in 1.Petrus 2,24 mit ‚heil geworden' übersetzt wurde, ist das griechische Wort *„iaomai"*, mit der Bedeutung ‚heilen, gesund machen'. Es ist dasselbe Wort, das im Zusammenhang mit der Frau gebraucht wurde, die zwölf Jahre lang an Blutfluss gelitten hat. „*Und sogleich vertrocknete der Quell ihres Blutes, und sie merkte es am Leib, daß sie von der Plage* **geheilt** *war*" (Mk 5,29). Das Wort, das in 1.Petrus 2,24 mit „heil geworden" wiedergegeben wurde ist auch dasselbe Wort, das gebraucht wurde, als Jesus den Knecht des Zenturios geheilt hat. „*Herr, mein Knecht liegt daheim gelähmt danieder und ist furchtbar geplagt!" Und Jesus sprach zu dem Hauptmann: Geh hin, und dir geschehe, wie du geglaubt hast! Und sein Knecht* **wurde** *in derselben Stunde* **gesund**" (Mt 8,6; 13). Es ist ganz sicher so, dass die Wunden Jesu Christi Heilung für unsere physischen Körper bewirkt haben.

„Wenn das wahr ist, warum werden dann nicht alle geheilt?" fragen Sie vielleicht. Aus dem gleichen Grund, aus dem manche nicht gerettet sind. Es bedarf des Glaubens, um Vergebung der Sünden zu empfangen, und es bedarf des Glaubens, körperliche Heilung zu empfangen. Während Sie in Bezug auf die Sündenvergebung Glauben für sich selbst haben müssen, ist es in Bezug auf die Krankenheilung jedoch so, *dass jemand anderes Glauben für Sie haben kann*. An dieser Stelle können Sie als Elternteil in Aktion treten und für Ihr eigenes Kind für Heilung einstehen.

Das von vielen Menschen gebrauchte Argument, wonach manche Menschen dazu prädestiniert sind, mit angeborenen Erkrankungen durchs Leben zu gehen, hält nicht stand. Was Jesus am Schandpfahl vollbracht hat, ist biblisch unumstößlich. Dieses große Werk, das Er am Schandpfahl vollendet hat, kennt keine Grenzen. Das vollendete Werk Jesu gilt für alle Krankheiten.[8]

WARNUNG – SIE MÜSSEN KÄMPFEN, UM DEN SAMEN ZU ERHALTEN

Ich habe ein ernstes Wort der Warnung für die Eltern, die sich gerade auf diese Reise aufmachen und auch für die Eltern, die sich schon auf dieser Reise der Heilung für ihr Kind befinden. Ihr Sieg kann gestohlen werden. Das ist biblisch. Mt 13,1-9, 18-23 ist **unser Mandat.** Mandat wird definiert als ‚ein offizieller Auftrag, etwas zu tun, ein Befehl, sich in einer bestimmten Weise zu verhalten oder zu reagieren' (Google Wörterbuch). Schauen wir uns das Mandat genauer an, das uns für den Sieg positioniert, während wir unseren mit einer angeborenen Erkrankung diagnostizierten Kindern, Enkeln, Nächsten mit Heilung dienen.

---

[8] Ich kann Ihnen das Buch von T. J. McCrossan mit dem Titel „Bodily Healing and the Atonement" (Körperliche Heilung und die Erlösung) wärmstens empfehlen. Er war ein Gelehrter für Griechisch und Hebräisch in der Presbyterianischen Kirche in den 1930er Jahren. Dieses Buch ist Dynamit mit seinen Erklärungen der griechischen und hebräischen Wortbedeutungen und Zusammenhänge dieser Passagen.

Gott heilt angeborene Erkrankungen
Erste Früchte

„An jenem Tag aber ging Jesus aus dem Haus hinaus und setzte sich an den See. Und es versammelte sich eine große Volksmenge zu ihm, so daß er in das Schiff stieg und sich setzte; und alles Volk stand am Ufer. Und er redete zu ihnen vieles in Gleichnissen und sprach: Siehe, der Sämann ging aus, um zu säen. Und als er säte, fiel etliches an den Weg, und die Vögel kamen und fraßen es auf. Anderes aber fiel auf den felsigen Boden, wo es nicht viel Erde hatte; und es ging sogleich auf, weil es keine tiefe Erde hatte. Als aber die Sonne aufging, wurde es verbrannt, und weil es keine Wurzel hatte, verdorrte es. Anderes aber fiel unter die Dornen; und die Dornen wuchsen auf und erstickten es. Anderes aber fiel auf das gute Erdreich und brachte Frucht, etliches hundertfältig, etliches sechzigfältig und etliches dreißigfältig. Wer Ohren hat zu hören, der höre!

So hört nun ihr das Gleichnis vom Sämann: So oft jemand das Wort vom Reich hört und nicht versteht, kommt der Böse und raubt das, was in sein Herz gesät ist. Das ist der, bei dem es an den Weg gestreut war. Auf den felsigen Boden gestreut aber ist es bei dem, der das Wort hört und sogleich mit Freuden aufnimmt; er hat aber keine Wurzel in sich, sondern ist wetterwendisch. Wenn nun Bedrängnis oder Verfolgung entsteht um des Wortes willen, so nimmt er sogleich Anstoß. Unter die Dornen gesät aber ist es bei dem, der das Wort hört, aber die Sorge dieser Weltzeit und der Betrug des Reichtums ersticken das Wort, und es wird unfruchtbar. Auf das gute Erdreich gesät aber ist es bei dem, der das Wort hört und versteht; der bringt dann auch Frucht, und der eine trägt hundertfältig, ein anderer sechzigfältig, ein dritter dreißigfältig.“ (Mt 13,1-9,18-23)

Es ist ein Versprechen - wenn das Wort Gottes gehört wird, wird der Feind kommen und versuchen, es zu stehlen. Wie können Sie es verhindern, dass Ihnen das erstaunliche Wort Gottes gestohlen wird? Ihr Mandat ist es, Verständnis zu erlangen. Sie müssen wissen, dass Verfolgungen und Bedrängnisse zu den Taktiken des Feindes zählen, mit denen er versuchen wird, Ihnen den Sieg zu rauben.

Was ist der Same, wenn es um die Heilung von Chromosomen und angeborenen Erkrankungen geht? Hier sind viele der Samenkörner, denen Sie in diesem Buch bereits begegnet sind: Durch die Wunden

Jesu wurde Ihr Kind geheilt (1.Petr 2,24 u. Jes 53,4). Unser Gott heilt alle Krankheiten (Ps 103). Der Wille Gottes bezüglich der Gesundheit Ihres Kindes gilt auf Erden wie im Himmel (Mt 6,9-13. Sprich zu dem Berg (Mk 11,23).

Sie wurden gewarnt. Der Feind wird kommen und versuchen, diese Samenkörner, diese Worte unseres Himmlischen Vaters zu stehlen. Was werden Sie unternehmen, um Ihre Samenkörner zu schützen? Gewinnen Sie Erkenntnis. Tauchen Sie ein in die Wahrheit des Wortes Gottes. Lassen Sie Ihr Denken vom dem Wort Gottes durchdrungen werden. Umgeben Sie sich mit gleichgesinnten Gläubigen.

Ich habe unzählige Stunden damit verbracht, viele der in diesem Buch empfohlenen Lehreinheiten anzuhören, während ich das Geschirr spülte. Ich bemühe mich auch, einen ‚Vorsprung' vor meiner Familie am Morgen zu bekommen, um in das Wort Gottes einzutauchen und Zeit mit meinem Vater zu verbringen. Dadurch stelle ich meinen Tag auf Erfolg ein. Wenn Sie zu müde sind, um täglich Zeit mit Gott zu verbringen, möchte ich Sie ermutigen. Sie werden Energie, Kraft und Freude gewinnen, wenn Sie in Ihre Beziehung mit dem Herrn investieren.

KOT ZIEHT FLIEGEN AN

Sünde zieht unseren Feind an. In Lukas 16,13 steht, dass wir nicht zwei Herren dienen können. *„Jesus antwortete ihnen: Wahrlich, wahrlich, ich sage euch: Jeder, der die Sünde tut, ist ein Knecht der Sünde."* (Joh 8,34).

Zweifel ist Sünde. *„Alles aber, was nicht aus Glauben geschieht, ist Sünde."* (Röm 14,23). Wie können Sie beurteilen, ob Sie sich in Bezug auf Ihre Umstände in Sünde befinden? Wenn Ihr Verhalten Hoffnungslosigkeit widerspiegelt, dann leben Sie in Sünde. Im Leid und im Kummer versinken ist Sünde. *„Denn die gottgewollte Betrübnis bewirkt eine Buße zum Heil, die man nicht bereuen muß; die Betrübnis der Welt aber bewirkt den Tod."* (2.Kor 7,10).

Jeder Gedanke, der sich gegen die biblischen Aussagen zum Thema Heilung richtet, ist als tödliche Gefahr für unser Denken zu behandeln. Hier ist das, was wir mit diesen Gedanken tun: *„Wir zerstören Vernunftschlüsse und jede Höhe, die sich gegen die Erkenntnis Gottes erhebt, und nehmen jeden Gedanken gefangen zum Gehorsam gegen Christus..."* (2.Kor 10,5)

Die folgende Beschreibung definiert die Grenzen dafür, was in Bezug auf Ihr Reden und Denken hinsichtlich der Umstände mit Ihrem Kind akzeptabel ist: *„Im übrigen, ihr Brüder, alles, was wahrhaftig, was ehrbar, was gerecht, was rein, was liebenswert, was wohllautend, was irgend eine Tugend oder etwas Lobenswertes ist, darauf seid bedacht! Was ihr auch gelernt und empfangen und gehört und an mir gesehen habt, das tut; und der Gott des Friedens wird mit euch sein."* (Phil 4,8-9).

IM VORAUS TANZEN

Ermutigen Sie sich selbst! Übernehmen Sie die Verantwortung für die Atmosphäre bei Ihnen. Wenn Sie sich dazu entschlossen haben, vollkommene Wiederherstellung im Körper Ihres Kindes zu erwarten und Ihrem Kind mit Heilung zu dienen, möchte ich Ihnen gerne eine Übung vorstellen, die viele von uns Eltern gerne machen. Diese Übung besteht darin, dass wir den DNA-/Diagnosebericht auf den Küchenboden werfen und darauf herumtanzen! Es ist eine bewusste Erinnerung daran, dass das, was die Menschen über das Schicksal unserer Kinder gesagt haben, nicht das letzte Wort ist. Die Worte Gottes sind unser Fundament und das letzte Wort für unsere Kinder und ihre Körper. Durch die Wunden Jesu wurden unsere Kinder bereits geheilt. (1.Petr 2,24 u. Jes 53,5). Wir ‚tanzen im Voraus', weil unser Sieg bereits errungen ist! Unser Team ging sogar so weit, dass wir eine Musikliste unserer Lieblingslieder für unseren Siegestanz erstellt haben!

Hier ist das Rezept für Ihren „Siegestanz":
Schritt eins: Holen Sie den Arztbericht oder die medizinische Diagnose Ihres Kindes hervor.
Schritt zwei: Werfen oder legen Sie ihn auf den Küchenboden.

Schritt drei: Spielen Sie Ihr liebstes Anbetungslied laut ab!
Schritt vier: Tanzen Sie auf der Diagnose!

Als ich das zum ersten Mal tat, kann ich ehrlich sagen, dass ich es „nicht gefühlt" habe! Ich musste mich bewusst dazu entscheiden, zu feiern. Manchmal, wenn Sie einen Fuß vor den anderen setzen, werden Sie entdecken, dass Freude aufblüht. Und Sie werden feststellen, dass Sie tatsächlich ernten was Sie säen.

PROKLAMIEREN

Eine weitere Übung, die viele von uns Eltern praktizieren, besteht darin, das folgende Bekenntnis laut als eine Proklamation für unsere Kinder auszusprechen. Sie können Ihr eigenes ‚Bekenntnis' für Ihr Kind formulieren. Dieses hier ist aus Bibelstellen zusammengestellt:

„Mein Kind ist geheilt durch die Wunden Jesu. Wegen der Zeit, die Jesus am Schandpfahl verbracht hat, können Erkrankung und Mangel in meinem Kind nicht fortbestehen. Ich habe Vollmacht über alle Mächte der Finsternis. Ich sage dem Teufel, was er tun muss und er gehorcht; er kann mein Kind nicht anrühren, weil ich sage, dass er es nicht kann im Namen Jesu. Mein Kind wird von den heiligen Engeln höchst sorgsam beschützt. Der Herr, Gott der Allmächtige, ist sein Schutz und Schild. Jede Zelle im Körper meines Kindes ist durchdrungen vom sozo-Leben. Dieses Leben fließt heraus aus meinem Geist, wo der Geist Gottes wohnt. Ströme lebendigen Wassers fließen aus mir in mein Kind hinein. Jesus ist Herr über mein Kind. Er ist Herr über jedes Chromosom und Atom im Körper meines Kindes. Der Verstand meines Kindes wird perfekt, weil Jesus das für mein Kind am Schandpfahl vollbracht hat. Die Erscheinung meines Kindes ist perfekt, weil Jesus das für mein Kind am Schandpfahl vollbracht hat. Die Entwicklung meines Kindes wird perfekt, weil Jesus das für mein Kind am Schandpfahl vollbracht hat. Die Chromosomen meines Kindes werden perfekt, weil Jesus das für mein Kind am Schandpfahl vollbracht hat. Die Knochen, Sprache, Körperfunktionen und Organe meines Kindes werden perfekt, weil Jesus das für mein Kind am

Schandpfahl vollbracht hat. Die Bestimmung und der Lebenszweck meines Kindes werden ihm zurückgegeben, weil Jesus das für mein Kind am Schandpfahl vollbracht hat. Wegen dieser Wahrheit muss alles, was dieser Vollkommenheit am oder im Körper meines Kindes entgegensteht JETZT im Namen Jesu verschwinden und niemals wiederkommen im Namen Jesu, denn es hat kein Recht hier zu sein! Dank sei Gott für Jesus!

DIE PARTY PLANEN!

Ein weiterer Tipp zur Selbstermutigung: Planen Sie die ‚Mein-Kind-ist-geheilt-Party' für Ihr Kind. Ich habe ein Einmachglas, in dem ich Geld zur Seite lege: Es ist mit dem Namen meiner Tochter und den Worten „GEHEILTE-DNA-PARTY" beschriftet. Ich habe schon die Einladung im Voraus formuliert! Ich bin so überzeugt in Bezug auf die Wahrheit des Wortes Gottes, dass ich beschlossen habe, basierend auf den Resultaten dieses Wortes Pläne zu machen. Und ich bin nicht die einzige. Ich kenne noch viele andere Eltern, die eine ‚Mein-Kind-ist-geheilt-Party' für ihr Kind planen. Ich kenne ein Elternpaar, deren Kind mit dem Down-Syndrom diagnostiziert wurde, die sogar schon die Dekorationen für die „Geheilte-DNA-Party" ihres Kindes gekauft haben. Diese Familie hat bisher sehr wenig Veränderung bei ihrem Kind erlebt, jedoch stehen sie weiterhin im Glauben, sprechen Leben aus und erwarten, dass sich das Wort Gottes im Körper ihres Kindes manifestiert.

„Und er glaubte dem Herrn, und das rechnete Er ihm als Gerechtigkeit an (1.Mo 15,6). Abraham glaubte Gottes Verheißung, lange bevor es Anzeichen für die Erfüllung gab, und Gott nannte das „Gerechtigkeit". Wir gehören demselben Glauben an, der allein auf der Grundlage des Wortes Gottes basiert! Also sind Sie *nicht* verrückt – Sie sind *gerecht*!

„Durch Glauben gingen sie durch das Rote Meer wie durch das Trockene, während die Ägypter ertranken, als sie das versuchten. Durch Glauben fielen die Mauern von Jericho, nachdem sie sieben Tage umzogen worden waren. Durch Glauben ging Rahab, die Hure, nicht verloren mit den Ungläubigen, weil sie die Kundschafter mit

Frieden aufgenommen hatte. Und was soll ich noch sagen? Die Zeit würde mir ja fehlen, wenn ich erzählen wollte von Gideon und Barak und Simson und Jephta und David und Samuel und den Propheten, die durch Glauben Königreiche bezwangen, Gerechtigkeit wirkten, Verheißungen erlangten, die Rachen der Löwen verstopften; sie haben die Gewalt des Feuers ausgelöscht, sind der Schärfe des Schwertes entkommen, sie sind aus Schwachheit zu Kraft gekommen, sind stark geworden im Kampf, haben die Heere der Fremden in die Flucht gejagt. Frauen erhielten ihre Toten durch Auferstehung wieder." (Heb 11,29-35)

Alles, was im Reich Gottes je erreicht wurde, wurde *durch Glauben* erreicht.

Das Wort Gottes besitzt die Fähigkeit, wenn es geglaubt wird, die größte Heilungserweckung zu bewirken, welche die Welt je gesehen hat. Jesus hat bereits angeborene Erkrankungen und alle Arten von Krankheiten und Gebrechen geheilt – das ist das Wort für Sie, liebe Eltern. Der Gläubige verfügt nicht nur über die Autorität und Vollmacht, jede Art von Krankheit auf seinem Weg zu eliminieren, sondern es ist auch unsere Bestimmung und unsere Pflicht, dies zu tun. Die Bestimmung des Gläubigen besteht darin, dem Ebenbild Jesu gleichgestaltet zu werden (siehe Römer 8,29, Eph 4,13+15).

Im Epheserbrief sagt Paulus den Gläubigen, dass er für sie betet, damit sie erkennen, was sie ererbt haben, weil sie Gläubige – Christen – sind.

„Ich lasse nicht ab, für euch zu danken und in meinen Gebeten an euch zu gedenken, daß der Gott unseres Herrn Jesus Christus, der Vater der Herrlichkeit, euch den Geist der Weisheit und Offenbarung gebe in der Erkenntnis seiner selbst, erleuchtete Augen eures Verständnisses, damit ihr wißt, was die Hoffnung seiner Berufung und was der Reichtum der Herrlichkeit seines Erbes in den Heiligen ist, was auch die überwältigende Größe seiner Kraftwirkung an uns ist, die wir glauben, gemäß der Wirksamkeit der Macht seiner Stärke. Die hat er wirksam werden lassen in dem Christus, als er ihn aus den Toten auferweckte und ihn zu seiner Rechten setzte in den himmlischen Regionen, hoch über jedes Fürstentum und jede

Gewalt, Macht und Herrschaft und jeden Namen, der genannt wird, nicht allein in dieser Weltzeit, sondern auch in der zukünftigen; **und er hat <u>alles</u> seinen Füßen unterworfen und ihn als <u>Haupt über alles der Gemeinde</u> gegeben, die sein Leib ist,** *die Fülle dessen, der alles in allen erfüllt"* (Eph 1,16-23)

Diese Passage sagt aus, dass sobald eine Person den Geist des lebendigen Gottes in sich hat, wird sie Teil des Leibes Christi, erfüllt mit Kraft und Herrschaft über alles, was einen Namen hat. Wir wurden nicht hier auf der Erde als kraftlose Bettler zurückgelassen. Wir sind der Leib Christi! Wir sind Miterben mit dem Erlöser und König der Könige und Herrn aller Herren! Das sind wir, liebe Eltern!

„Denn alles, was aus Gott geboren ist, überwindet die Welt; und unser Glaube ist der Sieg, der die Welt überwunden hat." (1.Joh 5,4).

DER GLAUBE AN DAS UNMÖGLICHE WIRD SIE NICHT UNBEDINGT BELIEBT MACHEN

Liebe Eltern, es ist nicht immer einfach im Glauben zu stehen, wenn die Mehrheit der Menschen, mit denen Sie zu tun haben, nicht einmal im Traum daran denken würde, Ihre Einstellung zu Heilung und angeborenen Erkrankungen zu teilen. Alle Eltern in diesem Buch werden mir wahrscheinlich zustimmen, wenn ich sage, dass dieser Aspekt zu den größten Herausforderungen gehört, wenn wir im Glauben für die Heilung unserer Kinder einstehen.

Auch wenn Sie sich vielleicht gerade mit Ihrem Standpunkt für die Heilung der angeborenen Erkrankung Ihres Kindes allein vorkommen, gibt es **gerade jetzt**, während Sie diese Worte lesen, Eltern in der Ukraine, Belgien, den Niederlanden, Deutschland, England, Kanada, auf den Philippinen, Kambodscha, Russland, USA, Neuseeland, Australien und Indien, von denen ich weiß, dass sie ihren mit angeborenen Erkrankungen diagnostizierten Kindern die Hände auflegen und daran glauben, dass Gottes Wort vertrauenswürdig ist. Sie können der Diagnose ins Gesicht sehen und unerschütterlich sagen: ‚Wenn Gott es gesagt hat, dann wird es auch so geschehen'.

Als Noah die Arche baute, tat er es ohne die Unterstützung seiner Gemeinschaft. Er bekam kein „Gut gemacht!" zu hören, noch brachte ihm jemand eine Cola in der Hitze des Tages vorbei, während er darauf wartete, dass das Wort Gottes sich erfüllte. Ich bin sicher, dass er viel Gespött und Gelächter von den Menschen einstecken musste, die wussten, dass er sich mit diesem Bau auf etwas Unmögliches vorbereitete. Noah und seine Familie waren **sieben Tage** lang in der Arche eingeschlossen, bevor der erste Regentropfen fiel! (1. Mose 7,7-10).

Wenn Menschen Sie fragen, ob Ihr Kind ‚behindert' ist, oder den Mangel Ihres Kindes thematisieren, lassen Sie Ihre Antworten den Glauben an Gott widerspiegeln. Stellen Sie sich vor, Sie seien Noah, der an der Arche zimmert und von einem Nachbarn unterbrochen wird, wenn Menschen mit Ihnen über die Diagnose reden wollen. Erwarten Sie kein Verständnis oder gar Zustimmung, wenn Sie Dinge sagen wie: „Jesus ist dabei, mein Kind von dieser Diagnose zu heilen". Zimmern Sie weiter an der Arche. Auch wenn Sie den Regen noch nicht sehen können, halten Sie durch! Wenn Gott gesagt hat, dass eine Flut kommt, dann wird sie kommen!

Unser Glaubensstandpunkt unterscheidet sich nicht von dem Glaubensstandpunkt des Moses, als er auf das Rote Meer blickte, während die Feinde ihm auf den Versen waren. Unser Glaubensstandpunkt ist kein anderer als der Glaubensstandpunkt des Josua, als er und seine Armee still um die unüberwindlich befestigte Stadt marschierten.

Sie könnten - im übertragenen Sinne - gerade in dieser Arche sitzen und auf die Flut warten… oder darauf, dass diese Mauer fällt… oder darauf, dass sich das Meer teilt. Ich bin hier, um Ihnen zu verkünden, so wahr Gott mein Zeuge ist, dass Er treu ist. Wenn Er ein Versprechen gemacht und Sein Wort gegeben hat, dann steht Er dafür ein.

Ich möchte diesen ‚Brief an die Eltern' mit einem aufrichtigen Gebet für Sie, die Eltern, schließen.

Liebster Abba Vater,
Du kennst die Augen der Eltern, die gerade diese Worte lesen. Du kennst sie mit Namen. Sie wurden von Dir nicht vergessen. Du hast dafür gesorgt, dass sie ein Zeugnis Deiner Verheißungen in diesem Buch haben. Ich bete für sie, Vater, dass Du sie stärkst in ihrem inneren Menschen. Ich bete für sie um Bewahrung, indem ich die Worte aus Psalm 91 über ihnen ausspreche: du hast Deinen Engeln befohlen über ihnen, dass sie sie behüten auf allen ihren Wegen. Vater, Dein WILLE GESCHEHE in ihrem Denken bezüglich der Heilung ihres Kindes und dessen, was sie als Deine Kinder tragen. Gib ihnen den Mut, Dir zu vertrauen. Ich spreche über ihnen aus, dass es keiner Waffe, die gegen sie geschmiedet wird, Erfolg haben wird in Jesu Namen. Ich spreche Leben in ihre Gedanken und Gefühle in Jesu Namen. Ich verfüge, dass Dein Wille geschehe auf Erden wie im Himmel für ihr Kind, welches Heilung benötigt. Ich spreche den Schalom-Frieden über diese Eltern aus, gerade jetzt, im Namen Jesu.
So soll es sein!

KAPITEL 24
Brief an die Kirche

Margaret Weishuhn

DIE ENTDECKUNG DES FEHLENDEN BINDEGLIEDS ZUR HEILUNG ANGEBORENER ERKRANKUNGEN

Eines Tages, beim Einkaufen, ging ich an einer älteren Frau und einem erwachsenen Mädchen mit Merkmalen des Down-Syndroms vorbei. Ich ging weiter, doch dann hörte ich den Heiligen Geist diese Worte zu mir sagen: „Wirst du deinen Nächsten lieben wie dich selbst?" Ich lächelte, machte kehrt und hielt in jedem Gang nach dem Paar Ausschau. Ich dachte, ich hätte sie verloren, doch dann sah ich sie.

Ich sprach die ältere Dame an und sagte: „Nicht wahr, die Regierung hat hervorragende Arbeit geleistet und sehr gute Betreuungsmöglichkeiten für Kinder wie sie bereitgestellt."

„Ja, das stimmt", sagte sie dankbar.

„Die öffentlichen Schulen haben fantastische Programme für Kinder wie sie", stellte ich fest.

„Ja, das haben sie", erwiderte sie.

„Von staatlicher Seite wird für erwachsene Kinder wie sie im Bereich medizinischer Versorgung und betreutem Wohnen Unglaubliches geleistet" sagte ich.

„Ja, das stimmt", lächelte sie und stimmte zu.

„Doch **Gott** wurde bei alledem völlig ausgeklammert!" Ich erhob meine Stimme. „Sobald Sie Jesus und Sein vollendetes Werk der Erlösung in das Bild mit aufnehmen, brauchen Sie kein bisschen Unterstützung von der Regierung, dem Staat oder den Lokalbehörden", erklärte ich. Dann erzählte ich ihr die Geschichte der fortschreitenden Heilung meiner Tochter und erhielt die Gelegenheit, für das Mädchen zu beten. Ich verwies sie auf eine Website und gab ihr meine Karte. Sie bedankte sich und wünschte mir alles Gute.

Ich empfand ein Glücksgefühl nach dieser Einzelbegegnung, doch was habe ich erreicht? Die Schicksale von Tausenden hängen in der Schwebe, wenn nicht wir, die Kirche, etwas tun, um den Status Quo zu ändern.

ZUM BINDEGLIED WERDEN
Wenn Sie ein Gläubiger sind, dann sind *Sie* das fehlende Bindeglied. Vielleicht müssen Sie erst selbst erweckt werden, bevor Sie als Erweckungsträger wirken können, doch nichtsdestotrotz ist Ihr Leben dazu bestimmt, Erweckung hier auf der Erde zu sein. Ich breite das Reich Gottes hier auf Erden aus, indem ich Sie für diesen Kampf gegen angeborene Erkrankungen, wie Down-Syndrom und Autismus, rekrutiere. Sie sind die Lösung für die außerordentlich große Menge an Krankheiten (einschließlich angeborener Erkrankungen), die diesen Planeten überfluten.

Warum sollte Gott uns auffordern, „zum Berg zu sprechen" und dann von uns erwarten, den Berg einfach anzunehmen? Würde in Matthäus 11,11 stehen, dass der Geringste im Reich Gottes größer ist als Moses, Elia und alle Propheten des Alten Testaments, einschließlich Johannes des Täufers, wenn es nicht auch so wäre? Würde das Wort Gottes sagen, dass „wie Er ist, so sind wir auf diesem Planeten", wenn Er nicht vorhätte, Seinen Leib als Kanal für Seine Kraft zu gebrauchen? (1.Joh 4,17). Warum würde die Bibel sagen, dass „so viele Verheißungen Gottes es gibt – in Ihm ist das Ja und in Ihm auch das

Amen" und dann von uns erwarten, dass wir Ihn um Heilung anbetteln, als wäre das nicht schon in Christus beantwortet? (2.Kor 1,20). Würde Gottes Wort sagen, dass wir dem Ebenbild Jesu gleichgestaltet werden sollen, doch ohne die Kraft, die Kranken zu heilen? (Röm 8,29) Würde das Wort Gottes sagen, dass wir „Miterben mit Jesus Christus sind", wenn es nicht so wäre? (Röm 8,17). Dieselbe Kraft, die Jesus Christus von den Toten auferweckt hat, lebt in Ihnen, dem Gläubigen. Erwartet Gott nicht von Ihnen, Sie in derselben Weise zu nutzen, wie Jesus es tat?

WECKRUF

Hören Sie diesen Schall? Das ist der Weckruf an den Leib Christi. Erhebe dich, du schlafende Kirche! Wache auf und erkenne, wer du wirklich bist in Christus Jesus.

Wie macht man das? Römer 12,2 sagt uns, was geschehen muss, damit wir prüfen können, was der Wille Gottes ist. Es hat etwas mit der Erneuerung des Denkens zu tun. Wir haben nicht in der Fülle der uns innewohnenden Kraft gelebt, weil wir nicht wussten, was wir in uns tragen. Die Bundeslade hat früher den Geist Gottes beherbergt, doch nachdem Pfingsten sich ereignet hat, wurden die Gläubigen laufende und sprechende Bundesladen. Wir sind in Wahrheit Gottes Tempel. Wir tragen die Gegenwart Gottes in uns, wo immer wir auch hingehen. Wenn wir kraftlos sind, liegt das daran, dass wir *geglaubt haben*, dass wir kraftlos sind. Wir müssen unser Denken mit der Wahrheit erneuern!

In Johannes 14 legt Jesus es glasklar dar. Der Geist Gottes lebt im Inneren des Gläubigen. Matthäus 9,26 sagt, dass *‚alle Dinge möglich sind mit Gott'*. Der Gläubige ist so sehr ‚mit Gott', wie es überhaupt möglich ist! Sein Geist wohnt in uns. Es wird Zeit, dass wir uns dem „Unmöglichen" stellen. Es ist Zeit, aufzustehen und die Menschen zu sein, zu denen wir berufen wurden! Römer 8,22 erklärt, dass die ganze Schöpfung sehnsuchtsvoll seufzt und die Offenbarung der Söhne und Töchter Gottes erwartet.

ICH STELLTE FEST, DASS DERJENIGE, DEN ICH SUCHTE, ICH SELBST WAR

23 Jahre lang war ich auf der Suche nach dem Mann mit der Gabe der Heilung, der meinem Mann die Hände auflegen würde, um ihn von der Unmenge an lähmenden Krankheiten zu befreien, mit denen er diagnostiziert worden war. Ich war erstaunt herauszufinden, dass ich diese ganze Zeit über ein dramatisch anderes Leben hätte führen können, hätte ich schlicht gewusst, **wer ich in Jesus Christus bin.**

Die Kirche hat versucht, Kinder mit dem Down-Syndrom und anderen angeborenen Erkrankungen zu beschützen. Doch stattdessen hat sie nur die Zellen gepolstert und bewacht, die sie in ihrer Diagnose gefangen gehalten haben. Wir haben alles, was es braucht, um *diese Gefangenen zu befreien*, wenn wir verstehen, wer wir sind und was wir in uns tragen.

Hatten Sie je die Möglichkeit, für etwas außerordentlich Schwieriges Glauben zu haben? Im Glauben an Gott für die Heilung der angeborenen Erkrankung Ihres Kindes fest zu stehen, während die Gemeinschaft der Gläubigen Ihnen sagt, dass Sie es annehmen und akzeptieren müssen, ist eine unbeschreibliche Erfahrung. Es ist schon Widerstand genug, wenn die medizinische Fachwelt einen bei dem Wunsch, Ihr Kind von der Diagnose zu befreien, nicht unterstützt. Jedoch wenn diejenigen, die Ihre Brüder und Schwestern in Christus sind, Ihnen sagen, dass „Gott eine hohe Meinung von Ihnen haben muss", weil Er Ihnen ein Baby mit eingeschränkten geistigen, körperlichen und emotionalen Fähigkeiten und einer geringeren Lebenserwartung anvertraut, und dass Sie die Diagnose irgendwie als eine Gabe von Gott akzeptieren müssen – ist das nicht nur ungerecht, sondern, ich glaube, dass diese Opposition gegenüber Eltern, die Ihr Kind zu 100% vom Defekt befreit sehen wollen, tatsächlich *eine Form von Verfolgung* [9] ist.

Nach meiner ehrlichen Überzeugung liegt der Grund dafür, dass die Kirche generell eine Quelle des Widerstands für die Heilung von Down-Syndrom und vielen ähnlichen angeborenen Erkrankungen gewesen ist, darin, dass sie Gott bei der Bewertung ihrer Ressourcen außen vor gelassen hat, wenn es darum geht, dieser Insel der Unschuldigen zu helfen. Ich glaube ganz ehrlich nicht, dass die Position der Kirche in Bezug auf die Heilung von angeborenen Erkrankungen irgendetwas mit Böswilligkeit zu tun hat. Ich glaube schlicht, dass sich darin eine Identitätskrise der Kirche offenbart und ein Mangel an Verständnis des vollendeten Werks Jesu am Schandpfahl, und des Wortes „Erkrankung"…und der Kraft des „Gebets der Übereinstimmung" und des ‚Sprechens zum Berg'. Denken Sie daran, Glaube ist *„eine Überzeugung von Tatsachen, die man nicht sieht"* (Heb 11,1).

Es gibt keine Verdammnis für die, welche in Christus Jesus sind, das ist wahr. Das steht im Wort Gottes. Jedoch, *„…Wer nun Gutes zu tun weiß und es nicht tut, für den ist es Sünde."* (Jak 4,17)

Vielleicht haben Sie bisher die Sichtweise vertreten, dass Gott verschiedene angeborene Erkrankungen bestimmt oder zulässt. Könnte es sein, dass Sie falsch liegen? Wenn Sie glauben, dass der Geist Gottes Ihnen gegeben wurde, um in Ihnen zu leben, während Sie hier auf der Erde wirken - könnte es sein, dass Sie falsch liegen, wenn Sie denken, Gott beabsichtigt, uns ohne geistliche Kraft zu lassen? Wenn Sie glauben, dass Gottes Wille für Sie darin besteht, dass Sie sich über die Ziellinie

---

[9] Die Definition von Verfolgung lautet: „jemanden grausam oder unfair zu behandeln, insbesondere wegen seiner Rassenzugehörigkeit oder seiner religiösen oder politischen Überzeugungen" (Merriam-Webster Wörterbuch).

des Lebens mit Krebs oder einer Krankheit schleppen, könnten Sie damit Unrecht haben?

Wenn Sie eine dieser Fragen mit ja beantwortet haben, dann sind Sie es sich schuldig, der Wahrheit auf den Grund zu gehen. Glauben Sie, dass alle Schrift von Gott eingegeben ist und dazu geeignet, unsere Glaubensüberzeugungen zu bestimmen, uns in unserer Lebensführung zu lehren und zu korrigieren? Wenn Sie an die Bibel glauben, dann sollte Ihre Antwort ein eindeutiges „Ja" sein.

„Alle Schrift ist von Gott eingegeben und nützlich zur Belehrung, zur Überführung, zur Zurechtweisung, zur Erziehung in der Gerechtigkeit, damit der Mensch Gottes ganz zubereitet sei, zu jedem guten Werk völlig ausgerüstet." (2.Tim 3,16-17)

Wir müssen hervortreten in dieser Zeit der Weltgeschichte und als die offenbarten Söhne und Töchter Gottes leben. Wir müssen sehen, dass potentielle zukünftige Väter, Mütter, Wissenschaftler, Evangelisten und Lehrer an die Diagnose von angeborenen Erkrankungen wie Down-Syndrom und geistige Zurückgebliebenheit verloren gegangen sind. Dies ist eine große Zahl an nicht erfüllten Bestimmungen. Wir können und müssen etwas dagegen tun. Es wäre schlicht eine Schande, eines Tages Jesus im Himmel gegenüberzutreten und Ihm für angeborene Erkrankungen zu danken, während Er die ganze Zeit die Narben von der Zeit am Schandpfahl am Körper trägt, an dem Er willig diese Erkrankungen getragen hat, so dass diese Kinder sie nicht hätten tragen müssen. Es ist unser rechtmäßiger Platz, das zu tun, was Jesus in dieser Angelegenheit tun würde. Uns wurde die Autorität gegeben, dies zu verändern. Sie und ich wurden für eine Zeit wie diese hier auf die Erde gesetzt!

Das Wort Gottes sagt: *„Der Dieb kommt nur, um zu stehlen, zu töten und zu verderben; ich bin gekommen, damit sie das Leben haben und es im Überfluß haben."* (Joh 10,10). Selbst wenn Sie nicht glauben, dass der Feind für angeborene Erkrankungen verantwortlich ist, ändert dies nichts an der Tatsache, dass es im Wesen unseres Gottes liegt, Ordnung und Gesundheit wiederherzustellen. Es ist ein ureigener Wesenszug unseres Gottes, Krankheiten zu heilen. *„Lobe den Herrn, meine Seele, und alles, was in mir ist,* **seinen heiligen Namen***! Lobe den Herrn, meine Seele, und vergiß nicht, was er dir Gutes getan hat! Der dir alle deine Sünden vergibt und* **heilt alle deine Gebrechen***...“* (Ps 103,1-3). Sein Wille wurde durch das Leben Jesu offenbart. *‚Und Jesus durchzog alle Städte und Dörfer, lehrte in ihren Synagogen, verkündigte das Evangelium von dem Reich und heilte jede Krankheit und jedes Gebrechen im Volk.'* (Siehe Mt 9,35)

„„...um seines Leibes willen, welcher die Gemeinde ist. Deren Diener bin ich geworden gemäß der Haushalterschaft, die mir von Gott für euch gegeben ist, daß ich das Wort Gottes voll ausrichten soll, [nämlich] das Geheimnis, das verborgen war, seitdem es Weltzeiten und Geschlechter gibt, das jetzt aber seinen Heiligen offenbar gemacht worden ist. Ihnen wollte Gott bekanntmachen, was der Reichtum der Herrlichkeit dieses Geheimnisses unter den Heiden ist, nämlich: **Christus in euch, die Hoffnung der Herrlichkeit***.“* (Kol 1,24-27) Ich bete für dich, Kirche, dass du dieses geoffenbarte Geheimnis des Christus in dir erkennst.

KAPITEL 25
Brief an Zuschauer und Soldaten

Margaret Weishuhn

EIN WORT AN DIE ZUSCHAUER

Ich habe eine Botschaft für die Zuschauer. Ich habe früher zu euch gehört und ich wusste es noch nicht einmal. Bei jeder Schlacht, bei jedem Krieg gibt es Zuschauer. Ein Zuschauer ist per Definition einer, der zuschaut und beobachtet.

In der berühmten Schlacht von Bull Run im Jahre 1861 erleben wir den Zuschauer, wie er im Buche steht. Ich fand diesen Bericht im Civil War Trust Ground Magazine (Magazin der Bürgerkriegsstiftung in den USA):

„Unzählige Zivilisten, mit Picknickkörben bewaffnet, folgten der Union Army aus Washington im Juli 1861, um bei dem zuzusehen, was jeder für die Entscheidungsschlacht eines kurzen Aufstandes hielt. Der Korrespondent der London Times, William Howard Russel, beobachtete: „Auf dem Hügel neben mir war eine Menge von Zivilisten zu Pferd und in allen möglichen Gefährten, mit einigen Vertreterinnen des schöneren, wenn nicht sanfteren Geschlechts (…) Die Zuschauer waren alle begeistert, und eine Dame mit einem Opernglas, die neben mir stand, war förmlich außer sich, als eine ungewöhnlich schwere Explosion ihr Blut in Wallung brachte – Das ist fantastisch, meine Güte! Ist das nicht erstklassig? Ich glaube, wir werden morgen in Richmond sein'. Genervt von den ständigen Bitten, sein Fernglas ausleihen zu dürfen, entschied Russell, sich nach vorne zu drängen, nachdem ein Offizier herbeigeritten war und der jubelnden Menge zurief: „Wir haben sie an allen Punkten geschlagen."

Männer hatten ihre Frauen und Kinder zurückgelassen und waren für die Freiheit in die Schlacht gezogen. Diese Soldaten waren auf dem Schlachtfeld, gaben ihr Leben für die Freiheit… und andere *aßen mit Picknickkörben und schauten mit Begeisterung zu, während das Blut vieler direkt vor ihren Augen vergossen wurde.* Das ist nicht recht!

Es ist prickelnd, diese Zeugnisse anderen zu erzählen, wie Knochen im Körper ihre Form verändern und Gehirne geheilt werden. Was diese Eltern in diesem Buch für ihre eigenen Kinder tun, ist *die Jobbeschreibung jedes Gläubigen* (siehe Mt 10,8).

„Nicht jeder, der zu mir sagt: Herr, Herr! wird in das Reich der Himmel eingehen, **sondern wer den Willen meines Vaters im Himmel tut.**" (Mt 7,21) *„So geht nun hin und macht zu Jüngern alle Völker, und tauft sie auf den Namen des Vaters und des Sohnes und des Heiligen Geistes und lehrt sie alles halten,* **was ich euch befohlen habe.**" (Mt 28,19-20). Das Wort ‚halten' bedeutet im griechischen Original halten und bewahren. Dasselbe Wort wird in Johannes 14,15 verwendet, wo Jesus sagte: *„Liebt ihr mich, so haltet meine Gebote!"* Gehorsam dem Wort Gottes gegenüber wird nach den Worten des Herrn der gemeinsame Nenner in Matthäus 7,21 sein.

Hier ist das Wort Gottes an uns, die Gemeinde, in Bezug auf Krankheiten, einschließlich angeborener Erkrankungen: *„Diese zwölf sandte Jesus aus, gebot ihnen und sprach: Geht,… verkündigt und sprecht: Das Reich der Himmel ist nahe herbeigekommen! Heilt Kranke* (‚astheneo' im Griechischen bedeutet schwach, krank, gebrechlich), *reinigt Aussätzige, weckt Tote auf, treibt Dämonen aus!* (Mt 10,5-8)

Was wäre, wenn **Sie** durch Down-Syndrom oder eine geistige Zurückgebliebenheit gebunden wären? Hätten Sie es dann nicht gern, dass Ihr ‚Nächster' (von dem Gott selbst gesagt hat, dass wir ihn wie uns selbst lieben sollen) Sie von dieser Diagnose befreien würde, wenn er wüsste, dass er die Kapazität hat, dies zu tun? Ihr Job, Ihre Bestimmung und Ihre Pflicht ist es, dem Ebenbild Jesu gleichgestaltet zu werden (siehe

Römer 8,29). Jesus ging umher und heilte ALLE, die krank und gebrechlich waren. Es ist Ihre Bestimmung, dasselbe zu tun!

Jesus selbst hat über diejenigen gesprochen, die an Ihn glauben würden und was sie erreichen würden. Er sagte, sie würden **größere Werke** tun als Er sie tat (siehe Joh 14,12). Er sagte, dass wir den Kranken die Hände auflegen würden und sie würden sich wohl befinden (siehe Mk 16,18). Wenn Sie nicht wie Jesus aussehen, dann ist noch viel zu viel von *Ihnen* zu sehen.

Eines Tages werden Sie zu Hause in der Ewigkeit sein. Sie werden vor Gott und Jesus stehen und Bilanz über Ihr Leben ziehen. Ihre Bestimmung ist es nicht, die beste Version von IHNEN zu sein, wie die Welt Ihnen weismachen will. Nein! Ihre Bestimmung ist es, ***dem Ebenbild Jesu gleichgestaltet zu werden.*** *Er* sollte es sein, den Sie sehen, wenn Sie in den Spiegel schauen (siehe Römer 8,29).

Ihre Berufung ist die Freiheit der Menschen. Die Bibel sagt, dass die ganze Schöpfung seufzt in Erwartung der Offenbarung der Söhne und Töchter Gottes. Ich rufe Sie heraus aus einem Leben der Selbstgefälligkeit und einem Leben, das der Welt gefällt. Ich rufe Sie in den aktiven Dienst in der Armee Gottes. Er ruft Sie aus der Position des Zuschauers in die Position eines Weltveränderers!

Im 2. Timotheusbrief sagt uns Paulus, wie die Menschen in den letzten Tagen sein werden: *„Das aber sollst du wissen, daß in den letzten Tagen schlimme Zeiten eintreten werden. Denn die Menschen werden sich selbst lieben, geldgierig sein, prahlerisch, überheblich, Lästerer, den Eltern ungehorsam, undankbar, unheilig, lieblos, unversöhnlich, verleumderisch, unbeherrscht, gewalttätig, dem Guten feind, Verräter, leichtsinnig, aufgeblasen; sie lieben das Vergnügen mehr als Gott; dabei haben sie den äußeren Schein von Gottesfurcht, deren Kraft aber verleugnen sie."* (2.Tim 3,1-5) Die Warnung des Paulus gilt der Kirche von heute. Es werden Menschen sein, die in mancher Weise an Gott erinnern, aber sie werden die Kraft verleugnen, die aus der Gottesfurcht erwächst.

Wir sollen in der Kraft Gottes leben. Jeder Gläubige hat die Kapazität, in der Kraft Gottes zu leben. Deshalb ist Matthäus 11,11 so bedeutungsvoll. Der allergeringste im Königreich der Himmel ist größer als Moses, Elia, Josua und Simson.

ZU DEM WERDEN, WAS GOTT ÜBER UNS SAGT

Wenn wir nicht in der Kraft Gottes leben, dann liegt das daran, *dass wir nicht wissen, wer wir sind.* Vielleicht sagen Sie, dass Sie wissen, dass der Heilige Geist in Ihnen wohnt. Möglicherweise können Sie die Bibel besser zitieren als ich. Vielleicht verfügen Sie über einen grandiosen Einflussbereich. Aber können Sie Halsweh verschwinden lassen? Können Sie einen Herzinfarkt stoppen? Können Sie den Ameisen gebieten, ihren Ameisenhaufen zu verlegen und die Ameisen gehorchen Ihnen? (Siehe 1.Mose 1,26). Dies sind alles Dinge, die wir als Gläubige potentiell tun können. Wenn wir diese Dinge nicht tun können, liegt das nur daran, dass unser Denken in Bezug auf unsere wahre Identität nicht erneuert wurde.

Wir brauchen Mut, um in unsere Bestimmung hineinzukommen. Eine der schmerzhaftesten Erfahrungen für mich war die Ablehnung von Menschen. Doch ich mache mir darüber keine Sorgen, weil die Bibel gesagt hat, dass wir Widerspruch erleben werden, so wie Jesus Widerspruch erlebt hat. Ich stelle mir den Widerstand gerne als eine Art Messinstrument vor. Wenn ich keinerlei Widerspruch erlebe, dann ist die Wahrscheinlichkeit groß, dass ich nicht effektiv bin und dass ich meinen Lebensstil neu überprüfen muss.

Wir sollen uns darüber keine Sorgen machen, was andere denken. Das ist eine Falle. Die Menschen sollen uns gar nicht sehen. Sie sollen jemand anderes sehen… Jesus.

Es ist Zeit. *Jetzt* ist der Tag des Heils. Das Wort des Herrn sagt, wer nicht für Mich ist, der ist gegen Mich (siehe Mt 12,30). Das sind Worte Gottes, nicht meine.

„Ich kenne deine Werke, daß du weder kalt noch heiß bist. Ach, daß du kalt oder heiß wärst! So aber, weil du lau bist und weder kalt noch heiß, werde ich dich ausspeien aus meinem Mund." (Off 3,15-16)

Bewirken Sie einen Unterschied. Wenn Sie zum Reich Gottes gehören, helfen Sie dabei mit, es auszubreiten! Hinterlassen Sie Ihren Kindern ein Vermächtnis, das die Richtung ihres Lebens verändern wird, indem Sie sich selbst sterben und dem Ebenbild Jesu gleichgestaltet werden. Sie haben die Wahl.

Es wird Zeit für Sie, den Zuschauer, das Spielfeld zu betreten und mitzumachen. Werden Sie neben mir stehen? Werden Sie eines Tages mit mir Jesus gegenübertreten, Arm in Arm, und Ihn daran erinnern, dass Er diese Wunden auf seinem Rücken NICHT umsonst getragen hat? Werden Sie dabei mithelfen, an den Anfängen dessen mitzuwirken, was nichts anderes als der Beginn der größten Heilungserweckung sein kann, welche die Welt je gesehen hat? Werden Sie mithelfen, den Lauf der Geschichte zu verändern?

Doch bevor Sie antworten, müssen Sie wissen, dass es Sie etwas kosten wird. Diese Position ist nur hingegebenen Gläubigen vorbehalten, die fleißig für durch angeborene Erkrankungen gebundene Menschen und deren Eltern beten und mit ihnen die vollkommene Heilung suchen. Diese Position ist für solche bestimmt, die mit die Autorität und Vollmacht Jesu anwenden und einnehmen, wofür mit dem Blut und dem zerschundenen Körper unseres Erlösers und Königs Jesus am Schandpfahl bezahlt wurde. Diese Position ist für solche, die bereit sind, Zeit und Mühe in das Studium des Wortes Gottes zu investieren und herauszufinden, wer sie in Wahrheit als Söhne und Töchter des

Höchsten und Miterben mit Jesus Christus sind und dann Täter des Wortes Gottes werden.

Wir brauchen Sie an unserer Seite. Wir haben Spott und Ablehnung dafür erduldet, dass wir unsere Kinder von angeborenen Erkrankungen geheilt sehen wollen. Sie müssen wissen, dass viele dieser Eltern sich isoliert auf einer Insel der Einsamkeit befinden, weil ihre Gemeinden, Familien und Freunde mit ihnen nicht einverstanden sind.

Wenn Sie auf diesen Ruf antworten wollen, dann sagen Sie es Gott. Sagen Sie Ihm, dass Sie sich in die Arena der angeborenen Erkrankungen begeben und dabei mithelfen werden, die Gefangenen zu befreien. Sagen Sie Ihm, dass Sie sich der mobilisierten Armee Gottes anschließen, die dabei helfen wird, mit diesen Kindern bis zur Ziellinie einer vollkommen geheilten DNA zu marschieren. Investieren Sie Ihre Zeit in die Erneuerung Ihres Denkens. Machen Sie es sich in diesem Leben nicht bequem! Tun Sie etwas, womit Sie einen Unterschied bewirken. Ändern Sie den Verlauf der Geschichte, indem Sie Bestimmungen wiederherstellen und Familien verändern. Wenn Sie gläubig sind, haben Sie die Kapazität, das zu tun.

EIN WORT AN GLÄUBIGE, DIE IN DER KRAFT UND AUTORITÄT JESU CHRISTI LEBEN

Nun möchte ich die Gläubigen ansprechen, die in ihrer Autorität als offenbarte Söhne und Töchter Gottes, des Schöpfers alles Sichtbaren und Unsichtbaren, leben.

Sie sind ganz sicher, dass die Welt ein besserer Ort ist, weil Sie in ihr sind. Sie sind nicht hochmütig, Sie wissen nur schlicht, dass der Heilige Geist in Ihnen wohnt und wo Er hingeht, da ist Freiheit. Ich glaube, dass Erweckung sich dort ereignet, wo die Gegenwart Gottes offenbar wird – was Sie verstehen, weil Sie genau das tun. Sie offenbaren die Gegenwart Gottes.

Deshalb, „*Wie ihr nun Christus Jesus, den Herrn, angenommen habt, so wandelt auch in ihm, gewurzelt und auferbaut in ihm und gefestigt im Glauben, so wie ihr gelehrt worden seid, und seid darin überfließend mit Danksagung. Habt acht, daß euch niemand beraubt durch die Philosophie und leeren Betrug, gemäß der Überlieferung der Menschen, gemäß den Grundsätzen der Welt und nicht Christus gemäß.*" (Kol 2,6-10).

Ich bin hier, um Sie in den Kampf zu rufen. Es besteht eine Dringlichkeit für Sie, Ihren Nächsten zu lieben wie sich selbst auf eine Art, die für die meisten unbekannt und ganz sicher nicht bequem ist.

EIN BLICK IN DAS GEFÄNGNIS

Erlauben Sie mir, Sie zunächst den dunklen Gang entlang zur lebenslangen Gefängniszelle eines Babys zu führen, welches kürzlich mit dem Down-Syndrom diagnostiziert wurde. Ich bin mit dieser bestimmten angeborenen Erkrankung vertraut. Jedoch gelten die Ihnen von mir enthüllten Informationen in ähnlicher Weise auch für andere angeborene Erkrankungen wie Hurler-Syndrom, Trisomie 8, Trisomie 13 und andere.

„Schätzungen nach entscheiden sich 92 % aller Frauen, die eine vorgeburtliche Diagnose von Down-Syndrom erhalten, ihre Babys abzutreiben."[10]

Eltern, die ihr mit dem Down-Syndrom diagnostiziertes Kind zur Welt bringen, ganz gleich ob sie es im Voraus wussten oder nicht, steht eine beachtliche Anzahl an angesehenen Ressourcen zur Verfügung, gemessen an den Standards der Welt. Es gibt Bücher darüber, wie man

---

[10] Brian Skotko, Zertifizierter medizinischer Genetiker und Co-Direktor des Down-Syndrom-Programms am Massachusetts General Hospital.

ein Leben mit dem Down-Syndrom feiern kann. Es gibt Bücher, die speziell für Geschwister von mit dem Down-Syndrom diagnostizierten Kindern geschrieben wurden. Es gibt Bücher für Ärzte und Krankenschwestern mit Schulungsmaterial darüber, wie sie die Nachricht über die Diagnose eines Neugeborenen mit dem Down-Syndrom an betroffene Eltern übermitteln können. Es gibt Selbsthilfegruppen und T-Shirts.

Hören Sie sich diese von der Mayo Klinik verbreiteten Informationen an:

„Kinder mit dem Down-Syndrom können eine Reihe von Komplikationen aufweisen, von denen manche im Laufe der Zeit in den Vordergrund treten, wie beispielsweise Herzerkrankungen. Etwa die Hälfte aller Kinder mit dem Down-Syndrom kommt mit irgendeiner Art von Herzfehler zur Welt. Diese Herzprobleme können lebensbedrohlich sein und einen operativen Eingriff im Säuglingsalter erfordern. Bei jungen Kindern mit dem Down-Syndrom besteht ein größeres Risiko, an Leukämie zu erkranken.

Wegen Fehlbildungen im Immunsystem besteht bei Down-Syndrom-Patienten ein erhöhtes Risiko, an Infektionskrankheiten wie Lungenentzündung zu erkranken. Menschen mit dem Down-Syndrom sind außerdem einem stark erhöhten Risiko von Demenz ausgesetzt – erste Anzeichen und Symptome können im Alter von etwa 50 auftreten. Patienten mit Demenz leiden dabei häufiger an Krampfanfällen. Das Down-Syndrom führt ebenso zu einem erhöhten Risiko, an Alzheimers zu erkranken.

Schlafapnoe. Wegen Veränderungen in Weichgewebe und Skelett, die zur Obstruktion der Atemwege führen, besteht bei Kindern und Erwachsenen mit dem Down-Syndrom ein erhöhtes Risiko für obstruktive Schlafapnoe. Menschen, die an Schlafapnoe leiden, neigen im Vergleich zur Allgemeinbevölkerung häufiger zu Übergewicht. Das Down-Syndrom kann auch mit anderen Gesundheitsproblemen einhergehen, wie beispielsweise Blockaden des Magen-Darm-Trakts, Schilddrüsenproblemen, frühen Wechseljahren, Krampfanfällen, Entzündungen der Ohren, Gehörverlust, Hautproblemen wie Psoriasis, Skeletterkrankungen und schlechtem Sehvermögen. Die Lebenserwartung für Menschen mit dem Down-Syndrom ist dramatisch gestiegen. Im Jahre 1910 hat ein Baby mit dem Down-Syndrom oft das 10. Lebensjahr nicht erlebt. Heute können Menschen mit dem Down-Syndrom ein Alter von 60 Jahren und darüber erreichen, je nach Schwere der gesundheitlichen Probleme."

Das ist kein schönes Bild, doch diese Realität kann verändert werden.

Normalerweise stellen Sie sich eine mit dem Down-Syndrom diagnostizierte Person nicht als Vater oder Mutter Ihrer Kinder vor. Sie würden es sich auch nicht ausmalen, dass eine Person mit dem Down-Syndrom Ihrem Kind das Autofahren beibringt, oder es im Lesen und Schreiben unterrichtet. Sie können sich auch nicht vorstellen, dass eine Person mit dem Down-Syndrom Ihrem Baby auf die Welt hilft oder in Ihren Zähnen bohrt. Sie können sich nicht vorstellen, dass eine Person mit dem Down-Syndrom sich um den Posten des amerikanischen Präsidenten bewirbt oder den Schulbus Ihres Kindes fährt. Im Grunde wurden das Down-Syndrom und zahlreiche andere angeborene Erkrankungen angenommen, beschützt und gefeiert - *schlicht, weil die Menschheit nicht in der Lage ist, sie zu verändern…* **es sei denn, Sie beziehen den in seiner wahren Identität lebenden Gläubigen ein.**

Ich möchte Sie auf die abscheuliche Taktik aufmerksam machen, die der Feind gegen Eltern von Kindern mit angeborenen Erkrankungen benutzt, wenn diese Eltern sich ernsthaft nach der Heilung ihrer Kinder ausstrecken und dafür beten. Ich habe Horrorstorys gehört. Ein Arzt sagte einer Mutter, *dass er sie den Behörden melden würde, wenn sie ihr Kind nicht in einer Sonderschule anmeldete.* Ich weiß von einigen Eltern, die in ihre Kirche gingen und die Ältesten baten, für die Heilung ihres Kindes vom Down-Syndrom zu beten, und *der Pastor* schaute ihnen ins Gesicht und sagte, dass sie beten würden, wonach er ihnen Broschüren zum Thema „Leben mit dem Down-Syndrom" aushändigte. Mir wurde persönlich gesagt, *ich sei die Person mit der Erkrankung*, nur weil ich mein Kind geheilt sehen wollte. Eine Person drohte mir an, die Behörden einzuschalten und mir mein Kind wegzunehmen, um es jemandem zu geben, der akzeptiert „wer sie ist", sollte ich die Diagnose meines Kindes nicht akzeptieren.

Die Fessel liegt in der Identität des Kindes, welches mit einer angeborenen Erkrankung diagnostiziert worden ist. Die Welt betrachtet die Diagnose mit dem Down-Syndrom und mit anderen angeborenen Erkrankungen *als Teil der Identität des Kindes*. Die Welt glaubt, das ist, *wer diese Kinder sind*.

Wenn Ihr Kind mit Krebs geboren worden wäre, hätten Sie Ärzte auf Ihrer Seite, die für die vollständige Heilung Ihres Kindes kämpfen würden. Familienangehörige, Freunde, die Gemeinde, Nachbarn, Zeitungsreporter und Lehrer würden alle miteinander sagen: „Ja, ich habe schon gehört, dass Krebs geheilt wurde" oder „ja, Gott heilt Krebs", und sie würden Ihr Streben nach der Heilung Ihres Kindes unterstützen. Sie würden es seltsam finden, wenn Sie seine Heilung nicht anstreben würden.

Anders verhält es sich allerdings im Falle von angeborenen Erkrankungen wie geistigen Behinderungen, Autismus und Down-Syndrom. Wir erinnern uns, ein „Syndrom" wird definiert als „eine Erkrankung oder Störung, die mit einer bestimmten Gruppe von Anzeichen und Symptomen einhergeht". Down-Syndrom ist tatsächlich eine Erkrankung.

In Römer 12,5 heißt es: *„so sind auch wir, die vielen, ein Leib in Christus".* In Kolosser 1,18 steht: *„Und er ist das Haupt des Leibes, der Gemeinde".* Unser Leib bedarf einer dramatischen Reparatur. Wenn Gott etwas in Bezug auf angeborene Erkrankungen unternehmen wird, dann wird Er dies durch Seine Gegenwart auf Erden tun. *Der Gläubige **ist** Seine Gegenwart auf Erden.*

Also sehen Sie, dass ein Kind mit dem Down-Syndrom oder der Hurler-Krankheit oder Autismus seinen Zweck nicht erfüllt, und das Wort Gottes sagt, dass wir ein Leib sind. Ich bin hier, um Ihnen zu sagen, dass Sie Ihre Berufung im Leben nicht erfüllen können, wenn nicht alles in Ihrem Körper korrekt funktioniert. Diese mit angeborenen Erkrankungen diagnostizierten Kinder, deren Verstand und Körper gefangen ist, haben Auswirkungen auf IHRE Funktion im Leib Christi, weil wir ein Leib sind.

VOLLMACHT UND AUTORITÄT JESU ANWENDEN

Jetzt wollen wir aber die genetischen Heilungen von Chromosomen nicht unnötig verkomplizieren. Jesus hat sie getragen, so dass diese Kinder sie nicht tragen müssen. Er lebt im Inneren der Gläubigen. Wir sind also „laufende und sprechende Bundesladen". Wir sind die Gegenwart Gottes auf Erden. Wir hören nicht auf, bis es vollkommen ist. Jesus hat nie jemanden nur zur Hälfte geheilt.

*„...leidet das Reich der Himmel Gewalt, und **die, welche Gewalt anwenden, reißen es an sich**."* (Mt 11,12). Mit den Worten von General Paton: „Im Krieg ist die einzig sichere Verteidigung der Angriff, und die Effizienz des Angriffs hängt von den streitbaren Seelen ab, die ihn ausführen." Sie können keine Krebsdiagnose annehmen und auf Zehenspitzen drum herum schleichen, ebenso wenig wie Sie eine Autismus-Diagnose annehmen und auf Zehenspitzen drum herum schleichen können. Sie müssen eine aggressive Einstellung einnehmen, um die Person von der Krankheit zu befreien. Tun Sie das, was Sie gern sehen würden, wenn es um Sie ginge.

Sie können sich nicht vorstellen, was manche der Eltern, die sich für die Heilung ihrer Kinder einsetzen, durchgemacht haben – Widerstand, Mangel an Unterstützung von Familienmitgliedern und Freunden und sogar von unseren eigenen Gemeinden. Eltern, die mit den verheerenden Folgen geplatzter Hoffnungen für ihre Babys zurechtkommen müssen, erkennen, dass sie ihrem Kind zur Heilung verhelfen können, wenn Sie Zeit (ihr wertvollstes Gut) darin investieren, ihr Denken zu erneuern und zu verinnerlichen, wer sie in Christus Jesus wirklich sind. Der Leib Christi sollte sich um diese Eltern und ihre Babys versammeln, sie wie sich selbst lieben, und nicht eher ruhen, bis jede Zelle im Körper der Babys die Wahrheit der Verheißungen Gottes reflektiert. Stattdessen sieht der „Leib Christi" nur ungläubig zu oder erhebt sich gar in direktem Widerspruch!

Deswegen schreibe ich so scharf in meinem Brief an die Kirche. Ich bin schlicht eine Ehefrau und Mutter seit nahezu 25 Jahren, die dringend wissen musste, ob das, was die Bibel sagt wirklich wahr ist. Ich musste wissen, ob ich wirklich einem Gott diente, der die Wahrheit sagte; und ich habe es herausgefunden. Meine Güte, ich nahm 1.Mose 1,26 wörtlich und gebot meinen Feuerameisen, aus meinem Garten zu verschwinden, weil die Bibel sagt, dass ich Herrschaft über alles ausüben kann, was am Boden kriecht – und diese kleinen Kreaturen verließen meinen Garten. Mein Sechsjähriger kann das tun. Das ist Bibel.

Bitte sitzen Sie nicht einfach da und staunen darüber. Stehen Sie auf und tun Sie etwas. Seien Sie die Veränderung, welche die Welt so dringend braucht. Es ist Ihre Berufung, als Partner bei der Befreiung von Kindern mitzuwirken, deren Eltern sich so verzweifelt danach sehnen, dass sie zu 100% geheilt werden. Sie sind Ihr Nächster. Sie, der Gläubige, sind die Lösung bei der Wiederherstellung göttlicher Ordnung in Kindern mit angeborenen Erkrankungen.

KAPITEL 26
Letzter Aufruf

Margaret Weishuhn

„Der Dieb kommt nur, um zu stehlen, zu töten und zu verderben; ich bin gekommen, damit sie das Leben haben und es im Überfluß haben" (Joh 10,10)

*„Da tat Petrus den Mund auf und sprach: Nun erfahre ich in Wahrheit, daß Gott die Person nicht ansieht, sondern daß in jedem Volk derjenige ihm angenehm ist, der ihn fürchtet und Gerechtigkeit übt! Das Wort, das er den Kindern Israels gesandt hat, indem er Frieden verkünden ließ durch Jesus Christus — welcher Herr über alle ist —, ihr kennt es; das Zeugnis, das sich durch ganz Judäa verbreitet hat und in Galiläa anfing nach der Taufe, die Johannes verkündigte: wie Gott Jesus von Nazareth mit Heiligem Geist und Kraft gesalbt hat, und **wie dieser umherzog und Gutes tat und alle heilte, die vom Teufel überwältigt waren; denn Gott war mit ihm.**"* (Apg 10,34-38)

WENN ICH DER FEIND WÄRE

Wenn ich der Feind wäre – derjenige, welcher gegen seinen Schöpfer rebelliert hat und aus dem Himmel herausgeschmissen wurde, wissend, dass meine Tage gezählt sind – dann wäre mein Ziel, beim Schöpfer selbst so viel Schaden anzurichten wie möglich. Vielleicht denken Sie, dass es bei den Angriffen des Feindes um Sie geht, doch da liegen Sie falsch. Dieser Krieg gegen den Körper und die Bestimmung der Menschheit ist einzig gegen Gott gerichtet.

Wenn ich der gerissene und böse Feind Gottes wäre, würde ich versuchen, ihm verheerenden Schaden und so viel Schmerz wie möglich zuzufügen. Was wäre die übelste und strategischste Methode? Ich würde Seiner Schöpfung Schmerz und Leid zufügen und dann Gott dafür die Schuld in die Schuhe schieben und mein Bestes tun, um Seine

Schöpfung davon zu überzeugen, dass ihr guter Vater im Himmel dafür verantwortlich ist. Und ich würde Seine Schöpfung damit dazu bringen, sich im Angesicht von Widrigkeiten mit Kraftlosigkeit abzufinden und ihrem Gott und Schöpfer für den Schmerz und das Leid zu danken.

Das ist im Hinblick auf Down-Syndrom und zahlreiche andere angeborene Erkrankungen geschehen. Die Kirche ist überlistet worden. Das Ergebnis sind nicht nur die Bestimmungen, die den durch angeborene Erkrankungen physisch und geistig verletzten Menschen gestohlen wurden. Ebenso bedeutsam sind die Bestimmungen, die den Kindern Gottes gestohlen wurden, weshalb die Gläubigen nicht als wahre Söhne und Töchter des Höchsten Gottes leben.

Es ist Zeit aufzuwachen, o Kirche Gottes! Der Vorhang wurde zerrissen. Was Gott zusammengefügt hat, darf nicht getrennt werden. *„Wer aber dem Herrn anhängt, ist ein Geist mit ihm... Oder wißt ihr nicht, daß euer Leib ein Tempel des in euch wohnenden Heiligen Geistes ist, den ihr von Gott empfangen habt, und daß ihr nicht euch selbst gehört? Denn ihr seid teuer erkauft."* (1.Kor 6,17, 19-20).

Dieses Buch gibt einen Einblick in die Geschichte von Familien, die über die ganze Welt verstreut sind. Bei unserer Suche nach Heilung für die „unheilbare Diagnose angeborener Erkrankungen" unserer Kinder, haben wir Eltern unsererseits unsere Identität in Christus Jesus gefunden. Wir bahnen einen Weg, so dass Sie in unsere Fußstapfen treten können. Gott hat uns offenbart, wer wir in Christus Jesus sind. Der Schöpfer alles Sichtbaren und Unsichtbaren hat die Lösung für das Problem angeborener Erkrankungen offenbart, sowie das Problem der Identitätskrise, welche die Kirche als Gesamtheit durchlebt; sie sind ineinander verflochten und können nicht getrennt werden. Die Welt wartet auf die Enthüllung dieser Heilmethode, die in der Offenbarung der wahren Söhne und Töchter Gottes gefunden wird.

William Wilberforce sagte: „Sie mögen sich dafür entscheiden wegzuschauen, doch Sie können nie wieder sagen, dass Sie nicht davon gewusst haben".

KAPITEL 27
Was nun?

VERBINDEN

Wenn Sie ein Kind oder Enkelkind haben, das an einer angeborenen Erkrankung leidet, sind Sie vielleicht daran interessiert, sich mit anderen gleichgesinnten Gläubigen zu verbinden, die für die Heilung ihrer Kinder einstehen. Um das zu fördern und zu erleichtern, haben wir eine Facebook Gruppe ins Leben gerufen unter der Bezeichnung „I Believe God Heals Birth Defects" *(Ich glaube, dass Gott angeborene Erkrankungen heilt)*. Diese Gruppe ist ausschließlich Eltern und Großeltern vorbehalten, die dieses Buch gelesen haben und für Heilung einstehen. Oder, wenn Sie persönlich mit einer angeborenen Erkrankung leben und Gott für Ihre eigene Heilung vertrauen, dann können Sie auch dieser Gruppe beitreten. Es ist ein Ort, um sich miteinander zu verbinden, sich gegenseitig zu ermutigen sowie Gebetsanliegen und Dankanliegen auszutauschen.

PRAKTISCHES MENTORING

Zusätzlich dazu bieten wir interessierten Personen unsere Online-Schulungen zum Thema „Hands on Healing Mentoring" *(Praktisches Heilungs-Mentoring)* an, wo wir Eltern, die für ihre Kinder für Heilung beten, zusätzliche Schulung und persönliches Mentoring zukommen lassen. Diese Klassen werden über die „I Believe God Heals Birth Defects"-Facebook Gruppe[11] angekündigt und organisiert.

---

[11] Wenn Sie gerne an einer „Hands on Healing Mentoring"-Schulung teilnehmen möchten, aber nicht über ein Facebook-Konto verfügen, senden Sie bitte eine E-Mail direkt an Andy Hayner unter **FullSpeedAndy@gmail.com**.

SCHLIESSEN SIE SICH DER LAWINE AN

Den Personen, die nach Abschluss der Mentoring-Klasse gerne Teil eines Gebetsteams werden möchten, helfen wir, ein neues Gebetsteam zu gründen. Diese „Team Avalanche"-Gebetsteams („*Avalanche*" bedeutet „*Lawine*") sind in höchstem Maße fokussierte Gebetsteams, mit dem Ziel, den Kindern in Übereinstimmung mit den in diesem Buch gelehrten Prinzipien mit Heilung zu dienen. Auch wenn einige der Eltern aus der „I Believe God Heals Birth Defects"-Facebook-Gruppe nicht Teil eines Team-Avalanche-Gebetsteams sind, ist dies doch Ihr erster Schritt, sich in diese Richtung zu entwickeln, wenn Sie daran interessiert sind.

Um den Fokus der Team-Avalanche-Gebetsteams auf dem Heilungsdienst an den Kindern zu bewahren, nutzen wir die „I Believe God Heals Birth Defects" Facebook-Gruppe dazu, uns auf die Eltern zu konzentrieren, die ausgerüstet werden, ihren eigenen Kindern mit Heilung zu dienen.

Sie können sich der „I Believe God Heals Birth Defects"-Facebook-Gruppe anschließen, wenn Sie die folgenden Kriterien erfüllen:
1) Sie haben ein Kind oder Enkelkind oder einen Bruder oder eine Schwester, die mit einer angeborenen Erkrankung diagnostiziert wurden.
2) Sie haben das Buch „Gott heilt angeborene Erkrankungen" gelesen und stimmen mit der grundlegenden Botschaft des Buches überein. Wir lassen viel Raum für aufrichtige Fragen, jedoch werden Menschen mit einer feindseligen Absicht von der Gruppe geblockt.

So können Sie sich der „I Believe God Heals Birth Defects" Facebook-Gruppe anschließen:

- Finden Sie die „I Believe God Heals Birth Defects"-Gruppe und senden Sie eine Anfrage, um in die Gruppe aufgenommen zu werden.

- Schicken Sie mir, Andy Hayner, über Facebook eine Nachricht und lassen Sie mich wissen, dass Sie eine Anfrage zum Beitritt zur Gruppe abgeschickt haben.
- Ich werde Ihnen antworten und Sie um die Angabe des Alters, Geschlechts und der Diagnose Ihres Kindes bitten, sodass wir nur Eltern und Großeltern als Teilnehmer der Gruppe haben.

Ich freue mich darauf, mit Ihnen in Verbindung zu treten und Ihnen zu helfen, sich mit anderen gleichgesinnten Eltern zu verbinden, so dass Sie die notwendige Unterstützung erhalten, um für Ihr Kind für Heilung einzustehen!

ANHANG 1
Heilt Gott durch JEDEN Gläubigen oder nur durch einige Auserwählte?

Manche Christen, die daran glauben, dass die Bibel Gottes Wort ist, lehnen den Dienst der Krankenheilung als für heute ungültig ab, weil sie gelehrt wurden, dass „Gott nur durch Jesus und die Apostel Wunder tat, um ihre Botschaft zu bestätigen. Jetzt, da wir die Bibel haben, brauchen wir keine Zeichen und Wunder mehr." Als Folge davon wird jeder, der behauptet, dass Gott in der Lage ist, heute durch ihn oder sie zu heilen, mit einem großen Maß an Skepsis betrachtet, weil (in diesem Denkschema) die Behauptung, dass Gott heute Kranke heilt, als Angriff auf die Genügsamkeit der Bibel und als Anspruch apostolischer Autorität in der Kirche für sich selbst verstanden wird.

In meinen Anfangsjahren als Christ vertraten viele der für mich einflussreichsten Menschen die Auffassung, dass Gott in der Kirche nicht länger durch einen regelmäßigen Dienst der Krankenheilung wirkt. Doch in der Bibel werden wir aufgefordert: *„Habt acht, daß euch niemand beraubt durch die Philosophie und leeren Betrug, gemäß der Überlieferung der Menschen, gemäß den Grundsätzen der Welt und **nicht Christus gemäß**.* (Kol 2,8). Nun ist die Frage, wie steht die Auffassung, der gemäß „der Dienst der Krankenheilung nur zeitlich begrenzt war, um den Dienst der Apostel zu bestätigen" da, wenn wir sie ins Licht von Jesus Christus stellen? Hat Jesus Christus den Dienst der Krankenheilung für Sich selbst und Seine Apostel reserviert? Ist das „Christus gemäß"? Oder ist das nur eine leere menschliche Tradition?

Was sehen wir, wenn wir Jesus Christus anschauen?
1) **Jesus hat explizit gelehrt, dass Wunder und Zeichen für alle Gläubigen da sind.** *„Wahrlich, wahrlich, ich sage euch: Wer an mich glaubt, der wird die Werke auch tun, die ich tue, und wird größere als diese tun, weil ich zu meinem Vater gehe."* (Joh 14,12) Nach den Worten Jesu

war das durch Wunder und Zeichen gekennzeichnete Leben ein Ding für „jeden" so wie „jeder, der glaubt, nicht verloren gehen wird, sondern das ewige Leben haben wird." Jesus erwartet, dass all diese Menschen, die an Ihn für das ewige Leben glauben, „die Werke tun, die ich tue (...) und größere."

2) **Jesus lehrte die Apostel, dass Wunder denen folgen würden, „die der von ihnen gepredigten Botschaft glauben" würden.**
„Diese Zeichen aber werden die begleiten, die gläubig geworden sind: In meinem Namen werden sie Dämonen austreiben, sie werden in neuen Sprachen reden, Schlangen werden sie aufheben, und wenn sie etwas Tödliches trinken, wird es ihnen nichts schaden; Kranken werden sie die Hände auflegen, und sie werden sich wohl befinden." (Mk 16,17-18)[12] Die Zeichen der Krankenheilung, Dämonenaustreibung und des übernatürlichen Schutzes vor dem Bösen sind nicht nur den Aposteln nachgefolgt, sondern auch denen, die der von ihnen gepredigten Botschaft geglaubt haben. Wenn Sie möchten, dass diese Zeichen Ihnen folgen, dann machen Sie sich auf, die Botschaft zu entdecken und zu glauben, die von den Aposteln gepredigt wurde als sie ausgesandt wurden.

3) **Jesus sandte viele „Nicht-Apostel" aus, um Kranke zu heilen und Dämonen auszutreiben.** In Lukas 10 *lehrte und demonstrierte* Jesus, dass geistliche Vollmacht und Autorität, um Kranke zu heilen und das Reich Gottes zu predigen, *nicht nur* für

---

[12] Manche haben versucht, diese Verse aus dem Markusevangelium mit dem Hinweis auf die Tatsache abzutun, dass die frühesten Abschriften des Markusevangeliums vor diesen Versen enden. Jedoch enden die frühesten Manuskripte auch vor den Augenzeugenberichten der Auferstehung Jesu. Die meisten Gelehrten sind sich darin einig, dass in den frühesten Manuskripten der *eigentliche Schluss fehlt*. Der ausführliche Schluss, der diese Verse einschließt, erscheint in sehr frühen Manuskripten und *ist Teil jedes Markusevangeliums, das jemals in eine Bibel aufgenommen wurde*. Es ist geringstenfalls ein genaues Abbild dessen, was die Christen als zum Evangelium und zum apostolischen Auftrag gehörig erachtet haben, wenn nicht *der eigentliche Originalschluss selbst*.

die Apostel reserviert war, indem er 72 Nicht-Apostel mit diesem Auftrag aussandte. Jesus lehrte und demonstrierte, dass Heilung allen Gläubigen zur Verfügung stand.

4) **Jesus befahl den Aposteln, uns zu lehren, allem zu gehorchen, was Er ihnen befohlen hatte.** Wenn Jesus Christus die Apostel lehrte „Heilt Kranke, weckt Tote auf, reinigt Aussätzige, treibt Dämonen aus" (Mt 10,8), dann haben die Apostel den Auftrag, uns zu lehren, denselben Befehlen zu gehorchen.

5) **Jesus schult ALLE Seine Nachfolger darin, genauso zu werden wie Er.** Jesus hat gesagt: *„Der Jünger ist nicht über seinem Meister;* **jeder** *aber, der vollendet ist,* **wird so sein wie sein Meister.**" (Lk 6,40). Sind Sie ein Jünger Jesu Christi? Als Jesus körperlich auf Erden anwesend war, um Seine Apostel auszubilden, schulte Er sie, die Kranken zu heilen, Dämonen auszutreiben und die Toten aufzuerwecken. Jetzt, im Geist, schult Er Sie, damit Sie dieselben Dinge tun können... und noch mehr. Er hat keine Lieblinge. Wenn Sie ein Jünger Jesus sind, dann sind Sie bei Ihm in der Ausbildung. Jesus hat ein Ziel, eine Vision für Ihr Leben, während Er Sie ausbildet. Er erwartet, dass Sie *genauso werden wie Er.*

6) **Normale Gläubige, die keine Apostel waren, wurden im Neuen Testament regelmäßig gebraucht, um Wunder zu tun.** So wurde beispielsweise Philippus ausgewählt, bei der Essensverteilung zu helfen, damit die Apostel sich weiterhin auf ihren Dienst konzentrieren konnten (Apg 6,5). Als er nach Samaria reiste, wirkte Gott viele mächtige Wunder durch ihn.

„Als sie aber dem Philippus glaubten, der das Evangelium vom Reich Gottes und vom Namen Jesu Christi verkündigte, ließen sich Männer und Frauen taufen. Simon aber glaubte auch und hielt sich, nachdem er getauft war, beständig zu Philippus; und als er sah, daß Zeichen und große Wunder geschahen, geriet er außer sich." Apg 8,12-13

Offenbar hat Gott nie das Memo zu Gesicht bekommen, dass Er keine Wunder durch die normalen Laien tun sollte.

Ein anderes Beispiel: Jakobus schrieb an die „Stämme in der Zerstreuung" von Judenchristen und sprach dabei eine Vielzahl an Themenbereichen an, mit denen die Kirche zu tun hatte, einschließlich der Art, wie Gläubige auf Krankheit reagieren sollten.

„Ist jemand von euch krank? Er soll die Ältesten der Gemeinde zu sich rufen lassen; und sie sollen für ihn beten und ihn dabei mit Öl salben im Namen des Herrn. Und das Gebet des Glaubens wird den Kranken retten, und der Herr wird ihn aufrichten; und wenn er Sünden begangen hat, so wird ihm vergeben werden. Bekennt einander die Übertretungen und betet füreinander, damit ihr geheilt werdet! Das Gebet eines Gerechten vermag viel, wenn es ernstlich ist."
(Jak 5,14-16)

Jakobus gab Anweisungen an die Kirche weiter in Bezug auf Menschen, die körperliche Heilung von Krankheiten brauchten. Sagte er: „Er soll einen Apostel rufen lassen, oder er hat Pech gehabt?" Nein! Er sagte: „Er soll die Ältesten der Gemeinde rufen lassen." Die Ältesten waren keine Apostel, dennoch wurde den Gläubigen versichert, dass sie in der Lage waren, mit Heilung zu dienen, wenn sie das Gebet des Glaubens beteten. Sogar in diesem Fall werden alle Gläubigen ermutigt, für einander zu beten, „damit ihr geheilt werdet!" Die Ältesten hatten lediglich eine besondere Verantwortung, sich um die Gemeinde zu kümmern. Jeder Gläubige war ein potentieller Diener übernatürlicher Heilung für die Kranken unter den frühesten zerstreuten jüdischen Gemeinden.

Auch der Apostel Paulus machte unmissverständlich deutlich, dass er darum wusste, dass die von ihm gegründeten Gemeinden in seiner Abwesenheit weiterhin Wunder erlebten. Zum Beispiel schrieb er an die Kirchen in Galatien: *„Der euch nun den Geist darreicht und Kräfte in euch wirken läßt, tut er es durch Werke des Gesetzes oder durch* *die Verkündigung vom Glauben?* (Gal 3,5) Und zu der Gemeinde in Korinth schrieb Paulus: *„Jedem wird aber das offensichtliche Wirken des Geistes zum [allgemeinen] Nutzen verliehen. Dem einen nämlich wird durch den Geist ein Wort der Weisheit gegeben, einem anderen aber ein Wort der Erkenntnis gemäß demselben Geist; einem anderen Glauben in demselben Geist; einem anderen Gnadengaben der Heilungen in demselben Geist; einem anderen Wirkungen von Wunderkräften, einem anderen Weissagung, einem anderen Geister zu unterscheiden, einem anderen verschiedene Arten von Sprachen, einem anderen die Auslegung der Sprachen. Dies alles aber wirkt ein und derselbe Geist, der jedem persönlich zuteilt, wie er will."* (1.Kor 12,7-11) Offensichtlich war Paulus sich dessen bewusst, dass die von ihm gepredigte Botschaft geglaubt worden war und dass die Zeichen eines Gläubigen (Dämonenaustreibung, Herrschaft über die Macht des Feindes, übernatürlicher Schutz und Krankenheilungen) denen folgten, die seiner Botschaft glaubten.

7) **Jesus Christus selbst hat verboten, dass die Botschaft des Evangeliums in Abwesenheit der Kraft des Heiligen Geistes gepredigt wurde.**

Ihnen erwies er sich auch nach seinem Leiden als lebendig durch viele sichere Kennzeichen, indem er ihnen während 40 Tagen erschien und über das Reich Gottes redete. Und als er mit ihnen zusammen war, gebot er ihnen, nicht von Jerusalem zu weichen, sondern die Verheißung des Vaters abzuwarten, die ihr — so sprach er — von mir vernommen habt, denn Johannes hat mit Wasser getauft, ihr aber sollt mit Heiligem Geist getauft werden nicht lange nach diesen Tagen." (Apg 1,3-5)

Jesus wollte nicht, dass die Botschaft des Evangeliums gepredigt wurde - auch von Seinen engsten Vertrauten nicht - ohne die Demonstration der Kraft des Heiligen Geistes, was offensichtlich die Heilung der Kranken einschließt (aber nicht darauf beschränkt ist). Er hat nie jemanden ausgesandt, das Evangelium zu verkündigen, ohne diese Personen gleichzeitig mit der Autorität und Vollmacht zur Krankenheilung auszustatten.

Wie Jesus hat auch der Apostel Paulus verstanden, dass die Kraft Gottes die einzig stabile Grundlage für unseren Glauben ist, weshalb er gesagt hat: *„Und meine Rede und meine Verkündigung bestand nicht in überredenden Worten menschlicher Weisheit, sondern in Erweisung des Geistes und der Kraft, damit euer Glaube nicht auf Menschenweisheit beruhe, sondern auf Gottes Kraft."* (1 Kor 2,4-5). Es ist bemerkenswert, dass Paulus die Demonstration der Kraft des Heiligen Geistes als Gottes auserwählte Grundlage für unseren Glauben identifiziert. Aus diesem Grund erforderte der apostolische Dienst Zeichen und Wunder, was jedoch nicht bedeutet, dass Zeichen und Wunder auf die Apostel beschränkt waren. Das Wesen des Evangeliums besteht gerade darin, Menschen in eine Erfahrung des Heiligen Geistes zu bringen, sodass die Demonstration der Kraft des Heiligen Geistes immer der Ort sein würde, auf dem der Glaube ruhen kann.

Kürzlich habe ich mit einem jungen Geschäftsmann einen Kaffee getrunken. Dabei erzählte er mir, welche Auswirkungen das Aufwachsen in einer Gemeinde auf ihn hatte, in der ihm beigebracht wurde, dass Gott heute nicht mehr auf übernatürliche Weise wirkt, so wie Er durch das gesamte Neue Testament hindurch gewirkt hat. Er sagte: „Wie die meisten Kinder liebte ich all die phantastischen Dinge, die Gott in der Bibel getan hat. Doch sobald ich davon zu träumen begann, dass Gott diese Dinge durch mich tun könnte, sagte mir jemand, dass Gott diese Dinge heute nicht mehr tut, weil wir jetzt ja die Bibel haben. Ich wurde dazu ermutigt, die Bibel zu lesen und zu tun, was die Bibel sagt, dabei drehte sich aber so vieles von dem, was die Bibel zu tun befiehlt darum, zu erwarten, dass Gott mit übernatürlicher Kraft wirkt, um die Kranken zu heilen und so weiter. Ich konnte die Logik nicht verstehen, warum man die Bibel lesen sollte, wenn Gott diese Dinge heute nicht mehr tut. Warum sollte man über all das lesen, was Gott früher tat, wenn Er diese Dinge heute sowieso nicht mehr tut?" Gute Frage?

Obwohl Jesus Christus einen Lebensstil demonstrierte, bei dem Er alle heilte, die Heilung benötigten, machen es sich viele christlichen

Pastoren zur Aufgabe, dagegen zu kämpfen, dass Jesus Christus heute durch Gläubige heilt. Hat Jesus Christus jetzt, da Er in uns wohnt, Seinen Lebensstil geändert, oder hält unser Unglaube Ihn davon ab, in all Seiner Fülle durch uns zu leben?

Am Ende des Tages müssen wir alle aufsehen auf Jesus Christus und entscheiden, ob wir Ihn beim Wort nehmen und im Glauben leben, oder ob wir unseren Traditionen, Philosophien und Erfahrungen gestatten, zu bestimmen, was wir glauben. Was werden Sie jetzt tun? Werden Sie an Ihren Traditionen und Ihrer Logik festhalten und dem Teufel gestatten, seinen Amoklauf im Bereich angeborener Erkrankungen ungehindert fortzusetzen? Oder werden Sie an Jesus Christus glauben, was übrigens das Einzige ist, was Gott fordert, „damit wir die Werke Gottes wirken." (Joh 6,28-29).

Viele Christen sind davon überzeugt, dass Gott heute immer noch in der Kirche heilt, doch sie wurden darüber hinaus gelehrt, dass Gott hauptsächlich Menschen mit einer besonderen Gabe der Heilung gebraucht. Als Folge dieser Auffassung haben viele Gläubige fälschlicherweise den Schluss gezogen, dass sie die Gabe der Heilung nicht haben und daher nicht zu den „Glücklichen" gehören.

Jesus hat gesagt, dass das Leben in Vollmacht für jeden bestimmt ist, der glaubt (Joh 14,12, Mk 16,18). Er hat nicht gesagt: „die Begabten werden Kranken die Hände auflegen und sie werden sich wohl befinden", sondern der normale Gläubige! Das schließt Sie und mich ein.

Wie können wir die von Paulus in 1 Korinther 12,9 erwähnten „Gaben der Heilungen" mit der Verheißung Jesu in Einklang bringen, dass ***jeder, der glaubt,*** die Kranken in Seiner Kraft heilen kann? Es gibt zwei Möglichkeiten:

Ein mögliches Verständnis, welches Raum für „Gaben der Heilungen" offen lässt, dabei aber gleichzeitig die Rolle jedes Gläubigen als Agent für Heilung im Reich Gottes hoch hält, ist ähnlich der Gabe der Lehre, Gastfreundschaft oder Evangelisation. Jeder Gläubige ist aufgefordert, einander zu lehren und zu ermahnen. Jeder Gläubige sollte das Evangelium verkündigen. Jeder Gläubige sollte Fremden Gastfreundschaft entgegenbringen. Jedoch besitzt nicht jeder Gläubige das, was wir als die „Gabe der Lehre", die „Gabe der Evangelisation" oder die „Gabe der Gastfreundschaft" bezeichnen. Jeder Christ ist ermächtigt, diese Dinge bis zu einem gewissen Maß auszuüben, doch manche Christen tun sich in diesen Bereichen besonders hervor. Daher gilt gleichermaßen: Obwohl jeder Christ bevollmächtigt ist, die Kranken zu heilen, treten manche Christen im Leib in besonderer Weise bei der Krankenheilung oder bei der Heilung bestimmter Arten von Krankheiten hervor.

Ein zweites Verständnis, das ich persönlich vertrete, lautet folgendermaßen: Als Paulus von Gaben der Heilungen sprach, hatte er nicht die Menschen im Blick, die mit Heilung dienten, sondern diejenigen, die Heilung empfingen. Wenn Sie krank zu einer Gemeindeversammlung erscheinen, und einige der Gläubigen scharen sich um Sie, legen Ihnen die Hände auf und Sie werden geheilt, dann haben Sie in dem Moment eine Gabe der Heilung empfangen! Die Gabe der Heilung hat nichts mit der Person zu tun, die den Dienst tut (als stünde die Kraft Gottes nur einem kleinen Teil von Gläubigen zur Verfügung). Der Geist Gottes manifestiert Sich selbst in der Versammlung des Leibes durch Gaben der Heilungen, indem Er diejenigen heilt, die krank oder mit Schmerzen gekommen sind… wobei die Heilung durch **jeden, der glaubt** übermittelt wird!

Ich habe Gläubige aller Altersgruppen, aller Reifegrade, aller Hintergründe überall auf der Welt geschult. Ich habe noch nie einen Gläubigen getroffen, den Gott nicht gebrauchen würde, um Kranke zu heilen. Gott hat uns als Söhne adoptiert und den Geist des Sohnes in unser Innerstes gelegt, so dass Er durch uns in Liebe und Vollmacht leben kann! Gott wird die Kranken durch jeden Gläubigen heilen, genauso wie Er es versprochen hat.

ANHANG 2
Gebete für die Heilung angeborener Erkrankungen

BEREITS GEHEILT
Jesus, danke für das, was Du für dieses Kind bereits getan hast.
Danke, dass es durch Deine Wunden geheilt ist.

Nun spreche ich im Namen Jesu zu dieser Erkrankung und zu jeder Macht der Finsternis, die mit dem Körper dieses Kindes verbunden ist. Ich gebiete dir im mächtigen Namen Jesus, ich stehe auf Seinem vollendeten Werk, und ich vertreibe dich aus dem Körper dieses Kindes. Ich gebiete der Krankheit, zu WEICHEN im Namen Jesu! Ich gebiete jedem Problem in diesem Körper, JETZT zu weichen im Namen Jesu. Durch die Wunden Jesu wurde für die Heilung dieses Kindes bereits bezahlt. Es ist vollbracht. Jedes Problem in diesem Körper ist ein Eindringling. Verschwinde jetzt im Namen Jesu. Du hast kein Recht, hier zu sein. Ich mache dich kraftlos im Namen Jesus.

Ich gebiete 100% der Erkrankung zu WEICHEN. Ich gebiete VERÄNDERUNG in diesen Körper hinein im Namen Jesu. Ich gebiete jedem Chromosom, in Übereinstimmung mit dem Wort Gottes zu kommen und dem Wort Gottes zu gehorchen. Ich binde jede Zelle der Erkrankung und schmeiße sie aus diesem Körper in dem Namen Jesus. Was ich auf Erden binde ist auch im Himmel gebunden. Erkrankung, VERSCHWINDE!

FREIHEIT DEN GEFANGENEN

Danke Jesus. Danke, Heiliger Geist. Ich setze das Reich Gottes frei und hinein in den Körper dieses Kindes. Ich verfüge, dass Leben jetzt in dieses Kind hineinfließt und den Willen des Vaters vollbringt und Jesus Ehre bringt JETZT. Ich deklariere Freiheit von Erkrankung an jedes Atom im Körper dieses Kindes im Namen Jesu.

Ich verfüge über dem Leben dieses Kindes, dass es keiner Waffe gelingen soll, die gegen es geschmiedet wird. Ich verfüge, dass die Bestimmung, für welche dieses Kind geschaffen wurde, sich durchsetzt im Namen Jesu. Der Herr befiehlt Seinen Engeln über diesem Kind, dass sie es behüten auf allen seinen Wegen. Danke Jesus, dass Du nicht umsonst für die geistige und physische Gesundheit dieses Kindes gelitten hast. Ich gebiete ein neues Gehirn (wenn eins notwendig ist). Ich gebiete vollkommene Chromosomen im Namen Jesu. Ich gebiete jeder Körperfunktion in Übereinstimmung mit dem Willen Gottes zu funktionieren im Namen Jesu. Der Wille des Vaters soll geschehen im Namen Jesu an jeder Zelle in dem Körper dieses Kindes. Ich gebiete Vollkommenheit im Namen Jesu.

Gott heilt angeborene Erkrankungen
Erste Früchte

DEIN REICH KOMME

In Matthäus 6,10 steht geschrieben, Dein Reich komme, Dein Wille geschehe auf Erden wie im Himmel. Im Himmel gibt es keine genetisch bedingten Probleme, keine geistige Behinderung, kein Down-Syndrom, kein Hurler-Syndrom, keinen Autismus, keine Krankheit, keine Gebrechen und keine angeborenen Erkrankungen.

Jede mit dem Mangel dieses Kindes verbundene dämonische Präsenz - ich gebiete dir, jedes Wort anzuhören, das ich jetzt sprechen werde. Jede Zelle im Körper dieses Kindes, ich gebiete dir, dem Willen des Vaters zu gehorchen und in Übereinstimmung mit dem Wort Gottes zu kommen. Ich bin der Vertreter des Himmels für dieses Kind hier und jetzt. Der Wille des Vaters geschehe jetzt auf Erden, wie er im Himmel geschieht in Bezug auf dieses Kind.

Ich verfüge, dass es keiner Waffe, die gegen dieses Kind geschmiedet wurde, gelingen soll im Namen Jesu, und ich widerlege jede Zunge, die dieses Kind oder die Eltern dieses Kindes vor Gericht beschuldigt. Das ist das Erbteil der Knechte des Herrn und die Gerechtigkeit dieses Kindes kommt vom Herrn. (Jes 54,17)

ES STEHT GESCHRIEBEN

Es steht geschrieben: „Jesus Christus hat dieses Kind losgekauft von dem Fluch des Gesetzes, indem er ein Fluch wurde an seiner statt." (Gal 3,13)

Es steht geschrieben: „Jesus hat die gegen dieses Kind und seine Eltern gerichtete Schuldschrift ausgelöscht, und hat sie aus dem Weg geschafft, indem er sie ans Kreuz heftete." (Kol 2,14)

Es steht geschrieben: „Durch seine Wunden ist dieses Kind geheilt." (1.Petr 2,24)

Die Heilung dieses Kindes wurde vor über 2.000 Jahren erworben und bezahlt, als Jesus am Schandpfahl stand. Weil Jesus alle Arten von körperlichen Problemen und Krankheiten, Gebrechen und Syndromen und angeborenen Erkrankungen getragen hat, muss dieses Kind sie nicht tragen. Ich gebiete dem gesamten Körper dieses Kindes in Übereinstimmung zu kommen mit dem Wort Gottes. Jedes Organ, jedes Gewebe, jede Funktion und jedes System im Körper dieses Kindes, Ich gebiete euch im Namen Jesu, perfekt zu sein. Durch die Wunden Jesus wurde dieses Kind geheilt und ich befehle dem Körper dieses Kindes, der Stimme des Wortes Gottes zu gehorchen. Sei ganz. Sei geheilt. Sei schön. Sei perfekt im Namen Jesu.

Es steht geschrieben: „Wenn Ich Glauben habe und nicht zweifle, werde ich zu diesem Berg der angeborenen Erkrankung sprechen und ihm gebieten, zu weichen und sich ins Meer zu werfen und es soll geschehen." (Mt 21,21)

Im Namen Jesu, mit voller Zuversicht in das Wort Gottes, gebiete ich der angeborenen Erkrankung und allen Problemen im Körper dieses Kindes, zu verschwinden und niemals wieder zu kommen.

Es steht geschrieben: „Wenn wir aber Kinder sind, so sind wir auch Erben, nämlich Erben Gottes und Miterben des Christus" (Röm 8,17)

Es steht geschrieben: „Er hat uns mitauferweckt und mitversetzt in die himmlischen Regionen in Christus Jesus" (Eph 2,6)

Gott heilt angeborene Erkrankungen
Erste Früchte

Es steht geschrieben: Jesus ist erhöht „hoch über jedes Fürstentum und jede Gewalt, Macht und Herrschaft und jeden Namen, der genannt wird, nicht allein in dieser Weltzeit, sondern auch in der zukünftigen; und er hat alles seinen Füßen unterworfen und ihn als Haupt über alles der Gemeinde gegeben, die sein Leib ist."
(Eph 1,21-23)

Jede Macht der Finsternis, du bist dem Namen Jesus untertan. Du verlässt jetzt dieses Kind. Jede Diagnose, die dieses Kind je erhalten hat, weiche im Namen Jesu. Es steht geschrieben: „Auf ewig, o Herr, steht dein Wort fest in den Himmeln."
(Ps 119,89)

Der Schöpfer des Himmels und der Erde und aller Dinge, die darinnen sind, hat gesprochen. Seine Worte können nicht leer zurückkommen, sondern sie werden durchführen, wozu sie gesandt wurden. Er hat Gebrechen und Erkrankungen besiegt und alle Arten von Gebrechen am Schandpfahl durch Jesus getragen. Er hat Seine Autorität und Seinen Namen gegeben, um mit den Problemen dieses Kindes fertig zu werden. Kind, werde heil im Namen Jesu.

Es steht geschrieben: „Denn das Gesetz des Geistes des Lebens in Christus Jesus hat dieses Kind frei gemacht von dem Gesetz der Sünde und des Todes. (Röm 8,2)

ÜBERWINDENDES LEBEN

Es steht geschrieben: „Der Dieb kommt nur, um zu stehlen, zu töten und zu verderben; ich bin gekommen, damit sie das Leben haben und es im Überfluss haben." (Joh 10,10)

Ich spreche dieses von Jesus bereitgestellte Leben in dieses Kind. Ich spreche Leben in dieses Kind. Ich lege meine Hände auf dieses Kind und dieselbe Kraft, die Christus Jesus von den Toten auferweckt hat fließt aus meinen Händen in dieses Kind. (Mk 16,18)

Heiliger Geist, Im Glauben setze ich Leben frei in dieses Kind, Leben, das den Willen des Vaters bringt, welcher Vollkommenheit ist. Körper, werde vollkommen im Namen Jesu. Durch die Wunden Jesu bist du geheilt!

Danke Jesus! Danke Jesus! Danke Jesus, dass Du mein Kind heilst.

ANHANG 3
World Whipping Post Awareness Day
W.W.P.A.D.

(Weltweiter Gedenktag an den Schandpfahl)

WANN: Dieser Tag wird am 17. November begangen, von nun an und bis zur Wiederkunft unseres Erlösers.

WAS? Der World Whipping Post Awareness Day ist für alle Christen weltweit dazu bestimmt, das, was unser Erlöser Jesus Christus zur Befreiung von mit angeborenen Erkrankungen diagnostizierten Menschen getan hat, in besonderer Weise zu ehren. Als an Jesus Christus Gläubige erklären wir der Welt, dass unser Gott und Seine Worte an uns in Bezug auf körperliche Heilung auch Menschen mit angeborenen Erkrankungen gelten, und dass unser Gott vertrauenswürdig ist und unseren Glauben verdient.

WIE? Wir bitten alle Gläubigen, den World Whipping Post Awareness Day zu begehen, um das vollbrachte und wunderbare Werk Jesu am Schandpfahl für angeborene Erkrankungen ins Bewusstsein der Öffentlichkeit zu tragen.

Wenn möglich, sollte die Farbe Rot an diesem besonderen Ehrentag getragen werden, zum Gedenken an den hohen Preis, der von König Jesus bezahlt wurde.

Sie können dies auch als Gelegenheit nutzen, um Gläubige zum Glauben und Handeln über die sozialen Medien zu ermutigen und durch Weitergabe an Informationen in Ihrer Kirche, Ihrem Gebetskreis oder Bibelstudienkreis. Es wird eigens zu diesem Zweck erstelltes

Werbematerial zur Verfügung gestellt, um es jedermann möglichst einfach zu machen, die Nachricht zu verbreiten.[13]

Das ehrenhafteste jedoch, was Sie zum Gedenken und zur Anerkennung des Werkes Jesu am Schandpfahl tun können, wäre, einen Unterschied im Leben derer zu bewirken, die vollkommene Befreiung von genetisch bedingten Erkrankungen suchen. Lassen Sie uns an diesem Tag erneut bestätigen, dass Personen mit angeborenen Erkrankungen dazu berechtigt sind, in den vollständigen und effektiven Genuss aller uns von Jesus gewährten Menschenrechte und Grundfreiheiten zu kommen. Mögen die Gläubigen ihren Teil dazu beitragen, indem sie verstehen, wer sie in Christus Jesus, in der Kraft des Heiligen Geistes und im Glauben an Jesus Christus sind, um Kindern und Personen mit angeborenen Erkrankungen die volle Teilnahme an der Entwicklung und am Leben ihrer Gesellschaften auf gleicher Grundlage mit anderen zu ermöglichen. Gläubige werden dies tun, indem sie nicht nur die Wahrheit der durch das Werk Jesu erworbenen Freiheiten beachten, sondern auch, indem sie diejenigen stärken, die vollkommene Genesung und Perfektion in ihrem Erbgut anstreben, indem sie ihnen im Glauben zur Seite stehen und ihnen die Hände auflegen und den Willen Gottes und Jesu deklarieren, dass er in diesen letztgenannten Leuten wie im Himmel geschieht.

Tun Sie etwas an diesem Tag, das Schicksale verändern wird und den Willen unseres Gottes erfüllt, um das zu feiern, was Jesus an jenem Tag im Seinem Leben tat, dessen Echo durch die Weltgeschichte hindurch zu hören ist, als Er freiwillig am Schandpfahl stand und angeborene Erkrankungen trug, so dass Kinder und Erwachsene sie nicht tragen müssen. Begnügen Sie sich am WWPAD nicht einfach nur mit einem

---

[13] Sie werden diese Werbematerialien unter FullSpeedImpact.com oder auf den Facebook und Twitter Seiten von Full Speed Impact finden.

Gebet für mit einer angeborenen Erkrankung geborene und diagnostizierte Kinder, sondern gehen Sie eine Verpflichtung ein, den Weg der Freiheit für diese Kinder und ihre Eltern und Großeltern mitzugehen, bis jedes Chromosom in den Kindern in Übereinstimmung kommt mit dem Wort und dem Werk Jesu am Schandpfahl.

WARUM? World Whipping Post Awareness Day ist ein Weckruf an den Leib Christi und ein Hinweis darauf, dass das Leiden Jesu Christi am Schandpfahl uns die Kraft und Autorität bereitgestellt hat, die Gefangen zu befreien von allen Gebrechen und genetisch bedingten Erkrankungen.

Das Datum des 17. November wurde für den World Whipping Post Awareness Day zu Ehren des Andenkens an Erika Blake gewählt, die an diesem Tag als Tochter von Dawn und Curry Blake zur Welt kam. Dawn und Curry Blake sind die Leiter von John G. Lake Ministries. Die angeborene Erkrankung, mit der Erika zur Welt kam, löste eine Suche nach der Wahrheit und nach Erkenntnis in Bezug auf biblische Heilung bei ihren Eltern aus. Wegen ihrer Suche haben viele Freiheit in körperlicher Heilung gefunden.

Mögen die Gläubigen in dieser hingegebenen Weise standhaft aushalten, bis jede Person, die Freiheit von angeborenen Erkrankungen wünscht, zu 100% frei davon ist. Mögen die Gläubigen sich dessen bewusst sein, dass das fehlende Bindeglied zur Heilung von Chromosomen sich im Leib Christi befindet, der voll von Auferstehungskraft Gottes ist und der auf Erden anwesend ist.

Empfohlenes Material

Zusätzlich zu den anderen Ressourcen der Autoren dieses Buches empfehlen wir aufs wärmste die folgenden Ressourcen. Diese Ressourcen sind Pflichtlektüre für jede Person, die an einem Avalanche-Gebetsteam teilnehmen möchte.

- **Ausbildung zum Heilungsdienst als Divine Healing Technician** von Curry Blake

    Dies ist ein sehr umfassendes biblisches Schulungsmaterial zur Ausrüstung für die Heilung von Kranken. Video- und Audioschulungen stehen im Internet kostenlos zur Verfügung. Die meisten von uns haben diese Schulung mehrmals durchgearbeitet. Das Schulungshandbuch ist über John G. Lake Ministries erhältlich (www.jglm.de).

- **Der Neue Mensch** von Curry Blake

    Entdecken Sie, wer Sie in Christus sind und wie Sie Ihr Denken erneuern können, um diese großartige Realität zu verinnerlichen. Video- und Audioschulungen stehen im Internet kostenlos zur Verfügung. Sie können das Handbuch auch weglassen und stattdessen ein Notizbuch kaufen, um sich Notizen zu machen.

Andere empfohlene Ressourcen, die NICHT zu den Pflichtmaterialien zählen, die sich aber als sehr hilfreich für Teilnehmer des Team Avalanche erwiesen haben:

- Das **Mind Renewal Seminar** von Curry Blake

    Eine sehr effektive und tiefgehende Schulung zur Erneuerung des Denkens mit dem Wort Gottes.

- **healingforchromosomes.com**

  Eine Online-Ressource mit biblischen Lehrmaterialien und Zeugnissen, die Sie ermutigen werden, sich zu erheben und für die vollkommene Freiheit Ihres Kindes von der angeborenen Erkrankung zu kämpfen.

Material von Andy Hayner

Sie finden zusätzliche Ressourcen von Andy Hayner auf seiner Ministry-Website unter **FullSpeedImpact.com**.

Das Buch *Immersed into God* wird Sie ausrüsten, Ihre Identität in Christus zu erfahren, in Seiner Kraft zu leben und die Welt um Sie herum zu beeinflussen! Prallvoll mit Beispielen, biblischen Einsichten und praktischem Coaching – Sie werden lernen, die Kraft Gottes in Ihrem eigenen Leben zu erleben und Seine Kraft an andere weiterzugeben durch Krankenheilungen, prophetische Evangelisation und Entwicklung von Nachfolgern Jesu Christi, die in Seiner übernatürlichen Kraft leben.

„Dies ist ein großartiges Buch... So viel wurde in dieses Buch gepackt, dass es zweifellos viele Jahre lang als Nachschlagewerk Verwendung finden wird— zum persönlichen Gebrauch, für Zellgruppen, für Gemeinden und für Evangelisationsteams. Neue Gläubige und gestandene Leiter gleichermaßen finden darin sowohl biblische Antworten als auch praktische Hinweise, die ihnen helfen, den Heiligen Geist freizusetzen, so dass Er in einem größeren Maße durch sie wirken kann"
Timothy Jorgensen
Autor von *Spirit Life Training*

Das *Immersed into God Interactive Training Manual* ist ein effektives Werkzeug, um den lebensverändernden Inhalt von *Immersed into God* in Kleingruppen, LifeTeams und persönlichen Jüngerschaft-Beziehungen zu erlernen. Sie **lernen für sich selbst** *durch induktive Bibelstudien und lebensverändernde praktische Aktivierungsübungen.* Dies ist das perfekte Material zur Ausrüstung übernatürlicher Nachfolger Jesu Christi!

Spirit Cry, von Andy Hayner, ist ein beeindruckendes Andachtsbuch, das die Erneuerung Ihres Denkens beschleunigen und Ihre persönliche Erfahrung Gottes revolutionieren wird, weil es unglaubliche Tiefe, Einsicht und Kraft zu Ihrer persönlichen Gemeinschaft mit Gott beisteuert. Sie beginnen zu lernen, wie Sie die Heilige Schrift benutzen können, um als Sohn zum Vater zu sprechen und den Vater zu Ihnen als Sohn sprechen zu hören. Wenn Sie bereit sind, zu lernen, wie Sie das Wort Gottes nutzen können, um dem Geist Gottes zu begegnen, besorgen Sie sich dieses Buch und machen Sie sich darauf gefasst, Ihren Ruf des Geistes zu entfesseln!

Unter **FullSpeedImpact.com** finden Sie **Video- und Audio-Pakete kompletter Konferenzen mit Andy Hayner,** darunter:
- **Immersed into God Schulungs-Videos**
  21 Schulungs-Videoclips zur Ergänzung des *Immersed into God Interactive Training Manual*
- **Heal the Sick and Walk in Power** *(Heile die Kranken und lebe kraftvoll)*
  17 Videos, die Sie schulen werden, wie Sie Kranke heilen und in der Autorität Jesu Christi leben können
- **Healing Inside and Out** *(Heilung von innen nach außen)*
  4 Videos, die das volle Evangelium für den ganzen Menschen präsentieren, zur Heilung unserer Körper und Seelen durch das vollendete Werk Jesu Christi.
- **All Things New** *(Alle Dinge werden neu)*
  6 Videos, die Ihnen helfen werden, zu entdecken, wer Sie in Christus sind, so dass Sie als siegreicher Sohn Gottes anstatt lediglich als „durch die Gnade erlöster Sünder" leben können. Werfen Sie Ihren Ballast ab. Leben Sie in der Kraft Gottes!

Und vieles mehr!

Über die Autoren

Andy Hayner ist ein dynamischer Redner und hingegebener Ausbilder von Jüngern Jesu mit einer Leidenschaft, weltweit Gläubige dazu zu mobilisieren, in der Fülle Jesu Christi zu leben. Er hat anerkanntermaßen die Gabe, eine tiefgreifende Offenbarung der Einheit des Gläubigen mit Christus auf unkomplizierte und verständliche Weise zu vermitteln, und damit eine größere Tiefe der Liebe und Kraft Gottes freizusetzen. Wo immer Andy hingeht, da werden Kranke geheilt, Verlorene gerettet, und die Heiligen bevollmächtigt, wie Jesus zu leben. Er hat eine Leidenschaft für praktische Schulung von Nachfolgern Jesu, die in über zwanzig Jahren christlichen Dienstes als Missionar, Pastor, Gemeindegründer und Regionaldirektor für John G. Lake Ministries entwickelt wurde, wobei letzteres der älteste und erfolgreichste christliche Heilungsdienst ist, der heute existiert. Er ist der Gründer von Full Speed Impact Ministries. Er hat den Abschluss „Master of Divinity" von der Columbia International University Graduate School of Missions. Andy ist im Herzen ein Missionar geblieben. Er wohnt in Wisconsin mit seiner Frau und drei Kindern. Dienstanfragen können an FullSpeedAndy@gmail.com gerichtet werden.

Margaret Weishuhn ist die Gründerin von Team Avalanche, eines weltweiten Dienstes zur Mobilisierung der Kirche, um angeborene Erkrankungen im Namen Jesu zu heilen. Sie ist darüber hinaus auch Leiterin eines John G. Lake Ministry LifeTeams, welches aus Eltern besteht, die ihren eigenen mit angeborenen Erkrankungen diagnostizierten Kindern mit Heilung dienen. Margaret ist eine von vielen überall auf der Welt verstreuten Müttern, die den Verheißungen Gottes für die Heilung ihrer mit angeborenen Erkrankungen diagnostizierten Kinder vertrauen. Sie leitet ein weltweit organisiertes Team von Eltern, die sich entschlossen haben, Gott beim Wort zu nehmen, ungeachtet der universellen Einstellung zu angeborenen Erkrankungen – eine wahre globale Heilungserweckung in ihren Anfängen. Margaret ist eine Stimme in dem Meer der Eltern, deren aufgeschriebene Worte einen guten und treuen Gott bezeugen, dessen Name Jehova Rapha ist - „der Herr, der heilt". Sie und ihr Mann sind seit nahezu fünfundzwanzig Jahren verheiratet und haben fünf Kinder.

Wie Sie mit JGLM Deutschland Verbindung aufnehmen können

John G. Lake Ministries Deutschland ist ein deutschsprachiger überkonfessioneller christlicher Dienst mit dem Auftrag, Christen darin auszubilden, Menschen zu Nachfolgern Jesu Christi zu machen, die in Seinem Sieg leben. Wir schulen Gläubige durch Seminare, in denen biblische Schulung mit praktischer Erfahrung kombiniert wird. Außerdem gründen und unterstützen wir LifeTeams im deutschsprachigen Raum. LifeTeams sind Teams von gleichgesinnten Gläubigen, die einander helfen, näher zu Jesus Christus hinzuwachsen und den großen Missionsauftrag besser zu erfüllen, der uns befiehlt:

„So geht nun hin und macht zu Jüngern alle Völker... (Mt 18,19)

Heilt Kranke, reinigt Aussätzige, weckt Tote auf, treibt Dämonen aus! Umsonst habt ihr es empfangen, umsonst gebt es! (Mt 10,8)

Jesus heilt heute immer noch. Wir zeigen Ihnen, wie Gott Sie dabei gebrauchen kann. Als Christ können Sie anderen Menschen ganz konkret helfen, indem Sie ihnen die Liebe Gottes weitergeben, um sie näher zu Gott zu bringen und indem Sie sie darin unterstützen, Richtung für ihr Leben und Freiheit von Krankheit und Schmerz zu finden.

Wenn Sie mehr erfahren möchten, besuchen Sie bitte unsere Website unter www.jglm.de, wo Sie Zeugnisse über Wunder, unsere aktuellen Schulungsterminpläne und eine Auflistung aller Orte mit unseren derzeitigen LifeTeams finden. Wenn Sie mit uns in Verbindung treten möchten, können Sie uns unter info@jglm.de eine E-Mail senden oder uns unter der Nummer +49 6353/98 02 771 anrufen.

Gott heilt angeborene Erkrankungen
Erste Früchte

www.ingramcontent.com/pod-product-compliance
Lightning Source LLC
Chambersburg PA
CBHW070136100426
42743CB00013B/2717